LES ALCHIMISTES GRECS

PAPYRUS DE LEYDE

PAPYRUS DE STOCKHOLM

RECETTES

COLLECTION DES UNIVERSITÉS DE FRANCE
publiée sous le patronage de l'ASSOCIATION GUILLAUME BUDÉ

LES ALCHIMISTES GRECS

TOME I

PAPYRUS DE LEYDE
PAPYRUS DE STOCKHOLM
RECETTES

TEXTE ÉTABLI ET TRADUIT

PAR

ROBERT HALLEUX

Chercheur Qualifié du F.N.R.S.
Maître de Conférences à l'Université de Liège

Quatrième tirage

PARIS

LES BELLES LETTRES

2023

Conformément aux statuts de l'Association Guillaume Budé, ce volume a été soumis à l'approbation de la commission technique, qui a chargé M. Henri-Dominique Saffrey d'en faire la révision et d'en surveiller la correction en collaboration avec M. Robert Halleux.

95 boulevard Raspail, 75006 Paris
www.lesbelleslettres.com

Premier tirage 1981

ISBN : 978-2-251-00003-9
ISSN : 0184-7155

PRÉSENTATION

L'ouvrage que voici est le premier d'une série de douze volumes, dans laquelle on se propose de publier tout ce qui nous reste des Alchimistes Grecs. En Occident, la tradition de l'alchimie, qui a été tout ensemble une technique et une mystique, remonte aux Grecs. Et c'est des Grecs que l'alchimie s'est transmise par l'intermédiaire des Arabes au moyen âge et à l'époque moderne. Mais de nos jours, l'histoire scientifique de l'alchimie commence avec Berthelot.

En effet, Marcelin Berthelot (1827-1907) n'a pas été seulement le savant et l'homme politique que l'on connaît, il fut aussi un historien de la chimie depuis ses origines jusqu'à la fin du moyen âge[1]. C'est à lui, aidé par l'helléniste Charles-Émile Ruelle, que nous devons la *Collection des Alchimistes Grecs*, publiée en quatre livraisons au cours des années 1887-1888. Berthelot y avait réuni tous les textes inédits de son temps, les accompagnant d'une traduction française et de notes. Trente ans plus tard, lorsqu'après la première guerre mondiale fut fondée l'Union Académique Internationale en 1919, Joseph Bidez (1867-1945), le grand philologue belge, fit inscrire comme deuxième entreprise patronnée par cet organisme, la confection d'un *Catalogue des manuscrits alchimiques*. Entre 1924 et la

1. Sur cet aspect de l'œuvre de Berthelot, voir E. O. von Lippmann, *Entstehung und Ausbreitung der Alchemie*, Berlin 1919, p. 647-659 : Berthelot als Historiker, et R. Halleux, *Marcellin Berthelot, historien de l'alchimie*, dans *Comptes Rendus du 104e Congrès National des Sociétés Savantes, Sciences*, Paris 1979, p. 169-180.

seconde guerre mondiale, Bidez put réaliser la publication de huit volumes contenant les descriptions de tous les manuscrits relatifs à l'alchimie grecque, conservés dans diverses bibliothèques de l'Europe. Pour lui et ses collaborateurs, il s'agissait de dresser ce catalogue en vue de publier, sur une base mieux établie, une édition vraiment critique des textes alchimiques grecs.

Un témoin autorisé, Franz Cumont[1], a pu écrire que Bidez « fut attiré vers cette littérature abstruse moins par ce qu'elle nous apprend sur l'histoire des sciences et sur la technique des Anciens, bien qu'il s'intéressât à l'une et à l'autre, que par les doctrines mystiques et l'occultisme des théoriciens du Grand Œuvre ». De fait, l'entreprise des Manuscrits alchimiques avait évidemment été conçue comme une sœur du *Catalogus codicum astrologorum Graecorum*, publié par Franz Cumont depuis 1898 (12 vol.), d'où Cumont lui-même avait tiré, outre la publication de divers textes rares, ses deux grands livres : *Astrology and Religion among the Greeks and Romans*[2], et *L'Égypte des astrologues*[3]. Il suffit de relire la préface écrite en 1924 par Bidez au volume I du *Catalogue*[4] pour entrer dans les intentions de Bidez. Il disait : « Ce que l'astrologie a été pour l'astronomie, une autre doctrine, étroitement apparentée avec celle des astrologues, l'a été à un plus haut degré encore pour la chimie : je veux dire l'alchimie, avec le vaste ensemble de spéculations et de recettes que l'on y rattache traditionnellement... De bonne heure, l'alchimie a passé pour un art ' divin ' ou ' sacré ', voisin de ce que, dans l'école de Jamblique,

1. Franz Cumont, dans *L'Antiquité classique* 13, 1944, 8.
2. Franz Cumont, *Astrology and Religion among the Greeks and Romans* (American Lectures on the History of Religions, Series of 1911-1912), New York and London 1912 (Reprint Dover 1960).
3. Franz Cumont, *L'Égypte des astrologues*, Bruxelles 1937.
4. *Catalogue des manuscrits alchimiques grecs* I, Bruxelles 1924, p. III-V.

les partisans des sciences occultes devaient intituler un jour ' l'art théurgique '... L'art sacré des alchimistes prétendit imiter l'action de Dieu. Il s'appliqua à exalter l'imagination en la remplissant de visions édifiantes, et surtout, s'élevant au-dessus des préoccupations des praticiens vulgaires, il voulut libérer les âmes de l'entrave des nécessités corporelles et les aider à s'unir avec la divinité... On ne peut énumérer ici tous les résultats qu'il est permis d'attendre d'une étude systématique de ces textes. Dès qu'on en aura une bonne édition, ils seront utilisés dans les domaines les plus divers : notamment par les philologues qui y découvriront une foule de termes techniques, et par les historiens qui y chercheront des renseignements sur les métiers afin d'arriver à mieux connaître l'organisation de l'industrie chez les Anciens. ... En colligeant et en comparant tous les restes de cette littérature apocryphe, on ne réussira pas seulement à éclairer quelque peu les cryptes où opéraient des thaumaturges, on reconstituera la tradition mystérieuse qui a transmis le souvenir confus des antiques croyances orientales jusqu'à l'Europe moderne ».

On voit donc que, dès le départ, dans l'esprit de Joseph Bidez, le but de l'entreprise était de rechercher et de décrire les manuscrits alchimiques en vue d'éditer les textes, les étudier, en tirer des enseignements variés. J. Bidez a pu réaliser la première étape de cette valeureuse entreprise grâce à l'admirable réunion, autour de lui, des meilleurs collaborateurs possibles : Henri Lebègue, Armand Delatte, Marie Delcourt, C. O. Zuretti, Otto Lagercrantz, D. W. Singer, G. Goldschmidt et J. L. Heiberg. En 1938, invité à donner au Collège de France les Conférences de la Fondation Gustave Schlumberger, Bidez avait pris pour sujet : « Dernières recherches sur l'histoire de l'alchimie en Grèce, en Égypte et à Byzance »[1]. Quand la guerre est arrivée en

1. Ces conférences sont malheureusement restées inédites, voir un compte rendu dans *Byzantion* 13, 1938, 383-388.

1939, les huit volumes décrivant les manuscrits alchimiques des principales bibliothèques de l'Europe, avaient été publiés[1], et l'on allait passer à la deuxième étape de l'entreprise, la publication des textes. Malheureusement la guerre arrêta les rencontres et les travaux, et la plupart des collaborateurs devaient mourir avant d'avoir pu se retrouver.

Aussitôt après la guerre, divers travaux attestaient que l'intérêt pour l'alchimie, soulevé par Bidez, était toujours vivant. Citons en particulier le tome I de la

1. *Catalogue des Manuscrits alchimiques grecs.*

I. *Les Parisini* décrits par Henri Lebègue. En Appendice : *Les manuscrits des Coeranides* et *Tables générales* par Marie Delcourt. Bruxelles 1924.

II. *Les manuscrits italiens* décrits par C. O. Zuretti, avec la collaboration de O. Lagercrantz, J. L. Heiberg, I. Hammer-Jensen, D. Bassi et A. Martini. En Appendice : *Les manuscrits des Coeranides* par C. O. Zuretti ; *Excerpta* par J. L. Heiberg et C. O. Zuretti ; *Ueber das Verhältnis des Cod. Paris. 2327 (A) zum Cod. Marc. 299 (M)* von O. Lagercrantz ; *Tables* par Marie Delcourt. Bruxelles 1927.

III. *Les manuscrits des Iles Britanniques* décrits par D. W. Singer, avec la collaboration d'A. Anderson et W. J. Anderson. En Appendice : *Les recettes alchimiques du Codex Holkhamicus* par O. Lagercrantz. Bruxelles 1924.

IV. *Manuscrits d'Allemagne, d'Autriche, de Danemark, de Hollande et de Suisse* décrits par G. Goldschmidt. En Appendice : 1. *Die Diatribe des Th. Reinesius aus Cod. Gothanus A 242* von G. Goldschmidt. 2. *Ueber des Verhältnis des Cod. Paris. 2327 (A) zum Cod. Marc. 299 (M)* von O. Lagercrantz. Bruxelles 1932.

V. 1. *Les Manuscrits d'Espagne* décrits par C. O. Zuretti. 2. *Les Manuscrits d'Athènes* décrits par A. Severyns. Bruxelles 1928.

VI. Michel Psellus, *Épître sur la Chrysopée; Opuscules et Extraits sur l'alchimie, la météorologie et la démonologie* publiés par J. Bidez. En Appendice : Proclus, *Sur l'art hiératique;* Psellus, *Choix de dissertations inédites.* Bruxelles 1928.

VII. Anonymi, *De Arte metallica seu de metallorum conversione in aurum et argentum*, ed. C. O. Zuretti, Bruxelles 1930.

VIII. *Alchemistica Signa* digessit et explanavit C. O. Zuretti ; Bruxelles 1932.

Ce *Catalogue* n'est pourtant pas absolument complet, puisque l'on n'a pas étudié les manuscrits éventuellement conservés en Russie, aux États Unis, au Canada et dans les monastères grecs, voir *Chronique d'Égypte* 27, 1939, 198.

Révélation d'Hermès Trismégiste par A. J. Festugière[1], ainsi que l'article *Alchemie* par W. Gundel dans le *Reallexikon für Antike und Christentum*[2]. Mais ce n'est qu'en 1968, dans la session annuelle de l'Union Académique Internationale, qu'A. J. Festugière proposa de relancer l'entreprise au point où Bidez l'avait laissée et d'entreprendre résolument la publication des textes alchimiques grecs. Il aura fallu dix nouvelles années pour que ce projet aboutisse sous l'impulsion de l'Union Académique Internationale représentée par les Professeurs Herbert Hunger[3], de l'Académie Autrichienne des Sciences, et Gérard Verbeke, de l'Académie Royale de Belgique. Une équipe de trois collaborateurs est actuellement à l'œuvre et espère produire dans un délai raisonnable le corpus complet des textes alchimiques grecs en douze volumes.

Or, l'édition des textes alchimiques grecs offre des difficultés spéciales qui tiennent aux conditions dans lesquelles ils nous ont été transmis. D'une part, il s'agit essentiellement d'une littérature d'extraits ; sauf erreur, nous ne possédons plus aucun traité alchimique grec dans sa totalité ; d'autre part, les alchimistes eux-mêmes, ou peut-être seulement les compositeurs des recueils d'extraits et les copistes de nos manuscrits, devaient être des spécialistes de leur technologie particulière, sans véritable culture littéraire, si bien qu'ils ont écrit, ou que leurs écrits ont été transmis jusqu'à nous, dans un grec peu correct : la langue des traités alchimiques constitue donc une difficulté considérable, parfois insurmontable.

1. A. J. Festugière, *La révélation d'Hermès Trismégiste* I. *L'astrologie et les sciences occultes*, Paris 1944, 2e éd. 1950. Du même auteur, il faut citer aussi l'article *Alchymica*, dans *L'Antiquité classique* 8, 1939, 71-95, reproduit dans *Hermétisme et mystique païenne*, Paris 1967, p. 205-229.

2. W. Gundel, art. *Alchemie*, dans *Reallexikon für Antike und Christentum*, Bd. I, Stuttgart 1950, col. 239-260.

3. Cf. Herbert Hunger, *Die hochsprachliche profane Literatur der Byzantiner* (Byzantinisches Handbuch V 2) Bd. 2, München 1978, p. 279-292 : Alchemie.

S'agissant du contenu de cette tradition, toute la littérature alchimique doit être divisée en trois parties distinctes : les recettes chimiques, les auteurs alchimiques, les commentateurs. Cette division a de plus le mérite de suivre le développement progressif de l'alchimie grecque. On connaît la différence récemment élaborée par Joseph Needham[1] entre ce qu'il appelle « Aurifiction » et « Aurifaction ». L'aurifiction est une technique de la chimie, l'*aurifaction* est proprement la philosophie alchimique. Parler d'un développement de l'alchimie grecque est une tentative pour concilier ces deux points de vue. Plongeant ses racines dans les mille et une recettes de la fabrication artisanale de l'or et de l'argent, des augmentations de poids ou de titre des alliages, des procédés de teinture et de distillation, qu'elle interprète mystiquement, l'alchimie a progressivement développé ses propres objets et ses méthodes, qui sont d'ordre philosophique et religieux. D'autre part, on doit se souvenir que l'alchimie grecque n'a jamais prétendu apporter le dernier mot dans cette recherche, et que d'autres traditions ont de fait imprimé à l'alchimie des développements féconds.

Cela dit, passons en revue les diverses parties du corpus des textes alchimiques grecs.

Les recettes sont principalement contenues dans les deux papyrus du IIIe siècle de Stockholm et de Leyde. A ces documents tirés des sables de l'Égypte, il faut ajouter ceux des manuscrits : les extraits tirés des cinq livres des *Physica et Mystica* par le Pseudo-Démocrite, parfois identifié à Bolos de Mendès. Certaines de ces recettes peuvent remonter assez loin dans le passé, mais leur collection systématique a dû se constituer aux Ier et IIe siècles de notre ère.

Avec le IIIe siècle, entrent en scène ceux que nous avons appelés les « auteurs ». Ce sont Zosime de Pano-

1. Cf. Joseph Needham, *Science and Civilisation in China*, vol. 5, Part II : *Spagyrical Discovery and Invention: Magisteries of Gold and Immortality*, Cambridge 1974, p. 8-36.

polis, Pélagios, Jamblique et un Anonyme dont on possède un morceau de dialogue entre Cléopâtre et les philosophes, c'est-à-dire les alchimistes. De Pélagios et de Jamblique nous n'avons plus que deux courts extraits, et sans doute l'auteur le plus important est Zosime. Son œuvre comptait 24+4 livres, dont nous n'avons que des fragments en grec et en syriaque. Le morceau le plus célèbre s'intitule « Compte final ». Et les « Visions » de Zosime ont retenu l'attention de C. G. Jung[1]. Ces textes constituent la partie que l'on doit considérer comme la plus significative des écrits alchimiques grecs. A ces morceaux relativement importants, il faut ajouter de nombreux fragments cités dans les commentateurs postérieurs, et toute une littérature de ce que l'on appelle des *képhalaia*, qui concernent les sources de ces auteurs. On y trouve les fragments d'Ostanès, le « Mage hellénisé » de l'alchimie, ceux d'Agathodémon, de Marie la Juive et de Jules l'Africain.

A partir de la fin du IVe siècle, nous voyons apparaître les générations des commentateurs. Un Synésius commente le livre du Pseudo-Démocrite, et adresse son commentaire à un certain Dioscore, prêtre de Sérapis à Alexandrie. Comme le célèbre Sérapéum d'Alexandrie a été détruit par l'évêque Théophile en 391, J. Bidez voulait voir dans cette date un terminus ante quem pour cet écrit. On saute alors aux VIe et VIIe siècles pour y trouver les commentaires d'Olympiodore sur Zosime, et les leçons sur la Chrysopée d'Étienne d'Alexandrie. A Étienne d'Alexandrie, il faut adjoindre les quatre poèmes du byzantin, le Pseudo-Héliodore. A propos de ces commentateurs, une question qui reste ouverte est celle de décider s'il faut les identifier au Synésius, évêque de Cyrène, et à l'Olympiodore et à

1. Cf. C. G. Jung, *Von den Wurzeln des Bewusstseins. Studien über den Archetypus* (Psychologische Abhandlungen, Bd. IX), Zürich 1954, p. 137-216 ; traduction française, *Les racines de la conscience*, Paris 1971, p. 133-205 ; traduction anglaise, *The collected Works of C. G. Jung*, vol. 13 : *Alchemical Studies*, New York 1968, p. 59-108.

l'Étienne d'Alexandrie, commentateurs de Platon et d'Aristote. Cette question difficile a déjà fait couler beaucoup d'encre, et dans l'état actuel de la documentation, il n'est pas permis de la résoudre avec certitude.

Restent enfin deux commentaires anonymes et difficiles à dater entre le VIe et le VIIIe siècle. Ils citent tous les deux Étienne d'Alexandrie. L'un a pour auteur un chrétien, il nous offre un commentaire et souvent même un centon des écrits de Zosime ou autres, l'autre est ordinairement appelé le traité anépigraphe. Ce sont des chaînons tardifs de la tradition, qui nous conduisent directement à la compilation plus vaste du manuscrit *Marcianus graecus* 299, qui date du Xe siècle et à la *Chrysopée* de Psellus, qui a été éditée par Bidez dans le tome VI du *Catalogue des Manuscrits Alchimiques.*

Pour tenir compte de ce développement de la tradition alchimique grecque, le programme de publication des textes alchimiques grecs a été établi de la manière suivante :

Vol. 1. *Les recettes sur papyrus.* Papyrus de Leyde Papyrus de Stockholm, fragments de recettes.

Vol. 2. *Les vieux auteurs* I. Les ' physica et mystica ' du Ps. Démocrite. Ostanès, Cléopâtre. Comarios. Isis à Horus. Hermès Trismégiste.

Vol. 3. *Les vieux auteurs* II. La chimie de Moïse. Le travail des quatre éléments. Les huit tombeaux.

Vol. 4. *Zosime.* Les traités et les fragments.

Vol. 5. *Les commentateurs* I. Le commentaire de Synésios sur Démocrite. Le commentaire d'Olympiodore sur Zosime. Pélagios.

Vol. 6. *Les commentateurs* II. Les neuf leçons d'Étienne d'Alexandrie sur la Chrysopée.

Vol. 7. *Les commentateurs* III. Le commentaire du Chrétien. Le commentaire de l'Anonyme. Cosmas. La pierre des philosophes. Jean l'Archiprêtre.

Vol. 8. *Les poèmes alchimiques.* Héliodoros. Théophrastos. Hiérothéos. Archélaos.

Vol. 9. *Les traités opératoires* I.

Vol. 10. *Les traités opératoires* II.
Vol. 11. *Les lexiques anciens.*
Vol. 12. *Index général.*

Nous tenons à remercier l'Association Guillaume Budé et la Société d'édition « Les Belles Lettres » d'avoir accepté de donner l'hospitalité à cette série dans la Collection des Universités de France.

H. D. Saffrey.

AVANT-PROPOS

*Ce fut, de tout temps, une tradition constante chez les alchimistes que leur art tirait son origine des sanctuaires égyptiens. Toutefois, les témoignages d'auteurs grecs et latins, par lesquels les érudits des XVII*e *et XVIII*e *siècles s'efforcèrent d'étayer cette prétention, étaient rares et peu explicites*[1]. *Mais la situation se trouva renversée en 1830 lorsque l'érudit hollandais C. J. C. Reuvens (1793-1835)*[2] *révéla l'existence, au musée d'antiquités de l'université de Leyde, d'un traité chimique gréco-égyptien conservé sur papyrus* (Leid.)[3]. *Il en donnait le sommaire et des extraits.*

Cette découverte trouva un premier écho dans la grande histoire de la chimie de Hermann Kopp[4], *mais c'est le mérite de Marcelin Berthelot (1827-1907) d'en avoir donné la première et à plus d'un égard la seule exégèse. Invité en Égypte en 1869 pour l'inauguration du canal de Suez, l'illustre chimiste se prit d'intérêt pour les arts*

1. Voir par exemple Olaus Borrichius, *De ortu et progressu chemiae dissertatio*, Copenhague, 1668, réimprimé dans J. J. Manget, *Bibliotheca chemica curiosa*, I, Genève, 1702, p. 1-53.

2. Sur l'œuvre scientifique de Reuvens, voir W. D. Van Wijngaarden, *A l'occasion du centenaire de la mort de C. J. C. Reuvens*, *Chronique d'Égypte*, 11 (1936), p. 472-477.

3. C. J. C. Reuvens, *Lettres à M. Letronne sur les papyrus bilingues et grecs et sur quelques autres monuments gréco-égyptiens du Musée d'Antiquités de l'Université de Leide*, Leiden, 1830, 3e lettre, p. 65-75 et 162. Description du manuscrit, table des chapitres et extraits.

4. H. Kopp, *Beiträge zur Geschichte der Chemie*, t. I, Braunschweig, 1869, p. 96-102.

et les sciences des Égyptiens[1]. *Dans ses* Origines de l'alchimie *(1885) il fournit une première analyse du texte d'après la description de Reuvens et une collation partielle de l'original*[2]. *En 1885 parut le tome II des papyrus de Leyde par Conrad Leemans*[3]. *On disposait alors d'un texte complet que Berthelot traduisit en français dans le premier volume de sa* Collection des anciens alchimistes grecs *(1888)*[4]. *Il réédita texte et traduction dans son recueil* Archéologie et histoire des sciences *(1906)*[5].

Les études de Berthelot ont eu un immense retentissement, malgré les reproches justifiés que les érudits ont faits à l'inexactitude des traductions et à l'arbitraire des commentaires[6]. *Du reste, l'étude des papyrus chimiques repartit sur de nouvelles bases en 1913 lorsque Otto Lagercrantz publia un autre papyrus chimique conservé à Stockholm* (Holm.), *frère jumeau du papyrus de Leyde*[7].

1. Cf. L. Velluz, *Vie de Berthelot*, Paris, 1964, p. 85 ; R. Virtanen, *Marcelin Berthelot. A study of a Scientist's Public Role* (University of Nebraska Studies, NS 31), Lincoln (Nebraska), 1965, p. 8-12.

2. M. Berthelot, *Les origines de l'alchimie*, Paris, 1885 (réimpr. 1938), p. 80-94 et 327-330. Transcription des pages 11 et 13 par H. Omont, d'après photographie.

3. C. Leemans, *Papyri Graeci Musei Antiquarii Publici Lugduni Batavi*, t. II, Leiden, 1885, p. 199-259. C. Leemans avait déjà publié dans ses *Monuments égyptiens du Musée d'Antiquités des Pays-Bas à Leyde*, II, 2, Leiden, 1865, table III, le facsimilé de p. 1, l. 1-6 ; p. 5, l. 5-9 ; p. 9, l. 39-44.

4. M. Berthelot, *Collection des anciens alchimistes grecs*, t. I, Paris, 1888 (réimpr. London, 1963 et Hildesheim, 1967) p. 28-50. Réimprimé sous le titre *Introduction à l'étude de la chimie des anciens et du moyen âge*, Paris, 1889 (réimpr. 1938).

5. M. Berthelot, *Archéologie et histoire des sciences*, *Mémoires de l'Académie des Sciences de l'Institut de France*, 49 (1906), p. 266-307.

6. Voir par exemple E. O. von Lippmann, *Entstehung und Ausbreitung der Alchemie*, t. I, Berlin, 1919, p. 647-659 (Berthelot als Historiker).

7. O. Lagercrantz, *Papyrus Graecus Holmiensis (P. Holm.). Recepte für Silber, Steine und Purpur* (Arbeten utgifna med understöd af Vilhelm Ekmans Universitetsfond, Uppsala, 13), Uppsala, 1913.

Depuis lors, ces deux documents énigmatiques n'ont cessé de se trouver au centre des controverses sur les origines de l'alchimie. Ils posent en effet le problème, non encore résolu, de ses rapports avec la pratique artisanale.

A ce titre, la nouvelle collection des Alchimistes grecs *ne pouvait manquer de s'ouvrir par une édition conjointe de* Leid. *et de* Holm. *C'était déjà le projet de Lagercrantz au moment de sa mort*[1]. *J'ai tenté de réaliser son vœu en ajoutant un certain nombre de fragments sur papyrus qui ressortissent au même genre littéraire, et en fondant les commentaires sur les progrès réalisés, depuis un demi-siècle, en histoire des sciences et des techniques. Il s'en faut de beaucoup que j'aie ainsi résolu tous les problèmes. Dans un domaine aussi peu exploré, on ne peut prétendre qu'à un premier défrichage.*

Il m'est agréable d'exprimer ma reconnaissance aux Conservateurs du Rijksmuseum van Oudheden, à Leiden, et de la Kongelige Biblioteket, à Stockholm; au R. P. Henri D. Saffrey, qui a revu entièrement mon manuscrit; à M. Alain Segonds, qui a eu la gentillesse de relire les épreuves; à MM. Guy Beaujouan, Corneille Ek, Henri Limet, Paul Mertens, Joseph E. Opsomer, Jean Schérer et Jean Straus, qui m'ont fourni de précieux renseignements; à M. Jean Irigoin, qui a bien voulu annoter le texte définitif et l'a fait bénéficier d'une foule d'améliorations.

Enfin, l'Union Académique Internationale a soutenu et encouragé mon travail dès le début. En particulier, MM. Gérard Verbeke et Herbert Hunger lui ont accordé un patronage aussi compétent qu'efficace. Qu'ils veuillent bien trouver ici l'expression de ma respectueuse gratitude.

1. G. Björck, *Otto Lagercrantz*, *Byzantion*, 13 (1938), p. 765-770.

NOTICE

1. *Lieu de conservation, provenance et origine des deux papyrus.*

Le *P. Leid.* X, conservé à Leyde, Rijksmuseum van Oudheden, inv. i 397[1], a appartenu à la collection du chevalier Johann d'Anastasi, vice-consul puis consul général (de 1829 à 1858) de Suède et de Norvège à Alexandrie. Il y portait le n° 66. Cette collection fut acquise en 1828 à Livourne par le gouvernement néerlandais et arriva, le 1er janvier 1829, au musée de Leyde. Le papyrus reçut la cote i 397, la classe i désignant les instruments et produits des arts et métiers[2]. Dans la publication de Leemans, les 24 papyrus grecs furent désignés par des lettres de l'alphabet et le papyrus chimique reçut le sigle X[3].

Son origine est inconnue. Les anciennes publications mentionnent, sans doute d'après les registres d'inventaire, que le *P. Leid.* X provient de Thèbes[4]. Il n'est pas possible de préciser davantage. F. Lenormant parle des fouilles d'Anastasi à Thèbes[5] et Berthelot[6] pense

1. *CMAG*, IV, p. 381 ; Pack², 1997.
2. Reuvens, *Lettres*, Avertissement ; C. Leemans, *Description raisonnée des monuments égyptiens du musée d'Antiquités des Pays-Bas à Leide*, Leiden, 1840, p. VII et 123.
3. Sur le principe de désignation par des lettres de l'alphabet, voir C. Leemans, *Papyri Graeci Musei Antiquarii Publici Lugduni Batavi*, t. I, Leiden, 1843, p. VI-VII.
4. Reuvens, *Lettres*, III, p. 65 ; Leemans, *Description*, 1840, p. 123 ; Leemans, *Papyri Graeci*, t. II, Leiden, 1885, p. 199.
5. F. Lenormant, *Catalogue d'une collection d'antiquités égyptiennes... rassemblées par M. d'Anastasi*, Paris, 1857, p. 84.
6. Berthelot, *Introduction*, p. 5.

que le papyrus a été trouvé dans une momie, mais ces suppositions sont gratuites. Il provient vraisemblablement de fouilles clandestines[1].

Le *P. Holm.* conservé à Stockholm, Kongelige Biblioteket, Handskriftsavdelningen, Dep. 45[2], provient de la même collection. Une fiche incluse dans la boîte en fer blanc qui contient le papyrus mentionnait[3] qu'il est un cadeau du chevalier Johann d'Anastasi à l'Académie Suédoise des Antiquités *(Kungliga Vitterhets-Historie-och Antikvitets-Akademien)* qui l'a remercié le 27 août 1832. On ne sait à quelle date Anastasi en fit l'acquisition, probablement entre 1828 (date de la vente de sa collection au gouvernement des Pays-Bas) et 1832. Conservé au Musée National des Antiquités, à Stockholm, puis à partir de 1906 au Victoria Museum d'Uppsala, il est en dépôt depuis 1927 au Département des Manuscrits de la Bibliothèque Royale de Stockholm.

Son origine est également inconnue. Il est seulement vraisemblable que, comme les *P. Leid.* X, V et W, le *P. Holm.* provient de Thèbes.

2. *Description codicologique.*

Le *P. Leid.* X est un codex fait de 10 grandes feuilles de papyrus mesurant 340×300 mm, pliées en deux dans le sens de la largeur et cousues de trois fils de papyrus, ce qui donne 20 feuillets de 170×300 mm[4]. Les 2 premiers feuillets et les 10 derniers sont blancs. Les 8 autres (16 pages) portent au recto et au verso 40 à 47 lignes d'écriture en une colonne et d'une seule main.

1. Il faut noter que les papyrus désignés par les lettres A B C D E G H I K L proviennent de Memphis, par les lettres N O, de Thèbes, par la lettre Q, d'Éléphantine.

2. Cf. *CMAG* IV, p. 383 ; Pack² 1998.

3. Lagercrantz, p. 45-46. Cette fiche ne s'y trouvait plus en mai 1977.

4. La pagination est moderne.

Page 1	41 lignes	Page 9	43 lignes
Page 2	44 lignes	Page 10	41 lignes
Page 3	45 lignes	Page 11	43 lignes
Page 4	42 lignes	Page 12	47 lignes
Page 5	43 lignes	Page 13	45 lignes
Page 6	44 lignes	Page 14	43 lignes
Page 7	46 lignes	Page 15	40 lignes
Page 8	43 lignes	Page 16	28 lignes

Les débuts de lignes sont alignés et les marges généralement inclinées.

Le *P. Holm.* consiste en 15 feuilles volantes, la plupart effrangées aux marges, de 296-297 mm×165-169 mm[1]. La quinzième est intruse et ne nous retiendra pas[2]. Les 14 premières sont paginées en onciales, en haut au milieu, de α à κη. Elles portent de 40 à 48 lignes d'écriture en une seule colonne et d'une seule main.

Page	α	43 lignes	Page	ιε	41 lignes
Page	β	41 lignes	Page	ις	47 lignes
Page	γ	43 lignes	Page	ιζ	43 lignes
Page	δ	42 lignes	Page	ιη	41 lignes
Page	ε	47 lignes	Page	ιθ	41 lignes
Page	ς	43 lignes	Page	κ	41 lignes
Page	ζ	43 lignes	Page	κα	45 lignes
Page	η	44 lignes	Page	κβ	43 lignes
Page	θ	44 lignes	Page	κγ	40 lignes
Page	ι	45 lignes	Page	κδ	44 lignes
Page	ια	46 lignes	Page	κε	41 lignes
Page	ιβ	46 lignes	Page	κς	41 lignes
Page	ιγ	48 lignes	Page	κζ	6 lignes
Page	ιδ	36 lignes[3]	Page	κη	blanche

Les débuts de lignes sont alignés.

1. Il est conservé dans une boîte de fer de 19×32,5×2 cm, sans indication spéciale.

2. Le papyrus est grossier, boursouflé et d'une autre couleur. La page n'est pas paginée. Dans la boîte, elle se trouve entre η et θ. Elle porte, tracées d'une autre écriture, 4 lignes d'une prière magique dont on trouvera le texte dans *PGM* I, p. 198 nº V A.

3. Cette page compte moins de lignes que les autres parce qu'elle est tracée d'un calame plus épais et comporte un espace entre deux sections du texte.

Le texte se termine à la page κζ et le scribe a laissé la page κη blanche. Les 14 feuilles proviennent du démembrement d'un *codex* et non d'un *volumen*. En effet, le recto du f. 1 est paginé α et le verso β. En outre, toutes les pages impaires présentent une inclinaison de la marge gauche, les 7 premières vers le bas, les 7 dernières vers le haut. Enfin, les fibres sont alternativement verticales (α) et horizontales (β). Aux pages ιδ et ιε, les fibres du papyrus sont horizontales. Il s'agit donc de deux pages se faisant face au milieu du codex. Ce dernier était donc fait de 7 feuilles pliées[1]. On ne peut dire comment se disposait la couture, mais il a été cousu avant d'être écrit.

La principale différence entre *Leid.* et *Holm.* est donc la pagination de ce dernier. Elle est de la même encre et de la même main que le texte. C'est une chose exceptionnelle pour l'époque[2]. Elle s'explique cependant, si l'on veut bien admettre que le codex s'est disloqué en cours de consultation et que le propriétaire, qui est en même temps le scribe, a numéroté les feuilles volantes.

La structure des deux codices exclut donc qu'ils soient les deux moitiés du même. *Leid.* est un cahier complet, qui n'est pas rempli. *Holm.* est également un cahier complet, où une page et demie est restée blanche.

Les deux papyrus sont propres et bien conservés. Ils ne portent pas les taches de produits chimiques que l'on s'attend à trouver sur un carnet de laboratoire.

1. Ces feuilles étaient déjà en mauvais état quand le scribe a travaillé. En ε, une bande arrachée, le scribe a écrit sur la bande inférieure ; ις a été raccommodé ; en θ-ι une bande verticale mal collée, entourée de déchirures, le scribe a sauté cette bande ; ιγ, ιη, κα, κδ étaient fissurés et craquelés. On ne peut dire si *Holm.* possédait comme *Leid.* des pages blanches servant de couverture.

2. W. Schubart, *Das Buch bei den Griechen und Römern*, 2e éd., Berlin, 1921, p. 137-138 = 3e éd., Heidelberg, 1962, p. 124-125.

3. *Écriture.*

Les érudits ont depuis longtemps reconnu la similitude d'écriture des papyrus. Lagercrantz suppose qu'ils sont du même scribe ou du même groupe de scribes[1].

Les caractères sont tracés dans une encre gommeuse qui n'a pas pénétré le papyrus. Les lettres sont comme collées au support. Parfois, elles se sont décollées d'un bloc.

Les deux papyrus sont écrits dans la même onciale régulière, sans trace de cursive[2], avec peu de ligatures (sauf régulièrement στ[3] et parfois ει[4]).

En ce qui concerne les signes prosodiques, le scribe n'emploie quasiment jamais les accents[5] et les esprits[6], mais recourt très souvent au tréma sur le υ initial[7], le ι initial[8], le ι intérieur en hiatus[9] et même le ι final[10].

1. Lagercrantz, p. 50.

2. Cf. M. Norsa, *La scrittura letteraria greca dal secolo IV A.C. all' VIII D.C.*, Firenze, 1939.

3. *Leid.* 60 ; 64 ; 76 ; 116 ; 131 ; 133 ; 147 ; 148 ; 233 ; 258 ; 260 ; 348 ; 351 ; 367 ; 384 ; 391 ; 428 ; 437 ; 449 ; 461 ; 502 ; 506 ; 508 ; 541 ; 561 ; 562 ; 569 ; 579 ; *Holm.* 52 ; 68 ; 78 ; 131 ; 132 ; 186.

4. *Leid.* 492 ; 564 ; *Holm.* 230.

5. *Leid.* 403 peut être accent (mal placé de toute façon).

6. *Leid.* 258 esprit rude sur ἅλί.

7. υ initial *Leid.* 22 ; 26 ; 117 ; 187 ; 238 ; 268 ; 289 ; 292 ; 310 ; 311 ; 323 ; 387 ; 408 ; 428 ; 434 ; 488 ; 493 ; 497 ; 498 ; 500 ; 521 ; 522 ; 525 ; 546 ; 548 ; 552 ; *Holm.* 168 ; 271 ; 334 ; 415 ; 439 ; 448 ; 512 ; 515 ; 531 ; 540 ; 577 ; 592 ; 649 ; 654 ; 655 ; 664 ; 665 ; 669 ; 680 ; 702 ; 708 ; 722 ; 765 ; 788 ; 801 ; 812 ; 820 ; 835 ; 871 ; 877 ; 880 ; 901 ; 909 ; 914 ; 932 ; 976 ; 983 ; 1000 ; 1001 ; 1042 ; 1059 ; 1071 ; 1074 ; 1095.

8. ι initial *Leid.* 41 ; 46 ; 56 ; 64 ; 65 ; 69 ; 79 ; 96 ; 97 ; 117 ; 141 ; 150 ; 178 ; 182 ; 215 ; 329 ; 383 ; 409 ; 429 ; 454 ; 478 ; 479 ; 483 ; 495 ; *Holm.* 47 ; 142 ; 150 ; 151 ; 189 ; 200 ; 213 ; 219 ; 220 ; 224 ; 235 ; 253 ; 262 ; 263 ; 265 ; 268 ; 298 ; 301 ; 318 ; 354 ; 361 ; 408 ; 415 ; 437 ; 441 ; 488 ; 489 ; 519 ; 533 ; 557 ; 594 ; 729 ; 731 ; 776 ; 798 ; 1031 ; 1047 ; 1082 ; 1111.

9. ι intérieur en hiatus *Leid.* 84 ; 380 ; 387 ; 561 ; *Holm.* 108 ; 143 ; 148 ; 193 ; 337 ; 477 ; 700 ; 733 ; 740 ; 812.

10. ι final *Leid.* 526.

Il utilise fréquemment l'apostrophe pour marquer l'élision[1], et aussi entre deux τ qui se suivent[2].

La paragraphos apparaît occasionnellement dans *Leid.*[3], mais régulièrement dans *Holm.* où elle sert à séparer deux recettes[4]. Dans *Holm.*, une vignette sépare deux sections de l'ouvrage[5].

Le scribe utilise assez constamment un certain nombre d'abréviations. A part $\overset{E}{M}$ pour μέρος[6] et les signes de mesure sur lesquels nous reviendrons, il abrège ἡμέρα ($\overset{M}{H}$[7], plus rarement HM[8], H[9], $\overset{H}{M}$[10]) νύξ ([11]) ὥρα ([12]) et *καὶ* (ϗ [13]). Enfin, certains mots sont abrégés par suspension[14] ou par contraction[15] avec titulus.

On trouve une fois le signe astrologique de l'or et de

1. Apostrophe *Leid.* 106 ; 117 ; 172 ; 249 ; 264 ; 302 ; 521 ; 534 ; 553 ; *Holm.* 16 ; 42 ; 49 ; 50 ; 56 ; 241 ; 459 ; 547 ; 780 ; 792 ; 804 ; 843 ; 849 ; 854 ; 857 ; 1113 ; 1114.
2. Apostrophe entre deux τ *Holm.* 19 ; 33 ; 737 ; 815 ; 1020.
3. Paragraphos *Leid.* 128-129 ; 361 ; 371 ; 411 ; 423 ; 578 ; 581.
4. On la trouve pratiquement après chaque recette.
5. Vignette après *Holm.* 604.
6. $\overset{\varepsilon}{M}$: *Leid.* 19 ; 171 ; 172 ; 178 ; 191 ; 207 ; 214 ; 224 ; 226 ; 233 ; 256 ; 367 ; 368 ; 372 ; 373 ; 397 ; 398 ; 399 ; 400 ; 494 ; *Holm.* 22 ; 45 ; 160 ; 161 ; 254 ; 323 ; 328 ; 369 ; 713 ; 967 ; rarement Mε *Leid.* 494. Cf. *CMAG* VIII, n° 714.
7. $\overset{\mu}{H}$: *Leid.* 293 ; 383 ; 523 ; *Holm.* 42 ; 97 ; 124 ; 135 ; 140 ; 152 ; 157 ; 192 ; 223 ; 239 ; 245 ; 259 ; 294 ; 297 ; 300 ; 466 ; 486 ; 490 ; 523 ; 553 ; 559 ; 892 ; 945. Cf. *CMAG* VIII, 84 = 220.
8. *Holm.* 4.
9. H pour ἡμέρας : *Holm.* 316.
10. *Leid.* 418 ; 535 ; *Holm.* 270 ; 399 ; 419 ; 1009.
11. *Leid.* 522 ; *Holm.* 391 ; 523 ; 553 ; 557.
12. *Holm.* 244 ; 263 ; 285 ; 338 ; cf. *CMAG* VIII 86 = 222.
13. *Leid.* 17 ; 122 ; 150 ; 151 ; 180 ; 448 ; *Holm.* 126 ; 573 ; 624 ; 734 ; 740 ; 753 ; 833 ; 869 ; 1028.
14. Abréviations par suspension *Leid.* 93 ; 164 ; 184 ; 218 ; 469 ; 527 ; 568 ; *Holm.* 53 ; 81 ; 106 ; 117 ; 122 ; 138 ; 144 ; 157 ; 229 ; 272 ; 278 ; 329 ; 344 ; 420 ; 435 ; 528 ; 534 ; 610 ; 670 ; 685 ; 692 ; 764 ; 766 ; 807 ; 825 ; 850 ; 891 ; 946 ; 956 ; 981 ; 983 ; 1013 ; 1023 ; 1036 ; 1110. Pour l'abréviation inusuelle C T de *Leid.* 391 voir l'apparat critique de ce passage.
15. Abréviations par contraction *Holm.* 100 ; 193 ; 417.

l'argent, ce qui ne trahit pas nécessairement une appartenance alchimique[1].

De façon générale, le copiste apparaît comme appliqué, mais peu intelligent. Il se corrige souvent par effacement, rature, surcharge, exponctuation, mais semble ne pas comprendre son modèle.

Dans *Leid.*, il a copié deux fois les lignes 126-128 et 131-132, qui se retrouvent telles quelles en 133-136[2]. Dans *Holm.*, ιγ 1-22, sa distraction est plus grave. Il a copié le même passage deux fois, en sorte que ιγ 1-22 = ια 1-22 et ιβ 44-46 = ιγ 23-26. Le mécanisme de la faute est le suivant : en ιβ 46, qui correspondait peut-être à la fin d'une colonne ou d'une page dans le modèle, le scribe s'est arrêté. Quand il s'est remis au travail, il ne savait plus où il en était et a repris en ια 1, qui était sans doute un début de colonne ou de page. Il l'a copié jusqu'à ια 22, qui était peut-être une fin, et s'est seulement aperçu alors de son erreur. Il a recommencé, non pas où il s'était arrêté, mais au début de la recette en copiant une deuxième fois ιβ 44-46. On pourrait en tirer que le modèle avait des pages ou des colonnes de 22 lignes.

Comme le modèle a été copié deux fois, Lagercrantz[3] a relevé entre les deux copies 11 variantes du type πύρωσι-πύρωσιν ; ἰδικῷ-ἰνδικῷ ; ἀποββαίνει-ἀποβαίνειν ; τοῦτο-τοῦτον ; αὐτοῦ-αὐτούς procédant certainement d'une mauvaise lecture d'un modèle plus cursif contenant beaucoup d'abréviations. Il en va de même pour

1. *Leid.* 494. Le signe de l'or ♂ est fréquent dans les manuscrits alchimiques. Cf. Zuretti, *CMAG* VIII n° 8 ; 145 ; 783 ; 952 ; 1084 ; 1169 ; 1254 ; 3273. Le signe de l'argent ☾ est un peu anguleux à cause des fibres, il ressemble à un B. On le trouve dans *CMAG* VIII n° 17 ; 146 ; 158 ; 460 ; 682 ; 785 ; 1255 ; 1276. Ce parallélisme métaux et planètes n'est toutefois pas exclusivement alchimique, cf. notre *Problème des métaux*, p. 151-156. Il est d'origine astrologique, ce qui explique qu'on trouve ♂ pour l'or dans *PGM*, n° 3, l. 298, etc.

2. La deuxième fois, il n'a pas copié 129-130 qui ont l'air d'une addition marginale dans la source.

3. Lagercrantz, p. 71-75.

le court passage copié deux fois dans *Leid.* : à πύρασον (L 131) s'oppose πύρωσον (L 135) qui suggère un original en écriture cursive[1].

Le changement d'écriture semble indiquer une adaptation de sources originellement documentaires aux usages des papyrus littéraires.

On ne peut dire si la même main a transcrit d'autres textes que *Leid.* et *Holm.* Berthelot[2] a fait grand cas de similitudes entre *P. Leid.* X et *P. Leid.* V et W. D'autre part, Preisendanz[3] considère que *P. Leid.* X est de la même main que *P. Leid.* W qui est lui aussi un codex fait de 8 doubles feuilles pliées en feuillets de 150×265 mm. *P. Leid.* W est un recueil exclusivement magique. Il ne nous a pas été possible de vérifier cette hypothèse qui révèlerait dans la personne du scribe une curieuse connexion des préoccupations alchimiques avec la magie.

4. *Langue.*

La langue et l'orthographe des deux papyrus ont été soigneusement décrites par Leemans[4] et par Lagercrantz[5]. Les innombrables barbarismes orthographiques offrent un contraste saisissant avec l'élégance de l'écriture et la minutie du scribe. Le même mot est orthographié de plusieurs façons, ce qui condamne à l'échec la critique d'émendation.

En fait, la plus grande partie de ces confusions provient des habitudes phonétiques du grec parlé en Égypte à l'époque romaine. Elles sont abondamment attestées dans les papyrus documentaires : iotacisme (confusions ει, ι, η, υ, οι), étacisme (ε, η, αι), confusion

1. De même en *Holm.* 986 καθαρῶς διάστημα est une mauvaise lecture pour κατὰ διάστημα dans un original cursif avec des abréviations.
2. Berthelot, *Origines*, p. 84 sq. ; *Introduction*, p. 8 sq. ; 21.
3. *PGM* II, p. 86 n° XIII.
4. Leemans, *Papyri Graeci*, t. II, p. 200-201.
5. Lagercrantz, p. 78-87.

entre brève et longue (ο, ω), entre simple et géminée (σ, σσ), entre sourde et sonore (κ, γ), voyelles d'anaptyxe[1]. Un plus petit nombre de fautes consiste en simples bourdes du scribe, omissions ou interversions de lettres.

La responsabilité de ces inconséquences incombe pour une part aux modèles, dont on a vu qu'ils étaient cursifs et abrégés. Mais il existe des variantes orthographiques entre les deux copies de la même page (ια-ιγ). Le scribe serait-il doué pour la calligraphie mais non pour l'orthographe? Il semble plutôt qu'il n'ait rien fait pour améliorer et uniformiser ce qu'il trouvait dans son modèle et qu'il ait écrit sans égard à l'orthographe. Ce genre de littérature est plus qu'un autre, sujet à corruption en cours de tradition. Décapée de ses scories orthographiques, la langue est simple et facile. Des opérations et des substances identiques sont désignées par les mêmes termes, ce qui confère au style une certaine monotonie. C'est le style de la prose technique, tel qu'on le trouve par excellence chez un Dioscoride. Enfin, le vocabulaire ne semble posséder aucun des *Decknamen* répandus en alchimie[2].

5. *Composition.*

Le papyrus de Leyde comprend 99 recettes chimiques et 10 articles tirés de Dioscoride décrivant des minéraux qui interviennent dans les opérations, le papyrus de Stockholm 159 recettes ou plutôt 155, car il y en a 4 dans la page copiée deux fois[3]. Les recettes sont en

1. Ces traits paraissent toutefois insuffisants pour affirmer (Lagercrantz, p. 85) que le scribe est égyptien.

2. A ce sujet, voir E. O. von Lippmann, *Entstehung* II, 69-70 s.v. *Decknamen* ; M. P. Crosland, *Historical studies in the language of chemistry*, London, 1962, p. 1-53.

3. Pour respecter la disposition matérielle du texte, elles ont toutefois reçu un numéro. Notre numérotation n'est pas la même que celle de Berthelot et de Lagercrantz.

vrac et on ne peut délimiter que quelques grandes sections.

Dans *Leid.*, les articles 1-88 juxtaposent, sans ordre, des recettes relatives à l'or, à l'argent, à l'écriture de ces deux métaux. Les articles 89-99 (soit 11 recettes) ont trait à la teinture des étoffes.

Holm. s'ouvre par 9 recettes relatives à l'argent. Les articles 10-88 traitent des pierres. Une vignette sépare cette section des chapitres 89-159, relatifs aux étoffes. L'ordonnance des matériaux apparaît donc plus confuse dans *Leid.* Le désordre du texte exclut toute tentative de reconstituer son modèle en comptant les lignes des différentes sections[1].

Dans les deux papyrus, un certain nombre de recettes apparaissent deux fois ou davantage. Comparées, les deux versions présentent des similitudes de formulation suffisantes pour exclure une concordance purement technique due au hasard[2], mais des variantes trop importantes pour qu'il s'agisse de deux copies du même texte. Ainsi, par exemple, une version peut être plus développée que l'autre, ajouter des détails ou décrire *in extenso* les étapes que la première se borne à esquisser.

Ainsi, dans *Leid.*

1 = 23 = 80	27 = 46 = 75
5 = 84	30 = 32
8 = 39	33 = 51 = 69 = 76
9 = 17 = 28	43 = 62
15 = 85	65 = 78
16 = 86	67 = 74
26 = 84	70 = 71

1. Voir toutefois Lagercrantz, p. 92-96.

2. Dans certaines autres, les opérations sont présentées d'une autre manière pour l'auteur ancien (p. ex. l'ordre varie), mais cela revient au même pour le chimiste moderne. Par exemple, *Holm.* 11 = 61 ; *Holm.* 25 = 60 ; *Holm.* 27 = 28 ; *Holm.* 40 = 51 ; *Holm.* 53 = 66.

Dans *Holm.*

34 = 42	47 = 63
36 = 57	54 = 67
37 = 72	101 = 104 = 134 = 154
38 = 69	112 = 159
39 = 75	115 = 128
40 = 68	121 = 136
43 = 88	135 = 155

Ces répétitions peuvent même se produire d'un texte à l'autre, pour les matières communes, l'argent et les étoffes :

argent	*Leid.* 3	= *Holm.*	4	cfr ± *Leid.* 40
	6-7	=	7-8	
	8	=	3	
	10	=	5	
	12	=	6	cfr ± *Holm.* 1
étoffes	*Leid.* 89	= *Holm.*	147	
	93	=	154	
	94	=	155	

Cette coexistence de versions longues et de versions brèves n'a pas seulement une grande importance pour la compréhension des recettes. Elle apporte des indications sur la nature des textes, qui apparaissent comme des compilations faites à partir de sources diverses dont le contenu était partiellement identique. Ce trait fondamental, constant dans toute la littérature des recettes jusqu'à l'époque moderne, rend très difficile la recherche des originaux. Ces compilations appartiennent à la catégorie de textes vivants, dont la tradition manuscrite procède par constante agglutination.

Les recettes sont simplement juxtaposées. Elles ont un titre, généralement constitué d'un substantif verbal abstrait (ποίησις, βαφή, etc.) et d'un complément au génitif (ἀσήμου, πορφύρας). Lagercrantz a démontré que les titres ont été refaits d'après les premiers mots du texte et que dans certains cas, ils ne conviennent pas au contenu[1]. Ils représentent donc des additions faites

1. Lagercrantz, p. 121-130.

par le compilateur ou l'un de ses prédécesseurs. Une recette qui tend au même but que la précédente est coordonnée par ἄλλο. Cet usage est commun dans les papyrus médicaux[1] et les traités de pharmacopée[2]. Il s'est maintenu dans la littérature moderne des recettes où l'on trouve souvent « autre », « autrement ».

Le seul lien qui existe d'une recette à l'autre consiste dans un certain nombre de rappels ou de renvois à ce qui précède ou à ce qui suit. Quand on cherche le passage en cause, on ne le trouve pas ou on le trouve à une place inattendue, voire dans l'autre papyrus. C'est que la référence n'est pas à l'ordre actuel des recettes, mais à celui qu'elles avaient dans les sources[3].

La structure des recettes elles-mêmes (τάξεις)[4] est simple. On y retrouve les deux types fondamentaux que C. Fabricius a définis dans les ouvrages pharmacologiques de Galien, les recettes détaillées *(Vollrezepte)* et les recettes abrégées *(Kurzrezepte)*[5]. Dans les premières, les quantités des ingrédients et la marche à suivre sont indiquées. Dans les secondes, les ingrédients sont seulement cités, la marche à suivre est esquissée ou omise et le reste est laissé à l'ingéniosité de l'opérateur. De toute façon, les opérations qui vont de soi ne sont pas indiquées[6].

L'expression est formulaire. On trouve d'abord le participe aoriste λαβών suivi des ingrédients, puis les

1. V. Gazza, *Prescrizioni mediche nei Papiri dell' Egitto greco-romano*, *Aegyptus* 35 (1955), p. 103-104.

2. Cf. D. Goltz, *Studien zur altorientalischer und griechischer Heilkunde. Therapie. Arzneibereitung. Rezeptstruktur*, (*Sudhoffs Archiv*, Beiheft 16), Wiesbaden, 1974.

3. Voir Lagercrantz, p. 115-121.

4. *Holm.* 61. Sur ce terme, qui sera très employé en alchimie, voir I. Hammer-Jensen, *Die älteste Alchymie*, Copenhague, 1921, p. 84.

5. C. Fabricius, *Galens Excerpte aus älteren Pharmakologen*, Berlin-New York, 1972, p. 24-30.

6. De même dans les instructions modernes pour le maniement d'appareils électriques, on n'indique jamais qu'il faut brancher le courant.

opérations à l'impératif, rarement à l'indicatif[1] ou à l'infinitif[2]. Des participes aoristes indiquent des retours en arrière, c'est-à-dire des opérations préparatoires qui doivent avoir été faites pour tel moment du processus. Enfin, on trouve souvent à l'indicatif futur, une mention élogieuse du résultat qui se produira[3].

6. *Métrologie.*

Les manuels modernes de chimie quantifient avec précision les ingrédients. Ce n'est pas le cas des papyrus, où les quantités ne sont généralement pas indiquées. Quand elles le sont, leur usage correspond aux systèmes en cours dans la partie orientale de l'Empire, qui sont bien décrits dans un fragment des *Cestes* de Julius Africanus[4]. Le parallèle apparaît d'autant plus pertinent qu'Africanus est utilisé dans le *P. Holm.*

A. *Quantités pondérales.*

Elles sont le plus souvent formulées en parties (μέρος abréviation $\overset{\varepsilon}{\text{M}}$[5]) ou en proportions, égalité (ἴσον[6], ἰσόσταθμον, ἰσοστάσιος[7]) multiples (δύο μέρη πρὸς ἕν[8],

1. Lagercrantz, p. 131-133.
2. *Holm.*, recettes 109-110-111, qui ont certainement la même source.
3. Lagercrantz, p. 133-136.
4. J. R. Vieillefond, *Les « Cestes » de Julius Africanus. Étude sur l'ensemble des fragments avec édition, traduction et commentaires* (Publications de l'Institut français de Florence, 1re série, nº 20), Paris-Firenze, 1970 p. 266-275 (on cite la ligne du fragment).
5. $\overset{\varepsilon}{\mu}$ *Leid.*, 51, 52, 171, 172, 178, 191, 192, 207, 214, 224, 226, 233, 256, 263, 367, 372, 373, 397, 398, 399, 400, 494. *Holm.*, 45, 107, 160, 161, 254, 262, 323, 713. μέρος *Leid.*, 19, 234, 245, 257, 367, 368. *Holm.*, 34, 35, 328, 369, 488, 607, 900, 901, 966. Sur l'abréviation, F. Hultsch, *Metrologicorum scriptorum reliquiae*, t. I, *Scriptores Graeci*, p. 170 et p. 244, l. 3 (Pseudo-Galien), et 249, l. 19 τῷ δὲ μ ἐπικείμενον ε μέρος δηλοῖ, $\overset{\varepsilon}{\mu}$.
6. ἴσον ἴσῳ, *Leid.* 117, 156 ; τὸ ἴσον (τὰ ἴσα), *Leid.* 178, 429 ; *Holm.* 488, 489.
7. ἰσόσταθμον, ἰσοστάσιος, *Leid.* 478, 483 ; *Holm.* 235, 268, 731.
8. δύο μέρη πρὸς ἕν, *Leid.* 245-246.

τριπλοῦν[1], τριπλάσιον[2], τετραπλοῦν[3]) ou fractions (τῇ μνᾷ ἡμιμναῖον[4], τὸ τρίτον[5], τὸ τέταρτον[6], τὸ ὄγδοον[7], τὸ δέκατον[8]). On trouve pour ἥμισυ les signes <[9] et ſ[10]. Ou encore le poids est indiqué de façon très vague[11].

Lorsqu'il y a référence à un système pondéral, on retrouve les systèmes employés en Égypte à l'époque romaine.

Le talent (τάλαντον) est employé une seule fois[12]. Il comprend 60 mines[13] que l'on trouve souvent employées, soit en toutes lettres[14], soit par l'abréviation $\overset{N}{M}$[15]. La mine contient 25 statères[16] que l'on trouve en toutes lettres[17]. Leemans considère que l'abréviation ϟ[18] désigne le statère. Lagercrantz[19] objecte qu'il faut un

1. τριπλοῦν, *Leid.* 227 ; τριπλῆ, *Holm.* 343.
2. τριπλάσιον, *Holm.* 838-839, 853.
3. τὸ τετραπλοῦν, *Holm.* 982.
4. τῇ μνᾷ ἡμιμναῖον, *Leid.* 341 ; *Holm.* 1117.
5. τὸ τρίτον, *Holm.* 580, 582.
6. τὸ τέταρτον, *Leid.* 75, 474.
7. τὸ ὄγδοον, *Leid.* 105 (peut-être 1/8 mine).
8. τὸ δέκατον, *Holm.* 324.
9. *Holm.* 45 μέ(ρος) < ; 280 μέ(ρος) < — L. Sur le sigle cf. Bilabel, art. *Siglae* dans *RE* II A 2 (1923) col. 2279-2315.
10. *Holm.* 590 ὁλκῆς ſ̄ ; 591 ὁλκῆς ſ - ; 592 κοτύλας (lire κοτύλης) ſ̄. A remarquer que les trois seules attestations du sigle sont dans la même recette. Le sigle se trouvait peut-être dans le modèle. A remarquer aussi dans trois cas la barre horizontale à côté du sigle.
11. ὡς κέγχρον, *Leid.* 221 ; μικρόν, *Leid.* 573 ; βραχύ, *Holm.* 122 ; τὸ ἱκανόν, *Holm.* 263 ; τὸ ἀρκοῦν, *Holm.* 513 ; ὀλίγον, *Holm.* 998, 1040 ; ὅσον κυάμου Αἰγυπτίου, *Leid.* 462.
12. *Holm.* 778.
13. Africanus, 8.
14. μνᾶ, *Leid.* 157, 338 ; *Holm.* 620, 661, 670, 671, 672, 694, 707, 809, 834, 862, 917, 918, 938, 1089, 1117.
15. $\overset{N}{M}$ *Leid.* 56, 81, 82, 441, 516. Absent de *Holm.* Sur l'abréviation Africanus, l. 87 τῆν δὲ μνᾶν τῷ μ ἐπικείμενον ἔχοντι τὸ ν : cf. Hultsch, t. I, p. 220, l. 18.
16. Africanus, l. 9.
17. στατήρ, *Leid.* 348 ; *Holm.* 677, 751, 1074.
18. ϟ *Leid.* 103, 109, 110, 111, 319, 320, 334, 349, 401, 402, 413, 414, 415, 424, 441, 442, 444, 445, 450, 451, 453 ; *Holm.* 511, 512, 561, 562, 590, 591, 595, 681, 753, 872, 885, 886.
19. Lagercrantz, 64 et 66.

nom féminin à cause de l'article ταῖς en *Leid.* 450 (mais ce ne serait pas la seule inconséquence du scribe) et d'autre part que le sigle est bien attesté dans les papyrus pour désigner la drachme[1]. En fait, le sigle apparaît réservé à un certain nombre de recettes où il est constant. En *Leid.* 348, στατήρ est écrit en toutes lettres et on peut supposer que ϟ de *Leid.* 349 est la même mesure. Par ailleurs, on trouve dans la même phrase (*Leid.* 333-335) le sigle ϟ et le sigle < qui, lui, est bien connu pour représenter la drachme[2]. Nul doute que, ici du moins, le scribe n'ait recouru au même sigle pour désigner la même unité pondérale. On développera donc ϟ en στατήρ ou στατῆρες.

Le statère comprend 4 drachmes[3] que l'on trouve rarement en toutes lettres[4]. Le plus souvent, elle est désignée par le Λ tourné à 90 degrés <[5]. On rencontre parfois pour δραχμή le synonyme ὁλκή[6]. Le statère d'or contient quatre quarts[7], mesure qui est employée une fois dans *Leid.*[8].

La drachme à son tour contient 6 oboles[9] que l'on trouve soit en toutes lettres[10], soit sous la forme du trait horizontal (iota couché)[11]. La drachme contient

1. Bilabel, art. *Siglae,* dans *RE* II A 2 (1923) col. 2306.
2. Cf. *infra.*
3. Africanus, l. 9-10.
4. δραχμή, *Leid.* 482 (δράκα).
5. < *Leid.* 23, 24, 26, 27, 32, 33, 45, 46, 57, 66, 75, 76, 79, 80, 158, 159, 161, 183, 197, 237, 238, 264, 333, 391, 460, 464, 468 ; *Holm.* 62, 181, 229, 237, 280, 619, 937, 1099, 1100, 1102, 1103. Sur l'abréviation, Africanus, l. 91-92 πλάγιον δὲ λάμβδα ἐπὶ τὰ δεξιὰ τὰς κεραίας ἔχον δραχμὴν ποιεῖ (<) ; Hultsch, t. I, p. 207, l. 14-16.
6. ὁλκή, *Leid.* 458 ; *Holm.* 332 ; 335 (δωδέκατον ὁλκῆς) ; 590 ; 1076. Sur la synonymie, Hultsch, *Scriptores,* I, 207, 15-16.
7. Africanus, l. 31.
8. *Leid.* 377.
9. Africanus, l. 11.
10. ὀβολός, *Holm.* 81, 677 ; τριώβολον, *Holm.* 562.
11. —, *Leid.* 335 ; *Holm.* 591. Sur cette abréviation, Africanus, l. 95 ; Hultsch, *Scriptores,* I, p. 207, l. 9-10 ἡ ἀπερίστικτος ἁπλῆ γραμμή τις οὖσα πλαγία — δηλοῖ κατὰ πάντα ὀβολόν.

18 κεράτια ou siliques[1], mesure introduite à partir de Constantin[2] et attestée dans nos papyrus[3].

Enfin, diverses fractions de la mine sont utilisées (1/2, 1/4, 1/10, 1/16, 1/32)[4].

D'autre part, les papyrus utilisent peut-être la livre romaine en abrégé[5]. Elle contient 12 onces[6], que l'on trouve dans *Holm.* en entier[7] ou en abrégé[8]. *Leid.* emploie enfin deux fois dans la même recette (*Leid.* 391) le sigle P qui désigne certainement une valeur pondérale mais dont la valeur nous échappe.

Les systèmes grec et romain étaient compatibles, comme on peut le voir par le tableau suivant, fondé sur les indications de l'Africain[9].

talent......	1				
mine.......	60	1			
statère.....	1 500	25	1		
drachme....	6 000	100	4	1	
obole......	36 000	600	24	6	1
keration....	108 000	1 800	72	18	3

1. Africanus, l. 43-44.
2. F. Hultsch, *Griechische und römische Metrologie*, 2e éd., Berlin, 1882, p. 150.
3. *Leid.* 379, 382, 385 (recette d'encre dorée).
4. δεκατόν (*Leid.* 101), ἑκκεδέκατον (*Leid.* 102), τριακοστόδυον (*Leid.* 102), ἡμιμναῖον (*Leid.* 341 ; *Holm.* 670, 834, 852, 1117) μέρος τέταρτον τῆς μνᾶς (*Holm.* 823, 841).
5. *Leid.* 389 et 391 ↑ ↗ cf. Africanus, 89 τὴν δὲ λίτραν τῷ λάμβδα ἐγκείμενον ἔχοντι ἢ παρακείμενον τὸ ἰῶτα (⩚ Λι). Cf. V. Gardthausen, *Griechische Palaeographie*, II, 2e éd., Leipzig, 1913, p. 342 ; Bilabel, *Siglae*, col. 2306.
6. Africanus, 42.
7. ὀγκία, *Holm.* 243 ; 1102.
8. ὀγ(κία) *Holm.* 68, 70, 72, 1098, 1099. Sur l'abréviation, voir Africanus, l. 90. τὴν ὀγκίαν δὲ τῷ γάμμα ἐπικείμενον ἢ ὑποκείμενον ἔχοντι τὸ ο (Γ̊, Γο). Hultsch, *Scriptores*, I, p. 207, l. 16-18 τὸ δὲ γάμμα κατὰ τὸ πέρας ἔχον τῆς ἑαυτοῦ πλαγίας προσκείμενον ο, Γο, οὐγγίαν ; p. 220, l. 16-17 τὸ δὲ γ ἔχον ἐν ταῖς ἑαυτοῦ γωνίαις τὸ ο οὐγγίαν δηλοῖ, Γο ; p. 243, l. 24-244, l. 2 τὴν δὲ οὐγγίαν τὸ Γ ἔχον ὑποκείμενον ἢ ὑπερκείμενον τὸ ο, Γο, γ̊. παρ' ἐνίοις δὲ εὗρον οὐγγίαν τῷ ν ἐπικείμενον τὸ ο, ν̊.
9. Africanus, l. 8-12 et 41-44.

livre.......	1				
once.......	12	1			
statère.....	24	2	1		
drachme....	96	8	4	1	
obole......	516	48	6	16	1
keration....	1 728	144	18	48	3

La seule différence entre les deux systèmes est que, comme le remarque l'Africain, la livre contient 24 statères et la mine 25[1]. La métrologie reflète donc l'usage de l'Égypte impériale où la métrologie romaine s'est superposée au système gréco-égyptien[2]. Il est toutefois impossible de dire si la base du système des papyrus est la drachme « alexandrine » de 3,63 g ou la drachme « romaine » de 3,37 g.

Enfin, c'est parfois l'opérateur lui-même qui doit évaluer les quantités. Certains mélanges se font πρὸς ὀφθαλμόν c'est-à-dire à l'estime.

B. *Mesures de capacité.*

Les recettes de teinture de *Holm.* emploient des mesures liquides, qui sont formulées en toutes lettres. Leurs rapports peuvent s'établir grâce au même texte d'Africanus[3].

1. Africanus, l. 39-40.
2. Cf. A. Segré, *Metrologia e Circolazione monetaria degli antichi*, Bologna, 1928, p. 47-51.
3. Africanus, l. 52-60, 70.

métrète[1].............	1				
χοῦς[2]................	8	1			
χοῖνιξ[3]...............	24	3	1		
ξεστής (setier)[4]........	48	6	2	1	
κοτύλη[5]..............	96	12	4	2	1
κύαθος[6]..............	576	72	24	12	6

C'est également le système romain d'Égypte[7].

7. *Date*.

De tels documents sont difficiles à dater d'après l'écriture, car leur belle onciale est peu caractéristique. Reuvens hésite entre l'époque constantinienne et une date plus ancienne[8]. Leemans les situe à la fin du IIIe s. ou au début du IVe[9], Berthelot à la fin du IIIe[10], Lagercrantz au plus tard au IVe[11], Schubart dans la première moitié du IVe[12], Preisendanz au milieu du IVe[13], E. G. Turner à l'époque constantinienne[14].

1. μετρητοί *Holm.* 780.
2. χοεῖς *Holm.* 663, 669, 833, 851.
3. χοίνικα *Holm.* 662, 869 ; χοίνικος τέταρτον *Holm.* 824, 1118.
4. ξεστής, *Holm.* 578, 1100.
5. κοτύλη *Holm.* 333 ; κοτύλης ἥμισυ *Holm.* 591 ; 678 ; 681 ; 752 ; 918 ; 970 ; 1074 ; 1103. L'abréviation κο qui mesure l'huile dans *Holm.* 244 est usuelle pour le cotyle (Hultsch, *Scriptores*, t. I, p. 170 ; 249, l. 16 ; 256, l. 4, 6, 11). L'abréviation κ̇ qui sert dans *Leid.* 197 à mesurer du cuivre et de l'étain est difficile à interpréter. Il peut s'agir de cotyles si le métal est en grains, sinon abréviation inusuelle de κεράτιον.
6. *Holm.* 82.
7. Segrè, *Metrologia*, p. 29-47.
8. Reuvens, *Lettres*, III, p. 66 (époque constantinienne ou un peu plus récente) ; p. 162 (un peu plus ancien) ; Tableau des principaux papyrus grecs et démotiques (à la fin, non paginé) nº 40 (200 ap. J.-C.).
9. Leemans, p. 199.
10. Berthelot, *Archéologie et histoire des sciences*, p. 266.
11. Lagercrantz, *Papyrus Graecus Holmiensis*, p. 54.
12. W. Schubart, *Griechische Paläographie*, München, 1925, p. 139-140.
13. K. Preisendanz, *Papyri Graecae Magicae*, t. II, Leipzig-Berlin, 1931, p. 56 et 86, par comparaison avec *Leid* V.
14. E. G. Turner, Communication privée.

Le contenu du texte fournit peu d'indices permettant de recouper les présomptions paléographiques. Le papyrus de Stockholm cite les *Cestes* de Julius Africanus publiés vers 230[1]. Sur la base du vocabulaire, C. Wessely considère *Leid.* comme postérieur à Dioclétien[2], mais ce n'est pas sûr. En revanche, l'emploi systématique d'ἄσημος « argent sans marque »[3] pour désigner l'argent dans *Leid.* est peut-être une précaution à l'égard de la législation sur la fausse monnaie, qui est renforcée au début du IVe siècle[4]. Dans ces conditions, on peut assigner *Leid.* et *Holm.* à l'époque de Constantin.

Cette datation possède une certaine importance historique. Les deux papyrus sont contemporains du premier alchimiste datable avec certitude, Zosime de Panopolis[5]. D'autre part, une tradition conservée par les *Actes de Saint Procope* (IVe s.)[6] et par le chroniqueur Jean d'Antioche (VIIe s.)[7] rapporte que, lors de la

1. J. R. Vieillefond, *Les « Cestes » de Julius Africanus*, p. 61-64.

2. C. Wessely, *Chrysographie, Wiener Studien* 12 (1890), p. 263 et n. 7, à cause du mot νόμισμα pour désigner la monnaie, qui serait postérieure à Dioclétien. Mais ce n'est pas sûr. La métrologie semble indiquer une période voisine.

3. Cf. *infra*, § 10.

4. *Code Théodosien*, IX, 21, 1 (loi de Constantin, 18 mars 319) ; *Code Théodosien*, IX, 21, 2 = *Code Justinien*, IX, 24, 1 (loi de Constantin, 20 novembre 321) ; *Code Theod.*, IX, 21, 3 = *Code Just.*, IX, 24, 2 (6 juillet 326) ; *Code Theod.*, IX, 21, 4 (4 mai 329). A noter aussi *Code Theod.*, IX, 21, 6, qui interdit de purifier les monnaies d'argent du cuivre qu'elles contiennent pour obtenir un alliage supérieur aux alliages d'État. Cf. E. Babelon, *Traité des monnaies grecques et romaines*, I, 1, Paris, 1901, col. 965-966.

5. Sur la date de Zosime, voir M. Plessner, art. *Zosimus* dans *DSB*, 14 (1976), p. 631-632.

6. *Actes de Saint Procope, Acta Sanctorum*, 8 juillet (t. II, 1721, p. 557 F), § 4. Ces *Actes* sont tenus pour *sincera* par les Bollandistes. La version conservée est du VIIIe s. mais elle remonte à un texte qui serait du temps de Julien selon Baronius.

7. Jean d'Antioche, frg. 165 Müller (*FHG*, IV, p. 601) = *Excerpta de virtutibus et vitiis* I, p. 196 Büttner-Wobst et Roos. Le récit est passé dans la Souda, Δ 1156 s.v. Διοκλητιανός et X 280 s.v. χημεία. Sur Jean d'Antioche et ses sources, voir H. Hunger, *Die hochsprachliche profane Literatur der Byzantiner*,

répression de la révolte de l'Égypte, Dioclétien détruisit leurs anciens ouvrages περὶ χημείας χρυσοῦ καὶ ἀργύρου pour empêcher les Égyptiens d'en tirer richesse. L'authenticité du témoignage est généralement admise[1], et les faits se situent en 296[2]. Il faut peut-être le mettre en rapport avec l'usage romain de brûler les livres de magie[3], mais surtout avec la fermeture de l'atelier monétaire d'Alexandrie et les réformes économiques[4]. Nos papyrus, qui semblent être des copies de bibliothèque, ont peut-être été faits sur un ou des modèles rescapés de cet autodafé, et que par suite on savait être devenus très rares.

8. *Le contenu: technique ou alchimie?*

Dès leur découverte, les papyrus de Leyde et de Stockholm ont fait l'objet d'âpres controverses. Leur contenu porte sur l'imitation de l'or, de l'argent, des pierres précieuses et de la pourpre. Mais s'agit-il de

Bd. 1, München, 1978, p. 326-328. Il se peut que Jean d'Antioche ait utilisé les Actes eux-mêmes, ou encore que ce récit, sorte d'introduction qui n'a rien à voir avec la vie du Saint, soit interpolée de Jean d'Antioche dans les *Actes*, ou enfin que les deux textes aient utilisé une même source, par exemple Panodore, moine égyptien du temps d'Arcadius.

1. Voir E. O. von Lippmann, *Entstehung und Ausbreitung der Alchemie*, t. I, Berlin, 1919, p. 288-293. Toutefois, I. Hammer-Jensen, *Die älteste Alchymie*, Copenhague, 1921, p. 78-79 et L. Thorndike, *A History of Magic and Experimental Science*, t. I, New York, 1923, p. 194-195 le considèrent comme légendaire.

2. M. Besnier, *Histoire romaine*, t. IV, 1, Paris, 1937, p. 295 ; W. Seston, *Dioclétien et la tétrarchie*, t. I, Paris, 1946, p. 143-156 ; A. H. M. Jones, *The later Roman Empire 284-602*, t. I, Oxford, 1964, réimpr. 1973, p. 39.

3. *Cod. Theod.*, IX, 16, 2 ; Paul, V, 23 *Ad Legem Corneliam*. Dioclétien lui-même avait proscrit en 294 l'art des *mathematici* (*Cod. Just.* IX, 18, 2).

4. Voir par exemple les mesures de *Cod. Theod.* IX, 21. Selon W. Seston, *o. l.*, p. 155-156, la proscription de l'alchimie, art d'Ostanès, était peut-être aussi dirigée contre les Sassanides, qui avaient soutenu l'insurrection.

carnets d'artisan, à but technique, ou de traités d'alchimie ?

Berthelot n'a pas levé cette équivoque. Il écrit[1] : « Étrange destinée de ces papyrus ! ce sont les carnets d'un artisan faussaire et d'un magicien charlatan, conservés à Thèbes probablement dans un tombeau, ou, plus exactement, dans une momie. Après avoir échappé par hasard aux destructions systématiques des Romains, à des accidents de tout genre pendant quinze siècles, et, chose plus grave peut-être, aux mutilations intéressées des fellahs marchands d'antiquités, ces papyrus nous fournissent aujourd'hui un document sans pareil pour apprécier à la fois les procédés industriels des anciens pour fabriquer les alliages, leur état psychologique et leurs préjugés mêmes relativement à la puissance de l'homme sur la nature. La concordance presque absolue de ces textes avec certains de ceux des alchimistes grecs vient, je le répète, appuyer par une preuve authentique ce que nous pouvions déjà induire sur l'origine de ces derniers et sur l'époque de leur composition. En même temps la précision de certaines recettes communes aux deux ordres de documents, recettes applicables encore aujourd'hui et parfois conformes à celles des Manuels Roret, opposée à la chimérique prétention de faire de l'or, ajoute un nouvel étonnement à notre esprit. Comment nous rendre compte de l'état intellectuel et mental des hommes qui pratiquaient ces recettes frauduleuses destinées à tromper les autres par de simples apparences, et qui avaient cependant fini par se faire illusion à eux-mêmes, et par croire réaliser, à l'aide de quelque rite mystérieux, la transformation effective de ces alliages semblables à l'or et à l'argent en un or et en un argent véritables ? ».

A lire Berthelot, il est impossible de dire si les papyrus représentent déjà l'alchimie, ou encore la technique dans laquelle l'alchimie ira puiser. Mais avant tout, il convient de revenir sur la notion de falsification.

1. Berthelot, *Introduction*, p. 5-6.

L'idée que les alchimistes sont simplement des faussaires pris à leur propre piège procède d'une confusion qui ne va pas de soi, entre imitation et falsification. Comme l'écrit un praticien moderne de la bijouterie de fantaisie[1] : « La falsification a pour but de tromper l'acheteur sur la nature même de la marchandise : un saphir blanc ou un brillant d'alumine sont des falsifications quand ils sont proposés à la vente comme étant du diamant véritable. L'imitation a pour but de démocratiser la figuration des belles choses : un saphir blanc ou un brillant d'alumine sont des imitations, quand on les propose à l'acheteur en lui disant que, quoiqu'ils ne soient pas du diamant, leur éclat est comparable à celui du diamant véritable. Il y a dans ces actes de vente une franchise ou une déloyauté évidentes, qui n'atteignent pas le produit mais la conscience du vendeur ».

On sait que dès l'époque hellénistique s'est développée une industrie visant à fournir des *ersatz* de biens précieux (poterie, métal, étoffes) à une petite bourgeoisie qui avait de grandes prétentions, mais de petits moyens[2]. On admet, d'autre part, que l'alchimie est née, on ne sait trop comment, de la rencontre de cette industrie et d'une doctrine, mélange de philosophie grecque et de rêveries mystiques[3]. La question se pose alors de savoir si les papyrus sont des manuels à l'usage du bijoutier fantaisie (l'alchimie comme art ou l'aurifiction)[4] ou bien des carnets de laboratoire consignant des tentatives de transmutation en rapport avec quelque

1. L. Verleye, *La bijouterie de fantaisie*, Paris, 1926, p. 38.
2. M. Rostovtzeff, *The Social and Economic History of the Hellenistic World*, II, Oxford, 1941, p. 1222-1223. Sur ces techniques en Égypte, voir l'ouvrage classique de A. Lucas, *Ancient Egyptian Materials and Industries*, 4e éd. par J. R. Harris, London, 1962. Elles sont bien évoquées par Thémistius, *Orationes*, 21, p. 247 B Dindorf, II, p. 23 Downey-Norman.
3. A. J. Festugière, *La révélation d'Hermès Trismégiste*. I. *L'astrologie et les sciences occultes*, 2e éd., Paris, 1950, p. 217 sqq.
4. Sur cette différence, voir J. Needham, *Science and Civilization in China*, V, 2, Cambridge, 1974, p. 10.

spéculation sous-jacente (l'alchimie comme philosophie ou l'aurifaction).

Par la suite, les érudits se sont partagés en deux tendances : O. Lagercrantz[1], E. O. von Lippmann[2], H. Diels[3] et récemment J. Lindsay[4] tiennent pour l'alchimie. En revanche, I. Hammer-Jensen a revendiqué avec force leur caractère purement technique[5]. Il est difficile de trancher. On ne connaît pas l'origine des papyrus. C'est gratuitement que Berthelot évoque les ateliers des temples égyptiens et Diels le sarcophage d'un grand-prêtre[6].

La forme du *codex* est consacrée pour les œuvres littéraires, à la différence des documentaires. Il est vrai qu'un codex est plus facile à consulter en cours d'opération, mais les papyrus ne portent aucune trace d'un fréquent usage. Écrits dans une belle *Buchschrift*, les textes paraissent copiés sur des modèles cursifs, ce qui représente une sorte de fixation ou de transposition d'un type d'utilisation à un autre[7]. Ce sont des copies de bibliothèque. En revanche, la langue est raboteuse et

1. Lagercrantz, p. 87-89 et 142-144.

2. E. O. von Lippmann, *Entstehung*, I, p. 25-27.

3. H. Diels, *Eine Inkunabel der Chemie*, *Deutsche Literatur-Zeitung*, 34 (1913), col. 901-906 ; *Antike Chemie*, dans *Antike Technik*, 2e éd., Leipzig, 1920, p. 149.

4. J. Lindsay, *The Origins of Alchemy in Graeco-Roman Egypt*, London, 1970, p. 123.

5. I. Hammer-Jensen, *Deux papyrus à contenu d'ordre chimique*, *Oversigt over det Kgl. Danske Videnskabernes Selskabs Forhandlinger*, 1916, nº 4, p. 279-302 ; *Die älteste Alchymie*, Copenhague, 1921, p. 40-41. C'est aussi l'opinion de P. Brunet, A. Mieli, *Histoire des sciences. Antiquité*, Paris, 1935, p. 995-996 ; R. P. Multhauf, *The Origins of Chemistry*, London, 1966, p. 85 et 92.

6. H. Diels, *Eine Inkunabel*, col. 902 et 905 ; *Antike Technik*, p. 139. Voir les critiques de I. Hammer-Jensen, *Deux papyrus*, p. 295 ; *Die älteste Alchymie*, p. 4. Mais voir aussi le compte rendu de I. Hammer-Jensen par E. O. von Lippmann, *Über chemische Papyri des 3 Jahrhundertes N. Chr.*, *Chemiker Zeitung*, 41 (1917), p. 589-590.

7. Lagercrantz, p. 87-88.

l'orthographe inexistante, comme il convient à un copiste sans instruction[1].

Les textes eux-mêmes ne contiennent aucune considération théorique, aucune allusion qui permette vraiment de trancher.

A propos d'une pourpre très belle, *Holm.* recommande le secret[2], mais c'était la seule façon de conserver la propriété d'un procédé à une époque où les brevets n'existaient pas.

D'autre part, l'auteur prescrit d'utiliser un creuset d'orfèvre[3], de la paille d'orfèvre[4], des charbons[5] et de l'eau ferrée des forgerons[6], du vinaigre et de l'alun de teinturier[7] et d'aller chercher la mousse de guède chez les teinturiers[8]. Cela signifie qu'il n'est ni orfèvre, ni forgeron, ni teinturier. De certaines formules particulièrement efficaces, il précise qu'elles tromperont mêmes les artisans (ὥστε καὶ τοὺς τεχνίτας λαθεῖν)[9]. Cela n'implique ni falsification ni alchimie, car de telles remarques sont encore fréquentes de nos jours dans des recueils de recettes à usage domestique[10]. Cela trahit l'amateur.

Les termes de ποίησις χρυσοῦ, ποίησις ἀργύρου ne doivent pas non plus faire illusion sur les intentions de l'opérateur qui est conscient de travailler dans le toc

1. Hammer-Jensen, *Deux papyrus*, p. 293 ; H. Diels, c. r. de Hammer-Jensen 1916 dans *Deutsche Literatur-Zeitung*, 38 (1917), col. 591-592, est même obligé de supposer que le scribe est un profane qui a fait des extraits de textes alchimiques dans un but pratique.
2. *Holm.* 727-729.
3. *Leid.* 378 χῶνος χρυσοχοϊκός.
4. *Holm.* 175 ἄχυρα χρυσοχοϊκά.
5. *Holm.* 66 ἄνθρακες οἷς οἱ χαλκεῖς χρῶνται.
6. *Holm.* 882 ὕδωρ χαλκέως.
7. *Holm.* 4 ὄξος βαφικόν ; *Holm.* 607 στυπτηρία βαφική.
8. *Holm.* 729 et 736 ἀφρὸν ἰσάτεως παρὰ τῶν βαφέων.
9. *Leid.* 54-55 ; 260-261 ; *Holm.* 26 ; 359.
10. Hammer-Jensen, *Deux papyrus*, p. 285.

puisqu'il emploie φαίνεσθαι[1], δοκεῖν[2], δόλος[3] δολοῦται[4]. Toutefois, il affirme que certaines de ces imitations rejoindront[5] ou dépasseront la réalité[6].

Puisque tout le volet spéculatif de l'alchimie fait défaut, on se trouve donc réduit à chercher dans les recettes elles-mêmes le sens et la destination des textes. Parmi les rares auteurs qui se sont avancés dans le détail de l'interprétation technique, E. R. Caley ne tranche pas la question[7], R. Pfister estime que les recettes de teinture n'ont aucune valeur technique et représentent de purs essais de laboratoire[8], tandis que L. B. Hunt considère les procédés d'orfèvrerie comme artisanaux[9].

En fait, il est extrêmement difficile de distinguer une recette technique d'une recette alchimique[10]. La différence essentielle, la chimérique prétention de transmuter, ne joue qu'au niveau de la conscience de l'opérateur, car sous l'angle strictement technique, comme l'avait bien vu Saumaise[11], les procédés des alchimistes grecs sont des procédés de bijoutier : alliages à bas

1. *Leid.* 240 ; *Holm.* 171.
2. *Holm.* 980.
3. *Leid.* 95.
4. *Leid.* 477.
5. *Holm.* 153 ὅμοιον τῇ φύσει.
6. *Leid.* 457-458 πρὸς ἀλήθειαν κρείσσων ἀσήμου ; *Holm.* 168-169 ὑπὲρ τὸν φυσικόν.
7. E. R. Caley, *The Leyden Papyrus X*, *Journal of Chemical Education*, 3 (1926), p. 1149-1166 ; *The Stockholm Papyrus*, *ibid.* 4 (1927), p. 979-1002.
8. R. Pfister, *Teinture et alchimie dans l'Orient hellénistique*, *Seminarium Kondakovianum*, 7 (1935), p. 1-59. Cf. E. J. Holmyard, *Alchemy*, London, 1957, p. 25.
9. L. B. Hunt, *The oldest Metallurgical Handbook. Recipes of a Fourth Century Goldsmith*, *Gold Bulletin*, 9 (1976), p. 24-31, en se fondant sur un tout petit nombre de recettes de *Leid.*, qu'il n'explique d'ailleurs pas complètement.
10. Cf. Lagercrantz, *Holm.*, 147 « wo die Grenze im einzelnen fällt, wird man nur selten entscheiden können, gering und ungenau wie die Nachrichten von den antiken Handwerken sind ».
11. C. Saumaise, *Plinianae Exercitationes in Caii Julii Solini Polyhistora*, 2e éd., Utrecht, 1689.

titre, dorure ou argenture de métaux vils, vernis imitant l'or et l'argent. Il conviendra donc de replacer les recettes dans leur contexte à la fois technique et intellectuel.

9. *Les ingrédients et les outils.*

Les matières premières minérales, végétales et animales utilisées dans les opérations font toutes partie de la matière médicale commune aux pharmaciens de l'époque impériale et sont décrites dans le manuel classique de Dioscoride περὶ ὕλης ἰατρικῆς (Iᵉʳ s.)[1]. Dans *Leid.* 582-678, le scribe reprend à Dioscoride 10 extraits qui décrivent les minéraux les plus fréquemment employés dans le papyrus. Comme il ne reprend pas leurs propriétés médicinales, ces notices ont une valeur d'aide-mémoire. Elles lui permettent de reconnaître les meilleures variétés parmi toutes celles que l'on trouvait dans le commerce.

Il se faisait en effet un commerce très actif de ces drogues dans toute l'Antiquité[2] et notamment en Égypte, où elles sont bien attestées dans les papyrus médicaux[3]. Un inventaire d'un stock de droguiste, datant de 253, énumère alun, alun lamelleux, melanteria, miltos, misy, ocre, sel[4].

Le lecteur trouvera à la fin du présent volume, un lexique qui lui permettra d'identifier les ingrédients. Il convient toutefois d'insister sur trois réactifs employés avec une particulière fréquence, et qui posent de ce fait des problèmes particuliers : l'alun (στυπτηρία), le vinaigre (ὄξος) et l'urine (οὖρον).

1. Cf. la trad. de J. Berendes, *Des Pedanios Dioskurides Arzneimittellehre*, Stuttgart 1902.

2. Cf. A. Schmidt, *Drogen und Drogenhandel im Altertum*, Leipzig, 1924 ; J. Berendes, *Die Pharmazie bei den alten Kulturvölkern*, Halle, 1891, réimpr. Hildesheim, 1965.

3. Cf. V. Gazza, *Prescrizioni mediche nei papiri dell'Egitto greco-romano II*, *Aegyptus*, 36 (1956), p. 73-114.

4. *P. Oxy.*, 2567.

Les anciens appelaient στυπτηρία *(alumen)* notre alun, c'est-à-dire des sulfates doubles d'aluminium et de métaux alcalins, mais aussi toute espèce de substances dotées de propriétés astringentes, puisque στυπτηρία dérive de στύφω[1]. Ainsi, l'alun lamelleux στυπτηρία σχιστή est un sulfate de fer[2]. L'Égypte produisait de l'alun dans la Petite Oasis, et l'exploitation était assez importante pour faire l'objet d'un monopole d'État à l'époque romaine[3]. Le principal usage de l'alun est de fixer des couleurs, par combinaison de l'alumine avec le sel de base de la couleur. En solution, il peut donner un acide faible. Dans une réaction à chaud, il peut agir par le soufre qu'il contient.

Le vinaigre (ὄξος) est dans l'Antiquité un vin gâté, qui a subi la double fermentation, alcoolique et acéteuse. Aussi, sa composition chimique est-elle malaisée à définir[4], d'autant qu'on le fabriquait aussi à partir de diverses matières végétales[5]. Il ne s'agit donc pas d'acide acétique pur, mais d'une gamme assez vaste d'acides végétaux. L'auteur des papyrus en connaît plusieurs variétés[6] et divers degrés de concentration, car il distingue du vinaigre ordinaire, le δριμύ et le δριμύτατον[7]. L'ὄξος des Anciens a dû comporter des produits plus actifs. On pense par exemple au « vinaigre » employé par Hannibal dans les Alpes[8]. *Leid.* 85 men-

1. D. Goltz, *Studien zur Geschichte der Mineralnamen in Pharmazie Chemie und Medizin von den Anfängen bis Paracelsus*, Wiesbaden. 1972.

2. R. Halleux, *La métallurgie des metaux non ferreux dans l'Antiquité*, thèse, Liège, 1977, t. I, p. 110-111.

3. *BGU* 697. Cf. C. Singer, *The Earliest Chemical Industry. An Essay in the Historical Relations of Economics and Technology illustrated from the Alum Trade*, London, 1948, p. 1-36.

4. H. Stadler, art. *Essig*, RE, VI (1907), col. 689-692 ; J. André, *L'alimentation et la cuisine à Rome*, Paris, 1961, p. 196.

5. Cf. Africanus, *Cestes*, I, 19, 35-61.

6. λευκόν *Leid.* 315 ; *Holm.* 825 ; 892 ; βαφικόν *Leid.* 134 ; *Holm.* 4.

7. *Leid.* 383 ; 484 ; 534 ; *Holm.* 143 ; 184 ; 268 ; 358 ; 495 ; 496.

8. Sur le vinaigre d'Hannibal voir M. Berthelot, *De l'emploi du vinaigre dans le passage des Alpes par Hannibal ainsi que dans*

tionne ὄξος ἀπὸ καθάρσεως χρυσοῦ « vinaigre provenant de la purification de l'or ». On verra que l'affinage de l'or par cémentation avec le sel ou les pyrites pouvait produire un peu d'acide chlorhydrique ou sulfurique. Le concept d'ὄξος ne serait pas loin du concept moderne d'acide.

L'urine (οὖρον) est une source de phosphates alcalins, mais surtout d'ammoniaque[1]. Elle est donc un dégraissant et un solvant très utilisé dans les méthodes antiques de teinture, et peut constituer un décapant des métaux surtout si elle est fermentée (ταριχηρόν)[2]. Les papyrus emploient l'urine de brebis[3], de chameau[4], de jument poulinière[5], d'ânesse[6], qui diffèrent sans doute par la teneur en ammoniaque. Le cas est plus étrange pour l'urine de garçon vierge οὖρον ἀφθόρου (παιδός) que l'on traduit souvent « urine d'impubère »[7]. Berthelot a pensé que l'expression remontait à une confusion avec l'urine non corrompue οὖρον ἄφθορον, confusion favorisée par l'emploi fréquent au génitif partitif. En fait, les papyrus ajoutent presque toujours παιδός, et l'ingré-

la guerre et les travaux de mine chez les anciens dans *La chimie au moyen âge*, t. I, Paris, 1893 réimpr., Amsterdam, 1967, p. 370-395 ; *Lettre à M. E. Havet, Sur l'emploi de vinaigre dans le passage des Alpes par Annibal*, *ibid.*, p. 375-380 ; E. O. von Lippmann, *Kleine Beiträge zur Geschichte der Chemie*, *Chemiker Zeitung*, 1933, p. 433, repris dans *Beiträge zur Geschichte der Naturwissenschaften und der Technik*, II, Weinheim, 1953, p. 78-81 ; A. Deman, A. Paucot, J. J. Mussart, *L'usage du vinaigre par Annibal dans les Alpes*, *Phoibos*, 10-12 (1955-1958, paru 1961), p. 85-96.

1. Berthelot, *Archéologie et histoire des sciences*, p. 301, n. 1 ; A. Binz, *Altes und Neues über die technische Verwendung des Harnes*, *Angewandte Chemie*, 49 (1936), p. 355-360.

2. *Holm.* 22. Sur le processus de ταριχεία, cf. Hammer-Jensen, *Die älteste Alchymie*, p. 67.

3. *Leid.* 499 ; *Holm.* 1047.

4. *Leid.* 504 ; *Holm.* 629.

5. *Holm.* 75.

6. *Holm.* 313 ; 505.

7. οὖρον παιδίου (παιδὸς) ἀφθόρου *Leid.* 374 ; 414 ; *Holm.* 114 ; 196 ; 332 ; 591 ; οὖρον ἀφθόρου *Leid.* 484 ; *Holm.* 1054 ; οὖρον παιδίου *Holm.* 476.

dient est très utilisé en matière médicale[1]. Bien que nul n'ait songé à analyser ce produit, il est douteux que l'urine de garçon vierge possède des propriétés chimiques particulières. Il s'agit là d'un préjugé assez répandu dans l'Antiquité, sur l'efficacité particulière de la virginité[2].

Les substances ne sont pas chimiquement pures. Elles peuvent contenir des impuretés qui modifient le résultat final de la réaction, ce qui rend incompréhensibles les réactions chimiques impliquées dans certaines recettes. Les principes actifs sont généralement dilués et faibles. C'est pourquoi les réactions sont lentes.

L'appareillage n'a, lui non plus, rien de spécifique. On y reconnaît pas mal d'ustensiles de cuisine, quelques outils de métallurgiste, de teinturier, de peintre, mais surtout de droguiste ou de pharmacien. Il comprend d'abord un certain nombre de récipients (ἄγγος, ἀγγεῖον)[3], des cruches (χύτρα, χυτρίδιον[4]), des plats (λοπάς[5]), des jarres (σταμνίον[6]), des marmites (κάκκαβος)[7], des tonneaux (πίθος[8]), des chaudrons (λέβης[9]). La terminologie n'est pas précise et il arrive que dans la même recette le même vase soit désigné par des noms diffé-

1. Pline, XXVIII, 65 ; Diosc. II, 81 ; V, 79, 6 ; Gal., XII, 286 ; Paul d'Égine, VII, 3, s.v. οὖρον ; Sextus Placitus, 17, 5 ; Soranus, II, 12 (81), 1.

2. E. Fehrle, *Die kultische Keuschheit im Altertum*, *RGVV* 6 (1910), p. 55 ; R. Muth, *Träger der Lebenskraft. Ausscheidungen des Organismus im Volksglauben der Antike*, Wien, 1954, p. 117-119 et 125.

3. *Leid.* 86 ; 88 ; 89 ; 218 ; 483 ; 514 ; 546 ; 548 ; 549 ; 552 ; 563 ; *Holm.* 75 ; 117 ; 233 ; 237 ; 506 ; 507 ; 515 ; 516 ; 526 ; 551 ; 656 ; 678 ; 692 ; 712 ; 764 ; 892 ; 901 ; 943 ; 981 ; 1089.

4. *Leid.* 442 ; 554 ; *Holm.* 150 ; 244 ; 273 ; 275 ; 284 ; 299 ; 302 ; 336 ; 477 ; 486 ; 568 ; 593 ; 596 ; 720 ; 788.

5. *Holm.* 452 ; 458 ; 755.

6. *Holm.* 314 ; 316 ; 504.

7. *Holm.* 576.

8. *Holm.* 778 ; 797.

9. *Holm.* 792 ; 826 ; 880 ; 1112 ; 1119.

rents[1]. Ces vases sont généralement en argile[2], parfois en cuivre[3] ou en plomb[4], en buis[5]. Pour les vases d'argile, on précise qu'ils doivent être propres ou plutôt neufs[6], pour éviter qu'ils n'aient déjà absorbé d'autres substances, précaution fréquente chez Dioscoride[7]. Pour aller au four, on les lute d'argile (περιπηλοῶ)[8] ou on met un couvercle (πῶμα)[9], pratique à la fois culinaire et métallurgique. Dans un petit nombre de cas, on recourt au creuset d'orfèvre[10].

Les opérations s'effectuent dans un four (κάμινος)[11] qui n'est pas décrit. Il doit s'agir d'un petit four à creusets, classique en métallurgie ancienne[12], chauffé à la paille[13], au bois[14] ou au charbon de bois[15] avec une soufflerie artificielle[16]. Mais certains procédés utilisent le four domestique (ὀπτάνιον)[17] ou le fourneau des bains (βαλανεῖον)[18].

Des pincettes[19], une spatule de fer pour agiter les produits mercuriels[20], un mortier de pierre dure pour

1. *Leid.* 554 (ἀγγεῖον = χυτρύδιον) ; 506-507 (ἄγγος = στάμνιον) ; 788-792-795 (λέβης = χύτρα = χύτρος).
2. *Leid.* 173 ; 226 ; *Holm.* 117 ; 233 ; 452 ; 495 ; 515 ; 516 ; 526 ; 551 ; 892 ; 943.
3. *Holm.* 75 ; 135 ; 141 ; 669 ; 698 ; 887.
4. *Holm.* 939 (ἐν μολυβδῷ χαλκίῳ).
5. *Holm.* 150.
6. *Leid.* 218 (καθάρειον) ; 227 (κενόν = καινόν) ; 442 ; *Holm.* 299 ; 477 ; 486 (κενόν) ; *Holm.* 981 (καθαρόν).
7. Dioscoride, V, 81 etc.
8. *Leid.* 174 ; 442 ; *Holm.* 124 ; 142 ; 315 ; 336 ; 452 ; 478 ; 497 ; 596.
9. *Leid.* 420 ; *Holm.* 142 ; 152 ; 335 ; 336 ; 339 ; 384 ; 452 ; 478 ; 480 ; 487 ; 586 ; 800 ; 807.
10. *Leid.* 378 ; 459 ; 465 ; 479.
11. *Leid.* 97 ; 152 ; 173 ; 179 ; 228 ; 478 ; *Holm.* 325.
12. R. Halleux, *Non-ferreux*, t. I, p. 182-200.
13. *Holm.* 175.
14. *Holm.* 143 ; 144 ; 337 ; 477 ; 597.
15. *Leid.* 88 ; 152 ; *Holm.* 66 ; 118 ; 119 ; 215 ; 274.
16. *Leid.* 153 ; 341 ; *Holm.* 225 ; 277.
17. *Leid.* 572 ; *Holm.* 452.
18. *Holm.* 15.
19. *Holm.* 227.
20. *Leid.* 29 ; 60 ; 185 ; 195 ; 471.

broyer les drogues[1], un brunissoir d'ivoire[2], des paniers[3], des chiffons[4], des plumes servant de pinceaux[5], une pierre de touche[6], un stylet[7] complètent un outillage extrêmement fruste.

Comme l'a bien remarqué R. J. Forbes, c'est l'outillage de la cuisine qui a fourni la base des appareils alchimiques[8].

Le seul instrument qui évoque l'alchimie dans les papyrus est la *kérotakis* dans laquelle en *Holm.* 249 le cristal est teint en rouge par un mélange d'orcanette et d'huile de térébinthe. On sait que le nom de κηροτακίς a d'abord désigné la palette des peintres à l'encaustique, c'est-à-dire une plaque de métal chauffée en dessous par des braises, et sur laquelle les peintres liquéfiaient leurs pains de cire. Les alchimistes, particulièrement Marie, ont transformé la *kérotakis* en un appareil très élaboré de sublimation. Il est difficile de dire si l'opération décrite dans *Holm.* nécessite une forme évoluée de cet instrument[9].

10. *Les recettes d'argent et d'or.*

La majorité des recettes métallurgiques se rapportent à l'argent qui s'appelle ἄσημος dans *Leid.* et ἄργυρος dans *Holm.* L'interprétation de ces formules a été faussée à la base par la traduction que Berthelot a donnée d'ἄσημος et que tous les érudits lui ont reprise : un mot égyptien *asem* aurait désigné l'électrum, c'est-à-

1. *Leid.* 311 ; 380 ; 388 ; 561 ; *Holm.* 733 ; 740. Cf. l'action, souvent indiquée, de λειοτριβέω.
2. *Leid.* 331 ; 336 ; 385 ; *Holm.* 167.
3. *Holm.* 133 ; 185 ; 273 ; 285 ; 301 ; 759 ; 769 ; 1077.
4. *Leid.* 329 ; 365 ; *Holm.* 90 ; 259.
5. *Holm.* 109 ; 498.
6. *Leid.* 242.
7. *Leid.* 426.
8. R. J. Forbes, *Studies in Ancient Technology* I, Leiden, 1955, p. 124 ; III, 1955, p. 12.
9. Voir la discussion à ce passage.

dire l'or natif fortement argentifère, pâle ou blanc[1]. Dans l'Égypte gréco-romaine, ce mot aurait contaminé le terme grec ἄσημος, usuel pour l'argent « sans marque ». C'est pourquoi les recettes intitulées ἀσήμου ποίησις se rapporteraient à la fabrication d'alliages imitant l'argent ou l'électrum. L'argumentation de Berthelot repose toute entière sur la lecture *asem* qu'il reprend à Lepsius[2]. Or, il y a bien longtemps que les égyptologues, quoique conservant le sens d'électrum, ne lisent plus *asem* mais *ḏ'm*, ce qui exclut toute connexion entre ce nom de l'électrum et ἄσημος[3]. J'ai naguère retracé l'évolution sémantique d'ἄσημος que l'on peut résumer de la façon suivante[4] : en grec, ἄσημος est d'abord adjectif avec le sens fondamental de « qui ne porte pas de signe ». Par suite, dans le langage technique des ateliers monétaires et des inventaires de trésors, ἄσημος χρυσός[5], ἄσημος ἄργυρος[6] désignent le métal non

1. L'or natif est toujours argentifère. Les archéologues (non les métallurgistes) l'appellent *electrum* comme les anciens quand la proportion d'argent dépasse 20 % (Pline, XXXIII, 80 ; A. Lucas, *Ancient Egyptian Materials and Industries*, 4e éd. par J. R. Harris, London, 1962, p. 234-235) ou 25 % (T. A. Rickard, *Man and Metals*, London, 1932, tr. fr. *L'homme et les métaux*, Paris, 1938, p. 43).

2. C. R. Lepsius, *Die Metalle in den Aegyptischen Inschriften* dans *Abhandlungen der Preussichen Akademie der Wissenschaften*, 1871, 1, tr. fr. W. Berend, *Les métaux dans les inscriptions égyptiennes*, Paris, 1877, *Bibliothèque de l'École des Hautes Études*, 30 p. 12-16, spéc. p. 13.

3. F. W. von Bissing, *Zur Geschichte des Silbers und des Elektrons* dans *Acta Orientalia* 4 (1925), p. 138-141 ; J. R. Harris, *Lexicographical Studies in Ancient Egypt Minerals*, Berlin, 1961, p. 44-50.

4. R. Halleux, *Le sens d'ἄσημος dans le papyrus chimique de Leyde et dans l'alchimie gréco-égyptienne* dans *Chronique d'Égypte*, 48 (1973), p. 370-380.

5. Hérodote, IX, 41 ; *IG*, I², 277, 22 (compte des intendants d'Athéna, 433/2 AC) ; 280, 74 (id., 422-21 AC) ; Thucydide, II, 13, 3 ; *IG*, VII, 303, 13-15 (IIIe s. AC) ; *Inscriptions de Délos*, 298, 33 (compte des hiéropes, 239 AC) ; pseudo-Aristote, *Mir. Ausc.*, 47 ; Lucien, *Charon*, 11 ; Philostrate, *Vie d'Apollonios*, VI, 2.

6. *IG*, I², 301, 55 (table des intendants d'Athéna, 422-418 AC) ; 313, 56 (rapport des épistates des Éleusinies, 408-406 AC) ;

monnayé, c'est-à-dire en lingots ou façonné en objets. Ce sens n'est pas inconnu des papyrus les plus anciens[1].

Mais dans la suite, une spécialisation s'opère, et ἄσημος ou ἄσημον employé seul ne s'applique plus qu'à l'argent[2], dans tous les cas où il n'est pas monnayé, bref l'argent-métal[3]. Le poids étant pour le métal non monnayé la seule évaluation possible, la mention ὁλκῆς ἀσήμου est fréquente[4]. Ce métal est cité à côté de l'or[5]. Mais il est distingué tout aussi soigneusement de l'ἀργύριον, monnaie d'argent[6]. Rien d'étonnant donc si l'on trouve des indications relatives à sa pureté[7].

Thucydide, VI, 8, 1 ; Alexis, fr. 69 Kock = Bekker, *Anecdota*, 82, 7 ; Diodore, XIX, 46.

1. *P. Teb.* 890, 84, 89, 180, 182, 208 (compte de banque, IIe s. AC).

2. Cette interprétation est déjà dans C. Saumaise, *Plinianae exercitationes in Caii Julii Solini Polyhistora*, Utrecht, 1689, t. II, p. 700 F et 761 C.

3. Cf. F. Preisigke, *Wörterbuch*, I, Berlin, 1925, col. 223 s.v. ἄσημος 3. Mais dans *Fachwörter*, Göttingen, 1915, p. 34, distingue du sens 4, « ungeprägt » un sens 3 « ungemustert » sans référence à un texte mais en s'appuyant sur deux remarques de P. Meyer, l'une à *P. Hamb.* 10. 15, l'autre à *P. Giss.* 47. 28, p. 166 ; E. Kiessling, *Wörterbuch*, IV, 2, Marburg, 1958, col. 294-295 distingue correctement deux sens : 1. ohne Zeichen, 2. ungeprägt.

4. *P. Mich.* 343. 4, 5, 6 (54-55 PC) ; *P. Ryl.* 125, 18 (28-29 PC) ; *SB* 7260. IIb. 8 (42 PC) ; *P. Ryl.*, 154. 7 (66 PC) ; *Archiv für Pap.*, V, 382, n° 68, 6 (Ier s. PC) ; *B.G.U*, 22. 32 (IIe s. PC) ; *P.S.I.* 1116. 8 (IIe s. PC) ; *P. Giss.* 30. 5 (IIe s. PC) ; *P. Oxy.* 1449. 44 (IIIe s. PC), où le texte est ζῳδίῳ κόρης ἀργυρῷ ἀσήμ(ῳ) ὁλκ(ῆς) λί(τρας), mais où il faudrait plutôt lire la formule ἀσήμ(ου) ὁλκῆς. F. Preisigke, *Wörterbuch*, I, col. 223 s.v. ἄσημος 2 comprend « poids non marqué ». Mais cette interprétation ne rend pas compte de textes comme *P. Mil. Vogl.* 85. 17 (138 PC) et *P. Oxf.* 15. 9 (IIIe s. PC) où la matière de l'objet n'est pas indiquée et où la mention ὁλκῆς ἀσήμου est opposée à ὁλκῆς χρυσίου.

5. *P. Oxy.* 2474. 1 ; *P. Mil. Vogl.* 85. 17 (138 PC) ; *P. Ross. Georg.* V, 21, 2 (IIIe s. PC) ; *P. Thead.*, 33. II. 16 (IVe s. PC) ; *P. Oxy.* 1524. 2 (début IVe s. PC) ; *P. Cair. Isid.* 69. 7, 18 ; 70. 5 ; 127. 2 (début IVe s.).

6. Par exemple *P. Panop.* 4. 301 (IVe s.).

7. *P. Merton* 31. 4, 10, 16 (307 PC) ἀσήμου καθαροῦ ; *P. Thead.* 33. II. 16 (IVe s. PC) χρυσίου καθαροῦ. Les autres docu-

C'est qu'en effet un métal ou alliage monétaire (ἐπίσημος, etc.) est censé avoir un titre fixe, garanti par la marque officielle de l'État. Ce n'est pas le cas de l'ἄσημος. Ce sens « d'argent-métal » se maintiendra dans toute la grécité byzantine pour ἄσημος et surtout pour son diminutif ἀσήμιον[1]. En grec moderne, ἀσήμι est encore un des noms de l'argent[2].

Leid. emploie donc le terme courant en Égypte à l'époque impériale. Il y a peut-être une nuance supplémentaire. Le titre de l'ἄσημος n'est pas garanti par l'estampille impériale. On peut donc l'imiter sans encourir les peines très dures qui frappent les faux-monnayeurs au début du IVe siècle.

Pour des recettes rigoureusement parallèles, *Holm.* emploie ἄργυρος. I. Hammer-Jensen[3] y a vu la preuve que les deux papyrus provenaient de régions différentes. Il s'agit simplement d'une différence de sources. En fait, *Leid.* emploie aussi ἄργυρος dans des recettes où il ne s'agit pas de le fabriquer mais de purifier, d'éprouver ou de dorer[4].

ments sont moins intéressants pour notre propos. Ils donnent surtout des indications de prix. *P. Giss.* 47. 28 (IIe s. PC) ; *P. Erl.* 100. 1 (IIe-IIIe) ; *P. Oxy.* 1288. 22 (IVe) ; *P. Hqrr.* 97, v, 16 (IVe). Cf. aussi *P. Erl.* 21. 18, 21 (inventaire, 195 PC) ; *P. Oxy.* 1449. 21 (inventaire 213-217 PC) ; *P. Oxy.* 1653. 2 (compte, 306 PC).

1. 'Ασύμου avec iotacisme dans *Stud. Pal.* XX, 103. 15 (381 PC) ; on trouve déjà ἀσημίον dans *P. Bon.* 38 A.I. 12, 17, 18 (IIIe-IVe s. PC) ; ἀσήμιν dans *P.S.I.* 825. 15 (IVe-V[e]) ; ἀσίμιον dans *P. Ness.* 89. 32 (VIe-VIIe) ; l'adjectif de matière ἀσίμινον dans *P. Iand.* 103. 15 (VIe s.). Pour l'époque byzantine, déjà Hésychios, s.v. ἄσημος (p. 260, 68 Latte, après l'article ἀσίδα iotacisme) et s.v. ἄργυρος ; *C.Gl. Lat.*, II, 19, 24 ; II, 543, 23 ; Theophane, *Chronologie*, p. 322, 6 De Boor (ἄσιμον) ; Nicetas Choniates, *De Alexio*, III, 7 p. 707 Bekker (*Cod. barbarogr.* ἀσημίου) ; Georges Cedrenos, *Historiarum Compendium*, I, p. 418 A Bekker ; Constantin Porphyrogenète, *De administrando imperio*, 50, p. 232 Niebuhr.

2. Dimitrakos, Μέγα Λεξικὸν τῆς Ἑλληνικῆς γλώσσης, t. II, Athènes, s.d., p. 1036, s.v. ἀσήμι · ὁ μὴ σεσημασμένος (κοπεὶς εἰς νομίσματα) ἄργυρος.

3. Hammer-Jensen, *Deux papyrus*, p. 294-295.

4. Voir Lexique.

Les procédés de fabrication d'argent se répartissent en plusieurs catégories dont la caractéristique commune est de réaliser des alliages blancs[1]. Certains de ces alliages contiennent une proportion d'argent variable auquel on ajoute de l'étain, du cuivre blanc (c'est-à-dire du cuivre arsénical)[2] et du mercure (soit l'un ou l'autre, soit tous ensemble en proportions variables également)[3]. D'autres ne contiennent pas d'argent du tout. Ils ont pour base l'étain auquel on ajoute un peu de cuivre pour le durcir, du mercure pour l'alourdir, ou les deux[4]. Dans un cas, c'est un alliage plomb-zinc[5]. D'autres enfin sont à base de cuivre, qui est attaqué, et sans doute blanchi, par des mordants (sel, vinaigre, alun, soit séparément, soit ensemble)[6]. Dans les cas où le cuivre est seul présent, on peut supposer que cette préparation devait le blanchir[7]. Dans le cas où il est allié à l'argent[8] ou à l'étain[9], le mordant dissolvait le cuivre en surface et laissait subsister le métal blanc.

Les méthodes de doublement (δίπλωσις) sont apparentées aux recettes de fabrication. L'expression ne doit pas s'entendre dans un sens strictement quantitatif[10]. La δίπλωσις vise à avilir un alliage argentifère sans changer son apparence[11]. La masse inépuisable (ἀνέκλειπτος μᾶζα) désigne la même opération, poursuivie à l'infini[12].

1. Par commodité, on citera désormais les numéros des recettes. Les recettes d'ἄσημος ont été étudiées par W. Pleijte, *Asémos* dans *Verslagen en Mededeelingen der Koninklijke Akademie der Wetenschappen, Afdeeling Letterkunde*, III, 3, Amsterdam, 1887, p. 211-236.
2. Voir le commentaire à *Leid.* 22.
3. *Leid.* 3 (2e partie) ; 8 (= 39) ; 13 (= 17) ; 40 ; 81 ; *Holm.* 4.
4. *Leid.* 5 (= 84) ; 13 *bis* ; 17 (variante) ; 36 ; 57 ; *Holm.* 3.
5. *Leid.* 11.
6. *Leid.* 12 ; 18 : 19 ; 29 ; 82 ; 83 ; *Holm.* 1 ; 2 ; 9.
7. *Leid.* 12 ; *Holm.* 2.
8. *Leid.* 18 ; 19 ; 82 ; 83 ; *Holm.* 1 ; 9.
9. *Leid.* 29.
10. Cf. la δίπλωσις du vinaigre dans *Geoponica* VIII, 41.
11. *Leid.* 6 ; 10.
12. *Leid.* 7 ; 58.

Il faut associer quelques procédés destinés à produire un alliage doté de propriétés particulières, tel que l'argent noir, c'est-à-dire le nielle[1], mélange de sulfures métalliques, ou l'argent fusible, c'est-à-dire avec un point de fusion peu élevé[2] et quelques recettes d'argenture et de plombage à l'amalgame[3].

Aux recettes de falsification sont subordonnées des méthodes de purification de l'étain, du plomb par réduction[4] et de l'argent par coupellation[5].

Les recettes d'or se conforment au même schéma. Les alliages aurifères à bas titre, contenant de l'argent ou du cuivre, sont représentés une fois[6] et deux fois pour la soudure[7]. La méthode principale est la cémentation. En métallurgie antique, la cémentation peut se définir comme le fait de chauffer un métal en présence d'une préparation qui modifie ses propriétés physiques, soit en l'attaquant, soit en lui alliant un autre métal non présent à l'état métallique[8]. Ainsi, un cément composé de sel et de produits sulfureux attaque l'argent présent dans l'or natif en laissant l'or inaltéré[9]. Un cément contenant de l'oxyde de zinc rend l'or zincifère[10].

On peut également donner à un objet de métal vil l'aspect de l'or en le dorant. Le papyrus connaît deux procédés, la méthode classique d'application de l'or à l'amalgame, suivie de la sublimation du mercure[11], et une technique sans doute plus ancienne où la gomme sert de liant[12].

Enfin, les papyrus livrent la composition d'un certain

1. *Leid.* 35.
2. *Leid.* 28.
3. *Leid.* 26 ; 41 = 69 ; 65 = 78.
4. *Leid.* 1 = 3 = 80 ; 2 = 4 = 36 ; 59.
5. *Leid.* 25.
6. *Leid.* 54.
7. *Leid.* 30 ; 32.
8. R. Halleux, *Non-ferreux,* I, p. 258.
9. *P. Leid* V ; L 14 ; 16 = 86 ; 24.
10. *Leid.* 15 = 85.
11. *Leid.* 52+53 = 55.
12. *Leid.* 33 ; 27.

nombre de vernis qui ne contiennent pas d'or du tout et déposent à la surface du métal un mince film coloré[1].

Toutes ces techniques s'enracinent profondément dans la pratique métallurgique de l'Antiquité. On sait la virtuosité à laquelle les Anciens étaient arrivés dans la composition des alliages. La cémentation et la coloration des métaux étaient parmi les fondements de la métallurgie. La cémentation était le seul moyen d'affiner l'or argentifère, de produire les laitons, les cupro-arsenics[2]. La cémentation de fer par le carbone, suivie de trempe, produisait l'acier.

La coloration des métaux lui est étroitement liée, puisque le premier effet de la cémentation est souvent de changer la couleur du métal. Cette technique paraît particulièrement développée en Égypte depuis les temps pharaoniques. De petits ornements d'or de la tombe de Toutankhamon étaient recouverts d'une pellicule rose-pourpre qui, à l'analyse, s'est révélée contenir du fer et de l'arsenic. Le métal avait été traité par l'ocre et l'orpiment[3]. Pline attribue à l'Égypte l'art de teindre l'argent[4] et en particulier de le noircir, c'est-à-dire de le nieller[5]. En Grèce, Plutarque connaît des βαφεῖς χρυσοῦ[6]. Les φαιδρυνταί des sanctuaires, spécialement de Delphes, excellaient à donner au bronze une patine artificielle d'oléo-acétates[7] et les inscriptions mentionnent souvent des bronzes teints à la bile (χολοϐάφινα)[8].

1. *Leid.* 27 = 46 = 75 ; 48 ; 50 ; 73 ; 67 = 74.

2. *Non-ferreux*, p. 258-271.

3. R. W. Wood, *The purple gold of Tut'ankhamun, Journal of Egyptian Archaeology*, 20 (1934), p. 62-65, cf. A. Lucas, J. R. Harris, *Materials*, p. 233-234.

4. Pline, XXXIII, 131.

5. Pline, XXXIII, 46. Cf. Lucas-Harris, *Materials*, p. 250-251.

6. Plutarque, *Périclès*, 12, 6 ; *Démétrios*, 41.

7. Voir les textes cités dans mon *Problème des métaux*, p. 141-142 et J. Jouanna, *Plutarque et la patine des statues à Delphes, Revue de Philologie*, 49 (1975), p.66-71.

8. *I. Délos* 1416 A I 12, 17 ; 1417 A II 7, 8 ; 1423 Bb I 5 ; Ba II 24 ; B I 7-8, 14 ; 14 B II 9-10 ; 1349 Bbc II 94. (IIe s. av.

11. *Les recettes d'encre.*

Dans *Leid.*, 16 recettes sont relatives à l'écriture en or et en argent[1]. En apparence, elles n'ont rien de commun avec le contenu général du papyrus, mais on verra que ces encres ont souvent la même composition que les dorures et les vernis appliqués sur métal.

La pratique d'écrire en or et en argent sur la pierre est ancienne[2]. Elle est mentionnée pour les manuscrits dès le IIIe s. av. J.-C.[3]. On s'est demandé si les anciens avaient pu écrire en or et en argent sur un support aussi fragile que le papyrus[4] mais Shirley Alexander a montré que l'or était employé dans la décoration (non l'écriture) des papyrus égyptiens depuis 1350 av. J.-C.[5], et du reste *Leid.* précise « écrivez sur papyrus et sur parchemin »[6].

La composition des encres est rigoureusement parallèle à celle des dorures et des vernis. Elles contiennent de la poudre d'or ou un amalgame pulvérulent et un liant (gomme)[7], ou bien un alliage aurifère et un dissolvant[8],

J.-C.). Cf. Pline, XXVIII, 146 ; XXXIV, 94. Sur les techniques de teinture du bronze en général, on verra W. Theobald, *Die Herstellung der Bronzefarbe in Vergangenheit und Gegenwart, Dinglers Polytechnisches Journal*, 1913, p. 163-166.

1. Sur la chrysographie et l'argyrographie en général, voir B. de Montfaucon, *Palaeographia Graeca*, Pars, 1708, p. 4-7 ; A. Mau, art. χρυσογραφία dans *RE*, III, 2 (1899), col. 2513 ; C. Wessely, *Chrysographie, Wiener Studien* 12 (1890), p. 259-279 ; S. Alexander, *Medieval Recipes describing the use of Metals in manuscripts, Marsyas*, 12 (1966), 34-51.

2. Voir par exemple E. Saglio, art. *Chrysographia, DSP*, I, 2 (1887), p. 1136-1137.

3. Selon une tradition mentionnée par Josèphe, XII, 11. Cf. *Aristeas* 176 ; Trebellius Pollion, *Vita Claudii*, 15.

4. C. Graux, *Rev. Phil.* 5 (1881), p. 116, et *DSP* I, 2 (1887), p. 1138.

5. S. Alexander, *Notes on the use of Gold Leaf in Egyptian Papyri, Journal of Egyptian Archaeology*, 51 (1965), p. 48-52.

6. *Leid.* recettes 71 et 72.

7. *Leid.* 51 = 76 ; 69 ; 33.

8. *Leid.* 44 ; 68.

ou encore un liant (gomme, bile, blanc d'œuf) et une matière colorante jaune (litharge, safran, orpiment, chélidoine, carthame, soufre)[1]. Il en va de même pour les deux formules assez obscures d'écriture en argent[2]. Tous ces procédés seront familiers aux scribes médiévaux.

12. *Les recettes de teinture.*

Les formules les plus nombreuses ont trait à la teinture des laines en pourpre. On sait que la pourpre véritable (6,6′ dibromindigo) est produite par les glandes de *Murex trunculus* et de *Murex brandaris*. La coloration intense va du rouge violet au bleu violet[3]. Palmyre a livré quantité de textiles teints à la pourpre véritable du IIe et du IIIe s. de notre ère[4]. Mais il faut 12 000 coquillages pour obtenir 1,4 g de colorant, ce qui a créé très tôt le besoin d'imiter la pourpre naturelle. Pline s'en est fait l'écho[5]. En Égypte, le milieu du IIIe s. voit se répandre la mode nouvelle de vêtements colorés, qui contrastent avec le lin non teint de l'époque antérieure[6]. Si la teinture vient de Syrie, la pourpre véritable, trop coûteuse, est rare. Elle est généralement

1. *Leid.* 34 ; 38 ; 49 ; 56 ; 72 ; 61 ; 70 ; 71.

2. *Leid.* 60 ; 77.

3. Sur la pourpre, la bibliographie est innombrable. On consultera les ouvrages classiques : H. de Lacaze-Duthiers, *Mémoire sur la pourpre*, *Annales des sciences naturelles*, 4e série, *Zoologie*, t. XII, Paris, 1859 ; A. Dedekind, *Ein Beitrag zur Purpurkunde*, Berlin, 1898-1911 et les mises au point récentes de L. B. Jensen, *Royal Purple of Tyre*, *Journal of Near Eastern Studies*, 22 (1963) p. 104-108 ; J. T. Baker, *La pourpre de Tyr. Colorant ancien Problème moderne*, *Endeavour*, 33 (1974), n° 118, p. 11-17.

4. R. Pfister, *Textiles de Palmyre*, Paris, 1934, p. 13-14 et 22 ; *Nouveaux textiles de Palmyre*, Paris, 1937, p. 11-12 ; *Textiles de Palmyre*, III, Paris, 1940, p. 20.

5. Pline, XXXV, 198.

6. R. Pfister, *Les débuts du vêtement cop e*, *Études d'Orientalisme publiées par le Musée Guimet à la mémoire de Raymonde Linossier*, Paris, 1932, t. II, p. 433-459.

remplacée par la garance sur indigo[1]. On ne sera donc pas étonné si les papyrus décrivent le moyen d'obtenir les diverses nuances de la pourpre à partir d'autres colorants.

Rien n'est plus difficile que d'interpréter ces formules. Les produits naturels qui servent à teindre ne renferment pas un colorant unique. Ces diverses substances ne se fixent pas sur la fibre de la même manière et il est possible de tirer du même matériau des nuances extrêmement diverses en faisant varier simplement la température ou la durée de l'opération[2].

La laine est d'abord lavée, c'est-à-dire dégraissée de son suint. On utilise pour cela l'urine[3], l'eau de chaux[4], les cendres tamisées[5], la terre à foulon[6], la lessive de soude[7], la saponaire[8]. Cette opération qui va de soi est fréquemment omise. Elle est ensuite mordancée (στῦψις), essentiellement au moyen d'alun[9], de sel d'alumine (pierre de Phrygie)[10] et de sels de fer (scorie de fer, alun

1. R. Pfister, *Décoration des étoffes d'Antinoé*, *Revue des Arts Asiatiques*, VI (1930), p. 1. De même à Doura Europos, cf. R. Pfister, L. Bellinger, *The Excavations at Doura Europos. Final Report IV. Part II. The Textiles*, New Haven, 1945, p. 6.

2. R. Pfister, *Textiles de Palmyre*, III, p. 71-72. Les recettes de teinture ont été étudiées par R. Pfister, *Teinture et alchimie dans l'Orient hellénistique*, *Seminarium Kondakovianum*, 7 (1935), p. 1-59 (en abrégé Pfister, *Teinture*) et par K. Reinking, *Wollfärbevorschriften aus den griechischen Papyri*, Leipzig, 1938 ; *Die Färberei der Wolle im Altertum*, Leipzig, 1938. Les épreuves de ce dernier ouvrage ont péri pendant la dernière guerre, à l'exception d'un seul jeu utilisé par R. J. Forbes (cf. *infra*).

3. *Leid.* 89 ; 90 ; 92 ; *Holm.* 93 ; 102 ; 107 ; 111 ; etc.

4. *Leid.* 94 ; 97 ; *Holm.* 85 ; 96 ; 103 ; 107 ; 135 ; 150 ; etc.

5. *Holm.* 112 ; 114 ; 159 ; etc.

6. *Holm.* 112 ; 124 ; 159 ; etc.

7. *Leid.* 94 ; *Holm.* 91 ; 94 ; 108 ; etc.

8. *Leid.* 96 ; 97 ; 99 ; *Holm.* 90 ; 102 ; 107 ; 111 ; 151 ; etc.

9. *Leid.* 92 ; *Holm.* 89 ; 99 ; 100 ; 102 ; 107; 114 ; 125; etc. Cf. Pline, XXXI, 110 ; Plutarque, *De def. orac.*, 41 p. 433 B ; Scribonius Largus, 54 *(alumen quo infectores utuntur)* ; Marcellus, *De medicamentis*, 4, 24 *(alumen infectorium)*.

10. *Leid.* 93 ; *Holm.* 101 ; 104 ; 134 ; etc.

lamelleux, acétate de fer)[1], parfois appuyés d'adjuvants acides (tartre, vinaigre)[2].

Au témoignage de Pline[3] le mordançage était une invention des teinturiers égyptiens. Par ce moyen, le principe colorant forme sur la laine avec le mordant une laque insoluble. Les méthodes de dégraissage et de mordançage sont classiques dans l'Antiquité et le resteront jusqu'à l'invention des colorants synthétiques[4].

La laine était alors teinte au moyen d'une gamme étonnante de produits. Les colorants de grand et bon teint, attestés par les fouilles[5], sont employés un très petit nombre de fois : l'indigo fourni par le pastel *(Isatis tinctoria L.)*[6], la garance *(Rubia tinctorum L., Rubia peregrina L.)*[7], l'écarlate produit par le kermès (κόκκος)[8]. La plus grande partie des recettes emploie des couleurs qui ne sont pas grand teint : le φῦκος a été identifié avec l'orseille (lichen terrestre) *(Roccella tinctoria L.)*, mais c'est plutôt une algue marine, *Rytiphloea tinctoria* Ag.[9]. L'autre est l'orcanette ἄγχουσα (*Anchusa tinctoria* L.)[10]. Ces deux végétaux donnent des couleurs bien vives, mais qui ne résistent pas à la

1. *Leid.* 96 ; 99 ; *Holm.* 92 ; 98 ; 103 ; 108 ; 113 ; 117 ; 119 ; 120 ; etc.
2. *Leid.* 94 ; 95 ; 97 ; *Holm.* 97 ; 113 ; etc.
3. Pline, XXXV, 42.
4. Cf. H. Blümner, *Technologie und Terminologie der Gewerbe und Künste bei Griechen und Römern*, I, 2e éd., Leipzig-Berlin, 1912 ; R. J. Forbes, *Studies in ancient technology*, IV, Leiden, 1964. On les retrouve, par exemple, dans le manuel célèbre de Jean Hellot, *L'art de la teinture des laines et des étoffes de laine, en grand et petit teint. Avec une instruction sur le Débouillis*, Paris, 1750.
5. Pfister, *Teinture*, 48-49.
6. *Holm.* 106 ; 109-110-111-112 ; 122 ; 125.
7. *Holm.* 112 ; 125.
8. *Holm.* 106 ; 122 ; 125.
9. *Leid.* 93 ; 94 ; *Holm.* 96 ; 100 ; 101 ; 104 ; 111 ; 113 ; 114 ; 115 ; 116 ; 122 ; 125 ; 127 ; 137. A propos de ce produit, Théophraste, *HP*, IV, 6, 4-5, observe que la couleur du fucus est plus belle que la pourpre, mais dure peu de temps.
10. *Leid.* 89 ; 90 ; 91 ; 94 ; 95 ; 96 ; 97 ; 98 ; *Holm.* 93 ; 94 ; 96 ; 106 ; 120.

lumière et aux alcalis. Mais on voit apparaître un grand nombre de produits tinctoriaux : le κριμνός (peut-être *Lawsonia alba* Lamk)[1], le κομάρι (peut-être *Arbutus unedo* L.)[2], les fleurs d'amarante (*Xeranthemium* sp.)[3], le jus de mûres[4], l'héliotrope[5], le nerprun[6], le carthame[7], la chélidoine[8], un certain nombre de tanins[9]. Comme les recettes ne sont jamais suffisamment détaillées, on ne peut dire quelle nuance précise apparaît à tel moment mais, de toute façon, le résultat final est médiocre ou fugace.

R. Pfister en a tiré que ces recettes n'avaient aucune valeur pratique et qu'elles relevaient de la recherche pure. En fait, les propriétés tinctoriales de la plupart de ces produits sont connues depuis une époque très haute[10]. K. Reinking a montré qu'on les retrouve encore dans des textes coptes[11]. C'est le propre des ersatz de perdre peu à peu éclat et couleur. Ce fait explique également que ces teintures aient disparu des textiles exhumés dans les fouilles. Toutefois, le lecteur de *Leid.* et de *Holm.* ne peut échapper à l'impression que le compilateur « fait des gammes », qu'il combine de toutes les manières possibles tous les succédanés possibles, pour fixer une sorte de couleur idéale qui apparaît quelquefois, mais s'évanouit toujours. Enfin, on remarquera que beaucoup de recettes sont abrégées, centrées sur la phase où la couleur change.

1. *Holm.* 89 ; 106 ; 116 ; 117 ; 120 ; 126.
2. *Holm.* 85 ; 97 ; 149.
3. *Holm.* 101 ; 104 ; 134.
4. *Holm.* 105.
5. *Holm.* 120.
6. *Holm.* 118.
7. *Holm.* 94 ; 123.
8. *Holm.* 145.
9. *Leid.* 98 ; *Holm.* 102 ; 139 ; 145.
10. Cf. B. Landsberger, *Über Farben in Sumerisch Akkadischen*, *Journal of Cuneiform Studies*, 21 (1967) (Special Volume Honoring Professor Albrecht Goetze) p. 139-173, spéc. p. 162-173.
11. *P. Berl.* 8316, recueil copte du VIIIe s.

13. *Les recettes de pierres.*

La valeur attachée de tous temps aux pierres précieuses faisait de leur imitation une industrie lucrative. Tout au long du livre XXXVII de son *Histoire Naturelle*, Pline met son lecteur en garde contre la contrefaçon de l'améthyste[1], du béryl[2], de l'opale[3], de l'escarboucle[4], de la lychnis[5], du jaspe[6], de la chrysolithe[7], de la sardoine[8], de l'émeraude[9].

On utilisait généralement du verre fondu, auquel on incorporait divers sels minéraux[10]. Les pierres vraies étaient plus lourdes, plus dures, plus froides et ne contenaient ni bulles ni inclusions[11].

Toutes les pierres dont Pline évoque la falsification font l'objet d'une ou de plusieurs notices de *Holm.*, mais la base n'est jamais le verre fondu. A part une recette de perles qui produit simplement des boules de pâte vernies[12], on part du κρύσταλλος c'est-à-dire de cristal de roche ou quartz SiO_2 qui est, on le sait, incolore et transparent[13] et du ταβάσιος que E. O. von Lippmann a identifié au tabashir, c'est-à-dire à un matériau crayeux et poreux constitué de silice pure qui se dépose dans les nœuds de certains bambous en Inde[14]. Ces pierres sont d'abord mordancées (στῦψις), ce qui est identifié à un relâchement de la structure

1. Pline, XXXVII, 51 ; 122.
2. Pline, XXXVII, 79.
3. XXXVII, 83.
4. XXXVII, 98.
5. XXXVII, 104.
6. XXXVII, 117.
7. XXXVII, 128.
8. XXXVII, 197.
9. XXXVII, 197.
10. XXXVII, 83 ; 98 ; 117 ; 128.
11. XXXVII, 197-200.
12. *Holm.* 18.
13. Sur κρύσταλλος, voir M. L. Trowbridge, *Philological Studies in ancient Glass*, Urbana, 1930, p. 53-56.
14. *Holm.* 70 ; Lippmann, *Entstehung* I, p. 14-15.

(ἀραίωσις) pour permettre au colorant de s'incorporer[1]. On utilise pour cela surtout l'urine, l'alun et le vinaigre comme pour les métaux et les étoffes[2]. Ensuite, on teint par trempage, par macération ou par cuisson prolongée dans un bain qui contient une matière tinctoriale et un solvant. Ainsi, pour l'émeraude, ce seront des sels de cuivre (acétate, carbonates) avec de la résine, du vinaigre, de la bile, de la cire[3]. Pour d'autres pierres (céraunie, béryl, sardoine, etc.) le bain comprend les mêmes ingrédients que pour les étoffes : jus de mûres, kermès, orcanette, crimnos, poix, chélidoine[4].

La valeur technique de ces méthodes fait difficulté. Le tabashir est très poreux et absorbe bien la couleur[5]. Le quartz ordinaire contient des fissures dans lesquelles on peut faire pénétrer la couleur par cuisson en produisant d'assez jolies nuances[6]. Il existe diverses pierres translucides poreuses (agates, micas, albâtres)[7]. Mais ce n'est pas possible pour le cristal de roche. Pour produire une gemme colorée à partir de cristal de roche, il faut, soit le pulvériser et le calciner, produire une fritte de cristal que l'on traite comme une pâte de verre[8], soit le monter sur un ciment rouge qui colore par transparence[9], soit couper la pierre en deux et la

1. *Holm.* 27.
2. *Holm.* 24 ; 29 ; 38 ; 40.
3. *Holm.* 20 ; 21 ; 30 ; etc.
4. *Holm.* 39 ; 44 ; 45 ; 47 ; 50 ; etc.
5. E. O. von Lippmann, *Entstehung* I, p. 15.
6. Cf. L. Verleye, *La bijouterie de fantaisie*, Paris, 1926, p. 59.
7. J. M. Stillmann, *The story of alchemy and early chemistry*, New York, 1924, réimpr. 1960, p. 89.
8. Antoine Mizauld, *Memorabilium, utilium ac iucundorum centuriae novem*, Paris, 1566, II, 36, f 352 ; XX, 67 f 130 v- 131 r ; *Les Secrets du Seigneur Alexis Piemontois*, Paris, 1573, p. 351-354. Cf. Antonio Neri, *L'arte vetraria distinta in libri sette*, Firenze, 1612, p. 56 et 70-78 ; Haudicquer de Blancourt, *L'art de la verrerie, Nouvelle édition augmentée d'un traité des pierres précieuses*, t. I, Paris, 1718, p. 207 sq. ; *Secrets concernant les arts et métiers*, t. I, Paris, 1716, p. 80-86 ; 94-95 ; 99.
9. Haudicquer de Blancourt, *Traité des pierres précieuses*, p. 19-20.

recoller avec un ciment coloré, ce qui s'appelle un doublet[1]. Enfin, Gianbattista della Porta avait mis au point une cémentation du cristal par l'orpiment, l'antimoine et le sel ammoniac[2].

La méthode décrite dans le papyrus est toute différente. Elle s'apparente à la vieille méthode égyptienne de glaçure du quartz[3], mais elle travaille en dessous du point de fusion et ne dépose qu'un mince film coloré, tellement mince que les pierres doivent être polies avant coloration. Ce type de recette possède bien quelques parallèles dans les réceptaires médiévaux et modernes, mais on doute de leur efficacité[4]. Elles représentent plutôt un essai pour transférer aux pierres les recettes de teinture des étoffes. Toutefois, Pline (XXXVII, 79), semble leur assigner une origine orientale : *Indi et alias quidem gemmas crystallum tinguendo adulterare inuenerunt, sed praecipue berullos.* « Les Indiens ont trouvé le moyen de contrefaire aussi d'autres gemmes en teignant le cristal, surtout le béryl ». Or, il est frappant de constater qu'une des recettes visant à teindre le cristal en béryl (*Holm.* 47 = 63) utilise justement l'ἰνδικόν, c'est-à-dire de l'indigo

1. Cf. *Les Secrets du Seigneur Alexis Piemontois*, Paris, 1573, p. 349-350 ; Anselme Boèce de Boodt, *Gemmarum et lapidum historia*, Hanau, 1609, p. 29 ; Haudicquer de Blancourt, *Traité des pierres précieuses*, p. 19-20 ; *Secrets concernant les arts et métiers*, I, p. 96-97.

2. G. B. della Porta, *Magia naturalis*, Leyde, 1651, p. 274. Repris par de Boodt, p. 32 ; par Neri, p. 65-67 ; par Haudicquer de Blancourt, t. I, p. 209-213 ; *Secrets concernant les arts et métiers*, I, p. 115 ; II, p. 538-543.

3. E. Dray, O. H. Myers, *Glazed quartz beads of the Romano-Arab Period*, *Journal of Egyptian Archaeology*, 32 (1946), p. 65-68 ; A. Lucas, J. R. Harris, *Materials*, p. 41 ; 44-45 ; 155 ; 167-168.

4. BN lat. 7156, fol. 189 r ; 191 v ; BN lat. 7161 f 29 v ; *Secrets concernant les arts et métiers*, I, p. 103 (solvant : alcool) ; 554 (térébenthine). Voir toutefois de Boodt, p. 30, *nobilior fraus est cum gemma in aqua colorata maceratur... ut color corpus gemmae subintret.* Pour tout le problème, J. Ruska, *Über Nachahmung von Edelsteine*, *Quellen und Studien*, 3 (1933), p. 316-327.

véritable, importé de l'Inde. L'emploi, il est vrai assez limité, du tabashir va dans le même sens.

D'autre part, ces pratiques évoquent une théorie de la formation et de la coloration des gemmes que Diodore développe dans sa description de l'Arabie, certainement d'après Posidonius d'Apamée[1]. Selon Diodore, c'est grâce à son soleil généreux que l'Arabie produit des gemmes de toutes les couleurs :

Τοὺς γὰρ κρυστάλλους λίθους ἔχειν τὴν σύστασιν ἐξ ὕδατος καθαροῦ παγέντος οὐχ ὑπὸ ψύχους, ἀλλ' ὑπὸ θείου πυρὸς δυνάμεως δι' ἣν ἀσήπτους μὲν αὐτοὺς διαμένειν, βαφῆναι δὲ πολυμόρφως ἀναθυμιάσει πνεύματος. Σμαράγδους γὰρ καὶ τὰ καλούμενα βηρύλλια κατὰ τὰς ἐν τοῖς χαλκουργείοις μεταλλείας γενόμενα διὰ τὴν ἀπὸ τῶν θείων βαφὴν καὶ σύνδεσιν συγχρῴζεσθαι, τοὺς δὲ χρυσολίθους ὑπὸ καπνώδους ἀναθυμιάσεως ἡλίου θερμότητι φυομένους λέγουσι τυγχάνειν τούτου τοῦ χρώματος, διὸ καὶ τοὺς ὀνομαζομένους ψευδοχρύσους κατασκευάζεσθαι διὰ τοῦ θνητοῦ καὶ ὑπ' ἀνθρώπων γεγονότος πυρὸς βαπτομένων τῶν κρυστάλλων.

« Car les cristaux de roche sont composés d'humide pur, figé non par le froid, mais par la puissance du feu divin, à cause de laquelle ils restent incorruptibles et sont teints de façon variée par l'exhalaison du souffle. En effet, les émeraudes et ce que l'on appelle les béryls qui se forment dans les veines des mines de cuivre sont colorés par la teinture et le liant des feux divins. Les chrysolithes formées sous l'action de l'exhalaison fumeuse par la chaleur du soleil obtiennent, dit-on, cette couleur. C'est pourquoi celles que l'on appelle fausses chrysolithes sont fabriquées au moyen du feu d'ici-bas, allumé par l'homme, en teignant les cristaux de roche ».

La théorie exposée ici applique aux gemmes le canevas aristotélicien des quatre éléments et des deux

1. Diodore II, 52 = Posidonius, 87 F 114 J. Cf. K. Reinhardt, *Poseidonios*, München, 1921, p. 132-135.

exhalaisons (humide et fumeuse) qui se forment quand la terre est échauffée par le soleil[1]. Le cristal de roche et toutes les pierres transparentes sont faits d'un liquide[2] qui peut être figé soit par le froid[3], soit comme ici par le chaud[4]. L'exhalaison fumeuse provoquée par la chaleur du soleil[5] teint le cristal et donne ainsi naissance aux autres pierres précieuses avec des teintes diverses selon la force du soleil[6]. Mais Posidonius met ce processus en parallèle avec une technique de teinture du cristal au feu, donc proche de nos papyrus, à cette différence près qu'elle semble plutôt utiliser les vapeurs. La théorie posidonienne se réfère explicitement à une pratique, mais on peut se demander si les opérations de *Holm.*, bien pauvre technique en vérité, n'ont pour but que de matérialiser la théorie selon laquelle

1. Exposée par Aristote dans ses *Météorologiques*. On sait par Sénèque, *Quest. nat.*, II, 54, 1 = Posidonius, fr. 135 Edelstein-Kidd, que Posidonius conservait les exhalaisons aristotéliciennes. Cf. M. Laffranque, *Poseidonios d'Apamée. Essai de mise au point*, Paris, 1964, p. 222 et 234.

2. Cf. Posidonius, fr. 28 Jacoby = 49 Edelstein-Kidd = Strabon II, 3, 4, p. 98 λίθους πολυτελεῖς ... πεπηγότας ἐξ ὑγροῦ.

3. La croyance que le cristal est de l'eau solidifiée par le froid lui a donné son nom (grec κρύσταλλος « glace »). Cf. Sénèque, *Questions naturelles*, III, 15, 2-3 ; III, 25, 9-10 ; Pline, XXXVI, 162 ; XXXVII, 23. Sur une influence possible de Posidonius chez Pline, cf. D. E. Eichholz, *Pliny. Natural History, with an English Translation*, t. X, London-Cambridge, 1962 (Loeb), p. x-xii.

4. Cf. Pline, XXXVII, 21 (myrrhins) : *umorem sub terra calore densari.*

5. Le « feu divin » est une expression stoïcienne. Posidonius fr. 17 E-K = Diogène Laërce, VII, 144 le qualifie de εἰλικρινὲς πῦρ. K. Reinhardt, *Poseidonios*, München, 1921, p. 132, n. 2 traduit « feu de soufre » qui est un élément colorant chez les alchimistes. Cela signifierait que Posidonius a déjà remplacé comme les alchimistes l'exhalation sèche par le soufre. Mais τοῦ θείου πυρός correspond à ἀφ' ἡλίου, ἀπὸ τῶν θείων et à τοῦ θνητοῦ πυρός. L'expression « feu divin » s'explique par le ton rhétorique du passage. En revanche, il y a peut-être une influence de Posidonius sur le πνεῦμα βαφικόν de Zosime, *CAG* II 148-151. Cr. Lippmann, *Entstehung*, I, p. 39.

6. Cf. la suite du texte II, 52, 4-9.

le cristal de roche est « la mère des pierres précieuses » comme diront les alchimistes ultérieurs.

14. *Les recettes docimastiques.*

De façon assez amusante, les méthodes d'imitation sont assorties de moyens de dépister la falsification d'autrui. Dans l'Antiquité, l'art des essayeurs ne se limitait pas au domaine monétaire. Il était particulièrement nécessaire en droguerie où l'emploi de succédanés et la complexité de la nomenclature faisaient la partie belle aux contrefaçons[1]. *Leid.* donne trois méthodes de docimasie des métaux par le feu : l'étain pur se reconnaît à son point de fusion[2], l'or et l'argent à leur couleur quand on les chauffe[3]. Ces moyens, qui se retrouvent chez Pline, ne constituaient qu'un petit aspect de l'art de l'essayeur[4]. *Leid.* évoque ailleurs le recours à la pierre de touche[5]. Les notices de Dioscoride copiées à la fin de *Leid.* ont certainement le même but, celui de reconnaître la meilleure qualité des minéraux employés. D'autre part, *Holm.* énumère les critères permettant d'essayer les drogues tinctoriales : pastel, kermès, garance, fucus, alun, vitriol. Les critères sont organoleptiques : poids, couleur, goût[6].

1. Sur ces méthodes, voir M. Stéphanidès, *L'essai des substances chez les Anciens. I. Notions générales. Archeion* 11 (1929) 375-394 ; II. *Spécialités, ibid.*, 12 (1930) 234-266.

2. *Leid.* 31.

3. *Leid.* 42 ; 43 ; cf. *Leid.* 37.

4. On ne les retrouve plus parmi les procédés énumérés par Olaus Borrichius, *Docimastice metallica, clare et compendio tradita*, Copenhague, 1677, tandis que J. A. Cramer, *Elementa artis docimasticae*, t. I, Leiden, 1739, mentionne encore que l'or garde sa couleur au feu et t. II, p. 39, l'essai de l'argent par sa couleur au feu.

5. *Leid.* 37.

6. *Holm.* 125.

15. *Genre littéraire et sources.*

Ainsi, l'interprétation purement technique des recettes laisse entrevoir l'hétérogénéité de la compilation : des pratiques artisanales, qui étaient certainement appliquées dans les ateliers du temps, et qui se maintiendront dans la tradition des arts et métiers, y coexistent avec des essais, des expériences, des recherches de laboratoire. Comme l'a bien vu Hermann Diels[1], le problème ne peut être résolu qu'en rattachant les textes à leurs sources et en les replaçant dans le cadre global du genre littéraire auquel ils appartiennent.

Les sources de la compilation sont rarement avouées. Dans *Holm.*, l. 1041-1045, le scribe donne 5 façons différentes de diluer l'orcanette (ἀγχούσης ἄνεσις), qui sont coordonnées par οἱ δέ ... οἱ δέ ... De même, dans *Holm.* l. 572-575 deux façons de diluer la comaris (κομάρεως λύσις) sont coordonnées par ἔνιοι ... ἄλλοι δέ ... On ne sait si ces garants sont des sources livresques ou d'autres praticiens.

En *Holm.*, l. 401-405 (κίκεως ἀντεμβολή) le texte affirme d'abord que le cristal cuit dans le ricin devient noir, remarque déjà énoncée en *Holm.* 341. Mais le scribe note ensuite : διὸ μὴ χρῶ, ὅπου λέγει μετὰ κίκεως· κεῖται γὰρ πρὸς ἀντιβολήν· ἀλλὰ ἀντὶ τούτου ἐλαίῳ χρῶ « pour cette raison, ne l'utilisez pas quand il dit « avec du ricin » car il s'y trouve comme succédané. A la place, utilisez de l'huile ». C'est peut-être un commentaire à *Holm.* 283-284 où le cristal est mis à macérer σὺν ἐλαίῳ ... ἢ κῖκι βαλών. En tout cas, c'est une glose à la source, ce qui permet de distinguer au moins deux stratifications.

A la fin d'une formule de mordançage de pierres, *Holm.* 380-381 renvoie le lecteur à la source : βάπτε ὡς

1. H. Diels, compte rendu de I. Hammer-Jensen, *Deux papyrus*, *Deutsche Literatur-Zeitung*, 38 (1917), p. 591-592.

θέλεις, χρώμενος ταῖς γραφαῖς « teignez comme vous voulez en vous conformant aux textes »[1].

La citation des sources est plus précise dans *Leid.* 499-500 où le scribe énumère les moyens de fixer l'orcanette (κάτοχος ἀγχούσης) et achève ὁμοίως καὶ τόπῳ νε. La recette se retrouve dans *Holm.* l. 1046-1047. Il faut traduire « de même au chapitre 55 ». Le scribe a donc observé que la recette se trouvait deux fois dans la source. De même, dans *Holm.* 652 à la fin d'une recette de dilution de l'orcanette (ἄνεσις ἀγχούσης) le scribe ajoute ὁμοίως καὶ τόπῳ κϛ' πληρέστατον « de même au chapitre 26 de façon très complète ». On ne sait ici à quoi il renvoie. Enfin, en *Holm.* 688, à la fin d'une recette de teinture en fausse pourpre, le scribe note ἐν ἄλλῳ τόπῳ οὕτως ἦν et donne une variante de la dernière partie de la recette, qui se trouve en *Holm.* 863-865 et 949-950. A un stade quelconque de la tradition, quelqu'un s'est donc avisé de remarquer des concordances et des divergences entre les chapitres du texte. Car c'est bien le sens de chapitre qu'il faut ici donner à τόπος, usuellement attesté au sens de « passage d'auteur ». Ces τόποι étaient donc, semble-t-il, numérotés dans la source.

Enfin, dans *Holm.* 370-372, le scribe fait suivre une recette d'une glose qui n'a rigoureusement rien à voir, et qu'il introduit : καὶ ἐν τῷ γ' τόμῳ οὕτως. On ne sait de quelle œuvre il s'agit[2].

Ces sources avouées par le scribe ne peuvent être identifiées avec aucune œuvre connue. Toutefois, le contenu même de *Leid.* et de *Holm.* les range dans un certain genre de textes, la littérature des recettes, et l'étude de ce genre littéraire permet de comprendre le

1. Comparer *CAG* II p. 47, 5 ἀπιστήσαντας τῇ γραφῇ 48, 3 προσέχειν τῇ γραφῇ. Cf. A. J. Festugière, *Révélation*, I, p. 226.

2. La seule œuvre divisée en livres qui soit citée dans les papyrus est celle de Julius Africanus. Dans l'œuvre attribuée à Démocrite par Synésius (cf. *infra* p. 73), le t. III concerne justement la pourpre.

sens des procédés anonymes et des rares citations d'auteurs sur lesquelles on reviendra.

Dans l'Antiquité, le genre de la recette paraît réservé à la médecine humaine et vétérinaire[1]. Les traités de confection de médicaments gardent la même structure depuis le *Corpus Hippocratique* jusqu'aux réceptaires médiévaux[2]. Dans le domaine proprement technique toutefois, déjà en Mésopotamie, la bibliothèque d'Assourbanipal (668-627 av. J.-C.) contient des tablettes qui décrivent des procédés de métallurgie et de verrerie[3]. Dans le monde grec, les traités *des Pierres* et *des Métaux* de Théophraste sont théoriques et descriptifs, mais semblent utiliser le témoignage de manuels techniques[4].

Dans le domaine de la contrefaçon des pierres précieuses, l'existence de traités est attestée par Pline (XXXVII, 197) : *Quin immo etiam extant commentarii auctorum, quos non equidem demonstrabo, quibus modis ex crystallo smaragdum tinguant aliasque tralucentes, sardonychem e sarda, item ceteras ex aliis, neque enim*

1. Cf. J. Beaujeu, *La littérature technique des Grecs et des Latins* dans *Actes du Congrès de l'Association Guillaume Budé*, Grenoble, 1948, p. 21-71.

2. Cf. pour l'antiquité D. Goltz, *Studien zur altorientalischen und griechischen Heilkunde*, Wiesbaden, 1975 et pour le moyen âge H. Sigerist, *Studien und Texte zur frühmittelalterlichen Rezeptliteratur*, (*Studien zur Geschichte der Medizin*, 3) Leipzig, 1923 ; J. Jörimann, *Frühmittelalterliche Rezeptarien*, thèse Zürich, 1925.

3. R. C. Thompson, *On the Chemistry of the Ancient Asssyrians*, London, 1925 ; cf. R. Eisler, *L'origine babyloniennes de l'alchimie*, *Revue de Synthèse Historique*, 41 (1926), p. 5-17 ; E. Darmstaedter, *Assyrisch Chemisch-Technische Vorschriften und ihre Erklärung*, *Archiv für Geschichte der Mathematik, der Naturwissenschaften und der Technik*, 10 (1927) p. 72-86 ; R. C. Thompson, *An Assyrian Chemist's Vade Mecum*, *JRAS*, 1934, p. 771-785 ; A. L. Oppenheim, *Mesopotamia in the Early History of Alchemy*, *R. d'Assyriologie*, 60 (1966), p. 29-45 ; A. L. Oppenheim, R. H. Brill, D. Barag, A. von Saldern, *Glass and Glassmaking in Ancient Mesopotamia*, Corning, 1970.

4. Cf. D. E. Eichholz, *Theophrastus de lapidibus*, Oxford, 1965 ; pour le *De metallis*, cf. mon *Problème des Métaux*, p. 171-177.

est ulla fraus uitae lucrosior. « Bien plus, il existe même des commentaires d'auteurs (que moi du moins je n'exposerai pas) sur la façon de teindre le cristal en émeraude et autres gemmes translucides, une sardoine en sarde, et d'autres pierres en d'autres couleurs, et aucune fraude n'est un métier plus lucratif ».

Non seulement Pline atteste donc l'existence de traités, mais il évoque en outre des procédés voisins de ceux que décrivent *Leid.* et *Holm.* De même, c'est le mépris, non le manque de sources, qui empêche le naturaliste de traiter de la teinture (XXII, 4) : *nec tinguendi tamen rationem omisissemus, si unquam ea liberalium artium fuisset,* « et nous n'eussions pas omis l'art de la teinture s'il avait jamais fait partie des arts libéraux ».

Des recettes, malheureusement fragmentaires, sont conservées dans divers papyrus. Nous les avons repris en annexe. L'un (*P. Oxy.* 467) décrit la coloration et la coupellation de l'argent ; un autre (*P. Iand.* 85) la teinture des étoffes ; un autre *(P. Flor.)* l'imitation de l'ébène. Il en existe certainement beaucoup d'autres, disséminés dans la masse des papyrus inédits.

Toutefois, le gros de cette littérature appartient au moyen âge. Les recueils médiévaux fournissent un précieux point de comparaison. Beaucoup d'entre eux dérivent de sources grecques proches de nos textes, en sorte que certaines recettes des papyrus s'y retrouvent parfois littéralement, parfois de façon plus claire et plus complète[1]. Ils posent surtout des problèmes comparables quant à leur nature et à leur destination.

Ainsi, le manuscrit 490 de la Bibliothèque Capitulaire de Lucques, copié à Lucques entre 787 et 816, contient un recueil de *Compositiones ad tingenda musiva*[2],

1. Bien vu par M. Berthelot, *La chimie au moyen âge,* t. I, Paris, 1893, réimpr. Osnabrück, 1967.

2. Première édition L. A. Muratori, *Antiquitates Italicae,* t. II, Milano, 1739, col. 366 sq. Édition critique H. Hedfors, *Compositiones ad tingenda musiva, herausgegeben, übersetzt und philologisch erklärt,* Uppsala, 1932. Cf. R. P. Johnson, *Compositiones*

recettes de métallurgie, de verrerie, de teinture des peaux, d'écriture en or et en argent, traduites en Italie sur un original byzantin[1].

Une bonne partie des *Compositiones* se retrouve dans un recueil beaucoup plus complet, la *Mappae Clavicula*, « petite clé de la peinture », signalée pour la première fois à Reichenau en 821-822[2]. Il en existe un fragment du IXe siècle à Klosterneuburg[3], mais les deux versions principales sont respectivement du IXe (Sélestat 17 anc. 360) et du XIIe (Ms Phillips 3715 auj. Corning Museum of Glass)[4]. En outre, on en trouve des passages dans de nombreux autres manuscrits[5]. Là encore, une partie

variae from codex 490, Biblioteca Capitolare, Lucca, Italy. An Introductory Study (*University of Illinois Studies in Language and Literature*, 23), Urbana, Illinois, 1939.

1. Sur le cadre historique de ces adaptations, voir P. Riché, *Éducation et culture dans l'Occident barbare VIe-VIIIe siècles*, Paris, 1962, p. 457-459.

2. P. Lehmann, *Die bistümer Konstanz und Chur*, dans *Mittelalterliche Bibliothekskataloge Deutschlands und der Schweiz*, I, München, 1918, p. 247, l. 26 *Mappae clavicula de efficiendo auro volumen 1.*

3. Édité par W. Ganzenmüller, *Ein unbekanntes Bruchstück der Mappae clavicula aus dem Anfang des 9. Jahrhunderts* dans *Mitteilungen zur Geschichte der Medizin, der Naturwissenschaften und der Technik*, 40 (1941-1942), p. 13-15, réimpr. dans W. Ganzenmüller, *Beiträge zur Geschichte der Technologie und der Alchemie*, Weinheim, 1956, p. 336-349.

4. Le ms. Phillipps a été édité par Sir Thomas Phillipps, *Letter... adressed to Albert Way, Esq., Director, communicating a transcript of a Treatise on the preparation of Pigments and on various processes of the Decorative Arts practised during the Middle Ages, written in the twelfth Century, and entitled Mappae Clavicula, Archaeologia*, 32 (1847), p. 183-244. Les mss. Sélestat et Phillipps sont reproduits en facs. avec traduction anglaise et commentaires par C. S. Smith, J. G. Hawthorne, *Mappae clavicula. A little Key to the World of Medieval Technique*, Philadelphie, 1974 (*TAPhS* N.S. 64, 4). Les recettes de couleur ont été particulièrement bien étudiées par H. Roosen-Runge, *Farbgebung und Technik frühmittelalterlicher Buchmalerei. Studien zur den Traktaten « Mappae Clavicula » und Heraklius*, München, 1967.

5. R. P. Johnson, *Notes on some manuscripts of the Mappae Clavicula, Speculum*, 10 (1935), p. 72-81 ; *Some continental manuscripts of the Mappae Clavicula, Speculum*, 12 (1937), p. 84-103.

remonte à des modèles byzantins et correspond étroitement aux papyrus.

Le traité d'Éraclius *De artibus et coloribus Romanorum* comprend deux livres en vers et un troisième en prose. Les deux premiers livres remontent probablement au xe siècle[1]. L'auteur inconnu, peut-être Éracle, évêque de Liège, témoigne d'influences italiennes et byzantines.

Ces traités sont consacrés aux mêmes techniques et présentent une tradition manuscrite extrêmement complexe. Il s'agit en effet de textes vivants qui sont sans cesse interpolés de recettes nouvelles ou puisées à des traditions voisines.

Enfin, la *Diversarum artium schedula* de Théophile, qui est peut-être du bénédictin Roger de Helmarshausen (1re moitié du xiie s.), est à plus d'un égard une œuvre indépendante, qui reflète la pratique des ateliers monastiques. Elle s'inscrit toutefois dans le même courant par les échos qu'elle fait entendre d'Éraclius et de la *Mappae Clavicula*, et sur les interpolations que sa tradition manuscrite a tirées de ces auteurs[2]. Dans la suite, les recueils de ce genre sont légion[3]. Ils ne

1. Édition M. P. Merrifield, *Original Treatises on the arts of painting in oil, miniature, mosaic, and on glass, of gilding, dyeing and the preparation of colours and artificial gems*, London, 1849, t. I, p. 166-257 (texte reproduit par A. Ilg, *Heraclius, Von den Farben und Künsten der Römer*, Wien, 1873). Cf. A. Giry, *Notice sur un traité du moyen âge intitulé De coloribus et artibus romanorum, Bibliothèque de l'École des Hautes Études*, 35 (1878), p. 209-227 ; J. C. Richards, *A New Manuscript of Heraclius, Speculum*, 15 (1940), p. 254-271.

2. Voir l'édition latine avec trad. angl. de C. R. Dodwell, *Theophilus. The various Arts (De diversis Artibus)*, London, 1961, et la trad. de J. G. Hawthorne et C. S. Smith, *Theophilus Presbyter On divers Arts. The Treatise of Theophilus. English Transl. with notes and introd.*, Chicago, 1963.

3. Nous avons utilisé P. Giacosa, *Un recettario del secolo XI esistente nell' archivio capitolare d'Ivrea, Memorie della Reale Accademia delle Scienze di Torino*, Sér. II, 37 (1886), p. 643-663 (ms. Ivrea 87, xie s.) ; J. H. Burnam, *Recipes from codex Matritensis A 16* (*University of Cincinnati Studies*, Ser. II, vol. 8, pt. 1), Cincinnati, 1912 (ms. Madrid A 16, xiiie s.) ; Libri, *Catalogue général des manuscrits des bibliothèques publiques des départements*,

sont pas recensés et leurs sources ne sont pas connues. Leur lointaine origine grecque se laisse percevoir par la terminologie[1].

L'imprimerie donnera une grande diffusion à cette littérature des *Secrets*[2], dont les plus célèbres sont ceux du pseudo-Alexis de Piémont[3] de J. J. Wecker[4], de Leonard Fioravanti[5]. Au XVIIIe siècle, les *Secrets concernant les arts et métiers*[6] et au XIXe les *Manuels*

Série in-4°, t. I, Paris, 1849, p. 739-811 (ms. Montpellier 277, XIVe-XVe s.) ; D. V. Thompson, *Liber de coloribus sive pictorum*, *Speculum* I (1926), p. 280-307 (ms. Sloane 1754) ; D. V. Thompson, *Mediaeval color-making*, *Isis* 22 (1935) p. 456-468 (ms. BN lat. 6749 B, XVe s.) ; D. V. Thompson, *More medieval color-making*, *Isis* 24 (1936), p. 382-396 (ms. München lat. 444) ; D. V. Thompson, E. H. Hamilton, *De arte illuminandi*, New Haven, 1933 (ms. Naples XII E 27). Nous avons vu personnellement les mss. BN lat. 6514 ; 6741 ; 7105 ; 7156 ; 7161. Sur cette littérature, voir D. V. Thompson, *Trial Index to some unpublished sources for the history of mediaeval craftmanship*, *Speculum*, 10 (1935), p. 410-431 et W. J. Wilson, *An alchemical manuscript by Arnaldus de Bruxella*, *Osiris* 2 (1936), p. 238-239.

1. Cf. J. Pirson, *Mittellateinische Sammlungen technischer Rezepte*, dans *Philologisch-Philosophische Studien. Festschrift für Eduard Wechssler (Berliner Beiträge zur Romanischen Philologie* 1 (1929), p. 365-374).

2. Sur cette littérature, voir E. S. Ferguson, *Bibliographical notes on histories of inventions and Books of Secrets*, London, 1959.

3. Nous avons utilisé la traduction : *Les Secrets du Seigneur Alexis Piemontois, divisez en deux parties, et chacune d'icelles en six livres. Et augmentez d'un livre de distillations avec figures des fourneaux propres à ce : non par cy devant imprimé. Avec la Troisième Partie des receptes de divers autheurs, toutes bien experimentees et approuvees continuant les livres dudict Seigneur Alexis*, Paris, 1573. Le véritable auteur est peut-être Girolamo Ruscelli.

4. J. J. Wecker, *De Secretis*, Basel, 1588 (contient même des extraits d'Eraclius).

5. L. Fioravanti, *Compendium de secretis*, Bologna, 1675. La première édition parut à Venise en 1571.

6. *Secrets concernant les arts et métiers*, Paris, 1717, 2 vol. Voir aussi le curieux recueil de N. Lémery, *Nouveau recueil des plus beaux secrets de médecine. Pour la guérison de toute sorte de Maladies. Augmenté d'un nouveau Recueil de Recettes et d'Expériences où l'on voit ce que l'art, la Nature, la Physique et la Médecine renferment de plus curieux*. Nouvelle édition, Paris, 1740, dont les t. III et IV traitent de tous les domaines ; et P. Macquer,

Roret[1] constituent l'aboutissement d'une tradition où les recettes des papyrus se sont transmises pendant près de deux millénaires.

Tout au long de son histoire, la littérature des recettes est empreinte d'une série d'ambiguïtés. Comme l'écrit Guy Beaujouan[2] « Un gigantesque et délicat travail reste à faire sur les recettes : on a trop tendance à les considérer comme « populaires », voire « folkloriques » surtout lorsqu'elles sont en langue vulgaire. En réalité beaucoup d'entre elles proviennent d'ouvrages savants. Il est malaisé de vérifier si une recette, apparemment nouvelle, dérive de l'expérience ou si elle remanie, pour des raisons a priori, une recette antérieure ».

La première attitude est de considérer ces textes comme techniques et à l'usage d'artisans, et un certain nombre de recettes se prêtent à cette interprétation. H. Roosen-Runge a montré que les recettes de peinture d'Eraclius et de la *Mappae Clavicula* concordent avec l'analyse en laboratoire d'enluminures médiévales[3], et M. de Boüard a de la même manière rapproché la glaçure des poteries chez Eraclius de l'analyse de certains vernis[4]. En revanche, beaucoup d'autres

Dictionnaire portatif des arts et métiers. Contenant en abrégé, l'histoire, la description et la police des arts et métiers, des fabriques et manufactures de France et des Pays étrangers, 2 vol., Paris, 1766.

1. Julia de Fontenelle, *Manuel complet du bijoutier, du joaillier, de l'orfèvre, du graveur sur métaux et du changeur*, Paris, Roret, 1832. Citons encore Pelouze, *Secrets modernes des arts et métiers*, 3 vol., Paris, 1831-1840 ; G. Tissandier, *Recettes et procédés utiles*, Paris, 1894 ; G. Franche, *Recettes utiles du bâtiment et de l'habitation*, Paris, 1913 ; M. Bourdais, *1001 secrets d'ateliers*, Paris, 1926 ; M. Bourdais, *Livre d'or des connaissances utiles*, Paris, 1929 ; J. Michel, *Coloration des métaux*, 4e éd., Paris, 1953.

2. G. Beaujouan, *Réflexions sur les rapports entre théorie et pratique au moyen âge* dans J. E. Murdoch, E. D. Sylla, *The cultural context of Medieval Learning*, Dordrecht-Boston, 1974, p. 470. Les mêmes controverses ont déjà porté sur les recettes babyloniennes.

3. Cf. note 4, p. 57.

4. M. de Boüard, *Observations on the treatise of Eraclius De coloribus et artibus Romanorum* dans V. I. Evison, H. Hodges,

passages ne s'expliquent pas ainsi. C. S. Smith et J. J. Hawthorne ont remarqué que dans la *Mappae Clavicula*, beaucoup de recettes sont inintelligibles et non plausibles techniquement[1]. Ceci s'expliquerait selon eux par le fait qu'il s'agit de compilations.

Jusqu'au seuil de l'époque moderne, le savoir artisanal se transmet généralement par voie orale. Sa codification en manuels le fige, ce qui crée un écart entre tradition écrite et pratique vivante[2]. Peu à peu, les recueils ne reflètent plus la connaissance courante, mais sont un écho déformé d'une technologie antérieure, transmis par des scribes pénétrés de l'idée que l'écrit est plus important que la pratique. Mais la déformation elle non plus n'explique pas tout. On ne comprend pas, par exemple, comment un traité aussi positif que celui de Théophile décrive l'amollissement du cristal dans le sang de bouc[3] et la fabrication d'or espagnol à partir de basilic et de sang d'homme roux[4], et d'autre part qu'un recueil franchement magique comme les *Secrets du Grand Albert* contienne quelques recettes fort efficaces de métallurgie[5].

De fait, il est extrêmement malaisé de distinguer un réceptaire « technique » d'un ouvrage de magie naturelle[6] ou d'un texte alchimique, tant la tradition a multiplié les interférences[7]. Ces ambiguïtés tiennent au but

J. G. Hurst (eds), *Medieval pottery from Excavations. Studies presented to Gerald Clough Dunning*, London, 1974, p. 67-76.

1. Smith-Hawthorne, *Mappae Clavicula*, p. 15 sq.
2. Voir les remarques de A. L. Oppenheim, *Glass and Glass-making*, p. 4 « to spite of their context, these texts cannot be taken simply as technical instructions and studied as such. They have to be considered, strange as it may seem, as literary creation within a complex literary tradition ».
3. Theophile, III, 95, Dodwell.
4. Theophile, III, 48, Dodwell.
5. *Le Grand et le Petit Albert*, éd. B. Husson, Paris, 1975.
6. Voir par exemple J. B. della Porta, *Magiae naturalis, sive de miraculis rerum naturalium libri III*, Antwerpen, 1561. Nous avons utilisé l'édition de 1651.
7. Cf. P. Cézard, *L'alchimie et les recettes techniques. Métaux et civilisations*, 1 (1945), p. 5-10 et 41-45.

même de ce genre littéraire, collectionner de pures pratiques de tous ordres, avec le soin jaloux de ne rien laisser se perdre qui soit « bien expérimenté » *(expertum est, probatum est)*, c'est-à-dire le plus souvent, confirmé par l'autorité d'un texte antérieur[1]. C'est du reste pourquoi on trouve dans le même texte des recettes à peu près semblables[2].

C'est dans ce contexte intellectuel que prennent tout leur sens les rares citations d'auteurs. *Leid.* 446 a attribué une recette d'argent égyptien à Phiménas de Saïs, mais ce nom, très répandu en Égypte, ne permet aucune identification[3].

16. *Démocrite, Anaxilaos, Africanus.*

Dans *Holm.* l. 12-14, la phrase Ἄλλο · εἰς Δημόκρ<ι>τον Ἀναξίλαος ἀναφέρει καὶ τόδε ouvre une recette de fabrication d'argent à l'indicatif imparfait 3e personne du singulier, ce qui renvoie sans doute à Démocrite. Le mot ἄλλο suggère que la recette précédente (α1-12) provient de la même source. De toute façon, la recette attribuée à Démocrite utilise les mêmes ingrédients (sel, alun, vinaigre) et les mêmes méthodes (décapage-fusion) que le reste du papyrus. La recette démocritéenne apparaît donc étroitement liée au corps du texte[4], ce qui pose un problème. Ou bien « Démocrite » est responsable d'une bonne partie des recettes, ou bien son apport propre n'est qu'un aspect du genre de littérature technique dont relèvent les deux papyrus.

Depuis les grands travaux de Max Wellmann[5], il est

1. Sur ce critère, voir L. Thorndike, *A History of Magic and Experimental Science*, t. I, New York, 1923.

2. C. S. Smith, J. G. Hawthorne, *Mappae clavicula*, p. 17-18.

3. Voir la discussion à ce passage.

4. Elle possède, par exemple, des parallèles dans *Leid.*

5. Essentiellement, M. Wellmann, *Die Georgika des Demokritos, Abhandlungen der Preussischen Akademie der Wissenschaften, Phil. Hist. Klasse* 1921 (4) ; *Die Φυσικά des Bolos Demokritos und der Magier Anaxilaos aus Larissa, Teil I, ibid.*, 1928 (7).

admis que cette littérature démocritéenne est l'œuvre de Bolos de Mendès, mais la date, le contenu et le sens de cette œuvre-clé pour l'histoire de l'alchimie restent mal connus. En fait, la question offre un curieux contraste entre la minceur des informations antiques et l'ampleur des hypothèses modernes.

Le principal témoignage sur Bolos se trouve dans deux notices de la *Souda*, puisées à deux sources différentes :

B 481 : Βῶλος · Δημόκριτος, φιλόσοφος · ἱστορίαν καὶ τέχνην ἰατρικήν · ἔχει δὲ ἰάσεις φυσικὰς ἀπό τινων βοηθημάτων τῆς φύσεως

B 482 : Βῶλος · Μενδήσιος · Πυθαγόρειος · περὶ τῶν ἐκ τῆς ἀναγνώσεως τῶν ἱστοριῶν εἰς ἐπίστασιν ἡμᾶς ἀγόντων · περὶ θαυμασίων · φυσικὰ δυναμερά · ἔχει δὲ περὶ συμπαθειῶν καὶ ἀντιπαθειῶν λίθων κατὰ στοιχεῖον · περὶ σημείων τῶν ἐξ ἡλίου καὶ σελήνης καὶ ἄρκτου καὶ λύχνου καὶ ἴριδος.

« Bolos. Démocrite, philosophe. *Histoire et Art de la Médecine.* Cet ouvrage contient des guérisons naturelles d'après certains secours de la nature.

Bolos. Mendésien. Pythagoricien. *Sur ce qui, dans la lecture des histoires, nous conduit au savoir. Sur les prodiges. Propriétés naturelles* : cet ouvrage est relatif aux sympathies et aux antipathies des pierres dans l'ordre alphabétique. *Sur les signes tirés du soleil, de la lune, de l'Ourse, de la lampe et de l'arc-en-ciel.* »

Selon ces notices, Bolos est de Mendès dans le Delta. L'apposition Δημόκριτος a fait croire à Wellmann[1] que Bolos avait porté un *Doppelname* Βῶλος Δημόκριτος, ce qui aurait facilité la confusion des deux Démocrite pour les écrivains postérieurs. En réalité, deux des

La deuxième partie de cet article n'a jamais paru. On trouvera une mise au point claire et prudente dans J. H. Waszink, art. *Bolos*, *RAC* II (1954), col. 502-508.

1. Wellmann, *Georgika*, p. 16.

rares fragments conservés citent Βῶλος ὁ Δημοκρίτειος[1] et un autre désigne expressément ses ouvrages comme des apocryphes[2]. Il faut plutôt penser avec Diels[3], Kroll[4] et Schmid[5] qu'il se réclamait de Démocrite et prétendait l'utiliser dans ses ouvrages. Quant à l'épithète de Πυθαγόρειος, elle n'indique aucune appartenance à la secte néopythagoricienne[6], mais un simple goût pour l'occultisme, Pythagore passant à l'époque hellénistique pour le grand maître ès-arts magiques[7].

Dans la production de polygraphe que révèlent ces notices[8], le plus important pour notre propos est le περὶ συμπαθειῶν. Selon le lexicographe, l'œuvre ne portait que sur les pierres, mais les rares fragments sûrs obligent à admettre qu'elle traitait aussi des plantes et des animaux, et à suppléer ζῴων καὶ φυτῶν[9]. Le contenu de cet ouvrage a été reconstitué par Wellmann avec une bonne probabilité générale, même si l'attribution précise de tel ou tel fragment au Mendésien est discutable[10]. L'ouvrage avait trait aux propriétés naturelles,

1. Schol. Nicandre, *Ther.*, 764 = *DK* 68 B 300 n° 4 ; Steph. Byz., s.v. Ἄψυνθος.

2. Columelle, VII, 5, 17 *Sed Aegyptiae gentis auctor memorabilis Bolus Mendesius, cuius commentaria... sub nomine Democriti falso produntur.*

3. *DK* 68 B 300 n° 1.

4. W. Kroll, *Bolos und Demokritos*, *Hermes* 69 (1934), p. 228-232.

5. W. Schmid, *Geschichte der griechischen Literatur*, I, 5, München, 1948, p. 341 sq.

6. Comme le suppose Wellmann, *Die Physika*, p. 4-9, dans une longue comparaison où il associe les Esséniens, etc.

7. W. Burkert, *Hellenistische Pseudopythagorica*, *Philologus* 10 (1961), p. 232-235.

8. Pour l'œuvre historique Müller, *FHG* II (1878), p. 25 ; Jacoby, *F. Gr. Hist.* 263 (très critique). Tous les fragments sont douteux. On les trouvera dans A. Giannini, *Paradoxographorum Graecorum Reliquiae*, Milano, 1965, p. 377-379. L'attribution des *Georgika* par Wellmann n'est pas sûre.

9. Textes précités, Scholie à Nicandre et Columelle. Déjà E. Küster, *FHG* II, p. 25, supposait une lacune avant λίθων ; Wellmann, *Die Physika*, p. 24, supplée ζῴων καὶ φυτῶν, ce qui est admis par Diels 68 B 300 n° 1, notes.

10. Les fragments nominaux, les seuls sûrs, sont en *DK* 68 B 300.

c'est-à-dire occultes (φυσικὰ δυναμερά)[1], d'êtres pris aux trois règnes de la nature, formulées en termes de convenance (sympathie) et d'incompatibilité (antipathie). Bolos y ajoutait certainement des applications magico-médicales des relations naturelles exposées, en sorte que la matière des φυσικά recouvre partiellement la τέχνη ἰατρική. Dans la suite, tous les auteurs qui traiteront d'histoire naturelle porteront son empreinte, en particulier Pline l'Ancien, Plutarque, Élien, le *Physiologus*, les *Geoponica*, les *Cyranides*[2].

Il est difficile de distinguer des φυσικὰ δυναμερά les χειρόκμητα, qui ne sont pas cités par le lexicographe, mais que Vitruve[3] et Pline[4] attribuent à Démocrite, Columelle à Bolos[5]. Les fragments cités par Pline et Columelle sont des pratiques magiques comme on en trouve dans les φυσικά[6], mais Vitruve désigne l'ouvrage

1. Sur l'idée de *nature* qui se trouve à l'arrière-plan de ces spéculations, voir *infra*, p. 76.

2. Voir à ce sujet E. Oder, *Beiträge zur Geschichte der Landwirthschaft bei den Griechen*, I, *Rhein. Mus.* 45 (1890), p. 70-76 ; M. Wellmann, *Der Physiologus. Eine religionsgeschichtlich-naturwissenschaftliche Untersuchung*, *Philologus, Supplt Bd* 32, 1 (1930) ; *Marcellus von Side als Arzt und die Koiraniden des Hermes Trismegistos*, *ibid.* 37, 2 (1934) ; W. Kroll, *De Attio et Praesidico*, *American Journal of Philology*, 1938, p. 479-480 ; M. Marković, *On the Sources of Theophylactus Simocatta's Quaestiones Physicae*, *Živa Antika* 4 (1954), p. 120-135 ; J. H. Waszink, *Bolos*, p. 506-508 ; R. Verdière, *La légende de la mutation sexuelle de l'hyène est-elle d'origine est-africaine ? Saggi in onore di V. d'Agostino*, p. 477-484 ; J. André, *Deux notes sur les sources de Virgile. I. Virgile et « Démocrite »*, *Revue de Philologie*, 44 (1970) p. 11-17.

3. Vitruve, IX, 1, 14 = 68 B 300 n° 2 : *Admiror etiam Democriti De rerum natura volumina et eius commentarium quod inscribitur* χειροκμήτων *in quo etiam utebatur anulo* <*ut*> *signaret cera molli quae esset expertus.*

4. Pline, XXIV, 160 = 68 B 300 n° 2 : *Democriti certe Chirocmeta esse constat.*

5. Columelle VII, 5, 17 = 68 B 300 n° 3 : *commenta quae appellantur Graece* χειρόκμητα.

6. Columelle cite plus loin (XI, 3, 53) le περὶ ἀντιπαθῶν.

comme un commentaire aux φυσικά[1] et comme un recueil d'expériences. Le nom de χειρόκμητα semble se référer aux travaux faits à la main[2], c'est-à-dire plus spécifiquement aux applications[3] médicales, magiques, techniques.

La date de Bolos n'est pas sûre. A la suite de Wellmann[4], les érudits le situent aux environs de 200 avant J.-C.[5]. Pour la date supérieure, les arguments sont les suivants : dans un fragment authentique, conservé par Étienne de Byzance[6], Bolos cite le livre IX de l'*Histoire des Plantes* de Théophraste (IX, 17, 4). On sait que ce livre est apocryphe et ne fut joint au corpus théophrastéen qu'à l'époque de Callimaque[7]. Bolos est donc postérieur à l'addition du livre à l'*Histoire des Plantes*.

D'autre part, Bolos utilise abondamment l'œuvre des mages Zoroastre et Ostanès[8]. On sait que les textes

1. Sur la littérature du *Commentarium*, voir Liddell-Scott-Jones, s.v. ὑπόμνημα.

2. Composé de χείρ et de κάμνω cf. *DK*, p. 211. Aristote, *Phys.*, B 1, 192 b 8, 30 (cf. Stéphanidès, Ἀθηνᾶ, 17, 56).

3. E. Meyer, *Geschichte der Botanik*, t. I, Königsberg, 1856, p. 278, traduit faussement *Handfesten*.

4. M. Wellmann, *Die Physika*, p. 9 ; *Die Georgika*, p. 6-8.

5. *DK* p. 210 après Callimaque ; Kroll, p. 230 ; Lippmann, *Entstehung*, II, p. 58 (vers 200) ; Waszink, col. 502 ; Burkert, p. 232.

6. Steph. Byz. s.v. Ἄψυνθος · ἔστι δὲ καὶ εἶδος φυτοῦ · περὶ οὗ Βῶλος ὁ Δημοκρίτειος, ὅτι Θεόφραστος ἐν τῷ περὶ φυτῶν ἐνάτῳ · τὰ πρόβατα τὰ ἐν τῷ Πόντῳ τὸ ἀψύνθιον νεμόμενα οὐκ ἔχει χολήν. Il cite Thphr., *HP*, IX, 17, 4, ce qui se retrouve sans nom d'auteur chez Apollonios, *Mir.* 31 et Pline, XI, 194. Cf. Élien, *HA*, XI, 29 et XVI, 26, qui réfute cette opinion.

7. Cf. L. Thorndike, *Disputed dates, civilization and climate, and traces of Magic in the Scientific Treatises ascribed to Theophrastus* dans C. Singer, H. E. Sigerist, *Essays in the History of Medicine presented to Karl Sudhoff*, Oxford-Zürich, 1924, p. 73-86.

8. M. Wellmann, *Die Physika*, pp. 14-15 ; par exemple *DK*, 68 B 300, nº 12.

maguséens furent mis en grec sous Ptolémée Philadelphe et catalogués par Hermippe vers 200[1].

La date inférieure est malaisée à établir. Les deux premiers auteurs qui citent avec certitude le pseudo-Démocrite, Anaxilaos[2] et Cratevas[3], appartiennent à la seconde moitié du Ier s. av. J.-C.[4], et Bolos est surtout à la mode à partir du début de notre ère (Vitruve, Didyme dont les *Symposiaques* ont influencé ceux de Plutarque, Xénocrate d'Aphrodisias chez Pline)[5]. Cette fréquence de citation est peut-être une présomption pour une date relativement basse, vers 100 avant notre ère.

Un petit nombre de fragments a trait à la chimie. Le principal se trouve dans la lettre 90 de Sénèque où le philosophe conteste la théorie posidonienne de l'invention[6]. Selon Posidonius, les inventions techniques

1. J. Bidez-F. Cumont, *Les mages hellénisés. Zoroastre, Ostanès et Hystaspe d'après la tradition grecque*, t. I, Paris, 1938.

2. Cf. p. 69.

3. *DK* 68 B 300, 4 A = Cratevas fr. 8 Wellmann t. III, p. 146, 5 ἀναγαλλίδες · χρῶνται δ'αὐτῇ καὶ εἰς τὰς Δημοκρίτου δυνάμεις. Cf. *Geop.* XV, 1, 31 ; *CAG*, p. 66, 9. Cratevas était médecin de Mithridate VI Eupator.

4. Il n'est pas nécessairement passé à Columelle par Cassius Dionysius (88 av. J.-C.) (Wellmann, *Physika*, p. 11), à Sénèque par Posidonius (cf. *infra* ; Wellmann, *Georgika*, p. 15) et n'a pas nécessairement influencé Nigidius Figulus, Juba (Wellmann, *Physika*, p. 28 et p. 40 sq.) et Varron (Wellmann, *Physika*, p. 39).

5. Wellmann, *Die Georgika*, p. 15, invoque deux arguments pour le placer très haut :

a) le fait que le παιγνίον 4 de *P. Lond.* 121 concorde avec une citation par Pline, XIX, 113, du médecin Ménandre qui vivait à la cour d'Eumène II de Pergame (197-159) ;

b) le fait que le traité astrologique de Nechepso-Petosiris, fr. 28, 4. p. 379 Riess (= Firmicus Maternus, *Math.*, IV, 16), contient l'adage alchimique ἡ φύσις τῇ φύσει τέρπεται.

Dans les deux cas, on ne peut déterminer le sens de l'emprunt. Le παιγνίον 4 repose sur une pratique populaire indatable. L'adage alchimique est selon *CAG*, p. 43, 56, 359, une création d'Ostanès. Cf. Bidez-Cumont, *Mages*, I, p. 198 sq.

6. S. Blankert, *Seneca over natuur en kultuur en Poseidonios als zijn bron*, Amsterdam, 1940 ; M. Laffranque, *Poseidonios d'Apamée*, Paris, 1964, p. 483-513.

viennent des philosophes qui en laissent l'exécution aux artisans. Sénèque rétorque[1] : *Excidit porro uobis eundem Democritum inuenisse quemadmodum ebur molliretur, quemadmodum decoctus calculus in zmaragdum conuerteretur, qua hodieque coctura inuenti lapides in hoc utiles colorantur. Ista sapiens licet inuenerit, non qua sapiens erat, inuenit : multa enim facit quae ab inprudentissimis aut aeque fieri uidemus aut peritius atque exercitatius.* « Vous semblez ignorer que ce même Démocrite a trouvé le moyen d'amollir l'ivoire, de transformer par cuisson un caillou en émeraude. Aujourd'hui encore on teint par le même procédé des pierres qui s'y trouvent appropriées. Bien que ces inventions soient l'œuvre d'un sage, ce n'est pas en tant que sage qu'il les a faites. Il fabrique en effet beaucoup de choses que nous voyons faire aussi bien ou même de façon plus experte et plus habile par des gens sans la moindre réflexion. »

Sénèque connaît donc un traité chimique de Démocrite, inconnu de Posidonius *(excidit uobis)*. Si l'amollissement de l'ivoire n'est pas attesté dans les papyrus[2], la fabrication d'émeraude y est fréquente et la mention de *lapides in hoc utiles* évoque les λίθοι ἐπιτήδειοι de *Holm.* 472.

De quelle œuvre proviennent ces fragments ? Wellmann suppose l'existence d'un traité particulier sur les teintures, qu'il appelle φυσικαὶ βαφαί[3]. Mais ce titre n'est attesté nulle part[4]. Il est plus raisonnable de penser que la chimie était une part des χειρόκμητα, « effets merveilleux » produits artificiellement, par opposition aux φυσικά, effets merveilleux observés dans

1. Sénèque, *Lettres à Lucilius*, 90, 33.

2. Mais on la trouve dans d'autres passages où Wellmann, *Physika* 26, soupçonne l'influence de Bolos : Dioscoride II, 87 ; Plut., *An vita ad inf. sufficiat*, 4 p. 449 E ; Symeon Seth p. 119, 3, Langk. s.v. φουκᾶς mentionnent l'amollissement par cuisson dans la bière, Diosc. IV, 75 par la racine de mandragore.

3. Cf. Wellmann, *Die Georgika*, p. 54 sq., 68 sq.

4. Cf. Kroll, *Bolos und Demokritos*, p. 230.

la nature. On sait que les livres alchimiques de Zosime à Théosébie avaient reçu le nom de χειρόκμητα[1].

De même, les παιγνία de *P. Lond.* 121 ne constituent pas une œuvre indépendante, mais des extraits faits dans un but de magie amusante, qui possèdent de nombreux parallèles dans les *Geoponica*[2]. Ils proviennent vraisemblablement des χειρόκμητα.

Anaxilaos, né à Larissa en Thessalie, est connu comme néopythagoricien et fut expulsé de Rome en 28 av. J.-C.[3], vraisemblablement dans le cadre des bannissements des magiciens[4]. Il écrivit certainement des παιγνία *(ludicra*[5], *lusus*[6]*)*. Un fragment a trait aux propriétés ignifuges et insonorisantes de l'amiante[7]. Dans un autre, l'encre de seiche mise dans une lampe fait paraître les convives comme des Éthiopiens, le *pulmo marinus* frotté sur un bâton le rend phosphorescent[8]. L'hippomane dans une lampe fait apparaître des têtes de chevaux[9]. Avec du soufre dans du vin placé sur des charbons, Anaxilaos donne un teint pâle aux convives[10]. Il fait apparaître un feu sur l'eau[11].

Tout cela relève de la magie amusante. Wellmann suppose qu'Anaxilaos est l'origine des prodiges attribués à Simon le Mage et de ceux qui sont mentionnés par

1. Souda, Z 168 s.v. Ζώσιμος (...) ἐπιγράφεται δὲ ὑπό τινων χειρόκμητα. Cf. Berthelot, *La chimie au Moyen Age*, II, p. 329.
2. Wellmann, *Die Georgika*, p. 29-33.
3. S. Jerôme, *Chronique*, p. 163 Helm *Anaxilaus Larisaeus pythagoricus et magus ab Augusto urbe Italiaque pellitur.*
4. Cf. Dion Cassius, 52, 36, 3.
5. Irénée, I, 13 = Anaxilaos fr. 8 Wellmann (1928), p. 80.
6. Ps. Cyprien, *De rebaptismate*, 16 (III, 89 sq. Hartel) = Anaxilaos fr. 9 Wellmann.
7. Fr. 1 = Pline, XIX, 19.
8. Fr. 2 = Pline, XXXII, 141 ; cf. *a)* Isid. XII, 6, 46 ; Sext. Emp., *Pyrrh.* I, 46 ; Psellos, *Mir.*, p. 146 (d'Africanus) ; Sim. Seth p. 99 Langkavel ; *b) Cyranides* IV, s.v. πνευμών ; s.v. θύννος.
9. Fr. 3 = Pline XXXII, 141 ; cf. *Cyranides*, 70, 4 ; Psellos, *Mir.* p. 147, l. 10.
10. Fr. 4 = Pline, XXXV, 175 = Isidore, XVI, 1, 10.
11. Fr. 9 = Ps. Cyprien, *De rebapt.*, 16 (III, 89 sq. Hartel).

Saint Hippolyte[1]. Dans le domaine chimique, Wellmann lui attribue des βαφικά[2], dont il n'existe nulle trace certaine, et il suppose que toute la partie commune à *Leid.* et à *Holm.* viendrait d'Anaxilaos par Africanus.

Malgré les réserves de Lagercrantz[3], l'Afrikianos de *Holm.* doit être identifié avec (Sextus ?) Julius Africanus, né avant 150 en Palestine, mort après 240[4], surtout connu par sa *Chronographie* en cinq livres, dont des fragments subsistent chez Eusèbe[5], et des écrits théologiques. Mais il a également écrit en 230 ap. J.-C. une sorte d'encyclopédie mondaine intitulée Κεστοί que Georges le Syncelle[6] caractérise comme une πραγματείαν ἰατρικῶν καὶ φυσικῶν καὶ γεωργικῶν καὶ χυμευτικῶν περιέχουσαν δυνάμεις, dont il reste essentiellement des fragments relatifs à l'hippiatrie[7] et à l'art militaire[8]. Elle comportait à l'origine vingt-quatre livres et présente un curieux mélange de procédés techniques, par exemple en art militaire, et de recettes médico-magiques. Les recettes magiques sont si abondantes que G. Björck dissocie l'auteur des *Cestes* et le penseur chrétien. En fait, les *Cestes* sont une distraction intellectuelle empreinte du syncrétisme religieux et de la crédulité universelle qui est propre à ce temps.

Les *Cestes* contiennent plusieurs fragments chimiques

1. Hippolyte, *Refut.*, IV, 28, cf. Wellmann 1928, p. 55 sq., R. Ganszyniec, *Hippolytus' Kapitel gegen die Magier*, Leipzig, 1913, et la traduction française d'A. de Rochas, *La science des philosophes et l'art des thaumaturges dans l'Antiquité*, Paris, s.d. (1862).
2. Wellmann, *Die Georgika*. p. 53-54.
3. Lagercrantz, p. 106.
4. Vieillefond, *Les « Cestes » de Julius Africanus*, p. 14.
5. H. Gelzer, *Sextus Julius Africanus und die byzantinische Chronographie*, 2 vol., Leipzig, 1880-1898.
6. Syncelle, p. 676 Dindorf.
7. Cf. G. Björck, *Apsyrtus, Julius Africanus et l'hippiatrique grecque* (Uppsala Univ. Arsskr. 1944, 4), Uppsala 1944.
8. H. Köchly - W. Rüstow, *Griechische Kriegsschriftsteller*, Leipzig, 1855, II, 2, 5 ; Vieillefond, *o. l.*

et alchimiques[1], par exemple une recette de vin sans raisin (I, 19, p. 176) et de teinture du bois en ébène (I, 20, p. 187).

Psellos a résumé les *Cestes* dans son περὶ παραδόξων ἀναγνωσμάτων dédié à Michel Cérulaire (1043-1058)[2], en s'attardant aux recettes médico-magiques. Il y a des recettes de teinture dans ce résumé : Africanus teint les cheveux blancs avec de la litharge broyée[3]. Il arrive à faire rouiller l'or avec de la bave de chien enragé[4], ce qui recoupe la recette de *P. Leid.* V et confirme que l'ἴωσις χρυσοῦ figurait parmi les παιγνία. Africanus fabrique du vin sans raisin[5]. Il fabrique également des saphirs, des émeraudes et des sardoines[6]. Il brunit les yeux bleus[7]. Il noircit les cheveux blancs et blanchit les noirs[8]. Psellos a évidemment fait une sélection où il a retenu ce qui est paradoxal. On remarquera toutefois que les pierres artificielles se retrouvent dans *Holm.*, encore qu'il soit téméraire d'assigner ces recettes à Julius Africanus. Par ailleurs, au témoignage de Zosime, il aurait traité de la teinture des métaux[9] et Olympiodore

1. J. R. Partington, *A History of Chemistry*, I, 1, London, 1970, p. 220-221.

2. Éd. A. Westermann, Παραδοξογράφοι. *Scriptores rerum mirabilium Graeci*, Braunschweig, 1839, réimpr. Amsterdam, 1963, p. 143-146, nouvelle éd. dans Vieillefond, p. 316 sq. Nous citons d'après Vieillefond.

3. Africanus, p. 316 l. 13-14 Vieillefond : βάπτει δὲ καὶ τρίχας λευκὰς ἐκ λιθαργύρου κεκομμένης. La formule fait penser à *Leid.* 79.

4. P. 316 l. 15 : ἰοῖ δὲ καὶ τὸν χρυσὸν σιελῷ λυττῶντος κυνός ; cf. *P. Leid.* V (fr. 4).

5. P. 319 l. 27-29 : σκευάζει δὲ καὶ οἶνον παντοδαπόν, τὸν μὲν νάρδου σταχύι, τὸν δὲ σχίνου ἄνθει, καὶ ἄλλον ἑτέρῳ φαρμάκῳ.

6. P. 319 l. 29-30 : πλάττει δὲ καὶ ὑακινθίνας λίθους καὶ σμαραγδίνας καὶ σαρδώνυχας.

7. P. 321 l. 48 : γλαυκὰ μελαίνει ὄμματα.

8. P. 321 l. 50 : καὶ τρίχας λευκὰς μὲν μελαίνει λευκαίνει δὲ μελαίνας.

9. Zosime, *CAG* II, p. 169 : ἀμέλει γοῦν καὶ Ἀφρικανός φησι τὰ ὑπάγοντα εἰς τὴν βαφὴν μέταλλα καὶ ὑγρὰ καὶ γαῖ καὶ βοτάναι.

lui attribue un terme technique en relation avec la cémentation du cuivre par l'arsenic, procédé appliqué dans *Leid.*[1]. Par conséquent, il est probable que la section chimique des *Cestes* traitait de la teinture des étoffes, des pierres et des métaux, mais elle a péri[2]. Ce que l'on entrevoit du contenu de l'œuvre, de son esprit et de sa méthode est donc proche de celui des papyrus et de l'œuvre de Bolos. Il n'en fallait pas plus pour que Max Wellmann fasse de Julius Africanus l'intermédiaire par excellence, après Anaxilaos, dans la transmission du corpus pseudo-démocritéen[3]. Il est vrai qu'Africanus utilise le pseudo-Démocrite[4] et même les φυσικά perdus de Neptunianos[5], mais il n'est pas l'intermédiaire *obligé* d'une tradition qui paraît foisonnante. Par ailleurs, il est impossible de préciser dans quelle mesure les papyrus utilisent son œuvre. Le style des recettes évoque celui des recettes d'Africanus dans les *Hippiatrica*, mais c'est le style d'un genre bien répandu. Par ailleurs, leur sécheresse n'a rien de commun avec le clinquant de la seconde sophistique.

17. *Rapports avec le Corpus alchimique.*

Le problème se complique encore si on compare *Leid.* et *Holm.* au Corpus alchimique. Démocrite est cité dans les « listes des faiseurs d'or »[6]. L'alchimiste Synésius, qui est peut-être Synésius de Cyrène, rapporte que Démocrite, initié dans le sanctuaire de Memphis par

1. Olympiodore, *CAG*, II, p. 75 : τὸ δὲ ἅλας ἐπενοήθη ἐκ τῶν ἀρχαίων ἵνα μὴ κολληθῇ ὁ ἀρσένικος εἰς τὸ ὑελοῦν κυθρίδιον, ὅπερ ὑελοῦν κυθρίδιον « ἀσύμποτον » Ἀφρικανὸς ἐκάλεσεν.

2. La vieille table du *Marcianus gr.* 299, f. 2v, annonçait des κεφάλαια d'Africanus, mais ceux-ci se trouvaient dans les cahiers perdus.

3. Wellmann, *Georgika*, p. 30 sq. ; *Physika*, 1, p. 54, 69 sq., 77.

4. II, 4 ; VIII ; IX, 1.

5. II, 4 ; sur Neptunianos, voir W. Kroll, art. *Nepualios*, *RE*, XVI, 2 (1935) col. 2535-2537.

6. *CAG*, p. 25 l. 8, cf. Berthelot, *Origines*, p. 128.

le mage Ostanès, écrivit « quatre livres de teintures sur l'or, l'argent, les pierres, la pourpre » (βίβλους τέσσαρας βαφικὰς περὶ χρυσοῦ καὶ ἀργύρου καὶ λίθων καὶ πορφύρας)[1]. Le même titre est cité par Georges le Syncelle[2]. Il correspond aux sujets traités dans les papyrus et même partiellement à leur ordre, car l'or et l'argent, quoique confondus, y viennent avant les pierres et les pierres avant la pourpre. Aussi a-t-on souvent pensé que les papyrus conservent, du moins en partie, le traité de Bolos le Démocritéen sur les teintures[3].

Mais le *Corpus alchimique* contient un traité mis sous le nom de Démocrite, les φυσικὰ καὶ μυστικά que les alchimistes grecs s'accordent à tenir pour ancien et fondamental. Sous sa forme actuelle, ce n'est plus guère qu'un fragment[4], mais des citations s'en trouvent disséminées dans tout le Corpus[5]. Sa partie opératoire est relative à l'or, à l'argent et à la pourpre, mais il comportait à l'origine quatre livres, comme en témoigne le titre de l'apocryphe « livre V dédié à Leucippe »[6]. La date des φυσικὰ καὶ μυστικά, difficile à établir, doit se situer vers le début de notre ère[7], et on admet géné-

1. Synésius, *CAG*, p. 57 l. 11-12 (Reproduit dans *DK*, 68 B 300 nº 17 ; Bidez-Cumont, *Mages hellénisés*, II, p. 313, 10). Voir aussi Le Chrétien, *CAG*, p. 396 l. 6.

2. Syncelle, *Chronographie*, t. I, p. 471 Dindorf = *DK* 68 B 300 nº 16.

3. Wellmann, *Die Φυσικά*, p. 66-67.

4. Édité par *CAG*, p. 41-53. Traduction latine par Domenico Pizzimenti, *Democritus abderyta de arte magna*, Venise, 1573, réimprimée partiellement à Nuremberg, 1717. Voir l'analyse de A. J. Festugière, *Révélation*, I, p. 224-238.

5. Nous en préparons une édition pour le tome II.

6. *CAG*, p. 53-56 βίβλος ε' προσφωνηθεῖσα Λευκίππῳ.

7. Les indices sont peu nombreux et d'ordre lexical (l'alliage κλαυδιανόν et l'emploi de λάκχα pour ἄγχουσα). Le Iᵉʳ s. de notre ère est la date probable selon Lippmann, *Entstehung* I, p. 27-29 ; Diels, *Antike Technik*, p. 128 ; Wellmann, *Die φυσικά*, p. 68. En revanche, I. Hammer-Jensen, art. *Demokritos (Suppl.) RE Suppll Bd* IV (1930), col. 222, les date du vᵉ siècle.

ralement que l'œuvre remonte à Bolos d'une façon ou d'une autre[1].

Aucune recette des papyrus, pas même celle d'Anaxilaos-Démocrite, ne réapparaît telle quelle dans la version grecque des φυσικὰ καὶ μυστικά, mais les ingrédients et les opérations de base sont les mêmes[2]. Une version des traités démocritéens plus complète, encore que très interpolée, est conservée en syriaque. Si médiocre que soit son édition par Berthelot et Rubens Duval[3], elle contient la quasi-totalité des recettes métallurgiques de *Leid.* et *Holm.*

Par ailleurs, le *Corpus grec* renferme un certain nombre de réceptaires que Berthelot a édités sous le titre de *Traités techniques*[4]. Les recettes de perles de *Holm.* y correspondent à celles qui sont attribuées à l'Arabe Salmanas[5] et les formules de pierres y recouvrent mot pour mot le texte intitulé καταβαφὴ λίθων καὶ

1. Diels, *Antike Technik*, p. 127-129 ; Wellmann, *Die Φυσικά*, p. 69 ; Festugière, *Révélation*, I, p. 222 et 231. Voir toutefois l'avis contraire chez Kroll, *Bolos und Demokritos*, p. 231 et Preisendanz, art. *Ostanes* dans *RE*, XVIII (1930), col. 1629.

2. *Leid.* § 84 est proche de *CAG*, p. 50, l. 8-16 et *Holm.* § 4 de *CAG*, p. 37, l. 7-12. On ne peut admettre avec I. Hammer-Jensen, *Die älteste Alchymie*, p. 83, que dans les recettes démocritéennes du corpus le caractère alchimique apparaît nettement et que l'on reconnaît facilement une recette alchimique démocritéenne d'une recette d'artisan mise sous le nom de Démocrite.

3. Il s'agit de deux mss. du British Museum, *Egerton* 709 et *Oriental* 1593, et du ms. de Cambridge Mm 6.29. Ils ont été signalés par G. Hoffmann, art. *Chemie* (Geschichtliches) dans Ladenburg, *Handwörterbuch der Chemie*, Breslau, 1884, t. II, p. 516. Éd. H. Berthelot, R. Duval, *La chimie au moyen âge*, t. II, Paris, 1893, réimpr. Osnabrück 1967.

4. *CAG*, p. 321-393. D'autres réceptaires alchimiques grecs ont été publiés par O. Lagercrantz, *CMAG* III (*Holkhamicus* 290), traduit sous le titre *Alchemistische Rezepte des späten Mittelalters*, Berlin, 1925 ; Zuretti, *CMAG* VII (1930), *Manuale Chimicum* composé en Calabre au XIVe s. d'après des sources latines. Ils ont peu de rapports avec notre texte.

5. *CAG*, p. 364-371 d'après le ms. BN gr 2325 (B) f. 152 v et 2327 (A) f. 141 r-146 r. On ne sait au juste qui est cet auteur. Serait-ce une corruption de Σαλομῶνος, connu comme lapidaire au moyen âge ?

σμαράγδων καὶ λυχνιτῶν καὶ ὑακίνθων, prétendument tiré du « sanctuaire des temples » et où il est tentant de voir le livre III perdu de Démocrite[1]. Enfin, on peut suivre la trace de certaines recettes dans les formulaires des alchimistes latins[2].

18. *Conclusion.*

Par leurs connexions avec tradition technique et tradition alchimique, les papyrus de Leyde et de Stockholm sont donc des témoins privilégiés du processus mal connu qui a conduit de l'artisanat vers l'alchimie[3]. Les papyrus sont des compilations. Leur contenu technique reflète, par l'intermédiaire de la littérature des recettes, la pratique de plusieurs générations d'artisans. Mais, dans leur forme ultime, ils ne sont plus destinés aux ateliers. Comme l'a judicieusement suggéré J. Needham[4], la différence entre aurifiction et aurifaction n'est pas technique, mais sociologique. Bolos et ses épigones ont compilé, choisi dans le matériau empirique et sans doute aussi adapté, transposé, voire ajouté de leur cru, mais avec les mêmes outils, les mêmes drogues, les mêmes gestes. Cette adaptation était facilitée par les traits spécifiques du genre littéraire de la recette, qui n'est déjà plus la pratique industrielle.

Le choix des recettes et leur nature laissent percer les préoccupations du compilateur. On a défini l'alchimie comme la perfection de la matière telle qu'elle opère dans la nature, et beaucoup d'alchimistes ont envisagé leur tâche comme une imitation de la nature[5]. Les

1. *CAG*, p. 350-364 d'après B f. 160 v sq. et A f. 147 r - 155 r.
2. Par exemple le ms. BN lat. 7161, f. 29 v, très curieux texte intitulé *ad sophisticacionem cristalli*.
3. P. Brunet-A. Mieli, *Histoire des sciences. Antiquité*, Paris, 1937, p. 999, et R. P. Multhauf, *The Origins of Chemistry*, London, 1966, p. 100, ont clairement posé ce problème.
4. J. Needham, *Science and civilization in China*, V, 2, Cambridge, 1974, p. 10-11, 20, 46-47.
5. M. P. Crosland, *Historical Studies on the language of Chemistry*, London, 1962, p. 3-4 et 53.

recettes de *Leid.* et de *Holm.* sont essentiellement des recettes d'imitation. Or cette notion de μίμησις est au centre de la conception ancienne de la technique, et l'idée de transmutation y est présente en germe dès les origines. L'idée que la technique des hommes se calque sur les processus naturels et résulte ainsi d'un enseignement donné par la nature est répandue en Grèce depuis une époque très haute[1] et domine toute la réflexion sur la technique dans l'*Histoire Naturelle* de Pline[2]. Chez le naturaliste, la conformité de l'art avec la nature[3] est une règle esthétique[4] et une norme morale[5], et le but suprême est de s'en rapprocher sans cesse[6] au point qu'elle-même s'y trompe[7] et, à la limite, de la recréer *arte naturam faciente*[8]. C'est ce qu'exprime aussi l'auteur anonyme de la *Mappae Clauicula : arte et ingenio uinci ingenium*[9].

Les résultats obtenus par les différentes formules

1. Démocrite, 68 B 134 = Plutarque, *De sollertia animalium*, 20, p. 974 A ; (Aristote), *Météor.* IV, 381 B 8 ; (Hippocrate), *Du régime*, I, 11-24 ; Théophraste, *De lap.* 60 ; (Aristote), *De mundo* V, 396 B ; Gellius, fr. 4 Peter = Pline, VII, 194 ; Sénèque, *Epist.* 90, 22-24. Cf. H. Köller, *Die Mimesis in der Antike*, Bern, 1954 ; R. Joly, *Recherches sur le traité pseudo-hippocratique du Régime*, Liège-Paris, 1960, p. 70 sq.

2. Pline, X, 28 ; XVII, 59 ; 65 ; 67 ; 96 ; 99-100 ; XXVII, 2 ; XXXV, 15 ; XXXVI, 72 etc.

3. Sur l'idée de la nature qui commande ces théories, voir A. Pellicer, *Natura, étude sémantique et historique du mot latin*, Paris, 1966 ; R. Lenoble, *Histoire de l'idée de nature*, Paris, 1969.

4. Pline, XXIV, 61 ; XXXIV, 38 ; XXXV, 71 ; 73 ; 102-103 ; cf. Vitruve, VII, 5 ; Valère Maxime, VIII, 11, 4. H. Bardon, *Le concept de similitude à Rome* dans *Aufstieg und Niedergang der Römischen Welt*, I, 2 (1972), p. 860 sq.

5. Pline, XXXIII, 2 ; XXXIV, 5.

6. Voir en particulier XXI, 4 l'idée d'une course entre l'art et la nature et en XXI, 45-46 et XXXVI, 51, l'idée d'un combat.

7. Pline, XXXV, 23 ; 65 ; 95.

8. Pline, XXXVI, 200 : *ingenio arte naturam faciente* est la leçon du *Bambergensis*, admise par les éditeurs depuis Sillig. Les *recentiores* et les anciennes éditions ont *ingenio artem natura faciente*, leçon plus facile. Il faut comprendre que par son *ingenium* l'homme se substitue à la nature dans son activité de création.

9. *Mappae Clauicula*, 69.

d'imitation sont de qualité variable. Si certaines recettes d'or et d'argent sont aisément décelables, d'autres sont dites résister au feu et à la pierre de touche[1]. Elles s'approchent donc plus ou moins de la perfection naturelle. Mais leur point commun est d'opérer un changement de couleur. Cette qualité, souvent accidentelle pour le chimiste ou le minéralogiste moderne, ne l'est pas chez les Anciens. Elle reflète donc la composition même des corps[2]. En l'absence d'une notion de composition chimique et de structure cristalline, c'est elle qui fonde les classifications antiques des minéraux[3]. Dans ces conditions, la transmutation est d'abord ce que A. J. Hopkins a appelé *Transmutation by colour*[4].

19. *Règles de l'édition.*

La seule difficulté de lecture que présentent les deux papyrus est orthographique. Ils ont fait l'objet de deux éditions remarquablement correctes et précises. S'il est possible de les améliorer, c'est par une critique conjecturale fondée sur une meilleure connaissance des réalités techniques.

Dans ces conditions, on a préféré à une copie diplomatique, nécessaire pour une édition princeps, un texte amendé, directement lisible. Pour alléger l'apparat, on a toutefois conservé les signes critiques des papyrologues. On emploiera donc [ ] pour les lacunes par effacement de lettres (il n'y a pas de lacunes par déchirure) ; < > pour les omissions du scribe ; { } pour les dittographies ; ⟦ ⟧ pour les mots ou lettres effacés par

1. *Leid.* 37.

2. Voir en particulier le *De coloribus* attribué à Aristote avec les commentaires de C. Prantl, *Aristoteles über die Farben*, München, 1849.

3. Cf. H. Lüschen, *Die Namen der Steine*, Thun-München, 1968.

4. A. J. Hopkins, *Transmutation by colour. A study of earliest Alchemy, Festgabe E. O. Von Lippmann*, Berlin, 1927, p. 9-14.

le scribe ; ( ) pour les résolutions d'abréviations ; ˋ ˊ pour les mots ou lettres ajoutés au-dessus de la ligne, et les points pour les lectures douteuses.

L'apparat critique contiendra donc essentiellement la confrontation des conjectures et des leçons des papyrus (P). Il est entendu que les conjectures dont l'auteur n'est pas cité sont de Leemans pour *Leid.*, de Lagercrantz pour *Holm.* On a distingué les rares lectures erronées de nos devanciers (noms seuls), de leurs conjectures non retenues *(conjecit)*. En revanche, on n'a pas cru devoir citer les lectures de Reuvens[1], et d'Omont pour Berthelot[2]. Quant à la réédition que Berthelot a donnée dans son recueil *Archéologie et Histoire des Sciences*[3], c'est une simple réimpression du texte de Leemans, non sans négligences et erreurs typographiques.

1. C. J. C. Reuvens, *Lettres à M. Letronne sur les papyrus bilingues et grecs et sur quelques autres monuments gréco-égyptiens du Musée d'Antiquités de l'Université de Leide*, Leiden, 1830, 3e lettre, p. 55-75 et 162. Description du ms., table des chapitres et extraits.

2. M. Berthelot, *Les origines de l'alchimie*, Paris, 1865 (réimpr. 1938), p. 327-330. Transcription des pages 11 et 13 par H. Omont, d'après une photographie (cf. p. 82).

3. M. Berthelot, *Archéologie et histoire des sciences, Mémoires de l'Académie des Sciences de l'Institut de France*, 49 (1906), p. 266-307. Les abréviations sont résolues dans le texte, sans indication spéciale. La numérotation des lignes de Leemans est remplacée par une division arbitraire en paragraphes. Cette édition médiocre sert de base aux articles de Liddell-Scott-Jones qui citent les paragraphes.

Table des abréviations

Les travaux utilisés le plus fréquemment sont cités de la manière suivante.

Alch. Syr.	M. Berthelot, *La Chimie au moyen âge*, t. II. *L'alchimie syriaque comprenant une introduction et plusieurs traités d'alchimie syriaques et arabes d'après les manuscrits du British Museum et de Cambridge. Texte et traduction... avec la collaboration* de M. Rubens Duval, Paris, 1893, réimpr. Osnabrück, 1967.
André	J. André, *Lexique des termes de botanique en latin*, Paris, 1956.
Berthelot, *Origines*	M. Berthelot, *Les origines de l'alchimie*, Paris, 1885, réimpr. 1938.
Intr.	M. Berthelot, *Introduction à l'étude de la chimie des anciens et du moyen âge*, Paris, 1889, réimpr. 1938.
Arch.	M. Berthelot, *Archéologie et histoire des sciences, Mémoires de l'Académie des Sciences de l'Institut de France*, 49 (1906), p. 266-307.

MA	M. Berthelot, *La chimie au moyen âge*, t. I, Paris, 1893, réimpr. Osnabrück, 1967.
Blümner, *TT*	H. Blümner, *Technologie und Terminologie der Gewerbe und Künste bei Griechen und Römern*, t. I, 2e éd., Leipzig, 1912 ; t. IV, Leipzig, 1887.
CAG	M. Berthelot - C. E. Ruelle, *Collection des anciens alchimistes grecs*, t. II, *Texte grec*, Paris, 1888, réimpr. Osnabrück, 1967.
CMAG	*Catalogue des manuscrits alchimiques grecs*, Bruxelles, 1924-1932.
Edict. Diocl.	S. Lauffer, *Diokletians Preisedikt*, Berlin, 1971 (on a revu les textes dans M. Giacchero, *Edictum Diocletiani et collegarum de pretiis rerum venalium*, t. I, Gênes, 1974).
Forbes, *SAT*, I, IV	R. J. Forbes, *Studies in Ancient Technology*, t. I, Leiden, 1956 ; IV, 1964.
Gazza	V. Gazza, *Prescrizioni mediche nei papiri dell' Egitto greco-romano. II*, *Aegyptus*, 36 (1956), p. 73-114.
Goltz	D. Goltz, *Studien zur Geschichte der Mineralnamen in Pharmazie, Chemie und Medizin von den Anfängen bis Paracelsus*, Wiesbaden, 1972 (Sudhoffs Archiv, Beiheft 14).
Guibourt	N. J. B. G. Guibourt, *Histoire naturelle des drogues simples ou*

	cours d'Histoire Naturelle professé à l'École supérieure de Pharmacie de Paris, 7e éd. par G. PLANCHON, Paris, 1876, 4 vol.
HALLEUX, *Non-ferreux*	R. HALLEUX, *La métallurgie des métaux non ferreux dans l'Antiquité*, thèse, Liège, 1977.
LANGKAVEL	B. LANGKAVEL, *Botanik der späteren Griechen vom dritten bis dreizehnten Jahrhunderte*, Berlin, 1866, réimpr. Amsterdam, 1964.
LENZ, *Botanik*	H. O. LENZ, *Botanik der alten Griechen und Römer*, Gotha, 1859.
LENZ, *Mineralogie*	H. O. LENZ, *Mineralogie der alten Griechen und Römer*, Gotha, 1861.
LIPPMANN, *Entstehung*	E. O. VON LIPPMANN, *Entstehung und Ausbreitung der Alchemie*, t. I, Berlin, 1919.
LUCAS-HARRIS	A. LUCAS, *Ancient Egyptian Materials and Industries*, 4e éd. par J. R. HARRIS, London, 1962.
LÜSCHEN	H. LÜSCHEN, *Die Namen der Steine*, Thun-München, 1968.
PFISTER	R. PFISTER, *Teinture et alchimie dans l'Orient hellénistique*, *Seminarium Kondakovianum* 7 (1935), p. 1-59.
UPHOF	J. C. Th. UPHOF, *Dictionary of Economic Plants*, Lehre, 1968.

PAPYRUS DE LEYDE

PAPYRUS DE LEYDE*

1. Purification et durcissement du plomb.

Fondez-le, saupoudrez d'alun lamelleux et de vitriol broyés fin et mélangés, et il sera dur[1].

2. Autre, de l'étain.

Le plomb et l'étain sont blanchis et purifiés par la poix et l'asphalte[2]. Ils sont durcis par l'alun, le sel de Cappadoce et la magnésie saupoudrée[3].

3. Purification de l'étain[4] qui est jeté dans le mélange de l'asèm[5].

Prenez de l'étain pur de toute autre substance, fondez et laissez refroidir. Enduisez d'huile, laissez pénétrer, fondez de nouveau. Ensuite, broyez de l'huile, de l'asphalte et du sel, enduisez et fondez pour la troisième fois. Après fusion, mettez-le de côté après l'avoir proprement lavé. Il sera comme de l'argent dur[6]. Si vous voulez le travailler au lieu d'argenterie afin qu'il passe inaperçu et possède la dureté de l'argent, mélangez-en quatre parties à trois parties d'argent, et la matière précitée deviendra comme de l'argenterie[7].

* Pour l'identification des substances, on se reportera au lexique en fin de volume. Dans la citation de passages parallèles du papyrus, je renvoie, sauf indication contraire, au numéro de la recette.

1-3. Pour les notes dont l'appel se trouve sans réponse au bas de la page, on se reportera aux *Notes complémentaires*, p. 167 et suiv.

4. Malgré le titre, il y a en réalité deux recettes, l'une de purification et durcissement d'étain, l'autre de fabrication d'argent à partir de cet étain.

5. Pour respecter la diversité du texte, on conservera le terme ἄσημος car il est intéressant de le distinguer de l'argent ἄργυρος.

PAPYRVS LEIDENSIS

P. 1 **1. Μολίβου κάθαρσις καὶ σκλήρωσις.** |

Χωνεύσας αὐτὸν στυπτηρίαν σχιστὴν καὶ | χάλκανθον λεῖα ποιήσας καὶ ἑνώσας ἐπίπασσε | καὶ ἔσται σκληρός. |

2. Ἄλλη κασσιτέρου. ||

Μόλιβον καὶ κασσίτερον λευκαίνει καὶ ἐκάθηρε | πίσσα καὶ ἄσφαλτος, στερροποιεῖ δὲ στυπτηρία | καὶ ἅλας καππαδοκικὸν καὶ μαγνησία ἐμ|πασσόμενα.

3. Κασσιτέρου κάθαρσις | τοῦ βαλλομένου εἰς τὴν κρᾶσιν τοῦ ἀσήμου. ||

Λα̣[βὼν] κασσίτερον καθαρὸν ἀπὸ πάντων χώ|νευε καὶ ἔασον ψυγῆναι καὶ ἀλείψας ἔλαιον | καὶ διεὶς πάλιν χώνευε. Εἶτα τρίψας ἔλαιον | καὶ ἄσφαλτον καὶ ἅλας, ἄλειψον καὶ ἐκ τρίτου χώ|νευε, καὶ ἐὰν χωνευθῇ ἀπόθου καθαρίως πλύν||ας · ἔσται γὰρ ὡς ἄργυρος σκληρός. Ὅταν δὲ ἀντὶ | ἀργυρωμάτων ἐργάζεσθαι θέλῃς, ἵνα λάθῃ κ(αὶ) | ἔχῃ τὴν τοῦ ἀργύρου σκληρίαν, πρόσμισγε τοῖς | τέτρασιν μέρεσιν τοῦ ἀργύρου μέ(ρη) γʹ, καὶ γενή|σεται τὸ προκείμενον ὡς ἀργύρωμα. ||

1. σκλήρωσις : σλήρωσις P ‖ 3. χάλκανθον : χαλάκανθον P ‖ λεῖα ποιήσας : λειαποισας P ‖ 6. κασσίτερον : κασίτερον P ‖ λευκαίνει : λευκεν P ‖ ἐκάθηρε ego : ἐκάθερι P ἓν καθ' ἓν coniecit Leemans ‖ 7. στυπτηρία : στυπτήρα P ‖ 8. ἐμπασσόμενα ego : ἐνπασάμενα P ‖ 9. κάθαρσις : κά⟦ε⟧θερσις P ‖ 11. λαβών suppleui : λα[...] P ‖ 12. ἔλαιον : ἔλεον P ‖ 15. καθαρίως ego : καθαριος P.

4. Purification de l'étain.

Jetez de la poix liquide et de l'asphalte, une partie de chaque, fondez et remuez. Selon d'autres, 20 drachmes de poix et 12 d'asphalte[1].

5. Fabrication de l'asèm.

Étain, 12 drachmes ; mercure, 4 drachmes ; terre de Chio, 2 drachmes.

Fondez l'étain, jetez-y ensuite la terre broyée, puis le mercure et remuez avec un fer, puis utilisez[2].

6. Doublement[3] de l'asèm.

Le doublement de l'asèm se fait ainsi : cuivre nettoyé de sa rouille, 40 drachmes ; asèm, 8 drachmes ; étain en boutons, 40 drachmes. On fond d'abord le cuivre et, après deux passages au feu, l'étain, puis l'asèm ; puis, quand les deux s'amollissent, fondez de nouveau à plusieurs reprises et refroidissez avec la préparation précédente[4]. Ensuite, après l'avoir laminé par les mêmes procédés[5], frottez avec du coupholithe. Et le triplement se fait par les mêmes procédés, en répartissant également les poids comme on l'a dit plus haut.

7. Masse[6] inépuisable.

La masse inépuisable se prépare ainsi : de nouveau par les mêmes procédés que le doublement, mais quand vous voulez faire lever[7] de la masse 8 drachmes, détachez-en 4

1. Cf. *supra*, § 2 et 3, et *Mappae clavicula* 85, p. 206 *Purgatur autem stannum pice et bitumine admixto conflatur*, et Alch. Syr., p. 190, § 98 « Autre. — Plomb purifié dans du bitume ou de la poix, ou bien étain purifié ; addition de mercure. » (qui se retrouve dans la recette suivante de *Leid.*). Voir aussi *Chimie de Moïse*, § 59.

2. Amalgame 3/4 Sn et 1/4 Hg, analogue au tain à miroir. Pour éviter que le mercure ne s'évapore, on fond d'abord l'étain et on ajoute la terre de Chio comme flux. On remue avec une spatule de fer, car c'est un métal avec lequel le mercure ne s'amalgame pas.

4. Κασσιτέρου κάθαρσις. |

Πίσσαν ὑγρὰν καὶ ἄ̣σφαλτον ἓν καθ' ἓν βαλὼν | χώνευε καὶ κίνει. Οἱ δὲ πίσσης ξηρᾶς 〈κ′ | ἀσφάλτου 〈ιβ′. |

5. Ἀσήμου ποίησις. ||

Κασσιτέρου 〈ιβ′, ὑδραργύρου 〈δ′, γῆς Χίας | 〈β′, χωνεύσας τὸν κασσίτερον ἐπέμβαλε | τὴν γῆν τετριμμένην εἶτα τὴν ὑδράργ|υρον, καὶ κίνει σιδήρῳ καὶ χρῶ. |

6. Ἀσήμου δίπλωσις. ||

Ἡ δὲ δίπλωσις τοῦ ἀσήμου γίνεται οὕτως· | τοῦ ἐξιωμένου χαλκοῦ 〈μ′, καὶ ἀσήμου 〈η′ | καὶ κασσιτέρου βούλλης 〈μ′. Χωνεύεται δὲ̣ | πρῶτος ὁ χαλκός, καὶ μετὰ δύο πυρώσεις ὁ κα|σσίτερος, εἶτα ὁ ἄσημος, εἶτα, ὅταν ἀμφότερα || μαλακ〈ὰ〉 γένηται, ἀναχώνευε πολλάκις, καὶ | κατάψυχε τῷ προειρημένῳ σκευάσματι· | εἶτα πλατύνας ταῖς αὐταῖς οἰκονομίαις ἀν|άσμηχε τῷ κουφολίθῳ. Καὶ τρίπλωσις γίνε|ται ταῖς αὐταῖς οἰκονομίαις, καταμεριζομέν||αις ταῖς ὁλκαῖς ἴσως, ὡς προείρηται. |||

P. 2 **7. Ἀνέκλειπτος μᾶζα.** |

Ἡ δὲ ἀνέκλειπτος μᾶζα κατασκευάζεται οὕτως· | πάλιν ταῖς αὐταῖς οἰκονομίαις ταῖς τῆς διπλώ|σεως, ἐπὰν δὲ ἆραι θέλῃς ἀπὸ τῆς μάζης 〈η′, || ἀποκόψας ἀναχώ-

22. ὑγράν : ὑγάν P || 23. κίνει : κείνει P || οἱ P : αἱ (δραχμαί) coniecit Leemans || 25. ποίησις : ποιησεις P || 26. χίας : χείας P || 27. χωνεύσας : χενεύσας P || 29. κίνει : κείνει P || σιδήρῳ : σειτήρῳ P || 31. γίνεται : γείνεται P || οὕτως : οὕτος P || 33. βούλλης P : βώλου uel βωλοειδοῦς coniecit Leemans || 36. ἀναχώνευε : ἀνωχώνευε P || πολλάκις : πολλάκεις P || 37. κατάψυχε : κατάψυγ⟦.⟧ε P || προειρημένῳ : προειρημμένῳ P || 38. πλατύνας : πλατήνας P || οἰκονομίαις : οἰκονομείαις P || ἀνάσμηχε P : ἀνάσμυχε coniecit Leemans || 39. γίνεται : γείνεται P || 40. οἰκονομίαις : οἰκονομείαις P || 42. ἀνέκλειπτος : ἀνέγλειπτος P || 43. ἀνέκλειπτος : ἀνέγκλειπτος P || οὕτως : οὕτος P || 44. οἰκονομίαις : ὀκονομείαις P.

et fondez de nouveau avec 4 autres drachmes d'asèm[1]. Fondez trois fois et recommencez, puis refroidissez et mettez de côté dans le coupholithe.

8. Fabrication de l'asèm.

Prenez de l'étain en petits morceaux et mou, et purifiez-le quatre fois. Prenez-en quatre parties, et de cuivre blanc, 3 parties, et une partie d'asèm et fondez. Après fusion, nettoyez à de nombreuses reprises et fabriquez ce que vous voulez. Ce sera de l'asèm de première qualité, au point d'abuser même les artisans[2].

9. Fabrication de l'asèm fusible[3].

Cuivre de Chypre, une mine ; étain en bandes, une mine ; magnésie, 16 drachmes ; mercure, 8 drachmes ; tuf, 20 drachmes. Ayant fondu le cuivre, jetez-y l'étain, puis la magnésie broyée fin, puis le tuf, enfin le mercure et agitez avec le fer ; versez au moule[4].

10. Doublement de l'asèm.

Prenez du cuivre de Chypre, enlevez la rouille, jetez dessus en quantités égales : 4 drachmes de sel d'Ammon, 4 d'alun, fondez et mêlez une quantité égale d'asèm[5].

11. Fabrication de l'asèm.

Purifiez soigneusement le plomb par la poix et l'asphalte[6], ou bien l'étain, et mêlez cadmie, litharge,

1. Même recette dans *Holm.* 8, où on prélève 8 drachmes de la masse et on refond avec la même quantité d'argent. L'alliage se trouve donc enrichi en argent : (5 Cu+5 Sn+1 Ag)+11 Ag = 12/22 Ag+5/22 Cu+5/22 Sn. On peut poursuivre dans ce sens à l'infini.

2. Alliage blanc, 4 parties Sn, 3 de cuivre arsénical (voir lexique et *infra* recette 22), 1 Ag. Identique à *Holm.* 3. Cf. *Mappae clavicula* 85, p. 208. *Argenti partes II, stanni purgati III partes (...) eris albi dimidium partem confla simul; deinde tolle et tere, et fac quod vis.*

3. Fabrication d'un alliage très stannifère à point de fusion peu élevé. La magnésie et le tuf servent de fondants et permettent l'incorporation de mercure. On obtient un bronze blanc amalgamé. Cf. *Mappae clavicula* 89, p. 206.

νευσον τὰς ἴσας ἀσήμου ⟨δ′ | καὶ χώνευσον τρίς, καὶ πάλιν, καὶ εἶτα ψύχων, | ἀποτίθου εἰς τὸ κουφόλιθο⟨ν⟩. |

8. Ἀσήμου ποίησις. |

Λαβὼν κασσίτερον λεπτὸν καὶ μαλακὸν κάθα||ρον τετράκις, καὶ λαβὼν αὐτοῦ μέ(ρη) δ′ καὶ χαλκοῦ | λευκοῦ καθαροῦ μέ(ρη) καὶ γ′, καὶ ἀσήμου μέ(ρος) α′, χώνευε. | Καὶ ὅταν χωνευθῇ, σμῆχε πλειστάκις καὶ σκεύαζε | ὃ θέλεις, ἔσται πρῶτον ἄσημον, ὥστε καὶ τοὺς τεχ|νίτας λαθεῖν.

9. Ἀσήμου χυτοῦ ποίησις. ||

Χαλκοῦ κυπρίου μν(ᾶ) ⟨ –, κασσιτέρου ἵμαντος μνᾶ | α′, μαγνησίας ⟨ςι′, ὑδραργύρου ⟨η′, πώρου κ′. | Χωνεύσας τὸν χαλκὸν ἐπέμβαλε τὸν κ⟨α⟩σσίτερον, | μετὰ δὲ λείαν τὴν μαγνησίαν, εἶτα τὴν πῶρον, | ὑστέραν τὴν ὑδράργυρον, καὶ κίνει σιδήρῳ, || καὶ ἀπόχεε εἰς τύπον. |

10. Ἀσήμου δίπλωσις. |

Λαβὼν χαλκὸν κύπριον ἐξίωσον, καὶ ἐπίβαλλε | ἁλὸς ἀμμωνιακοῦ τὰς ἴσας ⟨δ′, στυπτηρίας ⟨δ′, | χωνεύσας μίσγε ἴσον ἄσημον. ||

11. Ἀσήμου ποίησις. |

Μόλιβον καθάρισον πίσσῃ καὶ ἀσφάλτῳ ἐπιμελῶς, | εἰ μὴ κασσίτερον, καὶ μίσγε καδμείαν, λιθάργυρον, | ἴσον

47. καὶ εἶτα ego : και τα P παι τα Leemans || 51. τετράκις : τετράκει P || 52. λευκοῦ : λευκόν P || 53. πλειστάκις : πλειτάκεις P || σκεύαζε : σκευζε P || 54. τεχνίτας : τεχινιταις P || 55. ποίησις : ποιησεις P || 56. μν(ᾶ) P : μν<ᾶ α> coniecit Leemans || 57. ςι P : ι′ coniecit Leemans || πώρου ego : πάρου P πόρου uel πώρου coniecit Leemans || 58. ἐπέμβαλε P : ἐπέμβαλλε Leemans || 59. μαγνησίαν : μαγηδίαν P || πῶρον : πάρον P || 60. κίνει : κείνει P || σιδήρῳ : σεδήρῳ P || 61. τύπον ego : τόπον P || 62. ἀσήμου : ἄσημον P || 63. ἀμμωνιακοῦ : ἀμωνικ̣οῦ P || 67. πίσσῃ : πήσῃ P || 68. εἰ μή ego : εἰμι P || καδμείαν : καδμεία P.

en quantité égale au plomb et remuez jusqu'à ce qu'ils soient mélangés et durcis. Utilisez comme l'asèm naturel[1].

12. Fabrication de l'asèm.

Prenez les battitures des feuilles[2], trempez dans le vinaigre et l'alun blanc lamelleux et laissez tremper 7 jours, et alors fondez avec un quart de cuivre[3], 8 de terre de Chio, 8 drachmes de terre de Samos, 1 de sel de Cappadoce, 1 d'alun lamelleux. Mêlez et fondez en ajoutant de l'argent d'Adramyttion[4].

13. Fabrication d'un alliage[5].

Cuivre de Galatie, 8 drachmes ; étain en bandes, 12 drachmes ; magnésie, 6 drachmes ; mercure, 10 drachmes ; asèm, 5 drachmes[6].

Fabrication d'un objet en alliage. Cuivre, une mine. Fondez, ajoutez 2 mines d'étain en boutons et travaillez ainsi[7].

14. Teinture de l'or.

Teinture de l'or, en sorte qu'il devienne de bonne qualité : misy, sel et vinaigre de purification de l'or. Mélangez tout et jetez dans un récipient l'or précité[8] dans les drogues. Jetez et laissez un certain temps, puis enlevez du récipient, chauffez sur des charbons et jetez-le à nouveau dans le récipient où se trouve la drogue précitée. Faites cela assez souvent jusqu'à ce qu'il devienne de bonne qualité[9].

1. Le plomb (ou l'étain) est fondu avec l'oxyde de plomb et l'oxyde de zinc qui se réduisent par la poix et l'asphalte. On obtient un alliage plombo-zincifère ou stanno-zincifère qui doit être assez terne. Cf. Berthelot, *Arch.* 273 ; Pleijte 220.

2. Pleijte 221 pense que ἀπόκομμα est une feuille d'étain ; Berthelot, *Arch.* 273, des rognures d'argent ou l'asèm précédent. Le parallèle de *Holm.* § 6, l. 39-43 permet de comprendre que les ἀποκόμματα sont les battitures de cuivre qui se détachent en cours de laminage. Ces battitures sont soumises à un double blanchiment, d'abord dans un bain de vinaigre et d'alun, ensuite par fusion avec le sel et l'alun.

τῷ μολίβῳ καὶ κίνει ἕως καταμιγῇ καὶ σκληρύνῃ. | Οὕτω χρῶ ὡς ἀσήμῳ φυσικῷ. ||

12. Ἀσήμου ποίησις. |

Λαβὼν τὰ ἀποκόμματα τῶν πετάλων κατάβαψον | ὄξει καὶ λευκῇ στυπτηρίᾳ σχιστῇ καὶ ἄφες βρέ|χεσθαι ἡμέρας ζ′, καὶ τότε χώνευε τῷ τετάρτῳ | χαλκοῦ γῆς χίας η′, καὶ σαμίας ⟨η′ καὶ ἁλὸς καππ⟨α⟩ || δοκικοῦ ⟨α̣′, στυπτηρίας σχιστῆς ⟨α′. Μίξας | χώνευε, ἐπιϐάλλων ἀτράμεντον. |

13. Ποίησις κράσεως. |

Χαλκοῦ γαλατικοῦ ⟨η′, κασσιτέρου ἱμάντος ⟨ιβ′, | μαγνησίας ⟨ς′, ὑδραργύρου ⟨ι′, ἀσήμου ⟨ε′. Ποίησις || κραματίνου σκεύους · χαλκοῦ μν(ᾶ) α′, χωνεύσας ἐπέμ-| ϐαλε κασσιτέρου βούλλης μν(ᾶς [illegible] ὶ οὕτως ἐργάζου. |

14. Χρυσίου χρῶσις. |

Χρυσίον χροῖσαι ὥστε γενέσθαι χρηστόν · μίσυ | καὶ ἅλας καὶ ὄξος ἀπὸ καθάρσεως χρυσίου συγκεράσαι |||
P. 3 πάντα καὶ ἐμϐαλεῖν εἰς ἀ[γγεῖον] τὸ προγεγραμμένον | χρυσίον εἰς τὰ φάρμακα, καὶ βαλὲ καὶ ἔα ἐπὶ χρόνον | τινὰ καὶ ἄρας ἐκ τοῦ ἀγγείου διαθέρμαινε ἐπ' ἀνθράκ|ων, καὶ πάλιν ἔμϐαλε αὐτὸ εἰς τὸ ἀγγεῖον οὗ ἐστιν | τὸ φάρμακον τὸ προγεγραμμένον, πλεονάκις δὲ || τοῦτο ποίει, ἕως γένηται χρηστόν. |

69. κίνει : κίνι P || σκληρύνῃ : σκλυρην P || 70. ὡς ego : μ P || 73. ὄξει : ὄκξει P || λευκῇ στυπτηρίᾳ P : λευκὴν στυπτηρίαν coniecit Leemans || σχιστῇ ego : σχιστήν P Leemans || 74. βρέχεσθαι : βρέ{ε}χεσθαι P || τότε : τόδε P || 75. σαμίας ego : ἀσημίας P || καππαδοκικοῦ : καππδοκεικοῦ P || 77. ἀτράμεντον : ἀτραμεν⟦α⟧τον P || 80. μαγνησίας : μαγνησις P || 81. κραματίνου ego : κραμματίνου P κραμμα τινου Leemans || σκεύους : σκευος P || 82. βούλ`λ´ης P : βώλου coniecit Leemans || οὕτως : ουτος P || 84. ὥστε : ὥσ{σ}τε P || 85. συγκεράσαι : συνκεράσαι P || 86. ἐμϐαλεῖν ego : ἐμϐαλιν P ἔμϐαλε coniecit Leemans || 87. ἔα : αἴα P || 88. διαθέρμαινε : διαθέρμενε P || 90. τὸ φάρμακον : τὰ φάρμακα coniecit Leemans || πλεονάκις : πλεονάκεις P || 91. γένηται : γένητε P.

15. Augmentation de l'or.

Augmenter l'or. Prenez de la cadmie de Thrace en plaques ou de la cadmie de Galatie, mêlez[1].

16. Fraude de l'or.

Misy et terre de Sinope, quantité égale à celle de l'or. Quand l'or sera mis au four et qu'il aura bel œil, saupoudrez de chacun, enlevez et laissez refroidir, et l'or devient double[2].

17. Fabrication de l'asèm.

Étain, 1/10 de mine ; cuivre de Chypre, 1/16 ; terre magnésienne, 1/32 ; mercure, 2 statères. Fondez le cuivre et jetez d'abord l'étain, puis la magnésie. Puis, quand ces mêmes corps sont fondus, ajoutez 1/8 de bel asèm blanc dans la même proportion. Ensuite, quand il est mêlé et déjà près de se refroidir, jetez dans le bain le mercure en dernier lieu[3].

18. Autre.

Cuivre de Chypre, 4 statères ; terre de Samos, 4 statères ; alun lamelleux, 4 statères ; sel commun, 2 statères ; asèm d'Adramyttion[4], 2 statères et, si vous voulez faire plus beau, 4 statères. Fondez le cuivre, saupoudrez de terre de Samos[5] et d'alun lamelleux broyés ensemble et remuez jusqu'à ce qu'ils soient mélangés. Alors, ayant fondu l'asèm, coulez le matériau préalablement

1. Selon Berthelot, *Arch.*, 275, la recette ne fait qu'un avec la suivante. En réalité, elle reparaît au nº 85. L'or est chauffé avec de la cadmie, oxyde de zinc, en présence d'un agent réducteur qui n'est pas spécifié. Il se forme un alliage plus lourd que l'or. Identique à *Mappae Clavicula*, 18, p. 196. *Aurum probatum facere. Armenii partes ij, zonitidi partem j. Tere omnia adice lutinis taurini quartam partem, cathmie equam. Confla et erit grauius. Hoc idem facies et in ere.* Idem dans BN lat 6514, fol. 47, cf. Berthelot, *La chimie au moyen âge* I, 39 et 78.

4. Cf. *supra*, note 4, p. 87.

5. Il n'a pas encore été question de terre de Chios mais de Samos. Le scribe semble confondre ces deux terres apparentées dans leur nature et leurs effets.

15. Χρυσίου πλεονασμός. |

Χρυσίον πλεῖον ποιῆσαι. Λαβὼν καδμίαν θρακική(ν) | πλακώδη μεῖξον ἢ γαλατικήν. |

16. Χρυσοῦ δόλος. ||

Μίσυ καὶ σινωπίδος ἴσον ἴσῳ τῷ χρυσίῳ. Ἐπὴν βλη|θῇ χρυσὸς εἰς κάμινον καὶ γένηται ἱλαρός, ἔμπα|σσε ἐξ ἑκάστου, καὶ ἐξελὼν ἔα ψυγῆναι καὶ γίνεται | ὁ χρυσὸς διπλοῦς. |

17. Ἀσήμου ποίησις. ||

Κασσιτέρου μνᾶς δεκατόν, χαλκοῦ κυπρίου ἑκκαι-|δέκατον, μαγνησίας γῆς τριακοστοδεύτερον, ὑδραργύ-|ρου ϛβ'. Χωνεύσας τὸν χαλκόν, πρῶτον βάλε τὸν | κασσίτερον, εἶτα τὴν μαγνησίαν, εἶτα τὰ αὐτὰ χωνεύ|σας ἐπίϐαλλε ἀσήμου καλοῦ λευκοῦ τὸ ὄγδοον πρὸς || ἀνάλογον. Εἶθ'ὅταν μιγῇ καὶ ἤδη πρὸς τῷ ψύχεσ|θαι ᾖ, συγχωνεύειν τότε τὴν ὑδράργυρον ἐσχάτην. |

18. Ἄλλη. |

Χαλκοῦ κυπρίου ϛ δ', γῆς ⟨σ⟩αμίας ϛδ', στυπτηρίας σχ|ιστῆς ϛδ', ἁλὸς τοῦ κοινοῦ ϛβ', ἀσήμου ἀδραμέντου || ϛβ', ἐὰν δὲ κάλλιον ποιῆσαι θέλῃς, ϛ δ'. Χωνεύσας | τὸν χαλκὸν ἐπίπασσε τὴν σαμίαν καὶ τὴν στυπτη|ρίαν τὴν σχιστήν, συλλελεασμένα, καὶ κίνει ἕως μι|γῇ καὶ τότε τὸν ἄσημον χωνεύσας κατάχεον ταῦ|τα προκεχω-

92. πλεονασμός : πλεανεσμός P ‖ 93. πλεῖον : πλῖον P ‖ 94. μεῖξον : μ`ε'ῖξον P ‖ γαλατικήν : καλακτικήν P ‖ 96. ἐπὴν βληθῇ : ἐπεμβληθῆς P ‖ 97. κάμινον : κάμεινον P ‖ 98. ἐξελὼν : ἐξεὼν P ‖ ἔα : αἴα P ‖ 101. ἑκκαιδέκατον : ἐκκεδέκατον P ‖ 102. τριακοστοδεύτερον : τριακοστόδυον P ‖ 106. μιγῇ : μειγῇ P ‖ 107. συγχωνεύειν : συνχωνεύειν P ‖ 112. σαμίαν : χίαν P ‖ 113. συλλελεασμένα : συνλελεασμένα P ‖ κίνει : κείνι P ‖ 114. τότε : τόδε P ‖ ταῦτα ego : τα τα P.

fondu[1], mêlez avec un bois de genévrier et (quand) il est mêlé, enlevez[2]. Quand vous voulez le marteler, mettez-le au feu et trempez-le dans l'alun lamelleux et le sel mêlés en proportions égales avec de l'eau visqueuse, consistance assez fine[3], et quand vous voulez achever le travail, trempez à nouveau dans le mélange précité et mettez au feu pour qu'il devienne plus blanc. Ayez préalablement purifié votre cuivre, c'est-à-dire, mettez-le au feu, au début soufflez jusqu'à ce qu'il perde l'écaille et devienne pur[4], et ensuite utilisez comme écrit plus haut, en fondant la terre de Samos.

19. Autre.

Prenez un statère ptolémaïque, car ils contiennent du cuivre dans l'alliage et trempez[5].

Voilà la composition du bain de trempe : alun lamelleux, sel commun dans du vinaigre de teinturier, consistance visqueuse.

Trempez et quand il s'est granulé en fondant et est mêlé dans cela, chauffez puis trempez, martelez puis chauffez[6].

[Voilà la composition du bain de trempe : alun lamelleux, sel commun dans du vinaigre de teinturier, consistance visqueuse.]

Trempez dans cela, mettez au feu puis trempez, puis martelez, puis mettez au feu, jusqu'à quatre fois ou plus, en trempant à chaque mise au feu. Il devient meilleur que celui d'Adramyttion.

1. τα ... τα ? comprendre ταῦτα ?

2. On fond séparément du cuivre et de l'argent. Le cuivre est fondu avec les mordants. Ensuite les deux métaux en fusion sont mêlés. L'alliage est brassé avec du bois de genévrier, ce qui évoque notre perchage : du bois vert brassé dans le métal en fusion empêche la formation d'oxydes, car les matières carbonées agissent comme réducteur.

3. C'est un moyen assez fruste de désigner la concentration de la solution.

νευμένον « συμμίξας ἰουνιπηρίῳ » καὶ μιγῇ ἆρον, ὅταν δὲ μέλλῃ||ς ἐλαύνειν αὐτὸ πυρώσας αὐτὸ κατάσβεσον εἰς στυπ|τηρίαν σχιστὴν καὶ ἅλας ἴσον ἴσῳ μεθ' ὕδατος | γλοιώδους, πάχος λεπτότερον, καὶ ἐὰν συντελεῖσθαι | τὸ ἔργον, πάλιν κατάβαψον ẹἰς τὸ προκείμενον, πύ|ρου δὲ ἵνα λευκότερον γένηται, τὸν δὲ χαλκὸν || ἔχε προκεκαθαρμένον· πυρώσας γὰρ αὐτὸν ἐν ἀρ|χῇ ἀποψόφησον, ἕως ἂν ἀποβάλῃ τὴν λεπίδα κ(αὶ) | καθαρὸς γένηται, καὶ τότε χρῶ ὡς προγέγραπται | τὴν σαμίαν συγχωνεύων.

19. Ἄλλη. |

Λαβὲ στατῆρα πτολεμαϊκόν, ἔχουσι γὰρ τῇ κράσει || χαλκόν, καὶ κατάβαψον. Ἔστιν δὲ ἡ κρᾶσις τῆς κα|ταβαφῆς, στυπτηρίας σχιστῆς, ἁλὸς κοινοῦ | ἐν ὄξει βαφικῷ, γλοιοῦ πάχος. Καταβάψας | καὶ ὅταν ἐκτρο-
P. 4 χισθῇ χωνευόμενον καὶ | μιγῇ ||| εἰς τοῦτο πύρωσον, εἶτα κατ̣ά̣βαψον, εἶτα ἔ̣λασον | εἶτα πύρωσον. | {Ἔστιν δὲ ἡ κρᾶσις τῆς καταβαφῆ⟨ς⟩ στυπτηρίας σχι|στῆς, ἁλὸς κοινοῦ ἐν ὄξει βαφικῷ γλοιοῦ πάχος. | Καταβάψας εἰς τοῦτο, πύρωσον εἶτα κατάβαψον, || εἶτα ἔλασον, εἶτα πύρωσον,} ἕως τετράκις ᾖ | καὶ πλεονάκις καθ' ἑκάστην πύρωσιν κατα|βάπτων, γίνεται τοῦτο ἀδραμέντου

115. συμμίξας : συνμίνξας P || ἰουνιπηρίῳ : γινιπηρίῳ P || 116. αὐτὸ : αὐτῶ P || 118. γλοιώδους : γλυώδου P || πάχος : πάσχος P || συντελεῖσθαι : συντελεσθαι P || 119. πάλιν : πάλι P || 120. ἵνα : εἵνα P || λευκότερον : λευκότετρον P || 121. πυρώσας : πυρόσας P || 122. ἀποψόφησον : ἀποψόφισον P || λεπίδα : λεπίτα P || 123. προγέγραπται : προγέγραπτε P || 124. σαμίαν : σαμείαν P || συγχωνεύων : συνχωνεύων P || 125. κράσει : κράσι P || 128. γλοιοῦ : κλοιοῦ P || 129. ὅταν : ὥταν P || ἐκτροχισθῇ ego : ἐκτροχιστῇ P ἐκτρογισθῇ uel ἐκτρυγισθῇ coniecit Leemans || χωνευόμενον : χωνευώμενον P || 131. πύρωσον : πύρασον P || 131-134. deleuit Leemans recte || 132. πύρωσον : πύρασον P || 134. βαφικῷ : φαφικῷ P || γλοιοῦ : κλοιοῦ P || 137. καί : κε P || 138. γίνεται : γείνεται P.

Plus souvent vous trempez en mettant au feu, plus il devient beau[1].

20. Remède pour l'asèm dur.

Comment il faut rendre mou et très blanc l'asèm noir et dur. Prenez des feuilles de ricin, trempez dans l'eau pendant un jour. Ensuite, avant de fondre, trempez l'asèm dans l'eau et fondez deux fois. Épongez avec de la mousse de natron et jetez dans le bain de l'alun sur l'objet fondu, puis utilisez. Son effet est grand, car il est beau[2].

21. Autre. Secours pour tout asèm aigre.

Prenez de la paille, du malt, de la rue sauvage, trempez dans le vinaigre et versez sur du sel et du charbon[3]. Mettez tout cela au four, soufflez longtemps et laissez refroidir[4].

22. Blanchiment du cuivre.

Rendre le cuivre blanc en sorte qu'il se mêle à l'asèm en proportions égales et qu'il soit irréprochable. Prenez du cuivre de Chypre et fondez en jetant pour une mine 2 drachmes de réalgar pourri, couleur fer, 5 d'alun lamelleux et fondez de nouveau. A la deuxième fusion, on jette de la cire pontique, 4 drachmes, sinon le cuivre brûle et se brise[5].

2. Le ricin est une euphorbiacée, contenant du latex. Les *fruits* donnent l'huile de castor, lubrifiant auto (Castrol). Sur l'action de l'huile de ricin, Pline, XV, 7. Sur le décapage par le natron et l'alun, cf. *Mappae clavicula* 86, p. 206 *nitrum russum et alumen simul confla deinde teris cum aqua, unges argentum et calefacis.* Le ricin et le natron sont cités ensemble dans *P. Tebt.* 703, l. 102-103. Identique à Alch. Syr., p. 219, § 17 « Comment l'asèm (sina) dur et noir deviendra blanc et mou. — Feuilles de l'arbre de la noix de galle et du buis qui est appelé φιλλυρέα macérées dans de l'eau ; on y trempe le métal avant la fusion, qui est répétée trois fois ; addition d'aphronitron et d'alun. » Le traducteur syriaque comprend « noix de galle » (κηκίς) là où il est question de ricin (κίκι).

3. Il faut comprendre ἄνθρακας καὶ ἅλας.

κρεῖσσον, | ᾧ δὲ πλεονάκις πυρῶν καταβάπτεις, τοσ|αυτάκις κάλλιον γίνεται. ||

20. Ἀσήμου σκληροῦ ἴασις. |

Ὡς δεῖ τὸν σκληρὸν ἄσημον καὶ μέλανα ἁπαλὸν | γενέσθαι καὶ ἔκλευκον. Λαβὼν κίκεων φύλλα βρ|έξον εἰς ὕδωρ ἐφ' ἡμέραν[..]εἶτα βρέξον πρὸ τοῦ σ|ε χωνεῦσαι εἰς τὸ ὕδωρ, καὶ ἐπιχώνευε δίς, καὶ || ἔκμαξον ἀφρονίτρῳ καὶ ἐμβαλὼν εἰς τὸ βάμμα | στυπτηρίαν ἐπὶ τοῦ χωνεύματος, χρῶ. Κρατεῖ | τὴν δύναμιν, ἐστὶν γὰρ καλή. |

21. Ἄλλη. |

Ἐπὶ παντὸς ἀσήμου σαπροῦ βοηθεία· λαβὼν ἄχυρα κ(αὶ) || βύνι καὶ ἄγριον πήγανον, βρέξας ὄξει ἐπίχει κ(αὶ) | ἅλας, ἄνθρακας· ταῦτά τε εἰς τὴν κάμινον βαλέ, | φύσα δὲ ἐπίπλεον καὶ ἔα ψυγῆναι. |

22. Χαλκοῦ λεύκωσις. |

Χαλκὸν λευκὸν ποιῆσαι, ὥστε μιγέσθαι ἀσήμῳ || ἴσον ἴσῳ, καὶ ἀνέγκλητον εἶναι. Λαβὼν χαλκὸν | κύπριον χώνευσον βαλὼν εἰς τὴν μνᾶν σαν|δαράχης τῆς σαπρᾶς τῆς σιδηριζούσης ⟨β', | καὶ στυπτηρίας σχιστῆς ⟨ε' καὶ χώνευε. | Τῇ δευτέρᾳ χωνεύσει βάλλεται κηροῦ πον||τικοῦ ⟨δ', εἰ μή, καὶ πυροῦται καὶ ῥήσσεται. |

138. κρεῖσσον : κρίσ`σ'ονος P || 139. ᾧ P : ὡς coniecit Leemans || πλεονάκις : πλεονάκεις P || 140. τοσαυτάκις : τοσαυτάκεις P || κάλλιον : κάλλειον P || γίνεται : γείναιται P || 143. κίκεων : κείκεων P || φύλλα : φύλα P || 144. εἰς : εἰ P || 145. τὸ : τὼ P || ἐπιχώνευε : ἐπχώνευε P || 146. ἀφρονίτρῳ : ἀφωνίτρῳ P || ἐμβαλὼν ego : ἐμβαλω P ἔμβαλε coniecit Leemans || 150. βοηθεία : βοηθία P || 152. κάμινον : κάμεινον P || 154. λεύκωσις : λεύκοσις P || 155. μιγέσθαι : μείγεσθαι P || 156. ἀνέγκλητον : ἀνένκλητον P || 157. χώνευσον : χεύνευσον P.

23. Durcissement de l'étain.

Rendre l'étain dur. Saupoudrez d'alun lamelleux et de vitriol en quantités égales[1]. Quand vous aurez préalablement purifié l'étain comme il faut et que vous utiliserez les produits précités de sorte que quand ils sont mis au feu ils ne coulent pas[2], vous aurez de l'asèm égyptien pour la fabrication d'objets[3].

24. Enduit d'or.

Enduit d'or, autrement dit purification de l'éclat de l'or.

Misy, 4 parties ; alun, 4 parties ; sel, 4 parties ; broyez dans l'eau. Enduisez l'or et mettez-le au four dans un vase d'argile luté tout autour jusqu'à ce que les drogues précitées soient consumées, ensuite enlevez et lavez à grande eau avec beaucoup de soin[4].

25. Purification de l'argent.

Rendre tout argent pur et brillant. Prenez une partie d'argent et la même quantité de plomb, laissez fondre au four jusqu'à ce que le plomb soit consumé. Faites cela souvent jusqu'à ce qu'il devienne brillant[5].

26. Teinture en argent.

Transformer les objets de cuivre en argent : étain en bandes, 2 drachmes ; mercure, 4 drachmes ; terre de Chio, 2 drachmes. Fondez l'étain, ajoutez la terre broyée, puis le mercure, remuez avec le fer et façonnez des boulettes[6].

5. Méthode de coupellation. Pour séparer l'argent du cuivre et du plomb qui lui sont alliés, on ajoute du plomb et on fond dans une coupelle. Sous l'action de la soufflerie, le plomb s'oxyde en litharge qui entraîne les autres oxydes et est absorbée dans la coupelle (ἀναλωθῇ). L'action de souffler n'est pas mentionnée, car pour une petite quantité de produit le tirage d'air du four suffit. Cf. Souda, E 1618 s.v. ἐξέλιπε φυσητήρ ; R. Halleux, *Non-ferreux*, I, 272-284 et *infra*, fr. 1. Identique à Alch. Syr., p. 106. « Purification de l'argent falsifié. — Prends de l'argent, une partie ; du plomb, deux parties ; fais chauffer ensemble jusqu'à ce que le plomb brûle. »

23. Κασσιτέρου σκλήρωσις. |

Κασσίτερον σκληρὸν ποιῆσαι. Στυπτηρίαν | σχιστὴν καὶ χάλκανθον ἐπίπασσε καθ' ἕν. Ἐὰ(ν) | δὲ προκαθάρῃς τὸν κασσίτερον ὡς δεῖ καὶ χρή||σῃ τοῖς προκειμένοις, ὥστε αὐτῶν πυρου|μένων μὴ ῥεῖν, ἕξεις ἄσημον Αἰγύπτιον | εἰς σκευῶν κατασκευήν. |

24. Κατάχρισις χρυσοῦ. |

Καταχριστὸν χρυσοῦ ἄλλη διακάθαρσις λαμ||πρότητος χρυσοῦ. Μίσυος μέ(ρη) δ′, στυπτηρίας | μέ(ρη) δ′, ἁλὸς
P. 5 μέ(ρη) δ′, τρῖβε μεθ' ὕδατος, καταχρίσας ||| τὸν χρυσὸν ἔμβαλε εἰς κάμινον ἐν κεραμέῳ ἀγγείῳ | περιπεπηλομένῳ ἄχρι ἀναλωθῇ τὰ προειρημέν|α φάρμακα, καὶ ἐξελὼν ἔκπλυνε ἐπιμελέστατα. ||

25. Ἀργύρου κάθαρσις. |

Πᾶσάν τις ἄργυρον καθαίρειν καὶ λαμπρύνειν. | Λαβὼν μέ(ρος) α′ τοῦ ἀργύρου καὶ τὸ ἴσον μολίβου χαλά|σας εἰς κάμινον τῆκε ἄχρι ἂν ὁ μόλιβος ἀναλωθῇ | κ(αὶ) τοῦτο πολλάκις ἀ̣ε̣ὶ̣ ἄχρι λαμπρὸς γένηται. ||

26. Ἀργύρου χρῶσις. |

Τὰ χαλκᾶ ἀργυρᾶ ποιῆσαι· κασσιτέρου ἱμάντος ⟨β̣′, | ὑδραργύρου ⟨δ′, γῆς χίας ⟨β′, χώνευσον τὸν κ⟨α⟩σσί|τερον, ἔμβαλλε τὴν γῆν τετριμμένην ἔπειτα τὴ(ν) | ὑδράργυρον καὶ ἀνακίνει σιδήρῳ καὶ ἀνάπλασσε || σφαιρία.

164. χάλκανθον : χαλάκανθον P ‖ 165. προκαθαρῇς P : προσκαθαρῇς Leemans ‖ 166. πυρουμένων : πυρουμενον P ‖ 171. χρυσοῦ : χρησοῦ P ‖ 177. καθαίρειν : καθάριεν P ‖ λαμπρύνειν : λαμπρυν εἶναι P ‖ 179. κάμινον : κάμεινον P ‖ 180. κ(αί) P : καί Leemans ‖ πολλάκις : πολλάκεις P ‖ ἀ̣ε̣ι̣ P : πει Leemans coniiciens ποίει ‖ 184. ἔπειτα : ἔπιτα P ‖ 185. ὑδράργυρον : ὑδράγυρον P ‖ ἀνακίνει : ἀναγείνει P ‖ σιδήρῳ : σειδήρῳ P.

27. Fabrication de cuivre pareil à l'or.

Broyez du cumin, versez de l'eau et broyez ensemble finement. Laissez reposer trois jours, le quatrième remuez et enduisez[1]. Si vous voulez, ajoutez de la soudure d'orfèvre[2] et il paraîtra or.

28. Fabrication de l'asèm fusible.

Cuivre de Chypre, 1 partie ; étain, 1 partie ; magnésie, 2 parties ; tuf cru broyé, 4 parties. On fond d'abord le cuivre, puis l'étain, puis la magnésie, puis on ajoute le tuf broyé[3]. Vous remuez avec le fer et vous versez le creuset[4].

29. Fabrication de l'asèm.

Étain, 1 silique ; cuivre de Galatie, 1/2 silique[5].

Fondez d'abord le cuivre puis l'étain. En remuant avec le fer, ajoutez de la poix sèche jusqu'à saturation, puis coulez et fondez de nouveau en utilisant l'alun lamelleux de la même façon que la poix et alors coulez.

Si vous voulez fondre d'abord l'étain, limaille du premier cuivre précité. Conformez-vous à la même proportion et à la même marche[6].

30. Fabrication de la soudure d'or.

La soudure d'or se prépare ainsi : cuivre de Chypre, 4 parties ; argent, 2 parties ; or, 1 partie. On fond d'abord le cuivre, puis l'argent, puis l'or[7].

1. Simple vernis ne contenant pas d'or. Identique à Alch. Syr., p. 230, § 55 « Autre. — Cumin pilé avec de l'eau de pluie. » et p. 276, § 17 « Teinture d'or. — Misy et cumin (mot écrit κυμιδιν). » Comparer J. Michel, *Coloration des métaux*, Paris, 1933, p. 76 « Bronzage du cuivre. Le métal est enduit régulièrement à la brosse d'une pâte épaisse faite en broyant du crocus avec de l'eau. Après le séchage, on l'expose au-dessus d'un bec de gaz à flamme éclairante pour qu'il se recouvre d'une couche de suie, on le place ensuite dans la flamme d'un brûleur à gaz pour brûler tout le carbone déposé. Finalement on gratte-brosse. »

2. Le mot χρυσοκόλλα peut désigner un minéral, la malachite. Elle est verte et on ne voit pas son usage. Il peut désigner aussi la soudure d'orfèvre dont la composition est indiquée aux recettes 30 et 32. Elle serait alors incorporée au vernis.

27. Χαλκοῦ χρυσοφανοῦς ποίησις. |

Κύμινον τρίψας καὶ παραχέας ὕδωρ καὶ συλλεάνας | ἔασον ὑποστῆναι ἡμ(έρας) γʹ, τῇ δὲ δʹ ἀναταράξας ἐπίχρι-|σον. Ἐὰν θέλῃς πρόσμισγε χρυσοκόλλαν καὶ φανήσε|ται χρυσός.

28. Ἀσήμου χυτοῦ ποίησις. ||

Χαλκοῦ ⟨κυ⟩πρίου μέ(ρος) αʹ, κασσιτέρου μέ(ρος) αʹ, μαγνησίας | μέ(ρη) βʹ, πώρου ὠμοῦ λελειοτριβημένου μέ(ρος) ⟨. Πρῶτον χω|νεύεται ὁ χαλκός, εἶτα ὁ κασσίτερος, εἶτα ἡ μαγνη|σία, εἶτα ἐπιβάλλεται λεῖος ὁ πῶρος καὶ κινεῖς σι|δήρῳ καὶ ἀποδίδωσι τὸν χῶνον. ||

29. Ἀσήμου ποίησις. |

Κασσιτέρου κ̊ αʹ, χαλκοῦ γαλατικοῦ κ̊ ⟨, προχώνευ|ε τὸν χαλκὸν εἶτα τὸν κασσίτερον κινῶν ἅμα σιδήρῳ | καὶ ἐπέμβαλε τὴν πίσσαν τὴν ξηρὰν ἕως κοπιάσῃ, | εἶτα ἀπόχεε καὶ πάλιν χώνευε τῇ στυπτηρίᾳ χρώ-||μενος τῇ σχιστῇ, ὡς καὶ τῇ πίσσῃ, καὶ τότε ἐπίχεε. | Ἐὰν δὲ βούλῃ τὸν κασσίτερον πρῶτον χωνεύειν, | ῥίνημα τοῦ πρώτου προκειμένου χαλκοῦ καὶ τῇ | αὐτῇ συσταθμίᾳ καὶ τῇ αὐτῇ ἀγωγῇ ἀκολούθει. |

30. Χρυσοκόλλου σκευασία. ||

Τὸ δὲ χρυσόκολλον σκευάζεται οὕτως · χαλκοῦ κυπρί|ου μέ(ρη) δʹ, ἀσήμου μέ(ρη) βʹ, χρυσίου μέ(ρος) αʹ. Χωνεύεται πρῶ|τος ὁ χαλκός, εἶτα ὁ ἄσημος, εἶτα τὸ χρυσίον. |

187. κύμινον : κύμεινον P || παραχέας ego : παραχές P παράχεε coniecit Leemans || συλλεάνας : συνλεάνας P || 188. ἔασον : ἔαγ`σ'ον P || 191. <κυ>πρίου suppleui || 192. πώρου : πάρου P || λελειοτριβημένου : λελιοτριβημένου P || πρῶτον : πρῶν P || 194. ἐπιβάλλεται : ἐπιβάλεται P || πῶρος : πάρος P || κινεῖς : κεινεῖς P || 197. κοτύλην : κεράτιον uel κόγχην coniecit Leemans || 198. κινῶν : κεινον P || 200. στυπτηρίᾳ : στηπτηρίᾳ P || 203. ῥίνημα : ῥείνημα P || 205. σκευασία : σκευσεία P.

31. Savoir si l'étain est falsifié.

Fondez-le, étendez une feuille de papyrus et versez. Si vous brûlez le papyrus, il contient du plomb[1].

32. Fabrication de soudure d'orfèvre. Comment il faut fabriquer la soudure d'orfèvre pour l'or.

Or, 2 parties ; cuivre, 1 partie ; réduisez en poudre et fondez. Si vous voulez qu'il ait bel œil, fondez avec un peu d'argent[2].

33. Écriture en lettres d'or.

Écrire en lettres d'or. Prenez du mercure, versez dans un récipient propre et jetez-y une feuille d'or. Quand l'or paraît fondu dans le mercure, remuez le plus possible et ajoutez un peu de gomme comme un grain de millet, laissez reposer ainsi et écrivez en lettres d'or[3].

34. Autre.

Litharge couleur d'or, 1 partie ; alun, 2 parties[4].

35. Rendre l'asèm noir comme l'obsidienne[5].

Asèm, 2 parties ; plomb, 4 parties ; placez sur un tesson neuf[6], jetez du soufre vierge en quantité triple, mettez au four, fondez puis enlevez, martelez et faites ce que vous voulez, que vous veuillez faire un animal

1. Le texte repose sur la différence de point de fusion entre l'étain et le plomb. Identique à Pline, XXXIV, 163. E. R. Caley, *J. Chem. Educ.*, 3 (1926), p. 1166, observe bien que la méthode distingue l'étain et le plomb, mais que des mélanges eutectiques échapperaient au test. Identique à Alch. Syr., p. 97, § XXII « Épreuve de l'étain. — Mets-le dans un morceau de toile, ou sur du papier étendu, et (fonds : tu reconnaîtras ainsi si) l'étain est de bonne qualité... » ; p. 242, § 18 « Pour éprouver l'étain. — Fonds l'étain et mets-le dans un morceau de linge ; si celui-ci brûle, c'est qu'il y a du plomb » ; p. 276, § 13 « Pour reconnaître s'il y a une fraude dans l'étain. — Après l'avoir mis sur le feu, étends une feuille de papier par terre et verse dessus l'étain fondu ; si elle brûle, il est frauduleux ; sinon, non. »

2. Autre alliage plus riche en or 2/3 Au 1/3 Cu en poudre fine, avec un peu d'argent. Selon Hunt, 28, cette soudure fondrait vers 920-930° C. Cf. Theophile, III, 51-52 ; *Manuel Roret* cité par Berthelot, *Arch.*, p. 283.

31. Κασσίτερον γνῶναι εἰ δεδόλωται. |

Χωνεύσας αὐτὸν ὑπόστρωσον χαρτὴν καὶ ἔγχεον. || Ἐὰν κατακάῃς, χαρτὴς μόλιβον ἔχει. |

32. Κολλῆς χρυσοχοϊκῆς ποίησις. | Ὡς δεῖ χρυσοχοϊκὴν κόλλαν ποιῆσαι εἰς χρυσίον. |

Χρυσίου μέ(ρη) β', χαλκοῦ μέ(ρος) α' χώνευσον λεῖα· ὅταν δὲ θέ|λῃς ἱλαρὸν γενέσθαι, συγχώνευσον ἀργύρου βραχύ. |||

P. 6 **33.** Χρυσογραφία. |

Χρυσᾶ γράμματα γράφειν. Λαβὼν ὑδράργυρον ἔκχε|ον εἰς ἄγγος καθάρειον καὶ συνέμβαλε εἰς αὐτὸ χρυσοῦ(ν) | πέταλον. Ὅταν δὲ δόξῃ συντετηκέναι τὸ χρυσίον | εἰς τὴν ὑδράργυρον, κίνησον ὡς μάλιστα, συν||έμβαλε [...]κόμμιος μικρο« ν ὡς ἂν » κέγχρον καὶ οὕτως ἐάσας | καταστῆναι γράφ⟨ε⟩ χρυσᾶ γράμματα. |

34. Ἄλλη. |

Λιθαργύρου χρυσίτιδος μέ(ρος) α', στυπτηρίας μέ(ρη) β'. |

35. Ἄσημον μέλανα ποιῆσαι ὡς ὀψιανόν. ||

Ἀσήμου μέ(ρη) β', μολίβου μέ(ρη) δ', ἐπιθεὶς ἐπ' ὄστρακον | καινὸν ἐπέμβαλε θεῖον ἄπυρον τριπλοῦν καὶ εἰσ|ενέγκας εἰς τὴν κάμινον, χώνευε καὶ ἐξενέ|γκας ἔλαυνε καὶ ποίει ὃ θέλεις, ἐάν τε ἐλαστὸν | ἐάν τε χυτὸν ζωδίον

210. ἔγχεον : ἔνχεον P ‖ 214. χώνευσον : χνευσον P ‖ λεῖα : λείαν P λέαινε uel λέανον coniecit Leemans ‖ 215. συγχώνευσον : συνχώνευσον P ‖ 217. ὑδράργυρον : ὑδράγυρον P ‖ 219. ὅταν : ὅτα P ‖ 220. ὑδράργυρον : ὑδράρκυρον P ‖ κίνησον : κείνησον P ‖ 221. κόμμιος : κόμοιος P ‖ κέγχρον : κένχρον P ‖ οὕτως : οὗτος P ‖ 222. γράμματα : γράματα P ‖ 225. ὀψιανόν : ὀψειανόν P ‖ 227. καινόν ego : κενόν P ‖ 229. τε : δέ P.

martelé ou coulé[1]. Et alors limez et ciselez. Il ne rouille pas.

36. Fabrication de l'asèm.

Fondez une partie de bon étain et ajoutez poix sèche, le tiers de l'étain, remuez et laissez mousser la poix jusqu'à ce qu'elle cesse d'être rejetée[2]. Ensuite, quand l'étain se refroidit, fondez de nouveau et ajoutez pour 13 drachmes d'étain une drachme de mercure. remuez, laissez refroidir et travaillez comme de l'asèm[3].

37. Que les objets de cuivre paraissent en or[4] et ne soient détectés ni par le feu ni par le frottement à la pierre[5] et que cette fantaisie fasse surtout effet sur un anneau.

La préparation est[6] la suivante : on broie de l'or et de l'écaille de plomb comme de la farine, 2 parties de plomb pour une, puis on mêle avec de la gomme, on malaxe, et ensuite on enduit l'anneau, puis on met au feu. On fait cela souvent jusqu'à ce qu'il ait pris la couleur. Il est difficile à déceler car il donne la rayure de l'or et au feu, il liquéfie le plomb mais pas l'or[7].

38. Écriture en lettres d'or.

Lettres d'or. Safran, bile de tortue fluviale[8].

1. Distinction fréquente des ἐλατά et des χυτά. Cf. Aristote, *Metéor.* III 328 a 27 ; Pline, XXXIV, 94 ; Pollux VII, 105 ; *C. Gl. Lat.* II, 294, 17 ; *Edit. Diocl.* 15, 65 ; *P. Oxy.* I. 85, 2, § 59 ; *P. Ant.* I, 38. 10 sq. ; R. Halleux, *Non-ferreux*, I, 239.

2. Sur l'action réductrice de la poix, cf. *supra*, p. 85.

3. Amalgame 13/14 Sn 1/14 Hg. Le mercure est, suivant l'usage, ajouté quand l'étain se refroidit. Identique à Alch. Syr., p. 290, § 89 « On fait de l'argent avec du mercure de cette manière. — On fait chauffer le mercure et on y projette de l'étain, avec la pierre sourde appelée creta. » Pierre sourde est la traduction de κουφόλιθος.

4. Cf. *P. Lond.* 121 (= *PGM* VII), l. 168 παιγνία de Bolos, DK 68B300, τὰ χαλκᾶ χρυσᾶ ποιῆσαι φαίνεσθαι.

5. La pierre de touche. Pour vérifier le titre d'un alliage, on le rayait à la pierre en le comparant (παρατρίβω) à des échantillons (toucheaux) de titre connu. Cf. lexique s.v. βάσανος.

θέλῃς ποιῆσαι, καὶ τότε || ῥίνα καὶ κόλαπτε. Ἔστιν δὲ ἀνίωτον. |

36. Ἀσήμου ποίησις. |

Κασσιτέρου χρηστοῦ μέ(ρος) α′ χώνευσον καὶ προσ|έμβαλε πίσσης ξηρᾶς τὸ τρίτον μέρος τοῦ κασσι|τέρου, καὶ ἀνακινήσας ἔα ἀφρίζειν τὴν πίσσαν || ὡς οὗ ἐκλείπῃ ἀποβαλλομένη, εἶτα ἐὰν ψυγῇ ὁ κα|σσίτερος, πάλιν χώνευε καὶ προσέμβαλε εἰς ⟨ιγ′ | τοῦ κασσιτέρου ὑδραργύρου ⟨α′ καὶ ἀνακίνει | καὶ ἔα ψυγῆναι καὶ ἐργάζου ὡς ἄσημον. |

37. Ὥστε φαίνεσθαι τὰ χαλκᾶ χρυσᾶ. || Καὶ οὔτε τῇ πυρώσει οὔτε τῇ παρατρίψει τῇ | πρὸς τὸν λίθον ἐλέγχεσθαι, ποιεῖν δὲ μάλιστα | ἐπὶ τὸν δακτύλιον τὴν φαντασίαν.

Εἶναι | δὲ τὴν κατασκευὴν τοιάνδε· τρίβουσι χρυσὸν καὶ | μόλιβον λεπίδα ὡς ἄλευρα, δύο μέρη τοῦ μολίβου || πρὸς ἕν, εἶτα μίξαντες τῷ κόμμιδι ἀναφυρῶ|σιν καὶ μετὰ ταῦτα ἀλείφουσιν τὸν δακτύλιον, | εἶτα πυροῦσιν. Τοῦτο δὲ ποιοῦσιν πλεονάκις | ἕως ἀναλάβῃ τὴν χροιάν. Δυσέλεγκτον δ' ὅτι τήν | τε παράτριψιν χρυσίου ποιεῖ καὶ πυρούμενος || τὸν μὲν μόλιβον ἐντήκει, τὸν δὲ χρυσὸν οὔ. |

38. Χρυσογραφία. |

Γράμματα χρυσᾶ· κρόκος, χελώνης ποταμίας | χολή.

231. ῥίνα : ῥείνα P || ἀνίωτον : ἀνείωτον P || 233. κασσιτέρου : κασιτέρου P || 235. ἀνακινήσας : ἀνακεινήσας P || 236. ψυγῇ : ψηγῇ P || κασσίτερος : κασίτερος P || 238. κασσιτέρου : κασιτέρου P || ἀνακίνει : ἀνακείνει P || 241. πυρώσει ego : πρόσει P || 245. λεπίδα : λεπίτα P || 246. μίξαντες : μείξαντες P || 252. χρυσογραφία : χρυσογραφεία P.

39. Fabrication de l'asèm.

Prenez de l'étain blanc et très fin, purifiez-le quatre fois, prenez-en 4 parties et 1/4 de cuivre blanc pur et 1 partie d'argent, fondez et après fusion frottez abondamment avec du sel, fabriquez ce que vous voulez, des coupes ou ce qui vous semblera bon. Ce sera comme de l'asèm de première qualité, au point de tromper même les artisans[1].

40. Autre.

Argent, 2 parties ; étain purifié, 3 parties ; cuivre... drachmes[2]. Fondez puis ôtez et décapez.

Présentez-le comme de l'argenterie de première qualité[3].

41. Enduit de cuivre.

Si vous voulez que le cuivre ait la couleur de l'argent, purifiez-le soigneusement, mouillez-le de mercure et de céruse et le mercure enduit seul produit cet effet[4].

42. Essai de l'or.

Si vous voulez purifier[5] l'or, fondez à nouveau ou chauffez[6], et s'il est pur, il garde la même couleur après la mise au feu, pur comme une pièce de monnaie. S'il paraît plus blanc, il contient de l'argent ; s'il paraît plus rude et plus dur, il contient du cuivre et de l'étain. S'il est noir, mais mou, du plomb[7].

43. Essai de l'argent.

Chauffez ou fondez[8] l'argent comme l'or et s'il est blanc brillant, il est pur et n'a pas de fraude. S'il paraît

1. Variante de la recette 8 avec d'autres proportions : 16 Sn+1 (Cu+As)+4 Ag donnant un alliage blanc, décapé alors par le sel. Cf. Pleijte, p. 228. Identique à *Mappae Clavicula*, 93, p. 207, *Sumis stannum candidum et tenue, purgabis quater, et argenti partem j conflabis 1 et, cum conflaueris, tere diligenter, et fabrica quae uelis, siue pocula. uel quicquid tibi uisum fuerit. Erit enim ut primum argentum, qui etiam artifices fiant* (lire *cui... fidant?*).

2. Signe de mesure inconnu.

3. Même principe que le n° 39. A comparer avec *Holm.*, 4.

39. Ἀσήμου ποίησις. |

Λαβὼν κασσίτερον λευκὸν καὶ λεπτότατον κάθα||ρον τετράκις, εἶτα λαβὼν τούτου μέ(ρη) δʹ καὶ χαλκοῦ | λευκοῦ καθαροῦ μέρος τέταρτον καὶ ἀσήμου μέρος | χώνευε. Ὅταν δὲ χωνευθῇ, σμῆχε ἁλὶ ἐπὶ πλεῖστον | καὶ κατασκεύαζε ὃ θέλεις, εἴτε ποτήρια εἴτε ὅσα |||
P. 7 ἐὰν δόξῃ σοι. Ἔσται ὡς πρῶτον ἄσημον, ὥστε || καὶ τοὺς τεχνίτας λαθεῖν. |

40. Ἄλλη. |

Ἀργύρου μέ(ρη) βʹ κα« σ »ιτέρου κεκαθαρμένου μέ(ρη) γʹ χαλκ|οῦ ⟨ – χώνευσον, εἶτ' ἐξελὼν καὶ σμήξας παρατί|θει ὡς πρῶτα ἀργυρώματα. ||

41. Χαλκοῦ χρίσις. |

Ἐὰν θέλῃς χαλκὸν ἀργύρου χρῶμα ἔχειν, τὸν | χαλκὸν καθάρας ἐπιμελῶς κατάχριε ὑδραργ|ύρῳ καὶ ψιμυθίῳ, καὶ αὐτὴ δὲ ἡ ὑδράργυρος | μόνη ἐπιχρισθεῖσα ποιεῖ. ||

42. Χρυσοῦ δοκιμασία. |

Ἐὰν θέλῃς χρυσὸν καθᾶραι, ἀναχώνευσον ἢ | πύρωσον, καὶ ἐὰν ᾖ καθαρὸς, ἐν τῷ αὐτῷ χρώ|ματι μένει μετὰ τὴν πύρωσιν καὶ ὅμοιος τῷ | νομίσματι καθαρός. Ἐὰν λευκότερος φαίνηται, || {ται} ἄργυρον ἔχει. Ἐὰν δὲ τραχύτερος καὶ σκλη|ρότερος, χαλκὸν καὶ κασσίτερον, ἐάν τε μέλας μὲν | μαλακὸς δέ, μόλιβον. |

43. Ἀργύρου δοκιμασία. |

Τὸν ἄργυρον θέρμαινε ἢ χώνευε ὥσπερ τὸν χρυσὸν || καὶ ἐὰν μὲν ᾖ λευκὸς στίλβων, καθαρός ἐστιν καὶ δό|λον

256. τετράκις : τετράκεις P || 259. θέλεις : θέλις P || 263. κεκαθαρμένου ego : και καθαρ᾽μεν᾽ου P και deleuit Leemans || 268. ἐπιμελῶς : ἐπιμελος P || κατάχριε : κατεχειε P || 269. ψιμυθίῳ : ψημιθείῳ P || 273. πύρωσον : πύροσον P || 274. πύρωσιν : πύροσιν P || 277. μέλας : μέλα P || 280. θέρμαινε : θέρμενε P.

noir, il contient du plomb ; s'il paraît dur et orangé, il contient du cuivre[1].

44. Écriture en or.

Écrire en lettres d'or. Écrivez ce que vous voulez avec de la soudure d'orfèvre dans du vinaigre[2].

45. Décapage des objets de cuivre.

Faites bouillir des bettes et décapez soigneusement les objets de cuivre et d'argent. Les bettes sont bouillies dans l'eau[3].

46. Cuivre couleur d'or.

Que la couleur du cuivre soit proche de l'or[4]. Broyez du cumin dans l'eau, laissez reposer 3 jours soigneusement. Le quatrième jour, quand il est imprégné[5], enduisez abondamment et écrivez ce que vous voulez. Car l'enduit et l'écriture ont une apparence semblable[6].

47. Décapage des objets d'argent.

Décapez avec de la laine de mouton, en trempant dans de la saumure piquante et, après avoir décapé, utilisez l'eau douce[7].

48. Dorure de l'argent.

Dorer sans feuilles un objet d'argent ou de cuivre : natron roux et sel fondus ensemble, dissolvez dans l'eau, enduisez et c'est fait[8].

49. Écriture en or.

Broyez de l'orpiment avec de la gomme et de l'eau. Deuxièmement, décantez ; troisièmement, écrivez[9].

1. Même principe que 42. Identique à Pline, XXXIII, 127 ; Berthelot, *MA*, I, 88, n. 13 ; Stephanides, *L'essai des substances*, II, p. 239-240. Identique à Alch. Syr., p. 289-290 § 88 « Comment on éprouve si l'argent est bon. — Mets-le au feu et, quand il sera fondu, laisse-le refroidir ; s'il apparaît noir, il y aura du plomb ; s'il est dur et qu'il brûle, il y aura du cuivre ; telle est son épreuve. »

οὐκ ἔχει. Ἐὰν δὲ μέλας φαίνῃ, μόλυϐον ἔχει. | Ἐὰν δὲ σκληρὸς φανῇ καὶ κιρρός, χαλκὸν ἔχει. |

44. Χρυσογραφία. |

Χρυσᾶ γράμματα γράφειν · κολλῇ χρυσοχοϊκῇ γρά||φε ὃ θέλεις σὺν ὄξει. |

45. Χαλκωμάτων σμῆξις. |

Σεύτλια ἀναζέσ̣α̣ς̣ καλῶς σμῆχε τὰ χαλκώματα | καὶ ἀργυρώματα. Ὕδατι ζέννυται τὰ σεύτλια. |

46. Χαλκὸς χρυσοφανής. ||

Χαλκοῦ χροιὰν χρυσῷ ἐμφερῆ εἶναι · κύμινον | τρίψας ἐν ὕδατι καὶ ἐάσας κατασταθῆναι εἰς | γ′ ἡμ(έρας) ἐπιμελῶς, τῇ δὲ δ′ ἀναδεύσας δαψιλῶς ἐπί|χριε καὶ ὃ ἐὰν βούλῃ ἐπίγραφε · ὅμοιον γὰρ εἶδος | ἔχει τὸ ἐπιχρισθὲν ἢ γραφέν. ||

47. Ἀργυρωμάτων σμῆξις. |

Ἐρίῳ μηλιδέῳ τὸν ἀποϐάπτων εἰς ἅλμην δριμεῖ|αν σμῆχε καὶ σμήξας γλυκεῖ ὕδατι χρῶ. |

48. Ἀργύρου χρύσωσις. |

Ἀργυροῦν ἢ χαλκοῦν σκεῦος ἄνευ πετάλων χρυ-||σῶσαι · νίτρον πυρρὸν καὶ ἅλα συγχωνευόμενα φύ|ρησον μεθ' ὕδατος καὶ ἐπίχρισον καὶ γίνεται. |

49. Χρυσογραφία. |

Ἀρσενικὸν τρίψας ὁμοῦ μετὰ κόμμεως κ(αὶ) ὕδατος | ἀποσείρου δεύτερον, τὸ τρίτον γράφε. |||

285. χρυσοχοϊκῇ : χρυσοχοεικῇ P ‖ 288. σμῆχε : σμῆχυ P ‖ 291. ἐμφερῆ : ἐμφαιρῆ P ἐμφαρρῆ Leemans ‖ εἶναι : εινε P ‖ κύμινον : κύμεινον P ‖ 297. δριμεῖαν : δριμίαν P ‖ 301. συγχωνευόμενα : συνχωνευέμενα P ‖ 302. μεθ' : μήθ' P ‖ γίνεται : γείνεται P.

50. Dorure de l'argent.

Broyez du misy et du réalgar avec du cinabre et enduisez l'objet d'argent[1].

51. Écriture en or.

Raclez des feuilles d'or, broyez avec de la gomme, écrivez[2].

52. Préparation de l'or liquide.

Jetez des feuilles d'or dans un mortier avec du mercure ; broyez ensemble et ce sera fait[3].

53. Teinture en or.

Comment il faut rendre l'argent doré : broyez du cinabre avec de l'alun en versant du vinaigre blanc. Quand vous avez donné la consistance d'un emplâtre à la cire[4], moulez très souvent et laissez passer la nuit[5].

54. Fabrication d'or.

Asèm, 1 statère ou cuivre de Chypre, 3 ; or, 4 statères : fondez ensemble[6].

55. Autre.

Donner à l'argent une dorure qui reste éternellement[7]. Prenez du mercure et des feuilles d'or, faites-en consistance de cire, et prenez un objet d'argent, décapez-le à l'alun et, prenant du cérat, enduisez-le avec le brunissoir et laissez solidifier. Faites cela cinq fois. Tenez

1. Cémentation par les sulfures de fer (misy) d'arsenic (réalgar) de mercure (cinabre). Le mode d'action n'est pas indiqué. Cf. *Mappae Clavicula*, 72, p. 204. *Misium ciprium, et sandaracam et elidrium equalibus portionibus accipis et aqua in qua cocta sint folia sandaracis montani (id est, papaueris agristis quod et ammonia dicitur) facis glutinis pinguedinem et confla argentum sed optimum ; et, cum fuerit calidum, intinguis in predicta aqua.*

3. On obtient un amalgame Au/Hg qui peut servir d'encre (cf. 33) ou pour dorer (cf. 55). Il faut éventuellement presser l'amalgame dans un chiffon pour en exprimer l'excès de Hg. Cf. *Mappae Clavicula*, 39, p. 199-200.

4. Sur la κηρωτή voir Diosc., I, 109 ; II, 110.

P. 8 **50.** Ἀργύρου χρύσωσις. |

Μίσυ καὶ σανδαράκην μετὰ κινναβάρεως τρίψας | χρίσον τὸ ἀργυροῦν.

51. Χρυσογραφία. |

Χρυσᾶ πέταλα ἀποξύρας λεάνας μετὰ κόμμεως | ἐπίγραφε.

52. Χρυσίου ὑγροῦ σκευασία. ||

Χρυσίου πέταλα εἰς θυΐαν ἐμβαλὼν καὶ ὑδράρ|γυρον τρῖβε ὁμοῦ καὶ οὕτως ἔσται. |

53. Χρυσίου χρῶσις. |

Ὡς δεῖ ἄργυρον χρύσεον ποιῆσαι· κιννάβαρι | μετὰ στυπτηρίας λέανον παραχέων ὄξος λευ||κὸν καὶ ποιήσας κηρωτῆς πάχος ἔκμασσε | πλειστάκις καὶ ἔα ἐκνυκτερεῦσαι. |

54. Χρυσίου ποίησις. |

Ἀσήμου ς α′ ἢ χαλκοῦ κυπρίου γ′, χρυσίου | ς δ′ συγχώνευσον ἅμα. ||

55. Ἄλλη. |

Ἀργύρεον χρύσεον ποιῆσαι εἰς αἰῶνα μόνι|μον. Λαβὼν ὑδρ⟨άρ⟩γυρον καὶ πέταλα χρύσεα | {ποίησον κ.} | ποίησον κηρῶδες καὶ λαβὼν ἀργύρεον || σκεῦος σμῆξον αὐτὸ στυπτηρίᾳ καὶ λαβὼν | ἐκ τοῦ κηρώδους χρίε αὐτὸ λεαντηρίῳ καὶ | ἔα αὐτὸ παγῆναι. Τοῦτο ποίει πεντά-

309. ἀποξύρας ego : ἀποξήρας P ἀποξηράνας coniecit Leemans ἀποξύσας coniecit Wessely || 310. σκευασία : σκευασεία P || 312. οὕτως : οὕτος P || 314. κιννάβαρι : κιννάβαρει P || 315. στυπτηρίας : στυπτηρις P || 316. κηρωτῆς P : κηρῶδες coniecit Leemans || πάχος : πάχως P || 317. πλειστάκις : πλειστάκεις P || 320. συγχώνευσον : συνχώνευσον P || 327. αὐτό : αὐτώ P || λεαντηρίῳ : λεαντηρι P || 328. πεντάκις : πεντάκεις P.

l'objet avec un chiffon de lin propre, pour qu'il ne s'encrasse pas. Prenez des charbons et faites de la cendre[1]. Polissez au brunissoir et utilisez comme un objet régulier. Recette éprouvée[2].

56. Écriture en or.

Orpiment doré, 20 drachmes ; limaille de cristal, 4 statères, ou[3] blanc d'œuf, 2 statères ; gomme blanche, 20 statères ; safran[4] ; après avoir écrit, séchez et polissez à la dent[5].

57. Fabrication de l'asèm.

On fabrique aussi l'asèm au moyen de cuivre lui-même ; (cuivre) 2 mines ; étain en boutons, une mine ; fondez d'abord le cuivre et jetez dans un autre (creuset) l'étain et du coupholithe que l'on appelle craie, 1/2 mine par mine. Soufflez jusqu'à ce que l'argent[6] et la craie soient fondus ensemble et quand ce sera dispersé et qu'il ne restera plus que l'argent, alors laissez refroidir et utilisez comme de l'asèm meilleur que le vrai[7] quant à l'usage[8].

58. Autre.

L'asèm inépuisable se prépare ainsi : bel asèm, 1 statère ; ajoutez cuivre décapé de sa rouille, 2 statères ; fondez à nouveau 2 ou 3 fois[9].

59. Blanchiment de l'étain.

Rendre l'étain blanc. Mettez au feu de l'alun et du natron et fondez ensemble[10].

1. Dorure à l'amalgame. L'objet d'argent est couvert d'amalgame Au/Hg, puis placé sur le lit de cendres chaudes et le mercure se sublime. Il reste à polir la couche d'or déposée sur l'objet. Cette méthode extrêmement dangereuse pour l'ouvrier à cause des vapeurs mercurielles est restée en usage jusqu'à l'invention au XIXe s. de la dorure par électrolyse. Cf. Vitruve, VII, 8, 4 ; Pline, XXXIII, 65 et 125 ; *Comp. Luc.* z 18 - α 7 ; *Mappae Clavicula*, 55, p. 202 (avec d'autres détails) ; Eraclius, III, 14, p. 221 ; Darcet, *L'art du doreur*, Paris, 1818 ; Julia de Fontenelle, *Manuel Roret*, II, p. 128-132. Il faut faire de la cendre pour réaliser une évaporation lente du mercure.

κις. | Κράτει δὲ αὐτὸ λινῷ ῥάκει καθαρῷ ἵνα μὴ | πιτυρίσῃ καὶ λαβὼν μαρίλια ποίησον τέ||φραν, λέαινε λεαντηρίῳ καὶ χρῶ ὡς σκεύει ν|ομίμῳ. Πεπείραται.

56. Χρυσογραφία. |

Ἀρσενικοῦ χρυσίζοντος ⟨κʹ, κρυστάλλου ῥι|νήματος ς δʹ ἢ ὠοῦ τοῦ λευκοῦ ς βʹ, κόμμεως | λευκοῦ ς κʹ, κρόκου-, γράψας ξήραινε καὶ ὀ||δόντιζε.

57. Ἀσήμου π[οίησι]ς. |

Γίνεται καὶ ἄσημον δι' αὐτοῦ τοῦ χαλκοῦ, | μναῖ βʹ, κασσιτέρου βούλλης μνᾶ αʹ, προχω|νεύσας τὸν χαλκὸν εἰς ἕτερον βάλε τὸν κα|σσίτερον καὶ κουφολίθου τῆς λεγομένης κρ||ήτης τῇ μνᾷ ἡμιμναῖον, ἀναφύσα δὲ ἕως | ἅμα ἀναχωνευθῇ τε ἄργυρος καὶ ἡ κρήτα | καὶ μετὰ τὸ σκορπισθῆναι καὶ μόνον τὸν ἄρ|γυρον καταλειφθῆναι τότε καταψύξας χρῶ | ὡς ἀσήμῳ τῆς ἀληθείας διαφορωτέρῳ, νό||ος δὲ χρία[.].

58. Ἄλλη. |

Ὁ δὲ ἀνέκλειπτος ἄσημος οὕτως σκευάζε|ται · ἀσήμου
P. 9 καλοῦ στατῆρα καὶ πρόσβαλε ||| ἐκ τοῦ ἐξιωμένου χαλκοῦ ς βʹ, ἀναχώνευε | βʹ ἢ γʹ.

59. Κασσιτέρου λεύκωσις. ||

Κασσίτερον λευκὸν ποιῆσαι · στυπτηρίαν | καὶ νίτρον πυρώσας ὁμοῦ χώνευε. |

330. μαρίλια : μαρύλλια P ‖ 331. λέαινε : λέε⟦.⟧νε P ‖ ὡς : ὠ P ‖ 332. χρυσογραφία : χρυσογραφ`ε´ία P ‖ 333. ἀρσενικοῦ : ἀρσενικόν P ‖ ῥινήματος : ῥεινήματος P ‖ 334. κόμμεως : κόμμεος P ‖ 335. ξήραινε : ξήρενε P ‖ 336. π[οίησι]ς suppleui ‖ 337. γίνεται : γείνεται P ‖ 338. βούλλης ego : βούλης P βώλου coniecit Leemans ‖ προχωνεύσας : προχωννεύσας P ‖ 342. ἀναχωνευθῇ : ἀναχωνευθῇς P ‖ 347. ἀνέκλειπτος : ἀνέγκλειπτος P ‖ 350. κασσιτέρου P : κασστέρου Leemans.

60. Écriture en argent.

Vitriol, vert-de-gris, soufre, broyez dans du vinaigre, écrivez épais[1].

61. Écriture en or.

Fleur de carthame, gomme blanche, blanc d'œuf, mélangez dans une coquille et incorporez de la bile de tortue. Utilisez à l'estime. comme on le fait pour les couleurs. La bile de veau très piquante convient aussi pour la couleur[2].

62. Essai de l'asèm.

Reconnaître si l'asèm contient une fraude. Placez dans la saumure chaude. S'il contient une fraude, il devient noir[3].

63. Décapage de l'étain.

Mettez du gypse dans un chiffon et décapez[4].

64. Décapage de l'argent.

Utilisez l'alun liquide[5].

65. Teinture d'asèm.

Cinabre, 1 partie ; alun lamelleux, 1 partie ; terre de Cimole, 1 partie. Délayez à l'eau de mer et utilisez[6].

66. Amollissement du cuivre.

Après avoir chauffé, mettez dans de la fiente d'oiseaux et quand il est refroidi, martelez[7].

67. Teinture d'or.

Misy grillé, 3 parties ; alun lamelleux, chélidoine, de chacun, 1 partie. Broyez-les à consistance du miel avec

1. Identique à *Mappae Clavicula*, 92, p. 207 *Eris florem, eruginem, sulfur, in aceto dimittis : scribe adjecto gummo* (*eris florem* est une mauvaise traduction de χάλκανθος). Identique à Alch. Syr., p. 275, § 7 « Pour écrire des lettres d'argent. — Couperose et vinaigre. » Comparer avec les vernis à patiner le cuivre dans Michel, *Coloration des métaux*, p. 93 et 138.

60. Ἀσήμου γραφή. |
Χάλκανθον, ἰόν, θεῖον, ὄξει λεάνας ἐπίγρα|φε πυκνῶς.

61. Χρυσογραφία. ||
Ἄνθος κνήκου, κόμμι λευκόν, ᾠοῦ τὸ λευκὸν | κεράσας εἰς κογχίον χολῇ χελώνης μίσγε | πρὸς ὄφθαλμον, καθάπερ ἐπὶ τῶν χρωμάτω(ν) | χρῶ. Ποιεῖ δὲ καὶ ἡ μοσχεία χολὴ κατάπικ|ρος τῇ χρόᾳ.

62. Ἀσήμου δοκιμασία. ||
Ἄσημον ἐπιγνῶναι εἰ δόλον ἔχει. Κατάθου εἰς ἅλμην | θερμ[ή]ν. Ἐὰν δόλον ἔχῃ, μέλαν γίνεται. |

63. Κασσιτέρου σμῆξις. |
Γύψον καταθέμενος εἰς ῥάκος ἀπόσμηχε. |

64. Ἀργύρου σμῆξις.
Στυπτηρίᾳ ὑγρᾷ χρῶ. ||

65. Ἀσήμου καταβαφή. |
Κινναβάρεως μέ(ρος) α', στυπτηρίας σχιστῆς μέρος α', | κιμωλίας γῆς μέ(ρος) α', θαλάσσῃ ἀπόδευσον καὶ χρῶ. |

66. Χαλκοῦ μάλαξις. |
Πυρώσας ἐντίθει εἰς κόπρον ὀρνίθειον καὶ ὅταν || ψυγῇ ἔλαυνε.

67. Χρυσοῦ καταβαφή. |
Μίσυος ὀπτοῦ μέ(ρη) γ', στυπτηρίας σχιστῆς, | ἐλυδρίου ἀνὰ μέ(ρος) α'. Ταῦτα τρίψας μέλιτος πά|χος

354. χάλκανθον : χαλάκανθον P || ἰόν : εἰόν P deleuit Leemans || 355. χρυσογραφία : χρυσογραφεία P || 356. κόμμι : κόμμει P || 357. κογχίον : κονχειον P || 359. χρῶ P : deleuit Leemans || 362. θερμ[ή]ν suppleui || γίνεται : γείνεται P || 363. σμῆξις : σμηξεις P || 368. κιμωλίας : κειμωλείας P || 370. ὀρνίθειον : ὀρνιθείων P || 371. ἔλαυνε : ἔλαυναι P.

de l'urine de garçon vierge ; enduisez l'objet, mettez au feu et trempez dans l'eau froide[1].

68. Écriture en or.

Prenez un quart d'or éprouvé, fondez dans un creuset d'orfèvre. Quand il est fondu, ajoutez une silique de plomb ; quand il est mêlé, enlevez, refroidissez et, prenant un mortier en pierre de touche[2], jetez-y de même le matériau fondu, et ajoutez une silique de natron. Broyez ensemble avec soin dans du vinaigre fort comme un collyre médicinal pendant 3 jours. Ensuite, après le broyage, incorporez une silique d'alun lamelleux et, après avoir écrit, polissez à la dent[3].

69. Écriture en or.

Broyez au mortier des feuilles d'or laminées avec du mercure et utilisez ainsi en écrivant comme avec de l'encre[4].

70. Autre.

Soufre vierge, 1 livre ; alun lamelleux, 1 once ; gomme, 1 once ; mouillez la gomme avec de l'eau[5].

71. Autre.

Soufre vierge, 1 livre ; alun[6], l'intérieur de la grenade sèche[7]. Broyez la grenade, le soufre, l'alun finement ; mêlez pour le mieux, broyez avec soin et utilisez comme de l'encre en délayant dans du vin exempt d'eau de mer. Écrivez sur papyrus et sur parchemin[8].

1. Identique à 74. C'est une teinture *en* or d'un objet dont la matière n'est pas indiquée. Le misy est jaune. Grillé il devient rouge. Le suc de chélidoine est jaune (cf. les recettes d'encre). L'alun et l'urine sont une solution mordante (cf. introduction). Cf. *Mappae Clavicula* 4, p. 193 *Argenti partes IIII misii ciprii partes IIII elidrii contusi et cribellati partes VII sandarace partes IIII miscebis et conflabis argentum et asperges species superiores et vehementi igne confla commouens omnia pariter donec auri colorem videas ; et, eximens, extingue in aqua frigida, in cratera habentem hujus confectionem commixtionis.*

σὺν οὔρῳ παιδίου ἀφθόρου καὶ χρίων | τὸ σκεῦος πύρου καὶ ⟨κα⟩τάβαπτε εἰς ὕδωρ ψυχρόν. ||

68. Χρυσογραφία. |

Λαβὼν τετάρτην χρυσοῦ δοκίμου χώνευσον | εἰς χῶνον χρυσοχοϊκόν. Ὅταν δὲ χωνευθῇ, | [προσ]δὸς μολίβου κεράτιον, ἐπὰν δὲ συμμιγῇ | ἄρας ψύξον καὶ λαβὼν θυΐαν βασανίτου λίθου || ὁμοίως βάλε τὸ κεχωνευμένον καὶ προσδὸς | νίτρου κεράτιον α′ καὶ συλλέανον ἐπιμελῶς | ὄξει δριμεῖ ὡς κολλούριον ἰατρικὸν ἐπὶ ἡμ(έρας) γ′. | Ἔπειτα, ὅταν λεανθῇ, σύμμισγε στυπτηρίας | σχιστῆς κεράτιον α′ καὶ γράψας ὀδόντιζε. ||

69. Χρυσογραφία. |

Χρυσ⟨ᾶ⟩ πέταλα ἐλαστὰ μετὰ ὑδραργύρου τρῖβε εἰς | θυΐαν καὶ οὕτως χρῶ γράφων ὡς μέλανι. |

70. Ἄλλη.

Θείου ἀπύρου λί(τρα) στυπτηρίας | σχιστῆς ρ- κόμμεως ρ- βρέξας τὸ κόμμι ὕδατι. ||

71. Ἄλλη. |

Θείου ἀπύρου λί(τρα), στ(υπτηρίας), σι̣δ̣ί̣ο̣υ ξηροῦ τὸ
P. 10 ἐντός, ||| καὶ τρίψας τὸ [σ]ίδιον καὶ τὸ θεῖον καὶ τὴν στυπ|τηρίαν λείαν εὖ μάλα μείξας ἐπιμελῶς τρῖβε | καὶ χρῶ ὡς μέλανι γραφικῷ ἀνίων οἴνῳ « ἀ »θαλάσσ|σῳ. Γράφε εἰς βίβλια καὶ διφθέρας. ||

375. ⟨κα⟩τάβαπτε suppleui || ψυχρόν : ψυχροῦν P || 377. χρυσοῦ : χρησοῦ P || 379. [προσ]δός suppleui || 382. συλλέανον : συνλέανον P || 383. ὄξει : ὄξι P || δριμεῖ : δριμι P || 384. ἔπειτα : ἔπιτα P || 385. ὀδόντιζε : δόντιζε P || 389. θείου : θίου P || λί(τρα) Wessely : Λ P || 391. στ(υπτηρίας) ego || σι̣δ̣ί̣ο̣υ : σ(χιστῆς) uel ἰδίου coniecit Leemans || 392. [σ]ίδιον suppleui : ιδιον P Leemans || 394. ἀνιῶν : ἀνείων P.

72. Autre.

Écriture en or, sans or.

Chélidoine, 1 partie ; résine pure, 1 partie ; orpiment doré, celui qui est lamelleux, 1 partie ; gomme pure, bile de tortue, 1 partie ; liquide des œufs, 5 parties. Soit le poids de toutes les matières sèches 20 statères. Ensuite ajoutez safran de Cilicie, 4 statères. Ce produit sert non seulement sur papyrus ou sur parchemin, mais sur marbre poli ou bien pour tout ce que vous voulez orner d'un beau dessin et rendre doré[1].

73. Dorure.

Dorure opérant de même. Orpiment lamelleux, vitriol, réalgar doré, mercure, gomme adragante, l'intérieur de l'arum, en parties égales. Broyez dans la bile de chèvre[2]. Convient aux objets de cuivre passés au feu, aux objets d'argent, aux figurines et aux petits boucliers. Que l'objet de cuivre n'ait pas de barbes[3].

74. Autre.

Misy minéral[4], 3 statères ; alun minéral, 3 statères ; chélidoine, 1 statère ; versez-y l'urine d'un garçon vierge et broyez jusqu'à ce qu'il devienne visqueux et trempez[5].

75. Autre.

Prenez du cumin, broyez, laissez tremper dans l'eau pendant trois jours. Le quatrième, retirez et enduisez les objets de cuivre ou tout ce que vous voulez. Qu'il soit recouvert d'un couvercle pendant les 3 jours[6].

3. C'est-à-dire qu'il soit lisse. On appelle *barbes* les aspérités qui subsistent après la coulée.

4. L'adjectif μεταλλικός signifie proprement « extrait des mines ». Or le *misy* est toujours extrait des mines. Les μεταλλικὰ φάρμακα ou plus simplement μεταλλικά sont les médicaments minéraux (cf. *Problème des métaux*, p. 24). L'adjectif se réfère ici semble-t-il à cet ordre de réalités. On pourrait presque traduire « officinal ».

72. Ἄλλη. |

Χρυσογραφία χωρὶς χρυσοῦ· ἐλυδρίου μέ(ρος) α', ῥητίνης | καθαρᾶς μέ(ρος) α', ἀρσενικοῦ χρυσίζοντος μέ(ρος) α' ὅ ἐστιν | σχιστόν, κόμμεως καθαροῦ, χολῆς χελώνης μέ(ρος) α', | ὠῶν τοῦ ὑγροῦ μέ(ρη) ε', ἤτω δὲ τῶν ξηρῶν πάντων || ἡ ὁλκὴ ϛ κ', εἶτα ἐπέμβαλε τούτοις κρόκου κιλι|κίου ϛ δ'. Ποίει δὲ οὐ μόνον ἐπὶ χάρτου ἢ διφθέρας, | ἀλλὰ καὶ ἐπὶ μαρμάρου ἐστιλβωμένου καὶ ἐάν τι | ἄλλο καλὸν θέλῃς ὑποζωγραφῆσαι καὶ ποιῆσαι | χρυσοειδές.

73. Χρύσωσις. ||

Χρύσωσις ὁμοίως ποιοῦσα· ἀρσενικοῦ σχιστοῦ | {σχιστοῦ}, χαλκάνθου, σανδαράκης χρυσίτι|δος, ὑδραργύρου, τραγακάνθης, ἄρου τὸ ἐντός, | ἴσα συλλειώσας χολῇ αἰγείᾳ. Τοῖς χαλκοῖς ἐκ πυ|ρὸς καὶ ἀργυροῖς καὶ ταῖς εἰκόσι καὶ ἀσπιδίοις ποί||ει τόδε. Τὸ δὲ χαλκοῦν μὴ ἐχέτω δάσος. |

74. Ἄλλη. |

Μίσυος μεταλλικοῦ ϛ γ', στυπτηρίας μεταλλ|⟨ι⟩κῆς ϛ γ', ἐλυδρίου ϛ α', παράχεε οὖρον ἀφθόρου | παιδὸς καὶ τρῖβε ἕως γένηται γλοιῶδες καὶ || κατάβαπτε.

75. Ἄλλη. |

Λαβὼν κύμινον καὶ λειώσας ἔασον εἰς {ὕδορ} | ὕδωρ ἡμ(έρας) γ' βρέχεσθαι, τῇ δὲ δ' ἀνασπάσας κα|τάχριε τὰ χαλκᾶ ἢ ὃ ἂν βούλῃ. Ἔστω δὲ πεπωμα|σμένον τὰς γ' ἡμέρας. ||

397. ῥητίνης : ῥητίνη P || 401. κιλικίου : κειλεικίου P || 407. χαλκάνθου : χαλακάνθου P || 408. τραγακάνθης : τρακακάνθης P || 409. συλλειώσας : συνλειώσας P || 414. ἐλυδρίου : ἐλυτρίου P || 417. κύμινον : κύμεινον P.

76. Écriture en or.

Broyez des feuilles d'or avec de la gomme, mettez à sécher et utilisez comme de l'encre[1].

77. Écriture en argent.

Écrire des lettres d'argent. Litharge, 4 statères ; broyez avec de la fiente de colombe et du vinaigre. Écrivez avec un stylet mis au feu[2].

78. Teinture de l'asèm.

Cinabre, terre de Cimole, alun liquide ; délayez en parties égales dans de l'eau de mer, mettez au feu et trempez plusieurs fois[3].

79. Coloration de l'argent.

Afin qu'elle ne soit enlevée que par le feu. Soudure d'or, céruse, terre de Chio et mercure broyés ensemble. Versez du miel goutte à goutte et, après avoir passé les objets au natron, enduisez[4].

80. Durcissement de l'étain.

Fondez-le ; faites un mélange homogène d'alun lamelleux et de vitriol. Broyez-le fin, saupoudrez et l'étain sera dur[5].

81. Fabrication de l'asèm.

Bon étain, une mine ; poix sèche, 13 statères ; asphalte, 8 statères ; fondez dans un vase neuf luté tout autour ; puis refroidissez, ajoutez cuivre granulé, 20 statères ; argent de première qualité, 3 statères ;

1. La recette est incomplète, car l'or est trop malléable pour se laisser broyer au mortier. Voir recette 33 et S. Alexander, dans *Marsyas* 12 (1966), p. 39 ; Wessely, p. 266-267. Cf. Alexis Piémontois, p. 272-273-274, Mizauld, *Memorabilia* II, 18 f. 18 v. *Folia auri quot uolueris accipe, necnon mellis guttas tres uel quattuor, misce, tere et serua in osseo uasculo. Si ad scribendum uti uoles, adde aliquamtulum aquae gummatae, et habebis literas incomparabiles.*

3. Identique à 65. La recette 78 précise que l'objet doit être trempé dans cette préparation.

76. Χρυσογραφία. |

Πέταλα χρυσίου τρίψας κόμμει ἀποξηράνας | χρῶ ὡς μέλανι γραφικῷ.

77. Ἀργυρογραφία. |

Ἀργυρᾶ γράμματα γράψαι· λιθαργύρου ς δʹ μετὰ | κόπρου περιστερᾶς καὶ ὄξους λεάνας, γράφε ἐν || γραφίῳ πεπυρομένῳ. |

78. Ἀσήμου καταβαφή. |

Κινναβάρεως, κιμωλίας, στυπτηρίας ὑγρ|ᾶς ἴσα ἄνες ὕδατι θαλασσίῳ καὶ πύρου καὶ | κατάβαπτε πλειστάκις. ||

79. Ἀργύρου χρῶσις. |

Ὥστε μηδὲ ἐκμάσσεσθαι εἰ μὴ πυρί. {χρυσο} |||
P. 11 Χρυσοκόλλαν καὶ ψιμύθιον καὶ γῆν χίαν καὶ | ὑδράργυρον συλλειώσας παράσταζε μέλι | καὶ προνιτρώσας τὰ σκεύη κατάχριε. ||

80. Κασσιτέρου σκληρασία. |

Χωνεύων αὐτὸν στυπτηρίαν σχιστὴν καὶ | χάλκανθον μείξας καὶ ἑνώσας λεῖά τε ποιήσ|ας ἐπίπασσε καὶ ἔσται σκληρός. |

81. Ἀσήμου ποίησις. ||

Κασσιτέρου χρηστοῦ μν(ᾶν) αʹ, πίσσης ξηρᾶς ς ιγʹ, | ἀσφάλτου ς ηʹ εἰς χύτραν καινὴν περιπηλώσ|ας χώνευε, εἶτα προψύξας πρόσμισγε χαλ|κοῦ τροχικοῦ ς κʹ καὶ

421. χρυσογραφία : χρυσογραφεία P ‖ 422. πέταλα ego : μέταλα P ‖ 426. πεπυρωμένῳ : πεπυρωμένου P ‖ 428. κινναβάρεως : κεινναβάρεως P ‖ κιμωλίας : κειμολείας P ‖ 429. θαλασσίῳ : θαλλασσείῳ P ‖ 430. πλειστάκις : πλειστάκεις P ‖ 431. ἀργύρου : ἄργυρον P ‖ 433. ψιμύθιον : ψιμίθιον P ‖ χίαν : χείαν P ‖ 434. ὑδράργυρον : ὑδράγυρον P ‖ συλλειώσας : συνλιώσας P ‖ μέλι : μέλει P ‖ 438. χάλκανθον : χαλάκανθον P ‖ 442. καινήν ego : κένην P ‖ περιπηλώσας : περιπελώσας P ‖ 443. προψύξας : προφύξας P ‖ χαλκοῦ : καλκοῦ P.

magnésie broyée, 12 statères ; fondez et faites ce que vous voulez[1].

82. Fabrication de l'asèm égyptien.

Comme faisait Phiménas de Saïs[2]. Prenez du cuivre de Chypre mou, nettoyez-le avec du vinaigre, du sel et de l'alun, puis, quand il est purifié, fondez en ajoutant, pour 20 statères, céruse sans fraude, 3 statères ; litharge couleur d'or, 2 statères. Il sera blanc. Ajoutez ensuite : argent très tendre et sans défaut, 2 statères. Vous verrez le résultat. Maintenez la fusion de peur qu'il ne se forme un dépôt[3]. Ce n'est pas l'affaire d'un profane, mais d'un homme expérimenté et la fusion sera bonne[4].

83. Autre.

Fabrication d'asèm qui se produit véritablement, en vérité meilleure que l'asèm. Prenez laiton, environ 1 drachme, jetez au creuset jusqu'à fusion, ajoutez sel d'Ammon ou de Cappadoce, 4 drachmes, fondez de nouveau, ajoutez alun lamelleux, environ le poids d'une fève d'Égypte[5], fondez de nouveau, ajoutez réalgar, non le doré mais le décomposé tirant sur le blanc, une drachme, puis transvasez dans un autre creuset enduit à l'avance de terre de Chio, ensuite après fusion ajoutez poudre d'amome et utilisez[6].

1. Purification (réduction) de l'étain par la poix et l'asphalte cf. § 4 et § 11. Alliage de Sn (25 statères) Ag (3) Cu (20) soit un alliage blanc Sn/Cu avec un peu d'Ag.

2. Berthelot, *Intr.*, p. 24, identifie Phiménas à Pamménès cité comme alchimiste *CAG*, p. 49, 8 et 148, 15 et chez Georges le Syncelle, t. I, p. 471 Dindorf. Cette identification est loin de s'imposer, car ce genre de nom « dévoué au dieu Men » est fréquent en Égypte sous diverses formes. Aussi est-elle rejetée par Lagercrantz, p. 105-106 ; Hammer-Jensen, *Deux papyrus*, p. 283 ; Lippmann, *Entstehung* I, p. 25 ; Diels, *Ant. Technik* p. 134, n. 1. Dans *CAG* 49, 8, I. Hammer-Jensen propose, sans beaucoup de raisons, Παμμεγέθους, cf. K. Preisendanz, art. *Ostanes*, *RE* XVIII, 1633, l. 10 ss. Sur Pamménès, J. Bidez et F. Cumont, *Les mages hellénisés*, t. II, Paris, 1938, p. 312, n. 2. A noter un repentir du scribe qui a rajouté au dessus de la ligne l'augment de ἐποίει. C'est qu'à son époque Phiménas était mort.

ἀσήμου πρώτου ς γ′ καὶ | μαγνησίας λείας ς ιβ′. Χωνεύσας ποίει ὃ θέλεις. ||

82. Ἀσήμου ποίησις Αἰγυπτίου. |

Ὡς Φιμήνας ἐποίει ὁ Σαΐτης. Λαβὼν χαλκὸν | κύπριον τὸν ἀνείμενον ἐκκάθαρον ὄξει κ(αὶ) | ἁλὶ καὶ στυπτηρίᾳ, εἶτα ἐκκαθάρας χώνευε | ἐπιβαλὼν ταῖς {ταῖς} ς κ′ ψιμυθίου ἀδόλου || ς γ′ καὶ λιθαργύρου χρυσίζοντος ς β′. Ἔσται λε|υκόν. Εἶτα ἐπίβαλλε ἀσήμου ἁπαλωτάτου | καὶ ἀμέμπτου ς β′. Δείξει σοι αὐτό· ἔπεχε | χωνεύω« ν » μὴ ὑποστῇ. Οὐκ ἐστὶν ἰδιώτου | ἀλλὰ ἐμπείρου καὶ βήσεται καλῶς. ||

83. Ἄλλη. |

Ἀσήμου ποίησις ἀληθῶς γινομένη πρὸς ἀληθεία(ν) | κρείσσων ἀσήμου· λαβὼν ὀρείχαλκον ὅσον ὁλκὴν | α′, ἔσβαλε εἰς χῶνον ἕως χυθῇ καὶ πρόσβαλε ἁλὸς | ἀμμωνιακοῦ ἢ καππαδοκικοῦ ⟨δ′ καὶ ἐπιχώνε||υσον, καὶ προσδὸς στυπτηρίας σχιστῆς ὁλκῆς | ὅσον κυάμου Αἰγυπτίου καὶ ἐπιχώνευσον, καὶ | προσδὸς « σ »ανδαράκης μὴ τῆς χρυσιζούσης ἀλλὰ | τῆς λευκανθιζούσης τῆς σαπρᾶς ⟨α′, εἶτα μετα|κένου εἰς ἕτερον χῶνον προκεχρισμένον || γῇ χίᾳ, εἶτα χωνεύσας προσδίδου τὸ τρίτον μέρος | ἀμῴμου καὶ χρῶ.

444. πρώτου : πρότου P || 447. Σαΐτης : σαείτης P || 449. ἁλί : ἁλεί P || 450. ψιμύθιου : ψιμίθιου P || 451. χρυσίζοντος : χρυσίσονδος P || ἔσται : ἔστα P || 455. ἐμπείρου : ἐνπίρου P || βήσεται ego : ζήσεται P || 457. ποίησις : ποισεις P || ἀληθῶς : ἀληθος P || γινομένη : γεινομένη P || 458. κρείσσων : κρισσον P || ὀρείχαλκον : ὠρόχαλκον P || ὁλκήν : αλκην P || 461. πρόσδος : πρόστος P || στυπτηρίας : στυπτηρία P || 464. λευκανθιζούσης : λευκαθιζούσης P || μετακένου : μετακέννου P || 465. προκεχρισμένον : προκεχησμένον P || 466. χίᾳ : χείᾳ P || προσδίδου : προσδίτου P || τρίτον μέρος : τριμελος P.

84. Autre.

Prenez étain, 12 drachmes ; mercure, 4 drachmes ; terre de Chio, 2 drachmes ; fondez l'étain, jetez-y la terre broyée, ensuite le mercure, remuez avec le fer ; façonnez des boulettes[1].

85. Doublement de l'or.

Rendre l'or plus lourd que le poids de l'or. Fondez avec le 1/4 de cadmie et il deviendra plus lourd et plus dur[2].

86. Autre.

L'or se fraude en l'augmentant par le misy et la terre de Sinope en poids égal. On le jette d'abord dans le fourneau, et quand il prend bel œil dans le creuset, on ajoute de chacun en proportion, et ainsi il est doublé[3].

87. Autre.

Invention de l'eau de soufre. Chaux, 1 drachme ; soufre préalablement broyé, quantité égale. Mettez ensemble dans un récipient. Ayez du vinaigre piquant ou de l'urine de garçon vierge, chauffez par dessous jusqu'à ce que le liquide ajouté ressemble à du sang. Filtrez à cause du sédiment, utilisez pur[4].

1. Identique à 5, moins la mention des σφαιρία. C'est un alliage 3/4 Sn 1/4 Hg (métal à miroirs) qui imite l'argent. Identique à 26, y compris les σφαιρία, excepté que la recette 26 a 2 drachmes Sn et 4 Hg. La recette 26 donne un amalgame pour étamer, les σφαιρία servent à frotter l'objet. Ici la proportion de Hg paraît un peu faible pour un tel usage. Il faudrait peut-être lire 2 drachmes Sn. cf. Ps. Dem., p. 50, l. 8-16.

2. Identique à 15. Fabrication d'un alliage Au-Zn en présence d'un réducteur (Berthelot, *Arch.*, 299) non autrement précisé. En apparence, l'objet n'a pas augmenté de volume. L'alliage avec le Zn le rend plus lourd et plus dur. Cette imitation suppose connu le principe du poids spécifique.

3. Identique à 16.

84. Ἄλλη. |

Λαβὼν κασσιτέρου 〈ιβ′, ὑδραργύρου 〈δ′, γῆ|ς χίας 〈β′, χώνευε τὸν κασσίτερον, ἔμβαλε τὴν | γῆν λελειωμένην, ἔπειτα τὴν ὑδράργυρον, || κίνει σιδήρῳ, ἀνάπλασσε σφαιρία. |

85. Χρυσίου δίπλωσις. |

Βαρύτερον ἐργάζεσθαι τὸν χρυσὸν τῆς τοῦ χ[ρυσ|οῦ] ὁλκῆς. Καδμίας τὸ τέ⟦ρ⟧ταρτον συγχώνευε | καὶ βαρύτερος μὲν σκληρότερος δὲ ἀποβήσεται. |||

P. 12 **86.** Ἄλλη. |

Δολοῦται χρυσὸς εἰς αὔξησιν μισύει καὶ γῇ σινωπίδι | ἰσοστάσιος, πρῶτος ἐμβαλλόμενος εἰς τὴν κάμινον | καὶ αὐτῷ γενομένῳ κατὰ τὴν χώνην ἱλαρῶς | ἐπεμβάλλεται ἑκάστου πρὸς λόγον ὥστε διπλασιοῦται. ||

87. Ἄλλη. |

Ὕδατος θείου εὕρεσις· ἀσβέστου δραχμὴν μίαν, θείου τὸ | ἴσον προλελειωμένον συνθεὶς ἐν ἀγγείῳ ἔχε ὄξος | δριμὺ ἢ οὔρου ἀφθόρου. Ὑπόκαιε ἕως τὸ ὑγρὸν τὸ ἐπιπεμ-|φθὲν ὡς αἷμα φανῇ, ὅπερ ἀποσειρώσας διὰ τὴν || τρυγίαν καθαρίως χρῶ. |

469. χίας : χείας P ‖ ἔμβαλε : ἐμβαλη P ‖ 470. ἔπειτα : ἔπιταν P ‖ ὑδράργυρον : ὑδράγυρον P ‖ 471. κίνει : κείνει P ‖ σφαιρία : σφαιρεια P ‖ 472. δίπλωσις : δίπλοσις P ‖ 473. ἐργάζεσθαι : ἐργαζαθαι P ‖ χ[ρυσοῦ] suppleui ‖ 474. συγχώνευε : συνχώνευε P ‖ 477. σινωπίδι : σινοπίδι P ‖ 478. ἐμβαλλόμενος : ἐμβαλλέμενος P ‖ 479. γενομένῳ : γενωμένῳ P ‖ 480. ὥστε ego : συδε P τότε uel οὕτω δέ coniecit Leemans ‖ διπλασιοῦται : διαπλασοῦται P ‖ 482. δραχμὴν : δρακα P ‖ θείου : θίου P ‖ 484. ἀφθόρου : ἀφθάρου P ‖ ὑπόκαιε : ὑπόκεε P ‖ 485. ἀποσειρώσας : ἀποσιρώσας P ‖ 486. τρυγίαν : τρυγείαν P.

88. L'asèm est rendu poreux[1] ainsi.

Laminé en feuilles et enduit de mercure, la feuille étant préalablement poncée, on saupoudre de pyrite traitée ainsi et on la place sur des charbons jusqu'à ce qu'elle sèche et que l'on voie un changement dans la couleur de la feuille. Le mercure s'évapore et la feuille devient poreuse, puis on mêle au creuset une partie d'or, 4 parties d'argent. Quand ils sont mêlés, jetez l'orpiment couleur d'or, de la pyrite, du sel d'Ammon, de la chalcitis, de l'azurite, broyez dans l'eau de soufre, cuisez, saupoudrez après le mercure[2].

89. Fixation de l'orcanette.

Urine de brebis, ou comaris, ou jusquiame de même qu'à la recette 55[3].

90. Dilution[4] de l'orcanette.

L'orcanette est diluée par les pommes de pin, l'intérieur des noix, le pourpier, le suc des bettes, la lie de vin, l'urine de chameau et l'intérieur des cédrats[5].

91. Fixation de l'orcanette.

Cotylédon et alun, mêlez en parties égales, broyez finement et jetez-y l'orcanette[6].

1. Comparer avec les recettes de pierres où l'ἀραίωσις permet théoriquement la « prise » de la couleur.

2. Combinaison de procédés : action du mercure, du soufre, alliage puis cémentation. Peu compréhensible.

3. Identique à *Holm.* 147 auquel il y a peut-être renvoi. C'est la 58e recette d'étoffes dans *Holm.*, c'est peut-être la 55e dans l'original. La recette est fragmentaire (Berthelot, *Arch.* 301) et le titre inadéquat, puisque la fixation est la stabilisation de la couleur. L'urine est censée dissoudre l'orcanette (*Leid.* 90), la jusquiame également (*Holm.* 146). Quant à la comaris, c'est un colorant (*Holm.* 97). C'est peut-être l'abrégé d'une recette où l'orcanette, solubilisée par l'urine et le jus de jusquiame, teint avec la comaris.

4. C'est-à-dire la solubilisation du principe colorant, cf. Diosc. V, 96 et Phrynichus *Eclogae*, 18 Fischer, s.v. ἀνεῖναι ἐλαίῳ ἢ ὄξει ἢ ἄλλῳ τινὶ λέγουσιν οἱ ἰατροὶ πάνυ ἀμαθῶς. δεῖ γὰρ διεῖναι λέγειν.

88. Ὁ ἄσημος οὕτως ἀραιοῦται. |

Πεταλωθεὶς καὶ χριόμενος ὑδραργύρῳ προκισ|ηρισθέντος τοῦ πετάλου καὶ ἐπιπάσσεται | ὁ πυρίτης οἰκονομηθεὶς οὕτως καὶ τίθεται ἐπὶ || ἀνθράκων ὡς ἀναξηρανθῇ καὶ θεωρισθῇ χρ|όαν τοῦ πετάλου ἀλλοιωθείς· ἀναφεύγει γὰρ ἡ | ὑδράργυρος καὶ ἀραιοῦται τὸ πέταλον καὶ μίσγε|ται τῇ χωνίᾳ χρυσοῦ μέ(ρος) α′, ἀργύρου μέ(ρη) δ′, καὶ μιγέντων αὐτῶν | ἐπίϐαλλε εἰς τοῦ ἀγγείου τὸ ἀρσενικὸν χρυσοῦν, χωρὶ||ς πυρίτου, ἁλὸς ἀμμωνιακοῦ, χαλκίτεως, κυάνου καὶ | λειοτριϐεῖς ὕδατος θείου, ὀπτᾷς, ἐπιπάσσεις μετὰ | τὴν ὑδράργυρον. |

89. Κάτοχος ἀγχούσης.

Οὖρον προϐάτειον ἢ κόμ|μαρι ἢ ὑοσκυάμους ὁμοιώ« ς » καὶ τόπῳ νε′. ||

90. Ἄνεσις ἀγχούσης. |

Ἀνίεται ἡ ἄγχουσα στροϐιλίοις καὶ τοῖς ἔντος τῶν | περ⟦.⟧σικῶν καὶ ἀνδράχνῃ καὶ χυλῷ σευτλίου καὶ φαί|κλῃ καὶ οὔρῳ καμήλου καὶ τῷ ἐντὸς τῶν κιτρίων. |

91. Κάτοχος ἀνχούσης. ||

Κοτυληδόνα καὶ στυπτηρίαν ἐξ ἴσου μίξας λειοτρίϐει | καὶ ἐπίϐαλε τὴν ἄγχουσαν. |

487. οὕτως : ουτος P || ἀραιοῦται : ἀρεοῦται P || 488. ὑδραργύρῳ : ὑδργυργύρῳ P || προκισηρισθέντος : προκεισ{κεισ}ηρισθενπος P || 489. ἐπιπάσσεται : ἐπιπασαιται P || 491. θεωρισθῇ : θεωριστην P || χρόαν : χρώαν P || 493. πέταλον : πετάλων P. || 494. χρυσοῦ ego : solis signum P || ἀργύρου ego : lunae signum P || 495. ἐπίϐαλλε : ἐτίϐαλλε P || ἀγγείου : ανω ιου P || χρυσοῦν χωρίς ego χρυσοῦ χωρίς P χρυσοχροῦ coniecit Leemans || 496. χαλκίτεως : κολκίτεως P. || 499. κάτοχος : καταχος P || ἀγχούσης : ἀνχούσης P || προϐάτειον : προϐατίω P || 501. ἀγχούσης : ἀνχούσης P || 502. ἄγχουσα : ἄνχουσα P || ἐντός : ἐντως P || 504. τῷ : το P || 506. λειοτρίϐει : λιοτρίϐει P || 507. ἄγχουσαν : ἄνχουσαν P.

92. Drogues mordantes.

Melanteria, vitriol grillé, alun, chalcitis, cinabre, chaux, écorce de grenade, gousse d'acacia, urine avec aloès, tout cela comme pour la teinture[1].

93. Fabrication de la pourpre.

Concassez la pierre de Phrygie en menus morceaux, faites bouillir, trempez la laine, laissez jusqu'à refroidissement, puis jetez dans un récipient une mine de fucus, faites bouillir, jetez-y la laine, laissez refroidir, puis rincez à l'eau de mer[2]. C'est là le premier lavage[3] et la pierre de Phrygie avant d'être broyée est cuite jusqu'à devenir pourpre.

94. Teinture en pourpre.

Mouillez de la chaux avec de l'eau et laissez reposer une nuit, décantez et plongez la laine dans le liquide pendant un jour. Enlevez et séchez. Mouillez de l'orcanette avec du vinaigre, faites bouillir, jetez-y la laine et elle en sortira teinte en pourpre[4]. Bouillie dans l'eau et le natron, elle lâche la couleur pourpre[5]. Ensuite, séchez et trempez à nouveau de la façon suivante : faites bouillir du fucus dans l'eau et quand elle aura été épuisée, ajoutez un peu de vitriol au jugé pour qu'il devienne pourpre, et alors trempez la laine et la teinture se fait. Si vous jetez trop de vitriol, elle devient plus foncée[6].

1. Les matières interviennent de diverses façons dans le mordançage : melanteria (sulfate ferrique), vitriol (sulfate de fer et de cuivre), chalcopyrite contiennent du fer. Écorce de grenade et gousse d'*Acacia nilotica* sont riches en tanin de même que l'aloès, très astringent.

3. Les mots ἤκουσα δὲ πρόκλυκις δέ font difficulté. Selon Berthelot, *Arch.*, 303, n. 4 « il y a des mots inintelligibles par suite de quelque transposition du copiste. » La phrase suivante est une sorte de repentir, puisqu'elle concerne une opération qui doit avoir lieu avant (transformation de la pierre en alun). Il faut remarquer qu'il y a une addition du même genre dans le texte parallèle *Holm.* 154. Je propose de lire πρόκλυσις, lavage préliminaire (il faudrait πρόστυψις).

92. Φάρμακα στυπτικά. |

Μελαντηρία, χάλκανθος κεκαυμένος, στυπτηρία, χαλ-|κῖτις, κιννάβαρι, ἄσβεστος, σίδιον ῥοᾶς, ἀκάνθης κερά- || τια, οὖρον σὺν ἀλοῇ, ταῦτα ὡς πρὸς βαφάς. |

93. Πορ(φύρας) ποίησις. |

Λίθον φρύγιον κόψας λεπτὸν ζέσας καὶ χαλάσας τὸ | ἔριον ἄφες ἕως ψυγῇ. Ἔπειτα βαλὼν{ς} εἰς ἄγγος φύκο|υς μν(ᾶν) α´ ζέσον καὶ ἐπέμβαλλε || {φύκους μν(ᾶν) α´ ζέσον καὶ ἐπέμβαλλε} τὸ ἔριον καὶ ἐάσας | ψυγῆναι κλύζε θαλάσσῃ, ἤκουσα δὲ πρόκλυσις δέ, | καὶ ὁ φρύγιος πρὸ τοῦ κοπῆναι ὀπτᾶται μέχρι οὗ | πορφυροῦς γένηται. |

94. Πορφ(ύρας) βαφή. ||

Ἄσβεστον μεθ᾽ ὕδατος βρέξον καὶ ἄφες καταστῆ|ναι νύ(κτα) α´, καὶ ἀποσιρώσας κάθες τὸ ἔριον εἰς τὸ ὑγρόν ||| P. 13 {ὑγρὸν} ἡμ(έραν) α´ καὶ ἄρας ξήρανον, καὶ ἄγχουσαν βρέξας | ὄξει ζέσον καὶ ἐπίβαλε ἐκεῖ τὸ ἔριον καὶ ἀναβή-σεταί | σοι κογχυλιωτὸν καὶ διὰ ὕδατος δὲ καὶ νίτρου ζεσ||θεῖσα ἀνίησι χρῶμα κογχύλιον. Εἶτα ξηράνας αὐτὸ | ἐπίβαπτε τρόπῳ τῷδε· φῦκος ὕδατι ζέσον καὶ ὅτα(ν) | ἐξεράσῃ ἐπίβαλλε μικρὸν χάλκανθον πρὸς ὄφθαλ|μον ἵνα πορφυροῦν γένηται καὶ τότε χάλα τὸ ἔρι|ον καὶ γίνεται. Ἐὰν δὲ περισσότερον βάλῃς χαλ||κάνθιον, μελάντερον γίνεται. |

509. κεκαυμένος ego : κεκευμένος P κεχυμένος coniecit Leemans || 510. κιννάβαρι : κιννάβαρει P || 511. σύν : σον P || 513. φρύγιον : φρύγειον P || 514. ἔπειτα : ἔπιτα P || ς deleuit Leemans || 515. ἐπέμβαλλε : ἐπέβαλε P || 517. θαλάσσῃ : θαλλάσσῃ P || πρόκλυσις ego : πρόκλυκις P || 518. φρύγιος : φρύγειος P || 521. καταστῆναι : καιταστῆναι P || 523. ἄγχουσαν : ἀναχουσαν P || 525. κογχυλιωτόν : κονχυλιατόν P || 526. ἀνίησι : ἄνεσι P || κογχύλιον : κονχύλιον P || 527. φῦκος : φῦγος P || 528. ἐξεράσῃ : ξηράσῃ coniecit Leemans || 530. γίνεται : γείνεται P || 531. μελάντερον : μελανώτερον P || γίνεται : γείνεται P.

95. Autre.

Broyez des noix et avec elles de la belle orcanette. Ensuite, quand vous l'aurez fait, versez du vinaigre piquant et broyez à nouveau en ajoutant de l'écorce de grenade et laissez trois jours. Après les trois jours, plongez-y la laine et elle sera teinte à froid. On dit qu'elle devient couleur de péridot tirant sur le pourpre et qu'avec un peu de natron de Bérénice au lieu de noix, on obtient le même effet[1].

96. Autre.

Nettoyez la laine à la saponaire[2]. Ayez à votre disposition de l'alun lamelleux et l'intérieur de la noix de galle[3]. Broyez, jetez avec l'alun dans un petit vase et, après l'y avoir mis, laissez quelques heures, enlevez, laissez sécher. Vous aurez préalablement suivi cette marche : broyez de la lie, jetez-la dans un récipient, versez de l'eau, agitez, laissez reposer, puis filtrez, gardez l'eau pure à votre disposition dans un autre récipient.

Prenez de l'orcanette, jetez-la dans un récipient, mêlez à l'eau de la lie jusqu'à ce qu'elle s'épaississe convenablement et devienne comme sablonneuse.

Ensuite, jetez dans un récipient, broyez à la main dans[4] l'eau précitée, celle qui vient de l'orcanette, puis quand c'est devenu comme visqueux, jetez-le dans le petit vase, ajoutez le reste de l'eau d'orcanette et laissez, jusqu'à ce qu'il ait tiédi et alors trempez la laine, laissez pour quelques heures et vous trouverez une pourpre stable[5].

2. La racine de saponaire *Saponaria officinalis* L. ou selon Pfister *Gypsophila struthium* L. contient sur 100 parties 34 de saponine (Guibourt III, p. 663). Elle dégraisse la laine en émulsionnant le suint. Cf. Diosc. II, 163 οἱ ἐριοπλύται χρῶνται πρὸς κάθαρσιν τῶν ἐρίων ; Hésychios s.v. στρουθίον · πόας ῥίζα, εὔθετος πρὸς ἐρίων ἔκπλυσιν ; cf. Pline XIX, 48 ; XXIV, 96 ; Blümner *TT*, I, p. 102 et 201 ; G. Schaeffer, *Die Seife, Ciba Rundschau,* 60 (1943) 2186-2196 ; 2206-2208 ; Forbes *SAT* IV, p. 83.

95. Ἄλλη. |

Κάρυα διάτριψον καὶ μετ᾽ αὐτῶν ἄγχουσαν καλ|ήν, εἶθ᾽ ὅταν τοῦτο ποιήσῃς, ὄξος ἐπίϐαλλε δριμὺ καὶ | πάλιν τρῖϐε βαλὼν ἐκεῖ σίδιον καὶ ἔασον ἡμ(έρας) γ′ καὶ || μετὰ τὰ γ′ κάθες ἐκεῖ τὸ ἔριον καὶ ἔσται ψυχρο|ϐαφής. Λέγεται δὲ ὅτι παιδερώτινον γίνε|ται ἐμπορφυρίζον καὶ μετὰ νίτρου βερνικαρί|ου βραχὺ ἀντὶ τοῦ καρύου τὸ αὐτὸ ποιεῖ. |

96. Ἄλλο. ||

Στρούθισον τὸ ἔριον καὶ ἔχε ἐν ἑτοίμῳ στυπτηρ|ίαν σχιστὴν καὶ κηκίδος τὸ ἔσω. Τρίψας βάλε | μετὰ τῆς στυπτηρίας εἰς χυτρίδιον καὶ ἐπίϐα|λὼν ἔασον ὥρας ὀλίγας καὶ ἄρας ἔασον ξηρανθῆ|ναι. Προγεγονέτω δέ σοι ἡ ἀγωγὴ αὕτη· φαίκλην || τρίψας βαλὼν εἰς ἀγγεῖον ἐπίϐαλε ὕδωρ καὶ ταρ|άξας ἔα καταστῆναι, εἶτα ἀποσιρώσας τὸ κα|θαρὸν ὕδωρ εἰς ἕτερον ἀγγεῖον ἔχε ἐν ἑτοίμῳ. | ⟦ολϐον⟧ Λαϐὼν δὲ ἄγχουσαν καὶ βαλὼν εἰς ἀγγεῖον | τῷ ὕδατι τῆς φαίκλης μεῖξον ἕως ἐπιμελῶς ἐμ||παχυνθῇ καὶ γένηται ὡς ἀμμῶδες, τότε ἐπί|ϐαλε εἰς ἀγγεῖον ὑπὸ χεῖρα τρίϐων ἐκ τοῦ προ|κειμένου ὕδατος τοῦ τῆς ἀγχούσης. Εἶθ᾽ ὅταν | γένηται ὡς γλοιῶδες, βαλὼν αὐτὸ εἰς χυτρίδι|ον προσεπίϐαλε τὸ λοιπὸν ὕδωρ τῆς ἀγχούσης || καὶ ἔα ἕως αὐτὸ χλιαρὸν ποιήσῃς, καὶ τότε χαλά|σας τὸ ἔριον ἄφες ὡς ὥρας ὀλίγας καὶ εὑρήσεις | πόρφυραν μένουσαν. |

533. ἄγχουσαν : ἄνχουσαν P ‖ 534. ποιήσῃς : ποιησις P ‖ 537. παιδερώτινον : πεδερωτινων P παιδέρως τις coniecit Leemans ‖ γίνεται : γείνεται P ‖ 538. ἐμπορφυρίζον : ἐνπορφυρίζον P ‖ 539. βραχὺ : βραχὴ P ‖ 541. ἔχε : χε P ‖ 542. κηκίδος : κηκείτος P ‖ 543. χυτρίδιον : κυθρίδιον P ‖ 544. ἔασον : ἔασαν P ‖ ὥρας : ὥρα P ‖ 545. προγεγονέτω : προγεγονετο P ‖ φαίκλην : φαικλειν P ‖ 546. ὕδωρ : ὕδορ P ‖ 549. ἄγχουσαν : ἄνχουσα P ‖ 550. τῷ : το P ‖ 551. τότε : τόδε P ‖ 553. ἀγχούσης : ἀνχούσης P ἀνχούσῃ Leemans ‖ 554. χυτρίδιον : κυθρίδιον P ‖ 555. ὕδωρ : ὕδορ P ‖ ἀγχούσης : ἀνχούσης P ‖ 556. ποιήσῃς : ποίησις P ‖ 557. ἄφες : ἄφε P.

97. Autre.

Prenez de l'orcanette de Laodicée[1], épluchez[2], prenez les épluchures, broyez-les au mortier finement comme du fard à paupières[3], ajoutez-y de l'hydromel dilué, broyez de nouveau, ensuite transvasez le matériau broyé dans un récipient et faites bouillir. Quand vous verrez qu'il tiédit, plongez la laine et laissez séjourner. Que la laine soit nettoyée à la saponaire et mordancée et alors prenez-la et plongez dans l'eau de chaux et laissez absorber. Ensuite retirez et lavez à l'eau de mer, pas trop, puis laissez sécher et quand la laine est encore humide, plongez de nouveau dans l'orcanette et laissez séjourner[4].

98. Autre.

Prenez la couche supérieure du suc de l'orcanette[5]. Grillez au four une noix de galle[6] en grappe, broyez avec un peu de vitriol, mêlez au suc, faites bouillir et teignez en pourpre[7].

99. Succédané de couleur bleue.

Au lieu de teindre en bleu[8], prenez de la scorie de fer, concassez soigneusement jusqu'à ce qu'elle devienne comme du smegma[9], faites bouillir avec du vinaigre jusqu'à ce qu'elle devienne dure, plongez-y la laine préalablement nettoyée à la saponaire et mordancée et vous la trouverez tirant sur la pourpre et teignez ainsi en utilisant les bains que vous avez[10].

1. Le papyrus a ἄγχουσαν λεοντικήν sans coordination. La λεοντική est une plante, mais son rôle n'est pas compréhensible. Or, Ps. Dem., p. 42, l. 11, cite ἄγχουσαν λαδικίνην « orcanette de Laodicée ». C'est peut-être la même corruption dans notre texte. Laodicée était un centre de l'industrie lainière, célèbre par ses lainages de luxe. Cf. *IGRR* IV, 863 ; Strabon, XII, 598 ; *Edit. Diocl.*, ch. 19 et 20, *passim* cf. B. Buchsenschütz, *Die Hauptstätten des Gewerbfleißes*, Leipzig, 1869, p. 65 ; A. H. M. Jones, *Die Bekleidungsindustrie in der Zeit des römischen Imperiums* dans R. Günther, G. Schrot, *Sozialökonomische Verhältnisse im alten Orient und im klassischen Altertum*, Berlin, 1961, p. 156 sq.

97. Ἄλλο. |

Λαβὼν ἄγχουσαν λαοδικίνην λέπισον καὶ λαβὼν || τὰ λεπίσματα εἰς θυῖαν τρῖβε λεῖα ὡς στίμι καὶ ἐπίβα|λὼν ὑδάρεστερον ὑδρόμελι πάλιν τρῖβε, εἶτα τετρι|μμένον αὐτὸ μετάβαλε εἰς ἀγγεῖον καὶ ζέσον. Ὅτα|ν δὲ εἰδῇς ὅτι κεχλίανται κάθες τὸ ἔριον καὶ ἔ|α ἐγκοιτασθῆναι. Ἔστω δὲ τὸ ἔριον ἐστρουθιμένον || καὶ ἐστυμμένον, καὶ τότε λαβὼν αὐτὸ κάθες εἰς ὕδω|ρ ἀσβέστου καὶ
P. 14 **ἔασον συμπιεῖν, [εἶ]τα ἄρας ἀπόπλυ|||{ἀποπλῦ}νον θαλάσσῃ μὴ λίαν καὶ ψῦξον καὶ ἔνικμο(ν) | πάλιν καθὲς εἰς τὴν ἄγχουσαν καὶ ἔα ἐγκοιτασθῆναι. |**

98. Ἄλλο. ||

Λαβὼν τὸ αἷμα τὸ ἄνωθεν ἐκ τῆς ἀγχούσης καὶ κη|κίδα ὀμφακίνην μίαν καύσας ὀπτανίῳ καὶ τρίψ|ας μετὰ μικροῦ χαλκάνθου καὶ μείξας τῷ αἵματι | ζέσας βάπτε πόρφυραν. |

99. Ἀντιγλαụκισμός. ||

Ἀντὶ τοῦ γλαυκίσαι λαβὼν σκωρίαν σιδηρίου κόψο⟨ν⟩ | ἐπιμελῶς ἕως γένηται ὡς σμῆγμα καὶ ζέσον με|τ' ὄξους ἕως σκληρὸν γένηται καὶ χάλα τὸ ἔριον προ|στρουθιμένον καὶ προστυμμένον, καὶ εὑρήσεις | αὐτὸ πορφυρίζον, καὶ οὕτως βάπτε χρώμενος αἷς || ἔχεις βαφαῖς. |

560. ἄγχουσαν : ἄνχουσαν P || λαοδικίνην ego : λεοντικήν P καί ante λεοντικήν addidit Leemans || 562. ὑδρόμελι : ὑδρομελει P || πάλιν : πάλι P || 564. κεχλίανται : κεχλείανται P || 565. ἐγκοιτασθῆναι : ἐνκοιτασθῆναι P || ἐστρουθιμένον : ἐστρουτιμένον P || 566. αὐτὸ : αὐτῷ P || 567. συμπιεῖν : συνπιεῖν P || [εἶ]τα suppleui || 568. μή P : ἄλῃ Leemans ἀλί coniiciens || ἔνικμον : ἔνιγμο P ἔνιγμον Leemans καὶ τὸ ἔριον addens || 569. πάλιν : πάλι P || καθὲς : κθες P || ἄγχουσαν : ἄνχουσαν P || ἐγκοιτασθῆναι : ἐνκοιτασθῆναι P || 571. ἀγχούσης : ἀνχούσης P || κηκίδα : κηκείτα P || 572-573. τρίψας : τρηας P || 574. βάπτε : βάπται P || 575. ἀντιγλαụκισμός : ἀντιγλαυκειμός P || 576. γλαυκίσαι : γλευκίσαι P || σκωρίαν : σκωρέαν P || 578. προστρουθιμένον : προστρουτιμένον P || 579. προστυμμένον : προσστυμμένος P.

Excerpta Dioscoridis

582 (p. 14 l. 15) Διοσκορίδου ἐκ τοῦ περὶ ὕλης.
583 (p. 14 l. 16) ἀρσενικόν.
583-592 (p. 14 l. 16-25) Dioscorides, *De materia medica*, V, 104, t. III, p. 74, l. 2-10 Wellmann.
593 (p. 14 l. 26) σανδαράκη.
593-598 (p. 14 l. 26-31), Diosc. V, 105, pp. 74 l. 14 - 75 l. 1-3.
599 (p. 14 l. 32) μίσυ.
600-602 (p. 14 l. 33-35) Diosc. V, 100, p. 71 l. 1-2.
603 (p. 14 l. 36) καδμία.
604-614 (p. 14 l. 36-43 ; 15 l. 1-4) Diosc. V, 74, p. 37 l. 11-15 ; 38 l. 1-6.
615 (p. 15 l. 5) χρυσοκόλλα.
616-620 (p. 15 l. 6-10) Diosc. V, 89, p. 62 l. 22 ; 63 l. 1-3.
621 (p. 15 l. 10) μίλτος συνοπική.
622-631 (p. 15 l. 11-20) Diosc. V, 96, p. 67 l. 1-2 ; 10-12 (μίλτος) 14-18 ; V, 97, p. 67 l. 14-18 ; 68 l. 1-3 (λημνία γῆ).
632 (p. 15 l. 22) στυπτηρία.
633-650 (p. 15 l. 23-40) Diosc. V, 106 p. 75 l. 18-19 ; 76 l. 1-4 ; 7-14.
651 (p. 16 l. 1) νίτρων.
652-653 (p. 16 l. 2-3) Diosc. V, 113 p. 83 l. 8-9.
654 (p. 16 l. 4) κιννάβαρει.
655-664 (p. 16 l. 5-14) Diosc. V, 94, p. 65 l. 6-10 ; 14-15 ; 16-17.
665 (p. 16 l. 15) ὑδράργυρος.
666-678 (p. 16 l. 16-28) Diosc. V, 95, p. 66 l. 5-15.

PAPYRUS DE STOCKHOLM

PAPYRUS DE STOCKHOLM

1. Fabrication d'argent.

Cuivre de Chypre déjà travaillé et laminé pour l'usage[1], plongez dans du vinaigre de teinturier et de l'alun et laissez tremper trois jours. Puis fondez en mêlant, par mine de cuivre, terre de Chio, sel de Cappadoce et alun lamelleux, chaque fois 6 drachmes[2]. Fondez avec habileté, et il sera de bonne qualité. Ajoutez : bel argent de bon aloi non altéré[3], pas plus de 20 drachmes, ce qui gardera tout le mélange inaltérable[4].

2. Autre.

Anaxilaos[5] attribue également ceci[6] à Démocrite. Broyant très bien du sel commun avec de l'alun lamelleux dans du vinaigre et façonnant des collyres, il les séchait pendant trois jours dans l'étuve et ensuite, après broyage, il fondait avec le cuivre trois fois[7] et le refroidissait en l'éteignant dans l'eau de mer. L'expérience montrera le résultat[8].

1. C'est le cuivre que Pline, XXXIV, 94 appelle *coronarium* et *regulare*. τῇ χρήσει dépend quant au sens de εἰργασμένον (Lagercrantz, 147).

4. Identique pour la marche générale à *Leid.* 12. Le cuivre subit d'abord un décapage au trempé (alun+vinaigre), puis une cémentation à l'état fondu (sel+alun), ce qui doit avoir pour effet de le blanchir. Enfin on l'allie à l'argent. Identique à Alch. Syr., p. 210, § 3. « Préparation au moyen du sel. — Cuivre blanc de Galatie, purifié et trempé dans du vinaigre. Addition de sel et d'alun ; après le travail, addition d'argent mou et de terre de Chio, etc. »

PAPYRVS HOLMIENSIS

A′

1. Ἀργύρου ποίησις. |

Χαλκὸν τὸν κύπριον τὸν ἤδη εἰργασμένον | καὶ ἔκτασιν ἔχοντα τῇ χρήσει κατάβαψον | ὄξει βαφικῷ στυπτηρίᾳ τε, καὶ τρισὶν ἡμ(έραις) | ἔα βρέχεσθαι. Τότε δὴ χώνευε{τε} τῇ τοῦ || χαλκοῦ μνᾷ γῆς Χίας ἁλός τε Καππάδοκος | καὶ στυπτηρίας σχιστῆς ἐκ δραχμῶν ς′ | ἀναμείξας. Ἔμπειρος δὲ χώνευε καὶ ἔσται | σπουδαῖος. Πρόσβαλε δὲ ἀργύρου καλοῦ | καὶ δοκίμου τοῦ ἁπλοῦ μὴ πλείω ⟨κ′, || ὃ διαφυλάξει τὴν σύμπασαν μεῖξιν | ἀνεξάλειπτον.

2. Ἄλλο. |

Εἰς δὲ Δημόκρ⟨ι⟩τον Ἀν⟨α⟩ξίλαος ἀναφέρει καὶ | τόδε. Τοὺς κοινοὺς ἅλας ἅμα στυπτηρίᾳ | τῇ σχιστῇ λεάνας εὖ μάλα σὺν ὄξει καὶ ἀνα||πλάσας κολλούρια ταῦτ' ἐπὶ τρεῖς ἡμέρας | ἔψυχεν ἐν βαλανίῳ κἄπειτα λεάνας συν|εχώνευε τὸν χαλκὸν ἐπὶ τρεῖς καὶ ὕδατι | θαλαττίῳ κατασβεννύων ἔψυχεν. Ἐλέγ|ξει τὸ ἀποβησόμενον ἡ πεῖρα. ||

2. εἰργασμένον : εἰρκασμένος P ||3. κατάβαψον : καιτάβαψον P || 4. στυπτηρίᾳ : στυπτυρίᾳ P || 6. χίας : χείας P || 8. ἔμπειρος P : ἐμπείρως coniecit Lag. || 10. πλείω : πλέγω P || 11. σύμπασαν : σήνπασαν P || μεῖξιν : μειξειν P || 15. λεάνας : λιήνας P || 16. : τρεῖς : τρις P || 17. κἄπειτα : κἄπιτα P || 18. τρεῖς : τρῖς P || 19. ἐλέγξει : ἐλέξει P.

3. Autre.

Purifiez quatre fois de l'étain blanc et mou et fondez-en 6 parties avec une mine[1] de cuivre blanc de Galatie, polissez et façonnez ce que vous voulez. Il devient de l'argent de première qualité au point de tromper même les spécialistes, car il est fait au moyen de ce procédé[2].

4. Purification de l'étain[3].

La purification de l'étain qui intervient dans le mélange[4] de l'argent est la suivante : laissez refroidir de l'étain pur[5] et, en l'enduisant d'huile et d'asphalte à la quatrième fois[6], fondez, lavez et mettez proprement de côté. Ajoutez à 4 parties d'argent 6 de cet étaïn et 7 de cuivre galate et il passera inaperçu si on le présente comme de l'argenterie[7].

5. Doublement de l'argent.

Il se fait par divers procédés. Fondez six fois du cuivre de Chypre décapé de sa rouille et de l'écume de mer, ajoutez l'argent pour le doublement[8].

6. Autre.

Plongez dans la saumure les battitures de feuilles de cuivre et laissez tremper pendant 6 jours dans l'alun et la terre brillante dissous dans l'eau douce. Ensuite fondez en ajoutant doucement l'argent[9].

1. Cette coexistence de deux formulations en mines et en parties remonte à la confusion dans les abréviations $\overset{\nu}{M}$ et $\overset{\varepsilon}{M}$.
2. Alliage blanc 6 Sn 1 Cu/As. Variante dans *Leid.* 8 (4 Sn 3 Cu 1 Ag, même formule finale) et dans *Leid.* 39 (4 Sn 1 Cu blanc 1 Ag, même formule finale).
3. Le titre, remis après coup, ne couvre qu'incomplètement le contenu de la recette, puisqu'il ne s'agit pas seulement de purification, mais d'alliage.
4. κάθαρσιν est une faute par contamination de κρᾶσιν.
5. Il a donc fallu chauffer, opération négligée par le scribe.
6. ἐκ τετάρτου signifie « pour la quatrième fois ». Cf. ἐκ τρίτου de *Leid.* 3, l. 14. L'étain se purifie quatre fois (cf. la ligne précédente).

3. Ἄλλο. |

Κασσίτερον λευκόν τε καὶ μαλακὸν τετρά|κις καθήρας κἀκ τοῦδε μέ(ρη) ϛʹ χαλκοῦ τε γαλα|τικοῦ λευκοῦ μνᾶν αʹ συγχωνεύσας σμῆχε | καὶ σκεύαζε ὃ θέλεις, καὶ γίνεται ἄργυρος ὁ||πρῶτος, ὡς καὶ τοὺς τεχνίτας λανθάνειν ὅτι | ἐξ οἰκονομίας τοιᾶσδε συνέστ̣η. |

4. Κασσιτέρου κάθαρσις. |

Ἡ δὲ τοῦ κασσιτέρου κάθαρσις τοῦ χωροῦντος | ἐς τὴν τοῦ ἀργύρου κρᾶσιν ἥδε· κασσίτερον κα||θαρὸν ἔα ψυγῆναι καὶ ἀλείψας ἐλαίῳ τε | καὶ ἀσφάλτῳ ἐκ τετάρτου χώνευε καὶ πλύνας | ἀπόθου καθαρίως. Πρόσβαλλε τοῖς τέτταρσιν τοῦ | ἀργύρου τοῦδε μέρη ϛʹ καὶ χαλκοῦ τοῦ [γ]αλατικοῦ | μέ(ρη) ζʹ καὶ λήσεται προκείμενον ὡς ἀργύρωμα. ||

5. Ἀργύρου διπλασιασμός.

Οἰκονομίαις γίνεται | διαφόροις. Τὸν κύπριον χαλκὸν ἐξιωμένον σὺν | ἁλοσάχνῃ ἑξάκις χωνεύσας ἐπίβαλε τὸν ἄργυρον | εἰς διπλασιασμόν.

6. Ἄλλο. |

Τὰ ἀποκόμματα τῶν τοῦ χαλκοῦ πετάλων ἅλμῃ || κατάβαπτε καὶ στυπτηρίᾳ στιλβάδι τε ἀνιμέ|νῃ γλυκεῖ ὕδατι ἀπόβρεχε ἡμ(έρας) ϛʹ. Εἶτ' ἐπιβάλλων | ἠρέμα τὸν ἄργυρον χώνευε. |||

22. κασσίτερον : κασσίτηρον P ‖ τετράκις : τετράκι P ‖ 23. γαλατικοῦ : καλλατικοῦ P ‖ 24. μνᾶν : μνᾶ P ‖ συγχωνεύσας : συνχωνεύσας P ‖ σμῆχε : ομηχε P ‖ 25. γίνεται : γείνεται P ‖ 27. οἰκονομίας : οἰνομίας P ‖ συνέστ̣η P : συνέσγη Lag. ‖ 30. κρᾶσιν : κάθαρσιν P ‖ 31. ἐλαίῳ : ἐλέῳ P ‖ 33. πρόσβαλλε : πρόσβαλε coniecit Lag. ‖ 36. οἰκονομίαις : οἰκονομίας P ‖ 37. ἐξιωμένον : ἐξειωμένον P ‖ 38. ἑξάκις : ἑξάκι P ‖ 41. στιλβάδι : στιλβάδει P.

7. Autre encore, en plus des précédentes.

Cuivre de Galatie, 1/2 partie[1], argent et étain de très bonne qualité, appelé *bulla* par les Ibères d'Occident, chez qui il se forme[2] et par les Romains de même[3]. On fond d'abord le cuivre, puis l'argent et après deux passages au feu, l'étain[4]. Ensuite, quand il est amolli, refondez souvent et refroidissez en ayant à votre disposition de la terre brillante dissoute dans de l'eau de source. Enlevez cette masse, éteignez-la, réchauffez et (faites cela) souvent jusqu'à ce que l'argent devienne très blanc. Alors, après l'avoir martelé et laminé, frottez-le de coupholithe en l'enduisant et travaillez ainsi[5]. Le triplement se fait en répartissant les poids de la même façon qu'il est indiqué plus haut.

8. La masse inépuisable se prépare de nouveau dans le même ordre que le doublement.

Enlevez 8 drachmes de la masse et fondez à nouveau en y mêlant une quantité égale d'argent. Faites cela trois fois, refroidissez et déposez dans le coupholithe[6].

9. Fabrication d'argent.

Achetez des charbons dont se servent les forgerons et laissez-les tremper dans du vinaigre pendant un jour. Ensuite, prenez une once de cuivre, mordancez-le bien à l'alun[7] et fondez ainsi. Ensuite, prenez huit onces de mercure et videz le mercure lui-même dans le creux

1. Les proportions ne sont indiquées que pour le cuivre galate (1/2 partie). Lagercrantz, p. 153, suppose que comme il s'agit de doublement de l'argent, on doit suppléer 1 Ag et 1/2 Sn.

3. Les gisements de cassitérite du nord-ouest de l'Espagne ont alimenté le marché jusqu'à la fin de l'Antiquité (cf. O. Davies, *Roman mines in Europe*, Oxford, 1935, p. 103-105 ; A. Schulten, *Iberische Landeskunde. Geographie des alten Spanien*, 2e éd., Baden-Baden, 1974, p. 496-501). Étymologiquement le nom de *bulla* n'est pas ibère (A. Walde, J. B. Hofmann, *Lateinisches Etymologisches Wörterbuch*, I, Heidelberg, 1938, p. 122, s.v.). C'est sans doute le label commercial sous lequel cet étain était vendu. La boule ou le bouton correspond à la capacité d'un des petits creusets dans lesquels on réduisait la cassitérite.

B′ 7. Ἄλλο. |

Προς δὲ ταῖς καὶ ἤδη · χαλκοῦ γαλατικοῦ μέ(ρος) ⟨|||, ἀργύρου τε κασσιτέρου τε τοῦ σπουδαιοτάτου, | ὃν δὴ βούλλαν ἐπονομάζουσιν Ἰβηρῖται οἱ ἑσ|πέριοι, παρ' οἷς γίνεται, καὶ Ῥωμαῖοι ὁμοίως. Χω|νεύεται πρῶτος ὁ χαλκός, εἶθ' ὁ ἄργυρος καὶ με|τὰ δύο διαπυρώσεις ὁ κασσίτερος. Ἔπειθ' ὅταν || μαλακυνθῇ, πολλάκις ἀναχώνευε καὶ κατά|ψυχε ἔχων ἑτοίμην στιλβάδα ἀνιμένην | ὕδατι πηγαίῳ. Ταύτην τὴν μᾶζαν ἐξελὼ(ν) | κατασβέννυε, πάλιν τε πύρου καὶ πολλάκις | καὶ μέχρι γένηται λευκότατος ὁ ἄργυρος. || Εἶτ' ἐλάσας αὐτὸν καὶ πλατύνας ἀνάτριβε | κουφολίθῳ σμῶν, οὕτω τε κατεργάζου. Καὶ | ἡ τρίπλωσις γίνεται τῷ αὐτῷ τρόπῳ κατα|μεριζομένων τῶν ὁλκῶν, ᾧ πρόκειται. |

8. Ἡ δε ἀνέκλειπτος μᾶζα κατασκευάζεται || πάλιν τῇδε τάξει τῆς διπλώσεως. Ἀφελὼν | γὰρ τῆς μάζης ⟨η′ ἀναχώνευε τοσαύτας | ἀργύρου μιγνὺς καὶ τοῦτο ποιήσας τρὶς κα|τάψυχε καὶ εἰς τὸν κουφόλιθον ἀποτίθει. |

9. Ἀργύρου ποίησις. ||

Ἀγόρασον ἄνθρακας, οἷς οἱ χαλκεῖς χρῶνται, | καὶ ἔμβρεξον αὐτοὺς ὄξει ἡμέραν α′. Μετέ|πειτα λάβε χαλκοῦ ὀγ(κίαν) α′, στῦφε δὲ αὐτὸν τῇ | μάλα στυπτηρίᾳ καὶ οὕτως χώνευε. Εἶτα | λάμβανε ὑδραργύρου ὀγ(κίας) η′, κενώσεις δὲ αὐ||τὸν τὸν ὑδράργυρον εἰς κένωμα μήκωνος. |

45. ταῖς P : τάξις coniecit Lag. || ἤδη P : ἧδε coniecit Lag. || 47. βούλλαν : βούλλα P || ἐπονομάζουσιν : ἐπονομάσουσιν P || Ἰβηρῖται : Ἰβηρεῖτε P || 48. γίνεται : γείνεται P || Ῥωμαῖοι : Ῥωμεοι P || 50. διαπυρώσεις : διαπυροσις P || 57. κατεργάζου : καταργάζου P || 58. τρίπλωσις : τρίπλωσιν P || γίνεται : γένεται P || καταμεριζομένων : κατεμεριζομένων P || 59. ᾧ : ὡς coniecit Lag. || 61. τῇδε : τῆτε P || 63. καί : κα P || 64. τὸν : τὸ P || κουφόλιθον : κουφώλιθον P || ἀποτίθει : ἀποτίθι P || 68. τῇ P : deleuit Lag. || 69. μάλα P : εὖ μάλα coniecit Lag. || 70. κενώσεις : κενωσις P || αὐτὸν : αὐτὸ P || 71. τὸν : τὸ P.

d'une capsule de pavot[1]. Prenez aussi une once d'argent. Unifiez tout cela et fondez. Et quand vous aurez fondu le bloc, mettez-le dans un récipient de cuivre avec de l'urine de jument poulinière et de la limaille de fer, cela pendant trois jours[2]. Enlevez et vous aurez le seul aveuglement[3] naturel imitant la réalité par le mélange des proportions.

10. Blanchiment de la perle.

Rendre blanches les petites perles orangées et comme enfumées[4]. Prenez du miel non falsifié, environ une obole, jetez eau de citerne, deux cyathes, fabriquez de l'hydromel[5] et jetez dans un pot[6]. Concassez de la racine de figuier et jetez-la au fond et pendant la cuisson, quand il se formera des bulles, enlevez du feu, broyez avec le liquide et quand la matière devient vraiment[7] fine remuez, faites un onguent proportionné[8], enduisez les perles et laissez solidifier. Essuyez avec un chiffon de lin propre et vous verrez aussitôt le blanchiment. Si elles ne vous paraissent pas encore tout à fait blanches, enduisez à nouveau. Plus vous enduisez et plus vous polissez, plus elles deviennent bien blanches. Après l'ébullition, ne faites pas bouillir davantage, mais utilisez immédiatement[9].

11. Autre.

Prenez les pinnes[10] ou perles, plongez-les dans du lait de chienne et laissez deux jours et deux nuits sous

1. Lagercrantz traduit « leere... in eine Ausleerung von Mohnsaft », mais on ne voit pas le rôle de cette solution. Le mot κένωμα désigne un vase vide (*P. Oxy.* 1292.4 ; *P. Amh.* 2. 48-8) ῥοιᾶς κένωμα, la coque vide d'une grenade (Asclep., chez Gal. XIII, 302). Il s'agit ici de la capsule vide du pavot. C'est une précaution pour empêcher la volatilisation du mercure à ce stade de la fusion. La capsule fait office de creuset qui se détruit en cours de fusion.

2. Le cuivre est décapé à l'alun et fondu dans les vapeurs de vinaigre (essai pour le blanchir en cours de fusion). Ensuite on fond 1 Cu 8 Hg 1 Ag. Le rôle de l'urine et du fer fait difficulté.

Λάμϐανε δὲ καὶ ἀργύρου ὀγ(κίαν) α′. Ταῦτα εἰς ἓν | ποιήσας χώνευε. Καὶ ὡς ἂν χωνεύσῃς | αὐτὸν τὸν βῶλον, εἰς ἄγγος χαλκοῦν βάλε | μετὰ οὔρου φοράδος καὶ ῥινήματος σιδή||ρου, ταῦτα ἡμέραις γ′. Καὶ ἐξελὼν ἕξεις τὴν | μόνην ἀμαύρωσιν φυσικὴν ἀληθείαν ἐμ|φαίνουσαν τῇ κράσει τῆς συσταθμίας. |

10. Μαργαρίτου λεύκωσις. |

Μαργαριτάρια κιρρὰ ὡς καπνιαῖα λευκὰ || ποιῆσαι. Λαϐὼν μέλι ἄδολον ὃν ὡς ὀϐολὸ(ν) | ἐπίϐαλε ὕδατος λακκαίου κυ(άθους) β′ καὶ ποιήσας | ὑδρόμελι βάλε εἰς πουλταρίδιον καὶ σύ|κου ῥίζαν συγκόψας βάλε κάτω. Γ′ Καὶ ὅταν ||| {καὶ ὅταν} ἑψοῦντος σοῦ καχλάσῃ, ἄρας ἀπὸ||τοῦ πυρὸς λέανον σὺν τῷ ὑγρῷ καὶ ὅταν λεῖ|ον γένηται ἀληθινὸν καὶ κιν⟨ή⟩σας καὶ ποιήσας | ἄποχος σύμμετρον κατάχριε τὰ μαργαριτάρ|ια καὶ ἔα παγῆναι. Καὶ ἀπόμασσε ῥάκει λινῷ | καθαρῷ καὶ εὐθέως σοι δείξει τὴν λευκασίαν. || Ἐὰν δέ σοι δόξῃ μήπω ἔκλευκα γεγονέ[ν]|αι, πάλιν ἐπίχρισον. Ὅσῳ γὰρ ἐπιχρίων ἐκμά|σσεις, ἐκλευκότερα γίνεται. Μηκέτι δέ, ἂν | ζέσῃ, ἐπιζέσῃς, ἀλλὰ ἐκ τοῦ αὐτοῦ χρῶ τούτῳ. |

11. Ἄλλη. ||

Λαϐὼν τὰ πινάρια ἢ τὰ μαργαρ⟨ι⟩τάρια, εἰς γάλα κυ|νὸς χάλα καὶ ἔα ἡμ(έρας) β′ κοὶ νύκτας ἐπιπωμάσας,

74. βῶλον : βόλον P ‖ 76. ἡμέραις : ἡμέρης P ‖ 77. ἀληθείαν : ἀλητίαν P ‖ 78. ἐμφαίνουσαν : ἐμφαίμουσαν P ‖ 81. μέλι : μέλει P ‖ 82. ἐπίϐαλε : ἐπίϐελε P ‖ λακκαίου : λακκέου P ‖ 83. ὑδρόμελι : ὑδρομελει P ‖ πουλταρίδιον : βουλταρίδιον P ‖ 84. ῥίζαν : ῥίζα P ‖ συγκόψας : συνκόψας P ‖ 85. καχλάσῃ : κοχλάσῃ P ‖ 86. κινήσας : κεινήσας P ‖ 88. ἄποχος P : ἀπ᾽ὄνυχος coniecit Lag. ‖ σύμμετρον : σύνμετρον P ‖ 90. εὐθέως : εὐθέος P ‖ δείξει : δίξι P ‖ 96. μαργαριτάρια : μαρκαρτάρια P.

couvercle, puis suspendez-les enfilées par un crin d'âne[1] et regardez si elles deviennent blanches. Sinon, plongez à nouveau jusqu'à ce que ce soit bien[2]. Si vous en oignez un homme, il attrape la lèpre, si grande est sa force[3].

12. Autre.

Cette recette efface aussi les papyrus écrits[4], au point de paraître n'avoir jamais été écrits. Prenez de la mousse de safran et dissolvez dans l'eau. Ensuite, ajoutez à la solution nitreuse une partie de terre quelconque crue, une de terre de Cimole et du lait de vache, en sorte que l'ensemble mélangé devienne visqueux. Mêlez-y du jus de lentisque, enduisez avec une plume et laissez sécher. Ensuite, enlevez la pellicule et vous les trouverez blanches. Si elles sont orangées en profondeur, enduisez à nouveau. Si c'est sur papyrus, enduisez seulement les lettres[5].

13. Autre.

Prenez les perles et faites un premier mordançage à l'urine de garçon vierge, puis enduisez d'alun et séchez le reste du mordant[6]. Puis prenez du mercure et du lait de chienne frais, jetez dans un récipient d'argile, grillez tout ensemble en prenant garde à ce qui se passe. Utilisez du charbon importé[7] et un feu doux[8].

14. Teinture en sardoine.

Diluez de l'orcanette dans l'huile. Ajoutez du sang de pigeon et de la terre de Sinope en poudre et un peu de

1. Il est traditionnel d'enfiler les perles dans un crin d'animal, dur et souple, cf. Alexis Piémontois, p. 791 ; Haudicquer de Blancourt II, 229-230 (soie de porc).

3. La λέπρα est une maladie cutanée qui ne correspond pas exactement à notre lèpre. Cf. D. Brothwell, A. T. Sandison, *Diseases in Antiquity*, Springfield, 1967, p. 244-245. Il y a dans cette précaution un acte de magie imitative.

| καὶ ἔπαιρε αὐτὰ διειρμένα τριχὶ ὀνίᾳ καὶ ἐνα|πόβλεπε, εἰ γέγονε λευκά, εἰ δε μή, ἐπιχάλα, | ἕως καλῶς ἔχῃ τοῦτο. Καὶ ἐὰν ἄν(θρωπ)ον χρίσῃς, λε||προῦται, τοσαύτην ἔχει ἐνέργειαν. |

12. Ἄλλο. |

Αὕτη δὲ καὶ χάρτας γεγραμμένους πάλιν ψᾷ, | ὥστε δοκεῖν μηδέποτε γεγράφθαι. Λαβὼν | ἀφρόνιτρον τῆξον εἰς ὕδωρ. Εἶτα κατὰ τὸ || γεγενῆσαν νίτρωμα προσέμβαλε γῆς ἐμπάσα(ς) | ὠμῆς μέ(ρος) α′ καὶ γῆς κιμωλίας μέ(ρος) α′ καὶ γάλα | βόϊον, ὡς πάντα μιγέντα γενέσθαι γλοιώδη, | καὶ προσμίξας σχίνου χυλοῦ κατάχρισον πτερ|ῷ. Καὶ ἐάσας ξηρανθῆναι, εἶτα ἀπολέπισον, εὑ||ρήσεις λευκά. Ἐὰν δὲ κατὰ βάθους ᾖ κιρρά, πάλιν | ἐπίχριε, ἐὰν δὲ εἰς χάρτην, μόνα τὰ γράμματα | χρῖε.

13. Ἄλλο. |

Λαβὼν τοὺς μαργαρίτας π{ρ}ρόστυψον οὔρῳ ἀφθό|ρου παιδὸς καὶ στυπτηρίᾳ χρῖσον καὶ ξήρανον ἀ||πὸ τοῦ στύμματος. Εἶτα λαβὼν ὑδράργυρον καὶ γάλα | κυνὸς πρόσφατον βαλὼν εἰς ἀγγεῖον ὀστράκινον | ὁμοῦ πάντα κάε ἐπέχων τὸ γινόμενον. Ἄνθρα|ξι δὲ χρῶ ξενικοῖς καὶ μαλακῷ πυρί. |

14. Σαρδίου βαφή. ||

Ἄγχουσαν ἄνες ἐλαίῳ, εἶτα βάλε περιστερᾶς | αἷμα καὶ σινωπίδος χνοῦν καὶ ὄξος βραχύ, | ἵνα μὴ τὸ αἷμα παγῇ,

98. ἔπαιρε : ἔπερε P || ἐναπόβλεπε : ἐναποβαλεπε P || λευκά : λαυκά P || 100. τοῦτο : τουτω P || 104. ὥστε : ὥσδε P || 105. ἀφρόνιτρον : ἀφόννιτρον P || 107. κιμωλίας : κειμωλείας P || 108. γλοιώδη : γλοιωδιε P || 109. κατάχρισον : καιτάχριζον P || πτερῷ : πτεῷ P || 110. ἀπολέπισον P : ἀπολεπίσας coniecit Lag. || 115. ξήρανον : τηρανον P || 118. γινόμενον : γεινόμενον P || ἄνθραξι : ἄνθραξει P || 120. σαρδίου : σαρϛίου P || 121. ἄγχουσαν : ἄνχουσαν P || 122. σινωπίδος : συνωπίδος P || χνοῦν Danielsson : χυνοῦν P || 123. ἵνα : εἵνα P.

vinaigre pour que le sang ne se coagule pas. Plongez la pierre transparente, lutez et mettez 10 jours à la rosée[1]. Si vous la voulez bordée de blanc[2], travaillez la pierre, entortillez de crin de cheval, liez tout autour et jetez dans la drogue[3].

15. Teinture en lapis lazuli.

Le lapis lazuli est d'abord teint par la bile de tortue, puis transvasé dans la soupe[4] de l'améthyste pour le même nombre de jours, etc.[5]

16. Nettoyage du cristal.

Nettoyage du cristal fumé[6]. Mettez dans un panier et plongez dans la chaudière des bains et laissez sept jours. Ensuite, quand il est nettoyé, prenez de la chaux vive, mêlez-la de vinaigre, enfouissez la pierre, laissez mordancer et teignez en ce que vous voulez[7].

17. Fabrication d'émeraude.

Prenez la pierre qu'on appelle *tabashir*, jetez dans l'alun liquide et laissez trois jours. Ensuite, enlevez, jetez dans un vase de cuivre, mettez un couvercle et scellez après y avoir mis du vert-de-gris sans fraude et pur avec du vinaigre piquant. Faites du feu en dessous avec du bois d'olivier[8] pendant vingt heures doucement — plus vous chauffez avec expérience[9], meilleure et plus profonde devient la couleur, mais seulement, comme j'ai dit, à un feu doux. — Refroidissez et enlevez.

1. Matière première : talc (incolore). Teinture par des ingrédients qui sont rouges : orcanette, sang, terre de Sinope. Solvant : l'huile pour l'orcanette. Cf. BN lat. 7161, f° 29 v. *Si sardiniam, pone de sanguine et sanguine dragonis.*

2. περίλευκος peut être adjectif « bordé de blanc ». Mais περιλεύκιος est aussi une pierre de cet aspect, Pline, XXXVII, 180.

3. On protège par du crin les parties de la pierre qui ne doivent pas être en contact avec la teinture.

4. ζωμός signifie proprement « soupe, sauce ». En alchimie, c'est le bain tinctorial (Ps.-Dem. p. 48, l. 4 ; Zosime, p. 169, l. 1-2).

καὶ χάλασον τὸν διοπτερί|την λίθον καὶ περιφιμώσας ἡμ(έρας) ι' θὲς ὑπὸ | δρόσον. Ἐὰν θέλῃς περίλευκον ποιῆσαι, λιθουρ||γήσας γύρωσον τρίχα ἵππου καὶ περίδησον κ(αὶ) | βάλε εἰς τὸ φάρμακον. |||

Δ' **15. Σαπφείρου βαφή.** |

Τὸ δὲ σαπφείριον προβάπτεται χολῇ χελώνης | καὶ μεταβάλλεται εἰς τὸν ζωμὸν τοῦ ἀμεθύ||στου ἐπὶ τὰς αὐτὰς ἡμέρας τὰ λοιπά. |

16. Κρυστάλλου κάθαρσις. |

Καπνιαίας κρυστάλλου κάθαρσις. Ἔμβαλε γυργ|αθὸν καὶ χάλασον εἰς τὸ χαλκίον τῶν βαλανέ|ων καὶ ἔασον ἡμ(έρας) ζ'. Εἶτα ὅταν καθαρθῇ || λαβὼν τίτανον θερμὴν φύρασον ὄξει καὶ | ἐγκρύψας τὸν λίθον ἔασον στυφῆναι καὶ | βάπτε πρὸς ὃ ἂν θέλῃς.

17. Σμαράγδου ποίησ(ις). |

Λαβὼν λίθον τὸν καλούμενον τάβασιν βάλε στυ|πτηρίαν ὑγρὰν καὶ ἄφες ἡμ(έρας) γ'. Εἶτα ἀνελόμ||ενος βάλε εἰς χαλκοῦν χυτρίδιον καὶ πωμά|σας φίμωσον βαλὼν ἰὸν χαλκοῦ ἄδολον κα|θαρὸν μετὰ ὄξους δριμέος καὶ ὑπόκαιε ἐλαΐ|νοις ξύλοις ἐπὶ ὥρας κ' μαλακῶς – ἢ ὅσον πλεῖ(ον) | κάεις ἔμπειρος, κρείσσων καὶ βαθύτερος, μό||νον, ὡς εἶπον, μαλακῷ πυρί – καὶ ψύξας ἆρον. | Ἡ δὲ

124. περιφιμώσας : περιφειμώσας P ‖ 126. γύρωσον : γήρωσον P ‖ 128. σαπφείρου : σαππίρου P ‖ 129. σαπφείριον : σαππιριν P ‖ χελώνης : χελόνης P ‖ 131. τὰ λοιπά : τὰ ληπα P καὶ addidit Lag. ‖ 133. καπνιαίας : καπνέας P ‖ γύργαθον : εἰς γύργαθον coniecit Lag. ‖ 134. τῶν : τον P ‖ 135. εἶτα : εἶταν P ‖ 136. θερμήν : θερμεν P ‖ 137. ἐγκρύψας : ἐνκρύψας P ‖ στυφῆναι : στυφῦναι P ‖ 139. τάβασιν : τάβασι P ‖ ante στυπτηρίαν εἰς addidit Lag. ‖ 140. στυπτηρίαν : στυπτήραν P ‖ 141. πωμάσας : πομάσας P ‖ 142. φίμωσον : φείμωσον P ‖ 143. ὑπόκαιε : ὑπόκαε P ‖ 144. κ' P : ς coniecit Lag. ‖ 145. ἔμπειρος : ενπυρρος P ‖ κρείσσων : κροσσων P ‖ βαθύτερος : βαθήτερος P ‖ 146. μαλακῷ : μαλακο P.

Son effet[1] montre si le résultat est obtenu. Vous verrez en effet se produire une vapeur verte. Laissez refroidir longtemps. Sinon, elle se brise rapidement. Jetez de l'huile dans un récipient de buis, un certain nombre de jours à l'avance[2], afin que l'huile soit débarrassée de sa crasse[3] et que vous puissiez enlever le produit. Jetez la pierre au fond et laissez sept jours sous couvercle. Enlevez et vous aurez une émeraude semblable à la naturelle[4].

18. Fabrication de perles.

Prenez une pierre friable comme est la pierre à miroirs et broyez. Prenez du lait de vache et de la gomme adragante et laissez tremper 10 jours. Quand le produit est mou, transvasez jusqu'à ce qu'il ait la consistance de la boue. Fondez de la cire étrusque, du blanc d'œuf et du mercure — du mercure 2 parties, de la pierre 3 parties, de tous les autres corps chaque fois une partie[5] — mêlez et remuez avec le mercure et la gomme adragante et l'œuf de poule, fondez et mêlez avec tous les liquides et alors faites d'après un modèle la pierre que vous voulez faire[6]. Elle se pétrifie très vite. Faites des moulages[7] profonds et ronds et, quand ils sont humides, percez-les et laissez solidifier. Polissez à nouveau à la dent[8] et ce sera, manipulé comme il faut, supérieur au naturel[9].

19. Teinture en calcédoine.

Traitement du cristal en sorte qu'il ressemble à de la calcédoine. Prenez du cristal fumé, faites de petites pierres bien achevées[10]. Prenez-les et chauffez-les graduellement sous abri[11] et jusqu'a ce qu'elles vous paraissent avoir l'ignition (chauffez dans de la paille

1. La δύναμις est la capacité qu'a ce cément de colorer les vapeurs.

2. πρὸ ἱκανῶν ἡμερῶν signifie « un nombre suffisant de jours avant » cf. Blass. *Neutestamentliche Grammatik*, p. 128.

3. Le sujet de προεξιωθῇ est ἔλαιον. L'ἰός de l'huile est la crasse qui se produit quand on l'expose à l'air.

δύναμις δεικνύει, εἰ γέγονεν. Ὄψῃ γὰρ | ἀτμίδα χλωράν γεγονυῖαν. Ἔα δὲ ψύχεσθ(αι) | ἐπὶ πολλῷ. Εἰ δὲ μή, ῥήσσεται ταχύ. Βάλε οὖν | εἰς πύξινον χυτρίδιον ἔλαιον πρὸ ἱκανῶν || ἡμερῶν, ἵνα προεξιωθῇ καὶ ἄρῃς τὸ γεγονός. | Βάλε κάτω καὶ ἔασον ἡμ(έρας) ζ′ πωμάσας καὶ ἐξελ|ὼν ἕξεις σμάραγδον ὅμοιον τῇ φύσει. |

18. Μαργαριτῶν ποίησις. |

Λαβὼν λίθον εὔθρυπτον, ὅς ἐστιν σπεκλάριον, || τρῖψον καὶ λαβὼν γάλα βοὸς καὶ τραγάκανθαν | βρέχε ἡμ(έρας) ι′. Ὅταν γένηται ἁπαλόν, διάχεον, | ἕως γένηται ὡς γλοιὸς παχύ. Καὶ κηρὸν τυρ|ρηνικὸν τῆξον καὶ ᾠοῦ τὸ λευκὸν καὶ ὑδράργυ|ρον — τῆς μὲν ὑδραργύρου μέ(ρη) β′, τοῦ δὲ λίθου||μέ(ρη) γ′, τῶν δὲ λοιπῶν πάντων ἑκάστου μέ(ρος) α′ — | καὶ μίξας φύρασον μετὰ ὑδραργύρου καὶ τῆς τραγακάν|θης καὶ τοῦ ᾠοῦ τοῦ ὀρνιθίου τῆξον καὶ μεῖξον τοῖς | ὑγροῖς πᾶσιν καὶ τότε τὸν λίθον, ὃν ποιεῖς, ποίει | εἰκάσας. Ἀπολιθοῦται γὰρ ταχύ. Καὶ ποίησον τύ||πους βαθεῖς στρογγύλους καὶ ὑγροὺς ὄντας αὐ|τοὺς τίτρα καὶ ἔα παγῆναι καὶ πλεῖον ὀδόν|τιζε καὶ ἔσται, χειρισθεὶς ὡς δεῖ, ὑπὲρ τὸν | {τὸν} φυσικόν. |||

E′ **19.** Καρχηδονίου βαφή. ||

Σκευὴ κρυστάλλου ὥστε φαίνεσθαι καρχηδόν|ιον. Λαβὼ⟨ν⟩ κρύσταλλον τὴν καπνίζουσαν ποίησον | λιθάρια συντετελεσμένα καὶ ταῦτα λαβὼν πύ|ρωσον ἐκ προσαγωγῆς ἐν τῇ σκοτίᾳ καὶ ἕως ἂν σοι | φαίνηται ἐσχηκένα⟨ι⟩ τὴν

149. πολλῷ : πολλοι P ἐπὶ πολύ coniecit Lag. || 150. ἔλαιον : ἔλεον P || 152. ἔασον : ἐάσων P || πωμάσας : πομάσας P || 154. μαργαριτῶν : μαργαριτον P μαργαρίτου coniecit Lag. || 156. τραγάκανθαν : τραγάκαθαν P || 159. ὑδράργυρον : ὑδράγυρον P || 160. δὲ : τε P || 163. ὀρνιθίου : ὀρνίθου P || 167. πλεῖον : παλιον P || 168. ὡς : ὡ P || 171. φαίνεσθαι : φένεσθαι P || 172. ποίησον : ποισον P || 174. ἕως : ὡς P.

d'orfèvre)[1]. Prenez-les et trempez dans de l'huile de cèdre avec du soufre vierge et laissez-les s'imbiber de la drogue jusqu'au lendemain[2].

20. Fabrication de pierre verte.

Prenez du cristal que l'on appelle fumé, faites un bloc ne pesant pas plus de deux drachmes. Prenez de la malachite de Macédoine et des feuilles d'alkekenge, broyez utilement, dissolvez dans du vinaigre piquant, chauffez à feu doux jusqu'à ce que les pierres[3] deviennent vertes. Qu'elles soient suspendues dans un panier pour que l'on puisse voir en les retirant si le résultat est obtenu[4]. Sinon, plongez à nouveau jusqu'à obtention du résultat[5].

21. Autre.

Vert-de-gris et vinaigre ; vert-de-gris et huile ; vert-de-gris et bile de veau. Produit l'émeraude[6].

22. Teinture en perle.

Mordancez du cristal dans l'urine et l'alun pendant plusieurs jours. Prenez le jus[7] du mouron qui a une fleur bleue, de joubarbe et d'euphorbe et du mercure. Cuisez ensemble à feu doux[8].

23. Fabrication de perle.

Mordancez un morceau de cristal[9] dans de l'urine de garçon vierge et de l'alun rond. Ensuite dans le mercure avec du lait de femme[10].

1. Les orfèvres égyptiens travaillaient l'or au feu de paille. Cf. *Non-ferreux*, t. I, p. 201-202.

2. Les cônes de cèdre s'emploient encore pour donner du beige (N. Goubitz, *Teintures végétales*, Paris, 1976, p. 38). Le soufre dans de l'huile de cèdre doit donner une teinte rougeâtre. La méthode est analogue à la trempe du métal : immersion du cristal chaud dans le bain tinctorial.

7. Le papyrus a χολὴν au lieu de χυλόν, faute par contamination avec toutes les biles qui précèdent. Sur le sens de χυλός, *CAG* p. 363, 12-15.

πύρωσιν. Πύρου δὲ ἐν || ἀχύροις χρυσοχοϊκοῖς. Καὶ ταῦτα λαϐὼν κατάϐαπ|τε εἰς κεδρίαν σὺν θείῳ ἀπύρῳ καὶ ἄφες αὐτὰ | συμπίνειν ἐν τῷ φαρμάκῳ ἕως πρωεί. |

20. Χλωροῦ λίθου ποίησις. |

Λαϐὼν κρύσταλλον τὴν λεγομένην καπνιαίαν || ποίησον ὁλκὴν ἄγουσαν μὴ πλείω 〈β′. Καὶ λαϐὼν | χρυσόκολλαν μακεδονικὴν καὶ ἁλικακάϐων τὰ | φύλλα λειοτρίϐησον χρησίμως καὶ διάχεον ὄξει|{ὄξει} δριμεῖ καὶ ὑπόκαιε μαλακῷ πυρί, ἕως χλωρὰ | γένηται. Ἔστω δὲ καὶ ταῦτα ἐν τῷ γυργαθῷ κρε||μάμενα πρὸς τὸ ἀναιρούμενα θεωρεῖσθαι, εἰ γέγον|εν. Εἰ δὲ μή, πάλιν χάλα, ἕως γένηται. |

21. Ἄλλη. |

Ἰὸς καὶ ὄξος, ἰὸς καὶ ἔλαιον, ἰὸς καὶ χολὴ μόσχου, γίνε|ται σμάραγδος.

22. Μαργαρίτου βαφή. ||

Κρύσταλλον στῦψον ἐν οὔρῳ καὶ στυπτηρίᾳ ἐπὶ | πλεί〈ο〉νας ἡμ(έρας) καὶ λαϐὼν ἀναγαλλίδος χύλον τῆς τὸ κυ|άνεον ἄ(ν)θος ἐχούσης, καὶ ἀειζώου καὶ τιθυμάλλου | ὀπὸν καὶ ὑδράργυρον ὁμοῦ ἐπὶ μαλακοῦ πυρὸς ἕψε. |

23. Μαργαρίτου ποίησις. ||

Ἀπὸ κρυστάλλου στῦφε οὔρῳ παιδὸς ἀφθόρου καὶ | στυπτηρίᾳ στρογγύλῃ, εἶτα ὑδραργύρῳ μετὰ | γυναικίου γάλακτος.

175. πύρωσιν : πύροσιν P || 178. συμπίνειν : συνπίνειν P || 180. καπνιαίαν : καπνην P || 181. ποίησον : ποισον P || 183. λειοτρίϐησον : λειοτρείϐησον P || 184. δριμεῖ : δριμι P || ὑπόκαιε : ὑπόκεε P || 186. κρεμάμενα : κρεμμένα P || θεωρεῖσθαι : θεωρισθαι P || 189. ἔλαιον : ἔλεον P || γίνεται : γείνεται P || 190. μαργαρίτου : μαρκαρίτου P || 192. πλείονας : πλεινας P || χύλον : χολὴν P || 193. ἀειζώου : ἀιζώου P || 198. γάλακτος : γάλλακτος P.

24. Mordançage des pierres.

Mordant pour toute pierre. Alun et natron en quantités égales sont mis à bouillir dans l'eau. Ensuite on mordance les petites pierres. Préchauffez-les au feu brièvement et trempez dans le mordant. Pendant qu'il bout, faites cela un certain temps, de une à trois fois en trempant et en plongeant encore jusqu'à trois fois, pas plus, de peur que la pierre ne se brise[1].

25. Blanchiment d'une perle.

Une perle encrassée[2] se blanchit ainsi : la faire avaler par un poulet, le découper aussitôt et on la trouvera blanchie[3].

26. Mordançage de la céraunie.

Mordançage de la céraunie et cuisson en même temps. Cuisez du grain de Cnide dans du vinaigre avec de la pierre jusqu'à ce que le tiers du liquide soit consumé[4].

27. Rendre les pierres poreuses.

Pour que vous sachiez que la pierre serrée peut recevoir (la couleur) et qu'elle supporte un relâchement, enfouissez-la dans une figue sèche grasse, placez sur des charbons et aussitôt la pierre changera[5].

28. Préservation du cristal.

En sorte que les pierres teintes à partir de cristal ne se brisent pas. Prenez une figue, ouvrez-la, mettez-y la pierre et jetez la figue à charbonner[6].

1. Mordants : natron et alun. Méthode : trempage à chaud.
2. πεπωκώς signifie « qui a bu ». Lagercrantz p. 172 supplée un complément d'objet direct πίνος ou ῥύπος. En fait, le mot πίνος signifie la crasse ou la patine. Par analogie πίνος-πίνω, πεπωκώς = πεπινωμένος « encrassé ». Cfr. M. Stephanides, *Notes sur les textes chymeutiques*, *REG* 35 (1922), p. 310.
4. Mordant : vinaigre et thymélée. Colorant : thymélée ?

24. Στῦψις λίθων. |

Παντὸς λίθου στῦμμα. Στυπτηρία καὶ νίτρον | ἴσον ἴσῳ ζέννυται ὕδατι. Εἶτα στύφεται τὰ λιθά||ρια. Προθερμαίνων δὲ πρὸς πῦρ βραχέως βάπτε | εἰς τὸ στῦμμα. Ζέοντος αὐτοῦ ὅσον χρόνον καθά|παξ ἕως τρὶς τοῦτο ποίει, βάπτων αὐτὰ καὶ πάλιν | χαλῶν ἕως τρίς, μὴ ἐπὶ πλεῖον, μὴ ῥαγῇ τὸ λιθάριον. |

25. Μαργαρίτου λεύκωσις. ||

Μαργαρίτης ὁ πεπωκὼς οὕτως λευκαίνεται· δί[δου]||ὀρνιθίῳ καταπιεῖν αὐτὸν καὶ εὐθέως ἀνάσχισον | καὶ εὑρήσεις γεγονότα λευκόν. |

26. Κεραυνίου στῦψις. |

Κεραυνίου στῦψις ἡ αὐτὴ ἕψησις. Κόκκον κνίδιον || μετ' ὄξους ἕψε{ς} σὺν τῷ λίθῳ, ἕως ἀπὸ τοῦ ὑγροῦ τὸ | τρίτον ληφθῇ.

27. 'Αραίωσις λίθων. |

Ἵνα γνῷς, ὅτι δεκτικά ἐστιν καὶ ὅτι ἀραίωσιν | ἔχει ὁ πυκνὸς λίθος. Ἐγκρύψας εἰς ἰσχάδα λι|παρὰν ἐπίθες ἐπ' ἀνθράκων καὶ εὐθέως μετα||βαλεῖ ὁ λίθος. |||

ϛ' **28.** Κρυστάλλου τήρησις. |

Ὥστε τὰ βαπτόμενα λιθάρια ἐκ τῆς κρυστάλλου | μὴ ῥήσσεσθαι. Λαβὼν ἰσχάδα διανοίξας ἔνθες | τὸν λίθον καὶ βάλε τὴν ἰσχάδα εἰς ἀνθρακίζειν. ||

198. λίθων : λίθον P || 201. προθερμαίνων : προθερμενον P || 205. λεύκωσις : λευκωσης P || 206. λευκαίνεται : λευκηναιται P || 210. κόκκον : κόκον P || 212. ἀραίωσις : ἀρέωσις P || 213. ἀραίωσιν : ἀρέωσιν P || 214. ἐγκρύψας : ἐνκρύψας P || 218. κρυστάλλου : κρυστάλου P || 220. ἀνθρακίζειν : ἀνθρακίζει P τὸ ἀνθρακίζειν coniecit Lag.

29. Mordançage des pierres.

Faites macérer 30 jours les pierres dans de l'urine fermentée[1] avec de l'alun. Ensuite enlevez et enfouissez dans une figue ou une datte grasse. Que cela soit fabriqué sur des charbons et soufflez au soufflet[2], en sorte que (le fruit) brûle et charbonne. Alors prenez-le avec la pincette, pas à la main, plongez-le tout chaud dans le bain et laissez refroidir[3]. Faites à partir de deux drachmes[4], pas plus, les petites pierres autant que vous voulez. Que le bain soit comme de la boue.

30. Teinture en émeraude.

Teindre le cristal en émeraude. Prenez un récipient d'argile et de l'alun rond, délayez dans l'eau et mettez de côté. Prenez de la cire transparente en poids égal à celui du cristal — on ne peut transformer un poids supérieur à deux drachmes — fondez et mettez de côté dans un récipient. Prenez le cristal et mettez-le dans l'alun un jour et une nuit. Ainsi, il prendra une couleur bleutée. Ensuite, retirez-le et enrobez-le de cire. Ensuite, enlevez le cristal de la cire et placez-le dans la malachite. Ayez à votre disposition une once de malachite broyée. Cuisez le cristal dans un cruchon de 6 cotyles d'huile pendant 6 heures, puis mettez-le dans la malachite un jour et une nuit. Le lendemain, enlevez[5].

1. Sur la fermentation ταριχεία, Olympiodore, p. 70 B.
2. φυσητήρ est soit le soufflet, soit le chalumeau de l'orfèvre.
3. Mordançage : alun-urine. Préservation du cristal : par des matières organiques (cf. 28). Nouveau mordançage par trempe à chaud.
4. Cf. 20 et 30. On ne traite jamais plus de deux drachmes à la fois.
5. Mordançage à l'alun (cf. 55). Le cristal est alors enduit d'une couche de cire qui le préserve (cf. 28 et *Leid.* 22) et sert de premier liant. Il est ensuite trempé dans le colorant vert, malachite (cf. 20), puis cuit à l'huile (pour faire pénétrer, cf. 17). On comprend mal qu'on le replonge ensuite dans la malachite. Proche de BN lat. 7161 f 29 v.

29. Λίθων στῦψις. |

Οὖρον ταριχηρὸν καὶ στυπτηρίαν ταρίχευε | σὺν τοῖς λιθαρίοις ἡμ(έρας) λ′. Εἶτα ἄρας ἔγκρυβε | ἰσχάδα ἢ φ⟨οί⟩νικας λιπαρούς. Εἰργασμένα καὶ | ταῦτα ἔστω ἐπ᾽ἀνθράκων καὶ | φύσα φυση||τῆρι, ἕως κάῃ καὶ γένηται ἄνθραξ. Καὶ τότε | λαβιδίῳ ἐπιλαβόμενος, μὴ τῇ χειρί, θερμ|ὸν εὐθέως βάλε εἰς τὸ βάμμα καὶ ἄφες ἐναπ|οψυγῆναι. Ποίει δὲ ἀπὸ ⟨β′, μὴ πλείω, | τὰ λιθάρι(α) ὅσα βούλε[ι]. Ἔστω δὲ τὸ βάμμα ὡς γλοιός. ||

30. Σμαράγδου βαφή. |

Σμάραγδον βάψαι τὸν κρύσταλλον. Λαβὼν | ἀγγεῖον ὀστράκινον καὶ στυπτηρίαν στρο|γγύλην εἰς ὕδωρ φυράσας ἀπόθου. Λαβὼν | δὲ κηρὸν διαυγῆ ἰσόσταθμον τῷ κρυστά||λλῳ – οὐ πλέον δὲ δύναται ἀλλοιωθῆναι ὁλ|κῆς ⟨β′ – τῆξον καὶ εἰς ἀγγεῖον ἀπόθου. Λα|βὼν δὲ τὸν κρύσταλλον ἔνθες εἰς τὴν στυπ|τηρίαν ἡμ(έραν) καὶ νύκτα. Οὕτως γὰρ ἀεροειδὴς | φανεῖται. Εἶτα ἐξελὼν περίπλασον τῷ κηρῷ. || Εἶτ᾽ ἀνελόμενος τὸν κρύσταλλον ἐκ τοῦ κη|ροῦ ἐντίθει εἰς χρυσόκολλαν. Ἔστω « δέ » σοι τετρι|μμένη ἡ χρυσόκολλα ὀγ(κία) α′. Καὶ ἕψε τὸν κρύσ|ταλλον εἰς χυτρίσκην ἐλαίου κο(τύλας) ϛ′ ἐπὶ ὥρ(ας) ϛ′. | Εἶτα ἐντίθει εἰς τὴν χρυσόκολλαν ἡμ(έραν) καὶ νύ||κτα. Τῇ ἐχομένῃ ἐξαίρει.

223. ἔγκρυβε : ἔνκρυβε P || 224. ἰσχάδα P : εἰς ἰσχάδας coniecit Lag. || εἰργασμένα : ἠργασμένα P Lag. || 229. πλείω : πλίω P || 230. γλοιός : γαλοιος P || 233. ἀγγεῖον : ἀγγῖον P || στυπτηρίαν : στυπτυρίαν P || 235. κρυστάλλῳ : κρυσταλλοίῳ P || 236. ἀλλοιωθῆναι : ἀλλοιωθοῖναι P || 238. στυπτηρίαν : στυπτυρίαν P || 242. χρυσόκολλαν : χρυσόκομα P || 243. χρυσόκολλα : χρησόκολλα P || 244. εἰς : εἰ P || χυτρίσκην : χυτρίσκιν P || βαλών post χυτρ. addidit Lag. || 246. ἐξαίρει : ἐξερει P.

31. Cuisson des pierres[1].

Prenez du cristal travaillé dans la forme que vous voulez. Si vous voulez faire de la calcédoine, mettez dans la kerotakis[2] de la résine de térébinthe et un peu d'orcanette finement pulvérisée, agitez jusqu'à ce que le bain monte et alors suspendez[3] la pierre[4].

32. Fabrication d'émeraude.

Vert-de-gris non falsifié, malachite, bile de tortue, de taureau 2 parties, cristal fumé[5].

33. Conservation du cristal.

Pour qu'il ne se casse ni ne se brise. Prenez le blanc d'un œuf d'oie, mêlez-le de coupholithe, donnez la consistance de la boue, enduisez, mettez dans une toile, enveloppez, laissez trois jours au soleil et à la rosée[6] et, après les trois jours, détachez la pierre et travaillez[7].

34. Fabrication d'émeraude.

Cuivre brûlé, une partie ; vert-de-gris, 2 parties ; miel pontique, une quantité suffisante. Cuisez une heure[8].

35. Autre.

Prenez du cristal indien, celui qui est irisé, façonnez-le en gemmes comme vous voulez et polissez-le. Ensuite, prenez de l'alun lamelleux et de l'ail[9] en poids égal, broyez avec du vinaigre très piquant, jusqu'à ce qu'il ait la consistance de la glu. Mettez-y les gemmes et laissez trois jours. Ensuite versez du vinaigre sur cette drogue, en sorte qu'elle devienne liquide, transvasez-la dans une cruche étrangère[10] et suspendez les pierres

1. Le titre est collectif. La recette donne un cas (la calcédoine), mais le procédé vaut pour toutes les pierres. Il suffit de changer l'agent colorant.

3. ἐπιθεωρέει « regardez » n'a pas beaucoup de sens. En revanche, si on conjecturait ἐπαιωρέει « suspendez au-dessus », on pourrait comprendre ce qui manque à la recette, la place de la pierre dans la kérotakis.

31. Λίθων ἕψησις. |

Λαβὼν κρύσταλλον εἰργασμένον πρὸς ὃ θέλεις, | ἐὰν βούλῃ καρχηδόνιον ποιῆσαι, ἐμβαλὼν | εἰς κηροτακίδα ῥητίνην τερεβινθίνην, ἀγχού|σης λείας μικρὸν κίνει, ὡς ἀναβῇ τὸ βάμμα, καὶ || τότε ἐπαιώρει τὸν λίθον. |

32. Σμαράγδου ποίησις. |

Ἰὸς ἄδολος, χρυσόκολλα, χελώνης χολῆς, ταυρίας | μέ(ρη) β′, κρύσταλλος ἡ καπνίζουσα. |

33. Κρυστάλλου τήρησις. ||

Ὅπως μὴ κατάσσηται ἢ ῥαγῇ. Λαβὼν χηνίου | ᾠοῦ τὸ λευκὸν ἀνάμειξον κουφολίθῳ καὶ ποιή|σας γλοιοῦ πάχος κατάχρισον καὶ βαλὼν εἰς ὀθό|νιον δήσας ἄφες ἡμ(έρας) γ′
Z′ εἰς δρόσον καὶ ἥλιον. ||| Μετὰ δὲ τὰς γ′ λῦσον τὸν λίθον καὶ κατεργάζου. ||

34. Σμαράγδου ποίησις. |

Χαλκοῦ κεκαυμένου μέ(ρος) α′, ἰοῦ μέ(ρη) β′, μέλιτος πον|τικοῦ τὸ ἱκανὸν ἕψε ὥρ(αν) α′. |

35. Ἄλλη. |

Λαβὼν κρύσταλλον ἰνδικὴν τὴν ἰρίζου||σαν τέλεσον πρὸς ἃ θέλεις λιθάρια καὶ λέαν|ον. Εἶτα λαβὼν στυπτηρίαν σχιστὴν καὶ | σκόροδα ἰσόσταθμα λέανον μετ᾽ ὄξους δρι|μυτάτου, ἕως γλοιοῦ πάχος σχῇ, καὶ ἔνθες τὰ | λιθάρια καὶ ἔασον ἡμ(έρας) γ′. Μετὰ δὲ ταῦτα ἐπί||χεε τῷ φαρμάκῳ ὄξος, ὥστε αὐτὸ ὑγρὸν | γενέσθαι, καὶ μεταβαλὼν αὐτὸ εἰς χύτραν | ξενικὴν κρέμασον τὰ λιθάρια

248. καρχηδόνιον : χαρχηδόνιον P || 249. ἀγχούσης : ἀνχούσης P || 250. λείας : λίας P || κίνει : κείνει P || 251. ἐπαιώρει ego : ἐπιθεωρ{ε}ει P || 252. σμαράγδου : σμαραγαδου P || 259. ἥλιον : ἧλιν P || 260. μετὰ : μητὰ P || 268. σκόροδα : σκορδα P.

dans un panier sans qu'elles touchent le fond et cuisez à charbon doux. Que la cruche soit fermée et lutée de graisse. Quant à vous, soufflez au soufflet pour que le feu ne s'éteigne pas. Chauffez deux heures. Puis prenez de la malachite de Macédoine et du vert-de-gris en quantité égale et 1/2 partie de bile de veau. Broyez bien. Puis versez, au jugé, de l'huile d'olives vertes. Ensuite, prenez de la cire, enrobez-en les gemmes et laissez avec l'huile seule ou en jetant du ricin dans la cruche. Suspendez de nouveau les petites pierres dans le panier et chauffez six heures. Suspendez encore les petites pierres avec du crin de cheval et laissez séjourner une nuit dans la drogue. Enlevez et vous trouverez[1].

36. Amollissement du cristal.
Amollir le cristal. Prenez du sang de bouc, chauffez préalablement le cristal à feu doux et trempez, jusqu'à ce qu'il vous plaise[2].

37. Polissage de l'émeraude.

Enfouissez l'émeraude rugueuse dans la cire pendant 14 jours et après ce temps broyez de l'ail et faites-en un pâté. Retirez la pierre de la cire et enfouissez-la dans la pâte d'ail pendant 7 jours[3]. Prenez des poireaux, exprimez-en le jus, mêlez au jus des poireaux une quantité égale d'huile, mettez dans un cruchon neuf avec les pierres et cuisez trois jours, jusqu'à ce qu'ils

1. La suite des opérations est malaisée à reconstituer. On prend comme base un cristal bien réfringent, on le mordance à l'alun-vinaigre (mêlé d'ail qui protège le cristal comme les matières décrites plus haut). Le mordançage se fait de deux manières. D'abord par macération à froid, puis par cuisson. Les pierres sont retirées puis recouvertes de cire, couche protectrice (cf. § 30). Ensuite, elles sont placées dans un bain tinctorial comprenant des sels de cuivre verts, malachite (cf. § 20, 30) vert-de-gris (§ 17, 20, 21), de la bile (cf. § 21) et de l'huile (cf. § 17, 30) comme solvants. On laisse dans l'huile une durée indéterminée. Puis on remet dans le panier, c'est-à-dire dans le mordant, et on cuit à nouveau. On retire et on laisse dans la drogue, c'est-à-dire dans la teinture. Si l'on n'admet pas la distinction des deux bains, l'un de mordant, l'autre de teinture, la recette n'a pas de sens.

ἐν γυργαθείῳ | μὴ ἁπτόμενα τοῦ πυθμένος καὶ ἕψε μάλα{α}|κοῖς ἄνθραξι. Πεπωμάσθω δὲ τὸ χυτρίδιον || καὶ περιπεπλάσθω ⟦δὲ τὸ χυτρίδιον καὶ⟧ | στέατι. Σὺ δὲ φύσα φυσητῆρι πρὸς τὸ μὴ σϐε|σθῆναι τὸ φῶς. Καῖε δὲ ἐφ' ὥρας β'. Εἶτα λαϐὼ(ν) | χρυσόκολλαν μακεδονικὴν καὶ ἰὸν ἐξ ἴσης | καὶ χολῆς μοσχείας μέρος ⟨ – λέανον εὖ μά||λα. Εἶτα ἐπίχεον ἔλαιον ὀμφάκινο{ο}ν πρὸς ὀφθαλμόν. Εἶτα λαβὼν κηρὸν περίπλασον | τὰ λιθάρια καὶ ἔασον σὺν ἐλαίῳ κατὰ μόνας ἢ | κῖκι βαλὼν εἰς χυτρίδιον. Τὰ δὲ λιθάρ⟨ι⟩α πάλιν | ἀποκρεμάσθω ἐν γυργαθείῳ καὶ καῖε ἐπὶ ὥρ(ας) ς', || κρεμ⟨ά⟩σθω δὲ πάλιν τὰ λιθάρια ἱππίᾳ τριχὶ καὶ | ἄφες ἐν τῷ φαρμάκῳ διανυκτερεῦσαι καὶ | ἐξελὼν εὑρήσεις.

36. Κρυστάλλου μάλαξις. |

Κρύσταλλον μαλακῦναι. Λαϐὼν τράγιον | αἷμα προπύρου τὴν κρύσταλλον μαλακῷ || πυρὶ καὶ κατάϐαπτε, μέχρι ἀρέσῃ σοι. |

37. Σμαράγδου λείωσις. |

Σμάραγδον τὸν τραχὺν ἔγκρυψον εἰς κηρὸν | ἐπὶ ἡμ(έρας) ιδ' καὶ μετὰ τὰς ἡμέρας σκόροδον τρί|ψας ποί«η»σον μᾶζαν. Καὶ ἐξελὼν τὸν λίθον || ἐκ τοῦ κηροῦ ἔγκρυψον εἰς τὴν μᾶζαν τῶν σκορό|δων ἐπὶ ἡμ(έρας) «ζ'». Καὶ λαϐὼν πράσα χύλισον καὶ μεῖξον | τῷ χυλῷ τῶν πράσων τὸ ἴσον ἐλαίου καὶ βαλὼν εἰς | χυτρίδιον καινὸν συνεμϐαλὼν τοὺς λίθους | ἕψε ἡμ(έρας) γ', ἕως

273. γυργαθείῳ : γυργαθέῳ P || 278. καῖε : κάε P || 281. ἔλαιον : ἔλεον P || 283. ἐλαίῳ : ἐλέῳ P || 284. κῖκι : κεῖκι P || χυτρίδιον : κυτρίδιον P || 285. καῖε : καε P || 288. κρυστάλλου P : κρηστάλλου Lag. || 292. λείωσις : λιώσας P || 293. τραχὺν : τραχὴν P || ἔγκρυψον : ἔνκρυψον P || 294. σκόροδον : σκόρδον P || 296. ἔγκρυψον : ἔνκρυψον P || σκορόδων : σκόρτων P || 297. πράσα : πρόσα P || 298. ἐλαίου : ἐλέου P || 299. καινὸν ego : κενὸν P.

vous deviennent plaisants. Que les pierres soient dans un panier pour ne pas toucher le fond de la cruche[1].

38. Mordançage universel.

Pour toute pierre mordancée, relâchement, agglutination et mordançage : la plante héliotrope, celle qui a de petites boules. Car sans cette plante qu'ils absorbent, ni le cristal, ni le tabashir importé d'Égypte[2] ne se relâchent. Utilisez donc le suc de cette plante pour les mordançages préliminaires et ainsi vous parviendrez[3].

39. Fabrication du béryl.

Prenez la pierre de cristal[4], liez-la par un crin et suspendez-la dans une jarre d'urine d'ânesse sans qu'elle touche l'urine. Que la jarre soit scellée pendant trois jours. Après quoi, mettez la jarre sur un feu doux et vous trouverez un excellent béryl[5].

40. Mordançage propre du cristal[6].

Soufre, chaux, alun, dissolvez dans du vinaigre. Faites cela trois ou quatre fois, laissez imbiber trois ou quatre jours[7] et alors procédez aux opérations suivantes[8].

41. Bain préliminaire.

Trempez d'abord les pierres dans ceci : sel, une partie, eau, 1/10. Y tremper d'abord les pierres. Séchez et chauffez sur le gueulard du four. Ensuite teignez comme vous voulez[9].

1. Proche de Alch. Syr., p. 281, § 27 « Comment se fait l'émeraude. — Faire tremper la pierre pendant trois jours dans de l'alun, du ... (mot écrit ασκριρν), du sel et de l'urine ; addition de biles ; on la trempe aussi pendant sept jours dans du jus de poireau. »

4. La précision de λίθον dans ce passage n'implique nullement que les autres occurrences de κρύσταλλος seul dans le texte aient le sens de « verre » (Lagercrantz, p. 181).

6. Par opposition au mordançage universel du § 38, qui vaut aussi pour le tabashir.

σοι εὐάρεστοι γένωνται. Ἔστω||σαν δὲ οἱ λίθοι ἐν γυργαθίῳ, ἵνα μὴ ἅπτων|ται τοῦ πυθμένος τῆς χύτρας. |||

Η′ **38.** Πρόστυψις καθολική. |

Ἐπὶ παντὸς λίθου {παντὸς λίθου} στυφομένου | ἀραίωσις καὶ βώλωσις καὶ στῦψις βοτάνη ἡλ||ιοτρόπιος ἡ τὰ σφαιρία ἔχουσα. Ἄτερ γὰρ ταύ|της τῆς βοτάνης, ὃ πίνουσιν, οὐ γὰρ ἀραιοῦται | {χωρὶς ταύτης τῆς βοτάνης} οὔτε κρύσταλλος | οὔτε ὁ λεγόμενος τάϐασις ἐκ τῆς Αἰγύπτου | καταφερόμενος. Χρῶ οὖν τῷ χυλῷ τῆς βοτά||νης εἰς τὰς προστύψεις καὶ οὕτως ἐπιτεύξῃ. |

39. Βηρύλλου ποίησις. |

Λαϐὼν κρύσταλλον τὸν λίθον εἶρον τριχὶ καὶ κρ|ίμνα εἰς σταμνίον οὔρου ὄνου θηλείας μὴ ἁπτό|μενον τοῦ οὔρου. Ἔστω δὲ πεφιμωμένον ἐπὶ||ἡ(μέρας) γ′. Μεθ' ἃς ἐπιτίθει τὸ σταμνίον ἐπὶ πυρὸς | χλιεροῦ καὶ εὑρήσεις βήρυλλον ἄρ⟨ι⟩στον. |

40. Κρυστάλλου ἰδία στῦψις. |

Θεῖον, ἄσϐεστον, στυπτηρίαν ἄνες εἰς ὄξος. | Τοῦτο ποίει τρὶς ἢ τετράκις καὶ ἄφες συμ||πίνειν ἐπὶ ἡμ(έρας) γ′ ἢ δ′ καὶ τότε χρῶ τοῖς ἑπομένοις. |

41. Προϐαφή. |

Πρόϐαπτε τοὺς λίθους ἐν τούτῳ. Ἁλὸς μέ(ρος) α′, | ὕδατος δέκατον. Τούτοις προϐάπτειν τοὺς | λίθους. Ξηράνας δὲ θέρμαινε ἐπὶ τὸ στόμα τῆς || καμίνου. Εἶτα βάπτε, οἵους θέλεις. |

303. καθολική : καθολικῆς P || 305. βώλωσις : βόλωσις P || 307. οὐ γάρ P : deleuit Lag. || 309. τάϐασις P : τοπάζιος coniecit Lag. || 311. προστύψεις : προστύψις P || οὕτως : οὗτος P || 314. εἰς : εἰ P || 315. πεφιμωμένον : πεπειμωμένον P || 317. εὑρήσεις : εὕρης P || 320. συμπίνειν : συνπίνειν P || 325. θέρμαινε : θέρμενε P || 326. καμίνου : καμείνου P.

42. Fabrication d'émeraude.

Cuivre brûlé, 1 partie ; vert-de-gris, 2 parties, délayez dans du miel, placez sur la cendre chaude, faites bouillir et mettez le cristal[1].

43. Autre.

Malachite, 1/2 drachme ; bleu d'Arménie, même quantité ; urine de garçon vierge, 1/2 cotyle ; bile de taureau, la partie liquide, 2/3 ; mêlez et jetez les pierres pesant chacune 1/12 de drachme. Couvrez le cruchon, lutez le couvercle, chauffez sur du bois dur d'olivier à feu vif pendant 6 heures. Quand se produit ce signe, que le couvercle devient vert[2], ne chauffez plus mais refroidissez, enlevez et vous trouverez le résultat. La pierre est le cristal[3]. Cuite dans le ricin, elle devient noire[4].

44. Teinture en améthyste.

Mordancez d'abord la pierre dans trois fois son poids d'alun. Cuisez trois fois jusqu'à ébullition et laissez refroidir. Prenez du crimnos, macérez dans du vinaigre et cuisez avec les pierres jusqu'à ce qu'elles vous plaisent[5].

45. Teinture en chrysolithe.

Chauffez du cristal et trempez dans la poix liquide et l'huile de cèdre et ce sera de la chrysolithe[6].

3. Matériau : cristal. Le même bain contient le mordant (urine), les matières tinctoriales (malachite, cf. §§ 20, 30, 32, 35 et bleu d'Arménie, carbonates de cuivre) et le solvant (bile cf. §§ 21, 32, 35). Méthode : cuisson. Identique à 88, sauf pour le poids des pierres. Identique à *CAG*, p. 362, l. 24-27 χρυσοκόλλας ἀρμενιακῆς ἐξίου οὔρῳ ἀφθόρου παιδὸς ἡμέρας β′ κοτύλη χολῆς ταυρίας μέρη β′ ἔμβαλε εἰς χυτρίδιον καὶ περιπηλώσας ἕψε ἐλαΐνοις ξύλοις ἐλαφρῷ πυρὶ ἐπὶ ὥρας ἕξ. οἱ δὲ λίθοι ἔστωσαν ἀπὸ κρυστάλλου. Le parallèle de *Holm.* permet de corriger ἀρμενιακῆς en ἀρμενίου, matière distincte de la malachite, ἐξίου en ἐξ ἴσου, ἡμέρας β′ en ἥμισυ.

42. Σμαράγδου ποίησις. |

Χαλκοῦ κεκαυμένου μέ(ρος) α', ἰοῦ μέ(ρη) β' φύρασον | μετὰ μέλιτος καὶ ἐπίθες ἐπὶ τὴν τέφρα(ν), | ζέσον καὶ βάλε τὴν κρύσταλλον. ||

43. Ἄλλη. |

Χρυσοκόλλης ὁλκῆς ἥμισυ, ἀρμενίου τὸ αὐτὸ, οὔ|ρου ἀφθόρου παιδὸς κοτύλης ἥμισυ, χολῆς ταυ|ρίας τοῦ ὑγροῦ δίμοιρον μείξας βάλε τοὺς λίθους | ἄγοντας ἀνὰ δωδέκατον ὁλκῆς. Καὶ πωμάσας || τὸ χυτρίδιον περιπήλωσον τὸ πῶμα καὶ καῖε | ἐλαΐνοις ξύλοις στερεοῖς ἐλαφρῷ τῷ πυρὶ ἐπὶ | {ἐπὶ} ὥρ(ας) ς'. Ἐὰν δὲ γένηται σημεῖον τοιοῦτον, | τὸ πῶμα χλωρόν, μηκέτι καῖε ἀλλὰ καταψύ|ξας ἆρον καὶ εὑρήσεις γεγονότα. Ἔστι δὲ ὁ λίθος || κρύσταλλο[ς]. [Ἑ]ψομένη ἐν κίκει μέλαινα γίνεται. |

44. Ἀμεθύστου βαφή. |

Πρόστυψον τριπλῇ τῇ στυπτηρίᾳ τοῦ λίθου καὶ {ἕ} | ἕψε, ἕως ζέσῃ τρίς, καὶ ἄφες ἀποψυγῆναι. Καὶ λαϐὼ(ν) | κριμνὸν ἀπόϐρεξον μετ' ὄξους καὶ ἕψε λαϐὼν || τοὺς λίθους, ἕως ἀρέσῃ σοι. |||

θ' **45**. Χρυσολίθου βαφή. |

Κρύσταλλον πυρώσας κατάϐαψον εἰς πίσ|σαν ὑγρὰν καὶ κεδρίαν καὶ ἔσται χρυσόλιθος. |

328. ἰοῦ : εἰοῦ P || 329. μέλιτος : μέλειτος P || 332. ἀρμενίου : ἀρμενου P || 334. δίμοιρον : δείμοιρον P || 336. καῖε : κεε P || 339. τὸ : τρω P || καῖε : κεε P || καταψύξας : κατατύζας P || 341. κίκει : κείκει P || μέλαινα : μέλενα P || γίνεται : γείνεσται P || 343. στυπτηρίᾳ : στυπτυρίᾳ P || 345. κριμνὸν : κριμμὸν P || 348. κατάϐαψον : καιτάϐαψον P || 349. ἔσται : ἔστε P.

46. Teinture en lychnis.

Après avoir préalablement mordancé comme indiqué ci-dessus[1], prenez du fucus et de l'orcanette et du vinaigre, mettez jusqu'à ce que cela vous plaise[2].

47. Teinture en béryl[3].

Mêlez du noir indien avec de la résine et alors chauffez-y le cristal, et il sera valable si vous laissez[4] refroidir[5].

48. Autre.

Dissolvez de la bile de tortue avec du lait de jument poulinière, du cuivre et du vinaigre piquant et ce sera du béryl, au point de tromper même les artisans[6].

49. Teinture en jaspe.

Chauffez la pierre. Puis mordancez à l'alun avec du vinaigre et mettez dans le vert-de-gris, la bile de veau[7].

50. Teinture en céraunie.

Faites bouillir de la poix liquide et de l'orcanette, jetez-y la pierre et ce sera de la céraunie. Ou bien dans le jus des mûres ou dans le kermès broyé avec du vinaigre ou dans le bleu d'Arménie avec la bile de veau[8].

51. Mordançage du cristal.

Pour le mettre à teindre. Chaux, une partie ; soufre vierge, une partie ; broyez, ajoutez du vinaigre et mettez les pierres[9]. Dans le tome troisième, on dit ceci : les excréments humains sont ce que l'on appelle ail[10].

1. Renvoie peut-être au § 44, peut-être aussi à 38 et 40.
2. Colorants : le fucus et l'orcanette donnent la couleur rouge (cf. introduction). Solvant : vinaigre. Méthode : macération.
3. Cf. § 39.
4. ἐῶν se rapporte au sujet de πύρου, non à celui de ἔσται.
5. Colorant : indigo. Solvant : résine. Méthode : cuisson.
6. Colorant : acétate de cuivre produit par la réaction du vinaigre sur le cuivre. Liant : lait et bile. On obtient une teinture verte. La recette est incomplète, car le mode d'application n'est pas indiqué.

46. Λυχνίδος βαφή. ||

Προστύψας, ὡς πρόκειται, λαβὼν φῦκος | καὶ ἄγχουσαν καὶ ὄξος κατάθες, ἕως ἀρέσῃ. |

47. Βηρύλλου βαφή. |

Μέλαν ἰνδικὸν πρόσμισγε ῥητίνῃ καὶ | τότε πύρου τὴν κρύσταλλον καὶ ἔσται δό||κιμος, ἐῶν ψύγεσθαι.

48. Ἄλλη. |

Ἄνες χελώνης χολὴν μετὰ γάλακτος φορ[ά]|δος καὶ χαλκοῦ καὶ ὄξους δριμέος καὶ ἔσται | βήρυλλ« ος », ὡς καὶ τοὺς τεχνίτας λανθάνειν. |

49. Ἰάσπιδος βαφή. |

Πύρου τὸν λίθον, εἶτα ἀπόσ||τυφε στυπτηρίᾳ μετ' ὄξους καὶ βάλε εἰς ἰόν, | μοσχίαν χολήν.

50. Κεραυνίου βαφή. |

Πίσσαν ὑγρὰν καὶ ἄγχουσαν ζέσας βάλε | τὸν λίθον καὶ ἔσται κεραύνιον, ἢ εἰς μόρων | χύλον ἢ εἰς κόκκον τετριμμένον μετ' ὄξους || ἢ εἰς ἀρμένιον μετὰ χολῆς μοσχίας. |

51. Κρυστάλλου στῦψις. |

Πρὸ τοῦ βάλλειν αὐτὸν βάπτεσθαι. Ἀσβέσ|του μέ(ρος) α', θείου ἀπύρου μέ(ρος) α' τρίψας πρόσ|μειξον ὄξος καὶ θὲς τοὺς λίθους. Καὶ ἐν τῷ γ' || τόμῳ οὕτως· ἡ ἀνθρωπίνη κόπρος ἐστὶν | τὸ λεγόμενον σκόρδον. |

352. ἄγχουσαν : ἄνχουσαν P || ἀρέσῃ Danielsson : ἀρης P || 357. γάλακτος : γάλατος P || 358. δριμέος : δριμέου P || 359. λανθάνειν : λανθάνιν P || 362. μοσχίαν : μόσχιον P μοσχίου coniecit Lag. || 363. ἄγχουσαν : ἄνχουσαν P || βάλε : βαλη P || 366. μοσχίας : μοσχείς P || 368. πρὸ : πρὸς P || 370. θὲς : θει P || 371. ἀνθρωπίνη : ἀνθραπίνη P.

52. Fabrication de céraunie.

Donnez en quantité égale soufre, vinaigre et bile de veau. Il devient valable et de première qualité[1].

53. Mordançage et relâchement des pierres.

Broyez de l'alun, dissolvez soigneusement dans du vinaigre, mettez les pierres, donnez une ébullition et laissez passer la nuit. Le lendemain, lavez à grande eau et teignez comme vous voulez[2], en vous conformant aux textes[3].

54. Autre.

Mettez[4] les pierres dans un plat[5], recouvrez d'un autre plat, lutez[6], mettez à cuire pour une brève cuisson[7]. Ensuite, enlevez le couvercle un court moment, versez du vinaigre et de l'alun et alors teignez dans la couleur que vous voulez[8].

55. Mordançage du cristal.

Le cristal séjournant dans le mordant un jour et une nuit devient bleu clair[9].

56. Blanchiment du cristal.

Dissolvez du riz dans l'eau et (la pierre dans l'alun)[10], plongez le cristal et cuisez de nouveau[11] ensemble.

57. Amollissement du cristal.

Amollissez en faisant bouillir dans du sang de bouc. La même chose pour le verre[12].

1. Recette incomplète. Le principe colorant n'est pas indiqué.
2. Mordançage classique alun-vinaigre. Analogue à *CAG*, p. 360, l. 6-8. χυλὸν πράσου μετὰ ὄξους, ἡμέρας γʹ ἔα συμπιεῖν καὶ στυπτηρίαν στρογγύλην. καὶ βαλὼν τὸν λίθον δίδου βράσματα δύο, καὶ ἔα διανυκτερεῦσαι · τῇ δὲ ἑξῆς ἀπόκλυζε καὶ χρῶ.
3. Renvoi à une source inconnue qui est sans doute aussi à l'origine des textes de *CAG*.
4. Le papyrus a λαϐών, interversion pour βαλών.

52. Κεραυνίου ποίησις. |

Δὸ(ς) ἴσως θεῖον καὶ ὄξος καὶ χολὴν μόσχου. Γίνε|ται δόκιμον καὶ πρωτεῖον. ||

53. Λίθων στῦψις καὶ ἀραίωσις. |

Στυπτηρίαν τρίψας τῆξον ὄξει ἐπι|μελῶς καὶ βάλε τοὺς λίθους καὶ δὸς βρ|άσμα ἓν καὶ ἄφες νυκτερεῦσαι. Τῇ | δὲ αὔριον ἀποκλύσας βάπτε, ὡς θέλεις, || χρώμενος ταῖς γραφαῖς. |

54. Ἄλλη. |

Βαλὼν εἰς βατάνιον τοὺς λίθους ἐπι|πώμασον ἄλλο βατάνιον καὶ πηλή|σας δὸς εἰς ὀπτασίαν ὀπτᾶσθαι πρὸς || ὀλίγον. Εἶτα κατ' ὀλίγον ἀποπωμάσας ἐπί|χυννε ὄξος καὶ στυπτηρίαν. Εἶτα τότε | ὃ θέλεις χρῶμα βάπτε. |

55. Κρυστάλλου στῦψις. |

Ι' Κρυστάλλινον μεῖναν ἐν στύψει {ἡμέ} ||| ἡμέραν καὶ νύ(κτα) ἀεροειδὲς γίνεται. |

56. Κρυστάλλου λεύκωσις. |

Ὄρυζαν ἄνιε ὕδατι καὶ ⟦στυπτήρα τὸν | λίθον⟧ καθεὶς τὸν κρύσταλλον πάλιν σύνεψε. |

57. Κρυστάλλου μάλαξις. ||

Τραγείῳ αἵματι ζέσας μάλασσε. Τὸ δὲ αὐ|τὸ καὶ ὑέλῳ.

374. ἴσως : εἴσος P ‖ χολὴν : χολὴ P ‖ γίνεται : σείναιται P ‖ 375. πρωτεῖον : προτιον P ‖ 376. λίθων : λίθον P ‖ 377. στυπτηρίαν : στυπτηραν P ‖ 379. νυκτερεῦσαι : νυκτεροῦσαι P ‖ 381. χρώμενος : χρωμέδιος P ‖ 383. βαλὼν ego : λαβὼν P ‖ βατάνιον : βοτάνιον P ‖ ἐπιπώμασον : ἐπιπώμασαν P ‖ 384. ἄλλο : ἄλλαο P ‖ πηλήσας : πηδήσας P ‖ 386. ὀλίγον : ἀλίγον P ‖ 387. στυπτηρίαν : στυπτυρίαν P ‖ 390. κρυστάλλινον : κρυστάλλεινον P κρυστάλλειον coniecit Lag. ‖ 391. ἀεροειδὲς : ἀεροειδὴς P ‖ γίνεται : γείνεται P ‖ 394. κρύσταλλον : κρυστάλλο⟦υ⟧ P.

58. Fabrication de céraunie.

Mordancez d'abord la pierre couleur de fumée dans l'eau et l'alun pendant 7 jours, prenez-la avec une pince, chauffez et plongez dans l'huile de cèdre[1].

59. Succédané de ricin.

Tout cristal cuit dans du ricin devient noir. Aussi ne l'employez pas quand on dit « avec du ricin ». Car il est à remplacer. A la place, utilisez de l'huile[2].

60. Nettoyage de perle.

Si une perle vraie est ternie et salie par l'usage, les Indiens la nettoient comme suit : ils donnent la gemme à manger à un coq le soir. Le lendemain en examinant les excréments ils trouvent dans la fiente d'oiseau la perle nettoyée, ayant acquis une blancheur qui n'est pas inférieure à l'ancienne[3].

61. Autre.

Chaux non encore dissoute dans l'eau et contenant encore, après le four, son propre feu invisible à l'intérieur[4]. On l'éteint dans du lait de chienne, de chienne blanche. Ensuite, on délaye, on enduit la perle et on la laisse ainsi un jour, puis on racle et on la trouve blanchie[5].

62. Fabrication de céraunie.

Sang de dragon avec le baume le plus convenable et, à défaut, une saignée[6] de résine de Palestine. Mêlez

1. Matériau : quartz fumé (cf. §§ 16, 19, 20) ; mordant : alun-eau ; couleur : huile de cèdre (cf. §§ 19, 45) ; méthode : trempage à chaud.

2. Voir p. 53. La glose du § 43 est ici développée dans la tradition des ἀντεμβαλλόμενα (cf. Galien, t. XIX Kühn). Notre paragraphe renvoie à une recette de la source où on recommande l'emploi de ricin. Dans notre texte, il n'y a que le § 35. La source était volontairement cryptique, puisqu'elle envoyait sur une fausse piste. Cf. Pline, XXIII, 84.

3. La perle nettoyée par les sucs digestifs. Identique à 25, mais plus détaillé.

58. Κεραυνίου ποίησις. |

Προστύψας ὕδατι καὶ στυπτηρίᾳ τὸν λίθ|ον τὸν καπνιαῖον ἡμ(έρας) ζ' λαβίδι ἐκ προσαγω|γῆς πυρώσας κάθες εἰς κεδρίαν. ||

59. Κίκεως ἀντεμβολή. |

Πᾶσα κρύσταλλος ἑψομένη ἐ⟨ν⟩ κίκει μέ|λαινα γίνεται. Διὸ μὴ χρῶ, ὅπου λέγει με|τὰ κίκεως. Κεῖται γὰρ πρὸς ἀντιβολήν. Ἀλλὰ | ἀντὶ τούτου ἐλαίῳ χρῶ. ||

60. Μαργαρίτου σμῆξις. |

Ἂν δέ ποτε τῇ χρήσει τὸ ἀληθινὸν μάργαρον | ἐκπνεῦσαν ῥυπωθῇ, ὧδε ἀποσμῶσιν Ἰνδοί· | ἐνιᾶσιν ὡς ἐδωδὴν ἀλεκ̣τρυόνι τὴν ψῆφον | ἑσπέρας. Ἕωθε δὲ τὸν ἀπόβατον ἀνερευνήσ||αντες ἐν τῇ τοῦ ὄρνιθος εὑρίσκουσιν κοιλίᾳ | κεκαθαρμένον λευκότητά τε προσκτησ|άμενον τῆς ἀρχαίας οὐκ ἀποδέουσαν. |

61. Ἄλλη. |

Ἄσβεστον, μηδέπω λυθεῖσαν ὕδατι ἴδιον || ἔχουσαν μετὰ τὴν κάμινον τὸ ἀφανὲς ἔν|δοθεν πῦρ, κυνείῳ κατασβεννύουσι γάλακ|τι, κυνὸς δὲ λευκῆς. Εἶτα φυρῶσιν καὶ περι-|πλάσαντες τῷ μαργάρῳ ἐῶσιν οὕτως α' ἡμ(έραν) | καὶ ἀποψήσαντες εὑρίσκουσιν λελευκασμέν(ον). ||

62. Κεραυνίου ποίησις. |

Δρακόντιον αἷμα ὀποβαλσάμῳ τῷ σπουδαί|ῳ καὶ παλαιστίνης, εἰ δὲ μὴ παρείη τοῦτο, | ῥητίνης τομή τις.

399. λαβίδι : λαβδι P ‖ 402. ἑψομένη : ἑψουμένη P ‖ μέλαινα : μέλενα P ‖ 403. γίνεται : γείνεται P ‖ 404. κίκεως : κείκεως P ‖ 407. ἀληθινὸν : ἀληθεινὸν P ‖ 410. ἑσπέρας : ἑσπέραν P ‖ ἀνερευνήσαντες : ἀνεραυνήσαντες P ‖ 416. κάμινον : κάμεινον P ‖ 419. μαργάρῳ : ναργάρῳ P ‖ 422. αἷμα P : αἷμα ἅμα coniecit Lag. ‖ 423. παρείη : παρίη P ‖ 424. τομή ego : τομι P.

avec de l'orcanette pontique[1] et laissez macérer le cristal rendu poreux. Si la drogue est pure, la céraunie apparaît. Si on ajoutait un peu de poix liquide au mélange précité, on produirait de la calcédoine[2].

63. Fabrication du béryl.

Le cristal possède avec le béryl une grande affinité par similitude[3]. Et vous transformerez ainsi le cristal en béryl lui-même en rendant la pierre poreuse et après mise au feu quand elle est refroidie, en la plaçant dans la résine précitée[4] mêlée de drogue indienne. S'il est mis encore bouillant dans le produit[5], le cristal teint donne de l'hyacinthe[6].

64. Fabrication de chrysoprase.

La chélidoine mêlée de couleur indienne devient verte. Si on y ajoute de la résine, c'est une drogue adéquate pour la teinture. Le cristal qui y est mis, après teinture, quand il l'a absorbée, apparaît comme la pierre chrysoprase[7].

65. Fabrication de chrysolithe.

C'est de la chrysolithe quand vous jetterez le cristal chauffé dans la chélidoine mêlée de poix liquide[8].

1. L'orcanette est encore cultivée en Turquie (Uphof 23).
3. Notion alchimique d'affinité reposant ici sur des similitudes. Cf. le texte de Diodore, II, 52 cité dans l'introduction p. 50. Cette notion est au centre des φυσικὰ καὶ μυστικά. Cf. *CAG*, p. 48, 50, 51.
4. La résine de Palestine du § 62.
5. Le deuxième φάρμακον n'est pas l'indigo, mais le mélange d'indigo et de résine (Lagercrantz, p. 191).
6. Identique à 47, à l'exception qu'au § 47, le cristal est chauffé avec le mélange et ici il y est mis à froid à macérer. Dans le troisième mode opératoire possible (trempé chaud dans le bain froid) il donnerait une couleur plus violette. L'indigo dans la résine doit donner du violet.
7. Le mélange de chélidoine (jaune) et d'indigo donne du vert. La résine sert de liant.
8. Teinture en jaune.

Τὴν δὲ μείξας ἅμα ἀγχού|σῃ ποντικῇ ἔμβρεχε τὸν κρύσταλλον || ἠραιωμένον, κἂν μὲν ἄκρ⟨α⟩τον ᾖ το φάρ|μακο̣ν, κεραύνιος ὁ λίθος ἀναφαίνε|ται. Γένοιτο δ' ἂν ὀλίγης πίσσης {πίσσης} | ὑγρᾶς πρὸς τῇ προκειμένῃ μείξει πρ|οσβληθείσης ὁ καρχηδόνιος. ||

63. Βηρύλλου ποίησις. |

Πολλὴ κρυστάλλῳ συγγενεία πρὸς βήρυ|λλον καθ' ὁμοιότητα. Καὶ τῇ τὸν {κρυστα} | κρύσταλλον βήρυλλον ἕξεις αὐτὸν {ἀρα} | ἀραίωσας τὸν λίθον καὶ μετὰ τὴν ΙΑ' πύρωσι(ν) ||| {τὴν πύρωσιν} ἀποψυγέντα εἴς τε τὴν προειρη|μένην ῥητίνην ἰνδικῷ τε τῷ φαρμάκῳ συμ|μεμιγμένῳ ἐμβαλών. Ἔτι δὲ ζέων εἰς τὸ | φάρμακον καθεθεὶς ὁ ὑάκινθος ὁ βαπτὸς | ἀποβ{β}αίνει.

64. Χρυσοπρασίου ποίησις. ||

Ἐλύδριον μειχθὲν ἰνδικῷ χρώματι γίνε|ται χλωρόν. Τὴν δὲ ῥητίνην προσλαβὼν φάρ|μακόν ἐστιν ἐπιτήδειον εἰς βαφήν. Εἰς τοῦ|το καθεθεὶς ὁ κρύσταλλος μετὰ τὴν χρῶ|σιν καὶ συμπιὼν λίθος ὁ χρυσοπράσιος ἀν[α]||φαίνεται.

65. Χρυσολίθου ποίησις. |

Χρυσόλιθος δέ, ὁπόταν εἰς {ς} ἐλύδριον καὶ | εἰς πίσσαν ὑγρὰν ἀναμεμιγμένην πυρώσας | ἐ̣μ̣βάλης τὸν κρύσταλλον. |

424. ἀγχούσῃ ego : ἀνανχούσῃ P || 425. ἔμβρεχε : ἔνβρεχε P || 426. ἠραιωμένον : ἠρεωμένον P || 428. ἄν : ἄμ P || 430. προσβληθείσης : προσβληθείσῃ P || καρχηδόνιος : χαρχηδόνιος P || 432. συγγενεία : συγενια P || 434. βήρυλλον : βήρηλλον P || αὐτόν : αὐτῶν P || 436. πύρωσιν : πύρωσι P || 437. ἰνδικῷ : ἰδικῷ P || συμμεμιγμένῳ : συνμεμιγμένῳ P || 438. ἐμβαλών : ἐνμβαλών P || 441. γίνεται : γείνεται P || 442. ῥητίνην : ῥητίνε P || 443. ἐπιτήδειον : ἐπιτήδιον P || 444. κρύσταλλος : κρυστάλλο⟦υ⟧ P || χρῶσιν : χρεῶσιν P || 445. συμπιών : συνπιών P || 448. ἀναμεμιγμένην : ἀναμεμειγμένην P || πυρώσας : πυρόσας P.

66. Mordançage des pierres.

Soit le mordançage des pierres comme suit : dans un plat d'argile ouvert, placez les pierres, mettez un couvercle, lutez d'argile, mettez au four. Ensuite pendant peu de temps découvrez, trempez dans de l'alun dissous dans du vinaigre. Ensuite chauffez-les à nouveau et jetez dans les couleurs tiédies[1].

67. Autre.

Autrement dit : mettez dans un plat, couvrez d'un autre plat, chauffez brièvement. Ensuite, découvrez doucement, versez du vinaigre avec de l'alun et trempez dans la couleur que vous voulez[2].

68. Mordançage du cristal.

Mordançage propre du cristal. On le plonge trois ou quatre fois dans le soufre, la chaux et l'alun avec du vinaigre. Quant à vous, laissez absorber trois ou quatre jours et alors, procédez aux opérations suivantes[3].

69. Mordançage de toute espèce de pierres.

Relâchement et mordançage communs pour toute pierre, la plante héliotrope, celle qui produit des boules. Après en avoir exprimé le jus, faites-y le relâchement préliminaire et vous parviendrez dans la teinture de toute pierre[4].

70. Espèces de pierres pour la teinture.

Les pierres appropriées à la teinture sont le cristal et le tabashir. La pyrite[5] rougit peu à peu[6]. Cuisez dans

1. Proche de 54 (et de 67) avec variante dans la marche à suivre : on n'arrose pas d'alun dissous dans du vinaigre mais on trempe et il faut alors réchauffer.

3. Identique à 40.

4. Identique à 38.

5. La pyrite blanche de fer ou marcassite (lexique) est brillante et est employée en bijouterie de fantaisie car, bien montée, elle brille comme du diamant. Cf. L. Verleye, *La bijouterie de fantaisie*, Paris, 1926, p. 56-57.

66. Στῦψις λίθων. ||

Στῦψις δὲ τῶν λίθων τοιάδε τις ἔστω. Εἰς κερ|αμεᾶς λοπάδας τὰς ἀνηπλωμένας κ(α)θεὶς αὐτού(ς) | καὶ πωμάσας φίμου πηλῷ καὶ εἰς ὀπτάνιον πέ|μπε. Εἶτα κατ' ὀλίγον ἀποπωμάσας εἰς ὄξος ἀν|αδεδευμένῃ στυπτηρίᾳ κατάβαπτε. Εἶτα αὖ||θις αὐτοὺς θερμήνας τοῖς χρώμασιν ἔμβαλε | κεχλιαμμένοις.

67. Ἄλλη. |

Ἄλλως γέ τοι· εἰς λοπάδα κ(α)θεὶς καὶ ἄλλῃ λοπάδι | ἐπιπωμάσας πύρου κατ' ὀλίγον. Εἶτ' ἠπίως | ἀποπωμάσας ἐπίχει ὄξος ἅμα στυπτηρίᾳ || καὶ ὅτι θέλεις χρῶμα κατάβαπτε. |

68. Κρυστάλλου {ς} στῦψις. |

Ἰδία δὲ κρυστάλλου στῦψις. Εἰς θεῖον ἄσβεστόν | τε καὶ στυπτηρίαν ἅμα ὄξει καθίεται τρὶς | ἢ τετράκις. Σὺ δὲ ἔα συμπίνειν ἐπὶ γ' ἢ δ'||ἡμ(έρας) καὶ τότε χρῶ τοῖς ἑπομένοις. |

69. Λίθων παντοίων στῦψις. |

Κοινὴ δὲ παντὸς ἀραίωσις λίθου καὶ στῦψις βοτάνη | ἡλιοτρόπιον, ἣ τὰς σφαίρας ποιεῖ. Χυλίσας ἐν αὐτῇ | προαρ« αί »ου, ἐπιτεύξει τε ἐν ἅπαντος λίθου βαφῇ. ||

70. Λίθων εἴδη τῶν εἰς βαφήν. |

Οἵ δε ἐπιτήδειοι πρὸς βαφὴν λίθοι κρύσταλλος | ταβάσιός τ⟨ε⟩. Ἐρευθιᾶ κατὰ βαιὸν πυρίτης. Ἕψε δὲ ἐν

451. λίθων : λίθον P || ἔστω : σετω P || 452. λοπάδας : λοπάδος P || 453. πωμάσας : πομάσαν P || φίμου : φείμου P || 454. ὀλίγον : ὀλίκον P || 455. αὖθις : αὔθεις P || θερμήνας : θερμένας P || τοῖς : τοὺς P || 461. θέλεις : θέλις P || 465. συμπίνειν : συνπείνειν P || 466. καὶ : κα P || 469. τὰς : τὰ P || 470. ἐπιτεύξει : ἐπίτευξι P || βαφῇ : βαφήν P || 471. λίθων : λίθον P || 472. ἐπιτήδειοι : ἐπιτήδιοι P || 473. ταβάσιος P : τοπάζιος coniecit Lag. || ἐρευθιᾷ : ἐρουθιᾷ P || κατὰ βαιόν : κβε P.

une petite pièce couverte en obturant toutes les issues et en luttant contre tout courant d'air[1].

71. Fabrication d'émeraude.

Malachite, urine d'enfant, bile de veau, mêlez dans une cruche neuve. Après avoir luté le couvercle et jeté le cristal, cuisez à feu doux sur du bois d'olivier[2] pendant 5 heures. Vous regarderez immédiatement le couvercle, en sorte de ne plus chauffer. Refroidissez puis enlevez. Que le couvercle de la cruche soit cru[3].

72. Autre.

Teinture d'une autre, rugueuse. Enfouissez la pierre pendant 5 jours dans le natron. Puis broyez de l'ail et enfouissez dans la masse pendant 7 jours. Ensuite, exprimez le jus des poireaux, mêlez-y de l'huile en quantité égale dans un cruchon neuf, cuisez trois jours pour que la pierre absorbe. Le couvercle doit être cru[4].

73. Autre.

Vert-de-gris excellent, une partie ; alun, quantité égale ; cuivre brûlé, quantité égale aux deux autres, broyez avec du vinaigre, donnez une consistance boueuse, mettez les petites pierres et laissez 7 jours au feu[5].

74. Fabrication de vert-de-gris pour l'émeraude consistante[6], à partir de cuivre chypriote.

Raclez soigneusement une feuille à la pierre ponce

1. Lagercrantz, p. 193, traduit « indem der alles ausschliesst, was irgend welchem Wind feindlich gegenübersteht » et y voit une croyance superstitieuse. En réalité, il faut obturer les ouvertures et éviter les courants d'air qui oxyderaient la pyrite. Le neutre pluriel πολεμοῦντα a été rapporté erronément à πάντα par le scribe, mais le sens est clair.

2. Ce complément se trouve dans le texte grec à une place étonnante, avant l'action de luter. Le scribe a peut-être lu une ligne avant l'autre.

4. Identique à 37, avec en plus la mention du natron (décapant) et du couvercle cru (cf. § 71).

οἰκίσ|κῳ σκεπηνῷ πάντα ἀποφράττων ἀνέμῳ παν|τὶ πολεμοῦντα.

71. Σμαράγδου ποίησις. ||

Χρυσοκόλλης, οὔρου παιδίου, χολῆς μοσχίας μεί|γνυε ἐν καινῇ χύτρᾳ. Ξύλοις ἐλαΐνοις μαλακῷ | πυρὶ τὸ πῶμα πηλώσας καὶ τὰ κρυστάλλα προσ|βαλὼν ἕψε ἐφ' ὥρας ϵ'. Αἰφνίδιον δὲ ἐπόψει | τὸ πῶμα, ἔνθεν μηκέτι καίειν. Καταψύξας δὲ || ἀφαίρει. Ἔστω δὲ τῆς χύτρας το πῶμα ὠμόν. |||

IB' **72.** Ἄλλη. |

Ἄλλου τραχέος βαφή. Κρύψον ἐφ' ἡμέρας ϵ' ἐν νίτρῳ τὸν | λίθον, εἶτα σκόροδον τριπτῶν ἔγκρυβε μάζῃ ἐφ' ἡμέρας | ζ'. Ἐπὶ δὲ ταῖς πράσα χυλίσας καὶ προσμείξας ἔλαιον ἶσον || ἕψε ἡμ(έρας) γ' εἰς χυτρίδιον καινὸν βαλών, ἕως συμπίῃ. | Τὸ πῶμα ὠμόν.

73. Ἄλλη. |

Ἰοῦ παγκάλου μέρος, στυπτηρίας ἶσον, χαλκοῦ δὲ κε|καυμένου τοῖς δύο ἶσον τρίψας σὺν ὄξει καὶ γλοιοῦ πά|χος ποιήσας ἔνθες τὰ λιθίδια καὶ ἔασον ἡμ(έρας) ζ' κάεσθαι. ||

74. Ἰοῦ ποίησις τοῦ εἰς τὸν σμάραγδον ἐκ χαλκοῦ κυπρί|ου εὐπαγῆ.

Λεπίδα κισήριδι μεθ' ὕδατος ἀποσμήξ|ας ἐπιμελῶς

474. σκεπηνῷ : σκεπινῷ P || 476. μοσχίας : μοσχας P || 477. καινῇ : κενῇ P || 478. πηλώσας : πηλόσας P || 480. καίειν : κέειν P || 482. τραχέος : τράχος P || ἡμέρας : ἡμερίας P || 484. σκόροδον : σκόρδον P || ἔγκρυβε : ἔνκρυβε P || 485. ἔλαιον : ἔλεον P || ἶσον : εἶσον P || 486. ἕψε : ἕψη P || καινόν : κενόν P || συμπίῃ : συνπείῃ P || 488. ἰοῦ : εἰοῦ P || παγκάλου : πανκάλου P || στυπτηρίας : στυπτῆρας P || 489. κεκαυμένου : κεκευμένου P || 491. ἰοῦ : εἰοῦ P || 492. κισήριδι : κισήλιδι P.

avec de l'eau, séchez, enduisez de très peu d'huile, très légèrement, pliez[1] et liez avec un jonc.

Ensuite, suspendez-la dans un vase de vinaigre piquant, sans qu'elle touche le vinaigre et scellez soigneusement le vase, pour que les vapeurs ne s'échappent pas. Si vous la mettez le matin, le soir vous pouvez en toute sécurité essuyer le vert-de-gris avec une plume. Si c'est le soir, raclez le matin et suspendez à nouveau jusqu'à ce que la feuille soit perdue. Chaque fois que vous raclerez, enduisez la feuille d'huile comme on l'a indiqué. Le vinaigre ne vaut plus rien pour l'usage[2].

75. Fabrication de béryl.

Liez le cristal par un crin et suspendez-le dans une jarre d'urine d'ânesse pendant trois jours, sans qu'il touche l'urine. Que le récipient soit obturé. Ensuite, placez la jarre (le récipient)[3] sur un feu doux et vous trouverez un excellent béryl[4].

76. Fabrication d'émeraude.

Prenez de la pierre pyrite ou du cristal pur et faites la composition suivante : vert-de-gris, 2 statères ; chélidoine, 1 statère ; noir scythique, 3 statères ; résine liquide, celle de l'ouverture[5], une quantité suffisante. Broyez finement les matières sèches, mêlez la résine et mettez de côté. Prenez de l'alun liquide, gardez-le dans un vase d'argile et ajoutez de l'eau pour qu'il soit moyennement plus liquide. Chauffez la pierre, refroidissez dans l'alun du récipient d'argile puis mettez

2. C'est la méthode classique pour obtenir le vert-de-gris, en faisant réagir les vapeurs du vinaigre sur le cuivre, ce qui donne une croûte d'acétate que l'on racle. Décrit par Théophraste, *De lap.*, 57 ; Vitruve, VII, 12, 1 ; Pline, XXXIV, 110 ; Diosc.V, 91 ; *Comp. Luc.* O 12-16 *De iarin. Post hec tolles petala mundissima de eramen et suspende super acetum acerrimum. Pones ad solem immobilem. Post dies XIIII aperies et tolles ipsa petala. Colliges florem et facis iarim mundissimum.* Idem γ 3-6 ; *Mappae Clavicula*, 106, p. 210 (d'après *Comp. Luc.*) ; Eraclius III, 39, p. 239 ; BN lat. 7105, f. 140 v ; Alch. Syr., p. 93.

καὶ ἀφαυήνας ἐπίχρισον ὀλιγίστῳ̣ ἐλ|αίῳ̣ ἐλαφρότατα καὶ πρήσας σπάρτῳ̣ διάλαβε. {Εἶ} | Εἶτα ἀπάρτησον εἰς κεράμιον ὄξους δριμέος, ὡς τοῦ || ὄξους μ«ὴ» ἅπτεσθαι, καὶ τὸ κεράμιον ἐπιμελῶς, ὡς | μὴ διαπνέῃ̣, φίμου. Ἐὰν μὲν οὖν ἕωθεν καθῇ̣ς, ἑσ|πέρας ἀσφαλέως ἀπόμασσε πτερῷ̣ τὸν ἰόν. Εἰ δὲ | ἑσπέρας, ἀπόψα κατὰ τὴν ἕω καὶ πάλιν ἀπάρτα, ἔστ' ἂ(ν) | ἡ λεπὶς ἀπαναλωθῇ̣. Ὁσάκις δὲ ἂν ἀποψήσῃ̣ς, || ἐλαίῳ̣ ἐπίχριε τὴν λεπίδα, καθὼς πρ⟨ό⟩κειται. Τὸ μέ(ν)|τοι ὄξος εἰς χρῆσιν ἄχρηστον. |

75. Βηρύλλου ποίησις. |

Τὸν κρύσταλλον εἴρας τριχὶ κρίμνα ἐν σταμνίῳ̣ | οὔρου θηλείας ὄνου ἐφ' ἡμέρας γ', μὴ ἁπτέσθω δὲ || τοῦ οὔρου. Τὸ δὲ ἔστω πεφιμωμένον τὸ ἄγγος. Εἶτα | τίθει τὸν στάμνον {τὸ ἄγγος} ἐπὶ πυρὸς ἠπίου καὶ | εὑρήσεις βήρυλλον ἄριστον. |

76. Σμαράγδου ποίησις. |

Λαβὼν λίθον πυρίτην ἢ κρύσταλλον καθάρ||ιον ποίησον οὕτως τὴν σύνθεσιν· ἰοῦ ∫β, ἐλυ̣|δρίου ∫α', σκυθικοῦ μέλανος ∫γ', ῥητίνης ὑγ|ρᾶς τῆς ἀπὸ στόματος τὸ ἀρκοῦν. Λειώσας τὰ ξηρὰ | μίσγε τὴν ῥητίνην καὶ ἀπόθου. Καὶ λαβὼν | στυπτηρίαν ὑγρὰν ἔχε ἐν ὀστρακίνῳ̣ {ἄγγει} || ἀγγείῳ̣ ὕδωρ ἐπιβαλών, ὡς εἶναι ὑδαρέστε|ρον μετρίως. Καὶ πυρώσας τὸν λί[θ]ον ἐν ἀγγείῳ̣ | ὀστρακίνῳ̣ ἀπόψυχε

494. πρήσας : πυρήσας P πυρώσας coniecit Lag. || 496. ἐπιμελῶς : ἐπιμελος P || 498. ἀσφαλέως : ἀσφαλ`ε´ων P || ἰόν : εἰόν P || 500. λεπίς : ελεπις P || 501. ἐλαίῳ : ἐλέῳ P || ἐπίχριε : ἐπίχρειε P || λεπίδα : λεπίτα P || καθώς : καθος P || μέντοι : μέντοις P || 506. πεφιμωμένον : πεφειμωμένον P || τὸ ἄγγος P : deleuit Lag. || 509. εὑρήσεις : εὑρήσις P || 510. λίθον : λίθων P || 512. οὕτως : οὗτος P || ἰοῦ : εἰοῦ P || ἐλυ̣δρίου P : ἐλ[υ]δρίου Lag. || 513. λειώσας : λιώσας P || 514. μίσγε : μεισγε P || 515. στυπτηρίαν : στυπτηρίας P || 516. εἶναι : εινε P.

la pierre dans la composition précitée, préalablement chauffée. Si vous voulez rendre plus vert, ajoutez encore du vert-de-gris broyé fin[1].

77. Autre.

Broyez de la raclure de vert-de-gris[2], laissez tremper dans l'huile un jour et une nuit, ensuite cuisez à flamme douce jusqu'à ce qu'il plaise[3].

78. Autre.

Dans un vase d'argile, dissolvez de l'alun dans du vinaigre, mettez de côté. Prenez le cristal et laissez[4].

79. Fin de la recette 63.

80. Recette 64.

81. Recette 65.

82. Recette 66.

83. Autre.

Fabrication d'émeraude. Dans un récipient d'argile, dissolvez de l'alun dans du vinaigre[5] et mettez de côté. Prenez le cristal et laissez un jour et une nuit. Reprenez-le et enrobez-le de cire ou de glaise. Ensuite cuisez dans l'huile. Si la pierre est lourde, suspendez dans le miel[6]. Ensuite, enlevez, jetez dans la malachite un jour et une nuit, retirez et enrobez pour éviter l'évaporation. Ensuite, enduisez-le de nouveau des drogues dans le miel jusqu'à ce que l'effet se produise[7].

84. Autre.

Fabrication d'émeraude.

Malachite, 9 statères ; mêlez vert-de-gris, 1 statère ; chélidoine, 1 statère ; indigo, 3 oboles ; enduisez de résine[8].

1. Matière : cristal ou pyrite (mais voir § 70). Mordant : alun+eau. Colorant vert : vert-de-gris, chélidoine (jaune) indigo (bleu) dont la combinaison donne du vert. Méthode : trempage à chaud dans le mordant, puis trempage à froid dans la teinture chaude.

εἰς τὴν στυπτηρίαν | καὶ κατάθου τὸν λίθον εἰς τὴν προκειμένην | σύνθεσιν θερμάνας. Ἐὰν δὲ θέλῃς χλωρότε|| ρον γενέσθαι, ἐπίβαλε πάλιν ἰὸν λελειωμένον. |

77. Ἄλλη. |

Ἰοῦ ξύσμα τρίψας ἐν ἐλαίῳ βρέξας ἡμ(έραν) καὶ νύ(κτα) | εἶτα ἕψε φλογὶ μαλακῇ, ἕως ἀρέσῃ. |

78. Ἄλλη. ||

Εἰς ἄγγος κεραμεοῦν δίες στ[υπ]τηρία«ν» ὄξους | καὶ ἀπόθου καὶ λαβὼν τὸν κρύσταλλον ἔασον. |||

ΙΓʹ [ll. 528-549 (receptae 79-82), iteratae in ll. 436-457]

83. Ἄλλη. ||

Σμαράγδου ποίησις. Εἰς ἄγγος κεραμεοῦν δίει | στυπτηρίαν ὄξους καὶ ἀπόθου. Καὶ λαβὼν τὸν | κρύσταλλον ἔασον ἡμ(έραν) καὶ νύ(κτα). Εἶτα λαβὼν | περίπλασον κηρῷ ἢ πηλῷ. Εἶτα ἕψε ἐν ἐ|λαίῳ. Ἐὰν δὲ βαρὺς ᾖ ὁ λίθος, κρίμνα ἐν || μέλιτι. Εἶτα ἄρας ἔμβαλε εἰς χρυσόκολλ|αν ἡμ(έραν) καὶ νύκτα καὶ ἐξελὼν περίπλασον, ἵνα | μὴ διαπνεύσῃ. Μετὰ δὲ ταῦτα χρῖσον | αὐτὸν πάλιν τοῖς φαρμάκοις εἰς τὸ μέλι, ἕως | γένηται.

84. Ἄλλη. ||

Σμαράγδου ποίησις. Χρυσοκόλλης ∫′θ′, ἰ|οῦ μείξας ∫′α′, ἐλυδρ«ί»ου ∫′α′, ἰνδικοῦ τρι|ώβολον ῥητίνην χρῖε. |

520. χλωρότερον : χλωρώτερον P ‖ 521. ἰόν : ειόν P ‖ λελειωμένον : λελειομένον P ‖ 523. ἰοῦ : εἰοῦ P ‖ ἐλαίῳ : ἐλέῳ P ‖ βρέξας : βράξας P ‖ 524. φλογὶ : φλογεὶ P ‖ 551. δίει : διε P ‖ 555. ἐν : ἐαν P ‖ 558. χρῖσον : χρεῖσον P ‖ 559. εἰς τὸ μέλι P : deleuit Lag. ‖ ἕως : ὡς P ‖ 561. ἰοῦ : εἰοῦ P ‖ 562. ῥητίνην : ῥητείνην P ‖ χρῖε : χρεῖε P.

85. Solution de comaris.

Prenez de l'eau de cendres, jetez sur la comaris, chauffez une nuit et un jour et elle sera dissoute. Voilà l'eau de cendres : jetez de la cendre dans une quantité suffisante d'eau, mettez dans une cruche et faites un trou[1]. Mettez dans le trou de la chaux vive, jetez la cendre en dessous et l'eau coulera pure à travers des filtres de palmier[2]. Utilisez-la pour la solution[3].

86. Autre.

Certains dissolvent dans cette drogue coûteuse, l'huile de fumée, d'autres avec le suc de baumier[4].

87. Autre.

Solution de comaris.

Dans un chaudron, eau de source, environ deux setiers. Une fois qu'elle bout, ajoutez 1/3 de gomme adragante et ajoutez dans une cruche 1/3 de comaris nettoyée lavée et broyée finement. Quand elle a bouilli six fois, ôtez du feu. Cuisez à feu doux. Posez à terre, laissez refroidir quelques jours et utilisez ainsi. On en fait un enduit de base pour toute pierre[5].

88. Fabrication d'émeraude.

Malachite, 1/2 drachme; bleu d'Arménie, 1/2 drachme; urine de garçon vierge, 1/2 cotyle ; bile de taureau, la partie liquide, 2/3. Mêlez et jetez ensemble dans un cruchon et jetez-y toutes les pierres, pour qu'elles pèsent chaque fois 2 drachmes ou 4 drachmes. Couvrez le cruchon, lutez le couvercle, chauffez sur du bois d'olivier à feu vif pour une cuisson de 6 heures. Quand se produira

1. Dans quoi ? A la base de la cruche ? Lagercrantz suppose τὴν χύτραν.

2. Cf. Hésychios, s.v. σεβέννιον · τὸ ἐπ' ἄκρῳ τῷ φοίνικι φλοιῶδες γινόμενον.

4. Sur l'usage du baume comme solvant, voir § 62.

5. L'eau gommée sert de solvant. La *comaris* ainsi dissoute sert de fond de teint rouge.

85. Κομμάρεως λύσις. |

Λαβὼν κονίαν στακτὴν βάλε εἰς κόμαριν || καὶ καῦσον νύκτα καὶ ἡμέραν καὶ λυθήσεται. Ἔστιν δὲ ἡ στ⟨α⟩κτὴ κονία. Βάλε αὐτὴν εἰς ὕδωρ | αὔταρκες καὶ βαλὼν εἰς χύτραν τρῆσον | καὶ ἐπίθες εἰς τὸ τρῆμα ἄσβεστον καὶ βάλε κά|τω τὴν κονίαν καὶ ῥεύσει καθαρὸν διὰ τοῦ σε||βεννίου. Τούτῳ χρῶ εἰς τὴν λύσιν. |

86. Ἄλλη. |

Ἔνιοι δὲ κ(αὶ) τούτῳ πολυτελεῖ ὄντι φαρμάκῳ | ἔλυσαν, τῷ καπνελαίῳ, ἄλλοι δὲ καὶ τῷ ὀπο|βαλσάμῳ. |||

ΙΔʹ **87.** Ἄλλη. |

Κομάρεως λύσις. Εἰς κάκκαβον | ὕδ[ωρ] πηγαῖον ὡσεὶ ξέστας δύο. Τοῦτο | ὁπόταν ζέσῃ ἅπαξ, ἐπίβαλε τραγα|κάνθης τὸ τρίτον καὶ τὸ κόμαρι κε||καθαρμένον καὶ πεπλυμένον κα|λῶς λειώσας ἐν χύτρᾳ ἐπίβαλε τὸ τρί|τον. Ὁπ⟨ό⟩ταν δὲ ζέσῃ ἑξάκις, αἶρε αὐ|τὸ ἀπὸ τοῦ πυρός. Ἕψε δὲ μαλακῷ πυρί. | Θεὶς δὲ χαμαὶ ἔασον ψυγῆναι μέχ||ρι ἡμερῶν τινων καὶ οὕτως χρῶ. Ἐξ αὐ|τοῦ δὲ καὶ ὑπόχρισμα εἰς πάντα λί|θον εὐχρηστεῖ. |

88. Σμαράγδου ποίησις. |

Χρυσοκόλλης ὁλκῆς ∫ –, ἀρμενικοῦ || ὁλκῆς ∫ –, οὔρου ἀφθόρου παιδὸς κο|τύλης ∫, χολῆς ταυρίας τοῦ ὑγροῦ τὸ | δίμοιρον μείξας βάλε εἰς χυτρίδιον | ὁμοῦ καὶ βάλε τοὺς λίθους πάντας, ἵνα | ἄγωσιν ἀνὰ ∫ βʹ καὶ ∫ δʹ. Καὶ πωμάσ||ας τὸ χυτρίδιον περιπήλωσον τὸ π|ῶμα καὶ κάε ἐν ἐλαΐνοις ξύλοις ἐλα|φρῷ πυρὶ ἐφ' ὥρας ἓξ ἕψων.

569. τρῆμα : τηρμα P || 571. τούτῳ : τοῦτο P || 574. καπνελαίῳ : καπνελέῳ P || ὀποβαλσάμῳ : ἀποβαλσάμῳ P || 584. μαλακῷ : μαλλακῷ P || 585. χαμαὶ : χαμε P || 586. οὕτως : ουτος P || 587. λίθον : λειθον P || 591. ἀφθόρου : ἀφθάρου P || κοτύλης : κοτύλας P || 596. χυτρίδιον : χυτρύδιον P || 597. ἐλαΐνοις : ἐλεείνοις P.

ce signe que le couvercle devient vert, ne chauffez plus mais refroidissez, enlevez et vous trouverez le résultat. Les pierres sont du cristal. Tout cristal cuit change de couleur[1].

89. Bain de trois couleurs.

Bain dont on fait trois bains. Crimnos, 2 parties[2] ; alun de teinturier, 1 partie ; broyez, délayez dans l'eau, trempez les laines et elles deviennent écarlates. Si vous voulez du vert poireau, ajoutez du soufre broyé dans l'eau. Si vous voulez du vert pomme, ajoutez du natron pur avec de l'eau[3].

90. Saponification.

Saponifier, c'est ceci : prenez de la saponaire, concassez, mettez dans l'eau et tiédissez. Ensuite jetez-y la laine, secouez brièvement, retirez et séchez. Alors ensuite mordancez[4].

91. De pourpre.

Faites bouillir de l'asphodèle et du natron. Plongez les laines, chaque fois[5] 8 drachmes et relâchez-les[6]. Ensuite prenez une mine de marc, concassez, délayez dans du vinaigre, laissez 6 heures. Ensuite, faites bouillir et plongez les laines[7].

92. Mordançage.

Faites bouillir du vitriol et du skorpiouros. Utilisez pour le bain que vous voulez[8]. Il mordance aussi les pierres et toute espèce de peau[9].

93. Dilution de l'orcanette.

L'orcanette se dilue dans l'huile, l'eau et les noix. L'urine de chameau est meilleure que tous les diluants. Car elle mordance aussi et elle est fixante[10].

2. Lagercrantz p. 200 propose de comprendre soit μέρος δίμοιρον (2/3) soit μέρη β'. Il faut choisir cette seconde solution, sinon il y aurait plus de mordant que de colorant (Pfister, p. 15, n. 58).

Ἐὰν δὲ γέ|νηται σημεῖον τοῦτο, τὸ πῶμα χλω|ρόν, μηκέτι καῖε ἀλλὰ καταψύξας ἆ||ρον καὶ εὑρήσεις γεγονότας. Εἰσὶν | δὲ οἱ λίθοι κρυστάλλινοι. Πᾶσα δὲ κρύ|σταλλος ἑψομένη μεταβάλλει τὴν | {τὴν} χρόαν.

89. Βάμμα χρωμάτων γ'. ||

Βάμμα, ἐξ οὗ τρία βάμματα γίνεται. Κριμνοῦ | μέρος β' καὶ στυπτηρίας βαφικῆς μέρο⟨ς⟩ α' κόψ|ον καὶ φύρασον μεθ' ὕδατος καὶ χάλα τὰ ἔρια | καὶ γίν⟨ε⟩ται κόκκινα. Ἐὰν πράσινα, θεῖον με|θ' ὕδατος τρίψας ἐπίβαλε. Ἐὰ(ν) δὲ μήλινα, νίτρ||ον ἄκρατον μεθ' ὕδατος ἐπίβαλε. |||

ΙΕ' **90.** Στρουθισμός. |

Τὸ δὲ στρουθίσαι ἐστὶν τοῦτο· λαβὼν στρού|θιον κόψον καὶ βαλὼν εἰς ὕδωρ χλίανον. Εἶ|τα τὸ ἔριον βαλὼν σάλευσον ἐπ' ὀλίγον καὶ || ἄρας ξήραινε. Εἶτα τότε στῦφε. |

91. Πορφύρας. |

Ἀσφόδελον καὶ νίτρον ζέσας χάλα τὰ ἔρια | ἀνὰ ⟨η' καὶ ἔκλυσον. Εἶτα λαβὼν γίγαρ|τον μνᾶν α' κόψας φύρασον ὄξει καὶ ἄφες||ὥρας ϛ'. Εἶτα ζέσας χάλα τὰ ἔρια. |

92. Στῦψις. |

Χάλκανθον καὶ {καὶ} σκορπίουρον ζέσας | χρῶ πρὸς ὃ ἂν βούλει βάμμα. Στύφει δὲ κ(αὶ) | λίθους καὶ δέρματα παντοῖα. ||

93. Ἄνεσις ἀγχούσης. |

Ἀνίεται ἡ ἄγχουσα ἐλαίῳ καὶ ὕδ[ατι κ(αὶ)] | καρύοις. Κρείσσων δέ ἐστιν πασῶν τῶν | ἀνέσεων τὸ οὖρον τὸ καμήλ«ε»ιον. Καὶ στύ|φει γὰρ καὶ κάτοχός ἐστιν. ||

599. σημεῖον : σημιον P || τοῦτο : τούτου P || 600. καῖε : κεε P || 606. γίνεται : γείνεται P || 609. γίνεται : γείν<ε>ται P || 616. ξήραινε : ξηρεναι P || 619. ἔκλυσον P : ἔκκλυσον coniecit Lag. || γίγαρτον : γείγαρτον P || 621. εἶτα : ητα P || 623. χάλκανθον : χαλάκανθον P || ἐλαίῳ : ἐλέῳ P || 626. ἀγχούσης : ἀνχούσης P || 628. κρείσσων : κρίσσων P.

94. Autre.

Broyez de l'orcanette, ajoutez du natron au mélange jusqu'à ce qu'il ait la couleur du sang. On bout dans l'eau. Teignez ce que vous voulez. Ou bien pilez au mortier[1] avec du carthame, ajoutez et laissez absorber le sang. Si c'est avec du fenugrec, même résultat. Il teint aussi les toiles de lin[2] et de batiste avec du vitriol. Avec du vitriol, il tourne au violet[3].

95. Blanchiment de la pourpre.

Rendre la pourpre blanche. Cuisez avec de la scammonée et elle dilue ou bien avec du concombre sauvage ou de la momordique ou de l'hellébore[4].

96. Dilution de l'orcanette.

Prenez de l'orcanette, broyez finement avec du malt. Que le malt soit frais. Délayez dans du vinaigre et laissez passer la nuit. Le lendemain, chauffez avec le vinaigre, laissez tremper l'orcanette et laissez jusqu'à ce qu'elle se décante. Ensuite, prenez la laine, mettez-la dans l'eau de chaux et plongez-la ensuite dans le liquide décanté. Plongez alors dans une décoction de fucus et manipulez de la même façon qu'il est dit très complètement au chapitre 26[5].

97. Dilution de la comaris.

Diluer la comaris. Broyez de la lie dans de l'eau, versez dans un petit pot[6], remuez. Transvasez alors dans un autre récipient l'eau qui s'est déposée et jetez-y la comaris broyée, agitez, filtrez immédiatement.

4. La racine de scammonée donne un jus résineux et surtout la résine de scammonée du Levant (Guibourt II, 539-540). Concombre et momordique contiennent un suc mucilagineux (mordant selon Forbes, *SAT*, IV, 132, mais pas sûr). La racine d'hellébore blanc contient une matière colorante jaune (Guibourt I, p. 149), l'hellébore noir donne du rouge dans l'acide sulfurique (Guibourt III, p. 759). La recette paraît incomplète. Le verbe ἄνεσι semble impliquer une solubilisation.

94. Ἄλλη. |

Ἄγχουσαν κόψας νίτρον πρόσμισγε, ἕως | σχῇ χρῶμα αἵματος. Μεθ' ὕδατος ζέννυται | καὶ ὃ θέλεις βάπτε, ἢ κόψον εἰς ὅλμον μετὰ | κνήκου καὶ ἐπεμβαλὼν ἔα συμπίνεσθαι || τὸ αἷμα. Καὶ ἐὰν μετὰ τήλεως, ὁμοίως. Βάπ|τειν δὲ καὶ ὀθόνια καὶ βύσσινα ἅμα χαλκά|νθῳ. Ἅμα γὰρ χαλκάνθῳ εἰς τὸ φοινικοῦν | τρέπεται.

95. Πορφύρας λεύκωσις. |

Πορφύραν λευκὴν ποιῆσαι. Ἕψε μετὰ{σ}||σκαμμωνίας καὶ ἄνεσι ἢ μετὰ σικύου ἀγρίου | ἢ ἐλατηρίου ἢ ἑλλεβόρου. |

96. Ἄνεσις ἀγχούσης. |

Λαβὼν ἄγχουσαν μετὰ βύνεως λειοτρί|βει. Ἔστω δὲ πρόσφατον τὸ βύνι. Καὶ φυράσας || ὄξει ἔασον νυκτερεῦσαι. Τῇ δὲ ἐπαύριον | θερμάνας σὺν ὄξει ἔμβρεξον τὴν ἄγχου|σαν καὶ ἔα, μέχρις ἐξεράσῃ. Ἔπειτα λαβὼν | τὸ ἔριον κατάθου εἰς τὸ τῆς ἀσβέστου ὕδωρ | καὶ ἐπιχάλασον εἰς τὴν ἐξέρασιν. Καὶ || τότε εἰς ἀπόζεσμα φύκους χαλάσας χεί|ριζε ὁμοίως καὶ τόπῳ κϛ' πληρέστατον. |||

ΙϚ' **97.** Κομμάρεως ἄνεσις. |

Κόμμαρι ἀνιέναι. Φαίκλαν τρίψας ὕ[δα]τι βάλε εἰς | βησσίον καὶ ἀνακίνει καὶ τὸ καθεσταμένον ὕδω[ρ] || μετέρασον εἰς ἕτερον ἀγγεῖον καὶ βάλε εἰς αὐτὸ | τετριμμένον τὸ κόμμαρι καὶ ἀνακίνει καὶ | ἐξεράσει παραυτα.

632. ἄγχουσαν : ἄνχουσαν P || πρόσμισγε : πρόσμιγγε P || 634. ὅλμον ego : ὅμιον P ὅμοιον coniecit Lag. || 635. ἐπεμβαλών : ἐπεβαλών P || συμπίνεσθαι : συμπείνεσθαι P || 636. ὁμοίως : ὅμοιος P || βάπτειν : βάπτιν P || 641. σκαμμωνίας : σκαμωνίας P || 643. ἀγχούσης : ἀνχούσης P || 644. λειοτρίβει : λειωτρίβει P || 645. βύνι : βύνει P || 647. ἄγχουσαν : ἄνχουσαν P || 648. ἔπειτα : ἔπιτα P || 649. ὕδωρ : ὕδρω P || 654. φαίκλαν : φάκλαν P || 655. βησσίον : βησίον P || 656. αὐτό : αὐτώ P || 657. ἀνακίνει : ἀνακείνει P.

Ensuite, laissez reposer jusqu'au lendemain et vous trouverez de la pourpre[1].

98. Mordançage de la pourpre de Sardes[2].

Par mine de laine, 4 mines de scorie de fer, une chénice de grenade acide, sinon un conge de vinaigre, huit conges d'eau. Chauffez jusqu'à ce que la moitié de l'eau soit perdue. Ensuite, retirez le feu[3], jetez la laine lavée, laissez jusqu'à ce que l'eau devienne froide. Ensuite enlevez, rincez et elle sera mordancée[4].

99. Mordançage de la pourpre sicilienne[5].

Mettez dans un chaudron de cuivre huit conges d'eau, 1/2 mine d'alun, 1 mine de fleur de cuivre, 1 mine de noix de galle. Quand cela bout, mettez une mine de laine lavée et quand elle a bouilli deux ou trois fois, enlevez. Si vous laissez trop longtemps, la pourpre sera rouge. Enlevez, lavez et vous l'aurez mordancée[6].

100. Mordançage et teinture de pourpre véritable[7].

Par statère de laine, 5 oboles d'alun, 2 cotyles d'eau. Mettez dans un récipient, faites bouillir, puis laissez tiédir. Laissez jusqu'au lendemain. Puis enlevez et refroidissez. Ensuite mordancez à nouveau en mettant deux cotyles d'eau et 8 statères de fleur de grenade[8]. Faites bouillir et plongez la laine. Quand vous aurez trempé un très grand nombre de fois, enlevez la laine, ajoutez dans l'eau de grenade une boulette de fucus alumineux[9] et trempez au jugé[10]. Si vous voulez qu'elle devienne noire, laissez durer en ajoutant un peu de vitriol[11].

1. Extraction de comaris dans une solution de tartre (Pfister, p. 5 et 15). Comparer Alch. Syr., p. 329, § 3 « Dissolution de la comaris. — Prends de la lie (?) et mets-la dans un vase, avec autant d'eau qu'il faut. Ensuite projette de la chaux, deux parties ; et fais cuire jusqu'à ce que ces deux ingrédients se mêlent en se dissolvant... » Voir aussi Alch. Syr., p. 26, § 5.

2. Selon Pline, VII, 196, les gens de Sardes ont inventé la teinture en garance.

Εἶτα ἔασον καταστῆν|αι ἕως τῆς ἐπαύριον καὶ εὑρήσεις πορφύραν. |

98. Πορφύρας σαρδινῆς στῦψις. ||

Τῇ μνᾷ τῶν ἐρίων σκωρίας {ασα} σιδήρου μνᾶς | δ', ῥο[ᾶς] ὀξείας χοίνικα, εἰ δὲ μή, ὄξους χοῦν, | ὕδατος χοεῖς η'. Καῖε, ἕως τὸ ἥμισυ ἐκλείπῃ | τοῦ ὕδατος. Εἶτα ὑφελὼν τὸ πῦρ ἔμβαλε τὰ | ἔρια τὰ πεπλυμένα καὶ ἔασον, ἕως ἂν τὸ ὕδωρ||ψυχρὸν γένηται. Εἶτα ἐξελὼν ἀπόπλυνε | καὶ ἔσται ἐστυμμένον. |

99. Πορφύρας σικελικῆς στῦψις. |

Βάλε εἰς τὸ χαλκίον ὕδατος χοεῖς η' καὶ στυπ|τηρίας ἡμίμνου(ν), χαλκοῦ ἄνθους μνᾶν α', κη||κίδων μνᾶν α', ὅταν ζέῃ, βάλε ἐρίων πεπλυ|μένων μνᾶν α', καὶ ἐὰν ζέσῃ δὶς ἢ τρίς, ἔξε|λε. Ἐὰν γὰρ πλείω χρόνον ἐάσῃς, ἐρυθρὰ ἔσται | ἡ πορφύρα. Ἐξελὼν δὲ πλῦνε καὶ ἔσται σοι | ἐστυμμένα.

100. Πορφύρας ἀληθινῆς || στῦψις καὶ βαφή. |

Τῷ στατῆρι τοῦ ἐρίου στυπτηρίας | ὀβολοὺς ε', ὕδατος κοτύλας β' βαλὼν εἰς ἄγγος ζέσον | καὶ ἔασον χλιερόν. Ἔασον ἕ[ως] πρωείας. Εἶτα | ἄρας ψύξον. Εἶτα ἐπίστυψον βαλὼν ὕδατος || κοτύλας δύο καὶ βαλαυστίου ∫' η'. Ζέσας χάλ|ασον τὰ ἔρια. Ὅταν δὲ πλειστάκις ἀποβάψῃς, | ἆρον τὸ ἔριον καὶ ἐπίβαλε εἰς τὸ ὕδωρ τοῦ βα|λαυστίου φύκους στυπτηρίου ὡς σφαῖραν | καὶ βάπτε πρὸς βλέπησιν. Ἐὰν δὲ θέλῃς αὐτὴ(ν) || μέλαιναν εἶναι, ἄφες χρ«ο»νίσαι ἐπιβαλὼν | μικρὸν χαλκάνθιον. | Ἐν ἄλλῳ

661. σκωρίας : σκορίας P || μνᾶς : μναῖ P || 662. ὀξείας : ὀξειαι P || 663. καῖε : κάε P || ἥμισυ : ημισου P || 670. κηκίδων : κηκείδω P || 671. μνᾶν : μνᾶ P || πεπλυμένων : πεπλυμένον P || μνᾶν : μνᾶ P || 675. ἀληθινῆς : ἀληθεινῆς P || 678. κοτύλας : κοτυλα P || 679. χλιερόν : χλιεριον P || 683. ὕδωρ : ὕδορ P || 685. βάπτε : βάπται P || βλέπησιν : βλεπις P.

Dans un autre passage, c'était comme suit :

Si vous voulez qu'elle soit noire, saupoudrez de natron et d'un peu de vitriol[1].

101. Teinture en pourpre.

Pourpre. Grillez de la pierre de Phrygie, faites bouillir et laissez refroidir. Ensuite enlevez. Dans un autre récipient jetez fucus et amarante, 1 mine, faites bouillir et laissez refroidir[2].

102. Autre.

Prenez des laines, saponifiez. Prenez de la pierre hématite, mettez dans un chaudron. Ayez d'abord fait bouillir du vitriol. Mettez-y la laine préalablement mordancée à l'urine, à l'alun et au misy. Plongez-y la laine ; retirez, rincez à l'eau de mer, faites sécher puis avivez[3] à la noix de galle et à l'hyacinthe[4]. Elle devient très belle, à la mode barbare[5].

103. Autre.

Prenez des cantharides, de la scorie de fer, du laurier, faites bouillir deux mines après macération. Après avoir bouilli, plongez, retirez, séchez et donnez du lustre à l'eau de chaux[6].

104. Autre.

On fait griller et bouillir la pierre phrygienne et on plonge la laine. Laissez refroidir. Ensuite enlevez, mettez dans un autre récipient une partie de fucus, une de fleur d'amarante, faites à nouveau bouillir, jetez-y la laine, laissez refroidir, enlevez, rincez à l'eau de mer[7].

1. Glose de scribe qui compare avec un autre passage de la source. Il pourrait s'agir de *Holm.* 115 = 128.

2. Mordançage : pierre de Phrygie (cf. *Leid.* 93). Colorant : fucus et fleur d'amarante. Cette dernière a une couleur pourpre, mais on ne sait s'il y a un principe colorant. Identique à 104, 134, partiellement à 154 et à *Leid.* 93 (qui n'ont pas l'amarante).

3. ἐπανθίζω signifie « donner de l'éclat, aviver ». Il s'agit de la touche finale.

τόπῳ οὕτως ἦν· | ἐὰν δὲ θέλῃς αὐτὴν μέλαιναν εἶναι, ἐπί|πασσε νίτρον καὶ ὀλίγον χαλκάνθιον. ||

101. Βαφὴ πορφύρας. |

Πορφύρα. Λίθον φρύγιον ὀπτήσας ζέσο(ν) καὶ ἄφες, ἕως ψυγῇ. Εἶτα ἄρας εἰς ἄλλο ἀγγεῖ|ον ἐπέμβαλε φύκους καὶ ἀμαράντου μνᾶν | α′ καὶ ζέσον καὶ ἔα ψυγῆναι. ||

102. Ἄλλη. |

Τὰ ἔρια λαβὼν στρούθισον καὶ λαβὼν αἱμα|τίτην λίθον βάλε εἰς χαλκίον καὶ χαλκάνθι|ον προζέσας βάλε τὸ ἔριον
IZ′ προστύψας ||| {προστύψας} οὔρῳ καὶ στυπτηρίᾳ καὶ μίσυι || καὶ χάλασον καὶ ἀνασπάσας θαλάσσισον | καὶ ψῦχε καὶ ἐπάν [θισον] κηκίδι καὶ ὑακί|νθῳ. Γίνεται αὕτη λίαν καλὴ βαρβαρική. |

103. Ἄλλη. |

Λαβὼν κα[ν]θαρίδας καὶ σκωρίας σιδήρου || καὶ δάφνας ζέσον προταριχεύσας | μν(ᾶς) β′ καὶ ζέσας χάλασον καὶ ἀνασπάσας | ψῦχε καὶ ἐπάνθισον ὕδα[τι] ἀσβέστου. |

104. Ἄλλη. |

Λίθος φρύγιος ὀπτᾶται καὶ ζέννυ||ται καὶ χαλᾶται [τ]ὰ ἔρια καὶ ἄφες, ἕως | ψυγῇ. Εἶτα ἄρας βάλε εἰς ἄλλο ἀγγεῖον | φύκους μέ(ρος) α′, ἀμαράντου ἄνθους μέ(ρος) α′ | καὶ πάλιν ζέσον καὶ ἐπίβαλε τὸ ἔριον | καὶ ἔα ψυγῆναι καὶ ἄρας ἀπόκλυσον || θαλάσσῃ.

690. χαλκάνθιον : χαλκάθιον P ‖ 692. φρύγιον : φρύγινον P ‖ 702. κηκίδι : κηκείδι P ‖ 703. γίνεται : γείνεται P ‖ 705. σκωρίας : σκωρία P ‖ 706. προταριχεύσας : προταρειχεύσας P ‖ 708. ἀσβέστου : ἀσβέστους P ‖ 710. φρύγιος : φρύγειος P ‖ 713. φύκους : φύγους P ‖ ἄνθους P : τοῦ ἄνθους coniecit Lag. ‖ 716. θαλάσσῃ : θαλλάσσης P θαλάσσης Lag.

105. Autre.

Procédé par les mûres[1]. Prenez des raisins verts, pressez et mordancez les laines pendant trois jours. Le quatrième, faites bouillir en mettant le verjus dans une cruche. Quand il bout, enlevez, lavez la laine à grande eau et faites sécher. Prenez ensuite le jus des mûres, faites bouillir jusqu'à deux fois, mettez la laine, laissez refroidir. Ce sera une belle pourpre de bonne couleur[2].

106. Pourpre. Teinture à froid opérant véritablement[3].

Gardez la chose secrète, car son teint est beau à l'excès. Prenez la mousse de la guède chez les teinturiers[4], la partie extérieure de l'orcanette en quantité suffisante, poids égal à celui de la mousse — car la mousse est légère[5] — broyez au mortier. Diluez donc l'orcanette en la broyant dans la mousse et elle livrera son pouvoir. Ensuite prenez la fleur[6] chez les teinturiers — si c'est celle du kermès, tant mieux ; à défaut, celle du crimnos. Réchauffez le grain lui-même[7] dans la moitié de la mousse et jetez au mortier. Plongez-y la laine et teignez sans mordancer et vous la trouverez indescriptible[8].

107. Teinture en belle pourpre.

Prenez de la laine, saponifiez. Ensuite, mordancez dans la chaux filtrée. Ensuite, cuisez dans l'alun et l'eau. Que l'alun soit dur et acide[9]. Ensuite, cuisez

1. Cette forme de titre est fréquente dans les réceptaires médicaux, par exemple des collyres διὰ βαλσάμου.

2. Le mordançage se fait par le jus de raisins verts. Les mûres ont un jus rouge-violet. En Gaule, on teignait les vêtements des esclaves avec le jus des myrtilles (Pline, XVI, 31). En Turquie, on utilise encore le jus de raisin avec alun et noix de galle pour teindre le cuir en safran. Cf. O. Gerngross dans *Das Leder* 6 (1935), p. 35.

3. Selon Lagercrantz, p. 209, cette expression veut dire que l'on opère avec les mêmes procédés que la pourpre industrielle.

4. Ceci semble indiquer que l'auteur du papyrus n'est pas un teinturier.

105. Ἄλλη. |

Ἡ διὰ τῶν μόρων. Λαϐὼν ὄμφακας | σταφυλῆς πίεσον καὶ στῦφε τὰ ἔρια | ἐπὶ γ' ἡμέρας. Τῇ τετάρτῃ ζέσον | βαλὼν αὐτὸν εἰς χύτραν τὸν χυλὸν || τῶν ὀμφάκων. Ὅταν δὲ ζέσῃ, ἄρας | ἔκκλυσον ὕδατι τὸ ἔριον καὶ ψύξον. Εἶτα λαϐὼν χυλὸν μόρων ἀνάζεσον, | ἕως ζέσῃ δίς, καὶ κάθες τὸ ἔριον καὶ | ἔα ψυγῆναι καὶ ἔσται πορφύρα εὔχρ||ους καλή.

106. Πορφύρας ψυχροϐαφὴ | ἀληθῶς γινομένη.

Τήρει ἀπόκρυφον | πρᾶγμα. Ἔστιν γὰρ καὶ εὐανθὴς ὑπερ|ϐολῇ. Λαϐὼν τὸν ἀφρὸν τῆς ἰσάτεως π|αρὰ τῶν βαφέων καὶ ἀγχούσης ἐξω||τικῆς μέρος τὸ αὔταρκες ὡς ἰσόστα|θμον τοῦ ἀφροῦ – ἔστιν γὰρ ἐλαφρὸς ὁ ἀ|φρός – διάτριψον ἐπὶ τῆς θυίας. Ἄνες οὖ|ν τὴν ἄγχουσαν τρίψας ἐν τῷ ἀφρῷ κ(αὶ) | ἀφήσει ἑαυτῆς τὴν δύναμιν. Εἶτα λα||ϐὼν τὸ ἄνθος τὸ ἀπὸ τῶν βαφέων – εἰ | μὲν τὸ ἀπὸ τοῦ κόκκου, κρεῖττον, εἰ | δὲ μή γε, ἀπὸ τοῦ κριμνοῦ – αὐτὸν τὸν | χόνδρον εἰς τὸ ἥμισυ τοῦ ἀφροῦ ἐπι|θερμαίνων ἐπιϐαλ«λ»ε κατὰ τῆς θυίας κ(αὶ) || χαλάσας τὸ ἔριον βάψον ἄστυφον καὶ | εὑρήσεις ἀδιήγητον. |||

ΙΗ' **107.** Πορφύρας καλῆς βαφή. |

Λαϐὼν ἔριον στρούθισον. Εἶτα εἰς ἄσϐεστ|ον διυλισμένην στῦψον. Εἶτα στυπ||τηρίᾳ καὶ ὕδατι ἕψησον. Ἔστω δὲ στυμνὴ | ἡ στυπτηρία ὀξῖτις. Εἶτα τῇ διὰ τοῦ

721. ὀμφάκων : ἀμφάκων P || 726. πορφύρας : πόρφυρα P || 727. ἀληθῶς : ἀληθος P || γινομένη : γεινομένη P || τήρει : τήρι P || 729. ἰσάτεως : ἰάτεως P || 730. βαφέων : βαφαίων P || ἀγχούσης : ἀνχούσης P || 734. ἄγχουσαν : ἄνχουσαν P || 736. βαφέων : βαφαίων P || 737. κρεῖττον : κρῖττον P || 739. ἐπιθερμαίνων : ἐπιθερμενον P || 742. εὑρήσεις : εὕρησις P || 746. ἕψησον : ἕψυσον P || στυμνή : στημη P || 747. στυπτηρία : στυπτηρα P.

dans le mordant d'urine. Ensuite, teignez[1]. Rincez à grande eau, puis à l'eau de mer et mettez de côté[2].

108. Prenez urine[3], une cotyle par statère de laine ; écorce d'orcanette, 4 statères ; natron roux[4], un statère ; misy de Chypre cru, 1 statère. Mettez dans l'écuelle d'urine et mêlez jusqu'à ce que cela vous paraisse bon. Enlevez la première mousse, qui est blanche et ne convient pas à la drogue. Quand les drogues paraissent filtrées, retirez le panier ou la corbeille, pressez soigneusement dans l'écuelle. Jetez ces matières, plongez les laines mordancées et opérez. Faites d'abord un essai. Plongez un échantillon à la main et examinez. Que le vase dans lequel on cuit, soit six fois trop grand à cause des fréquents débordements. Quand le résultat est bon, suspendez et laissez égoutter, jusqu'à ce que vous cuisiez la couleur[5].

109. Récolte du pastel[6].

Après l'avoir coupé, le réunir dans un panier à l'ombre et après l'avoir écrasé, le concasser et le laisser toute la journée. Le lendemain, l'aérer et le piétiner, jusqu'à ce qu'il soit retourné par le mouvement des pieds et séché uniformément. Le rassembler et le mettre dans des paniers. Le pastel ainsi traité s'appelle anthrax[7].

1. Le verbe ἀληθίζω est un hapax. *LSJ* traduit « dye with genuine purple ». Lagercrantz, p. 209 rapproche de ἀλήθω « mahle, zermalme » et traduit « zerzupfe ». On pourrait penser à une confusion graphique ʽΑΛΙΘΙΖΩ pour ΑΝΘΙΖΩ.

2. Il manque le colorant. Pour le reste, c'est la méthode classique : dégraissage (saponine, eau de chaux) ; mordançage (alun-vinaigre-urine) ; teinture ; deux rinçages.

3. La recette n'a pas de titre.

5. ἀνθισμός cf. ἐπανθισμός chez Diosc. V, 107, ἄνθος, p. 137, n. 6 et ἀνθίζω *supra*, n. 1. Composition du bain : orcanette, urine comme solvant, potasse, sulfure de fer qui modifiera la couleur. L'ordre des opérations est difficile à comprendre : on fait le bain dans une écuelle et il semble qu'on y suspende déjà la laine une première fois. Puis on presse et on recommence, mais à chaud cette fois, et, semble-t-il, dans un autre récipient.

οὔ|ρου στύψει ἕψησον. Εἶτα ἄνθισον. | Ἔκκλυσον ὕδατι, εἶτα θαλάσσῃ καὶ | ἀπόθου. ||

108. Λαβὼν οὔρου πρὸς τὸν στατῆρα | τοῦ ἐρίου κοτύλην μίαν καὶ φλοιοῦ | ἀγχούσης ʃ′ δ′ καὶ νίτρου πυρροῦ ʃ′ α′ κ(αὶ) | μίσυος κυπρίου ὠμοῦ ʃ′ α′ βάλε εἰς τὴν | λοπάδα τοῦ οὔρου καὶ μίσγε, ἕως σοι δοκῇ || καλῶς ἔχειν. Ἀφαίρει δὲ τὸν πρῶτον ἀφ|ρόν, ὅς ἐστιν λευκὸς καὶ ἀεικὴς τῷ φαρ|μάκῳ. Ὅταν δὲ δόξῃ ἐξηρακέναι τὰ φ|άρμακα, ἄρας τὸ γυργάθειον ἢ τὸ σπυρί|διον ἐκπίασον ἐπιμελῶς εἰς τὴν λοπά||δα. Αὐτὰ μὲν ῥῖψον, τὰ δὲ ἔρια ἐστυμμέ|να χαλ⟦λ⟧άσας ποίησον. Καὶ πρότερον δει|γμάτιζε ὑπὸ χεῖρα καθεὶς θεώρ«ε»ι. Ἔστω δὲ | τὸ ἄγγος, ἐ«ν» ᾧ ἕψεται, χωροῦν τὸ ἐξαπλοῦ(ν) | διὰ τὸ ὑπερζέον πολλάκις. Ὅταν δὲ κα||λῶς ἔχῃ, κρέμασον καὶ ἔασον ἀποστάζει(ν)|, ἕως τὸν ἀνθισμὸν ἑψήσῃς. |

109. Ἰσάτεως συγκομιδή. |

Ἐκτεμόντα εἰς κόφινον συνθεῖναι ἐν | σκιᾷ καὶ συνθλάσαντα κόπτειν καὶ «ἐ»ᾶν || ὅλην τὴν ἡμέραν, τῇ δὲ ἐχομένῃ διαψ|{ψ}ύχειν καὶ ἐμπεριπατεῖν, ὅπως ἀνα|βάλληται διὰ τῆς τῶν ποδῶν κινήσεως | καὶ ὁμαλῶς ξηραίνηται, καὶ συνθέντα εἰς | φορμοὺς ἀποθέσθαι. Καλεῖται δὲ χειρισθεῖ||σα ἡ ἰσάτις οὕτως ἄνθραξ. |

747. οὔρου : οὔρους P ‖ 748. ἕψησον : ἕψυσον P ‖ ἄνθισον ego : ἀλήθισον P ‖ 751. πρὸς : πρὸ P ‖ στατῆρα : στυπτῆρα P ‖ 752. ἐρίου : ἐ⟦υ⟧ρείου P ‖ καὶ P : deleuit Lag. ‖ 753. πυρροῦ ego : πυρου P ἀπύρου coniecit Lag. ‖ 755. λοπάδα : λοπάτα P ‖ μίσγε : μισε P ‖ ἕως : ἕω P ‖ 756. καλῶς : καλος P ‖ ἀφαίρει : ἀφέρει P ‖ 757. ἀεικὴς ego : ἀειγὴς P ἀθιγὴς coniecit Lag. ‖ 759. γυργάθειον : γυρπάθειον P ‖ σπυρίδιον : σπυρύδιον P ‖ 762. δειγμάτιζε : διγμάτειζε P ‖ 763. καθεὶς : καθὶς P ‖ θεώρει : θεώρι P ‖ 764. τὸ : τὸν P ‖ 767. ἕως : ὡς P ‖ 768. ἰσάτεως : ἰαστεως P ‖ 770. σκιᾷ : σκειᾷ P ‖ 773. τῶν : τον P ‖ ποδῶν : ποδον P ‖ κινήσεως : κεινήσεων P ‖ 774. ξηραίνηται : ξηρένηται P.

110. Teinture en anthrax[1].

En mettre environ un talent dans un tonneau exposé au soleil, ne contenant pas moins de 15 métrètes, et bien le tasser. Ensuite, verser de l'urine par dessus jusqu'à ce que le liquide dépasse et exposer au soleil. Le lendemain préparer en piétinant au soleil jusqu'à ce qu'il soit bien imprégné. Il faut faire cela pendant 3 jours[2].

111. Cuisson de l'anthrax.

Faire trois parties de l'anthrax et de l'excès d'urine versée, et faire utilement pénétrer, verser dans une marmite et chauffer. Vous verrez s'il est cuit par le moyen suivant : quand il bouillira, remuez sans troubler, mais soigneusement pour qu'il n'imprègne pas le vase en se déposant. Quand le bain se partage par le milieu, la cuisson est achevée. Il faut enlever le feu sans cesser de remuer. Refroidissez la partie inférieure de la marmite en l'aspergeant d'eau froide. Ensuite prenez 1/2 chénice de saponaire, mettez dans un tonneau, transvasez une quantité suffisante de drogue, placez sur le bord du tonneau des barres ou des roseaux, couvrez de claies et chauffez à un feu modéré, pour qu'il ne déborde pas en bouillonnant et qu'il ne se refroidisse pas à la périphérie. Laissez trois jours. Faites à nouveau bouillir de l'urine avec de la saponaire, raclez ce qui monte à la surface et plongez la laine bouillie. Ensuite rincez soigneusement, exprimez le liquide, étirez, mettez dans la drogue. Quand le résultat vous paraît bon, enlevez. Couvrez à nouveau, chauffez de la même manière. Pendant que le liquide bout et que vous

1. Le titre ne convient pas, car il s'agit seulement de l'extraction du principe colorant par fermentation.

2. L'indicum incolore est décomposé en fructose et indoxyl qui est oxydé par l'air en indigo. L'urine garde le bain alcalin (Forbes, *SAT*, IV, 110).

110. Ἀνθρακίνου βαφή. |

Ὡς τάλαντον εἰς πίθον ἐμϐαλεῖν | ἐν ἡλίῳ κείμενον, χωροῦντα μὴ ἔλασσον | μετρητῶν ιε´ καὶ ἐπισάξαι καλῶς. Εἶτ' ἐπι||χέοντα οὖρον, ἕως ἂν ὑπερέχῃ τὸ ὑγρόν, | ἡλιάζειν, τῇ δὲ ἐχομένῃ ἀναποιῆσαι | συμπατοῦντα ἐν ἡλίῳ,
ΙΘ´ ἕως ἀναδευθῇ ||| {ἕως ἀναδευθῇ} καλῶς. Τοῦτο δὲ χρὴ ποιεῖν | ἐφ' ἡμέρας γ´.

111. Ἄνθρακος ἕψησις. ||

Τριμερῆ ποιήσαντα τὸν ἄνθρακα καὶ τὸ ἀπὸ | τοῦ ἐπιχυθέντος οὔρου περισσὸν ἀναδεῦ|σαι χρησίμως καὶ εἰς [χύ]τραν ἐγχέοντα ὑπ|οκαίειν. Αἰσθήσει δὲ, εἰ ἥψηται, οὕτως. Ἐάν | ζέσῃ, ἀνακίνει μὴ ταρασσόμενος, ἐπιμε||λῶς δέ, ὅπως μὴ συγκαθίσας {α} συντήξῃ | τὸν λέϐητα. Ὅταν δ' ἐκ τοῦ μέσου σχίζηται, | τελεία ἡ ἕψησις γίνεται. Δεῖ δὲ ὑποσπ|άσαντα κινεῖν τὸ πῦρ μηδὲν{ν} ἧσσον. Κ[α]|τάψυχε δὲ τὰ ὑπὸ τὸν χύτρον ὕδατι ψυ||χρῷ προσραίνων. Εἶτα λαϐὼν στρουθίου | ἡμιχοίνικον ἔμϐαλε εἰς πίθον καὶ ἀπὸ τοῦ | φαρμάκου μετεράσας τὸ ἱκανὸν ἐπιθεὶς | κανόνας ἢ καλάμους τῷ χείλει τοῦ πίθου | πώμαζε φορμοῖς καὶ ὑπόκαιε πυρὶ συμμέτ||ρῳ, ὥστε μὴ ὑπερζέσαι μηδὲ περιψύχεσ|θαι. Καὶ ἀφεὶς ἡμέρας γ´ ἀνάζεσον οὖρον με|τὰ στρουθίου καὶ τὸ ἀποζέον ἀποσύρων καθί|ει ἔριον ἑψήμενον. Εἶτ' [ἀποκλ]ύσας χρησίμως | καὶ ἐκπιάσας διάξανον καὶ κάθες εἰς τὸ φάρ||μακον. Ὅταν δέ σοι δοκῇ καλῶς ἔχειν, ἐξ|ελὼν καὶ πωμάσας πάλιν ὑπόκαιε τὸν αὐτὸ(ν) | τρόπον καὶ ἐπὶ τὸ ὑ[γ]ρὸν ἅμα ζέσας

783. συμπατοῦντα : συνπατοῦντα P || 786. ποιήσαντα : ποισαντα P || 788. χρησίμως : χρήσιμος P || ἐγχέοντα : ἐχέοντα P || ὑποκαίειν : ὑποκέειν P || 789. οὕτως : οὑτος P || 790. ἀνακίνει : ἀνακείνει P || ταρασσόμενος P : ταρασσομένως coniecit Lag. || 793. γίνεται : γείνεται P || 794. κινεῖν : κεινεῖν P || 799. καλάμους : καλμους P || 800. ὑπόκαιε : ὑπόκαε P || 801. μηδὲ : μητε P || 805. διάξανον : διάξονον P || 807. ὑπόκαιε : ὑπόκαε P || 808. τρόπον : τρωπον P.

raclez la mousse, jetez deux mines de fucus, plongez la laine teinte, rincez à l'eau de mer et séchez. Teignez en bleu[1] deux fois par jour, le matin et le soir tant que la drogue peut servir[2].

112. Teinture en rose.

Teignez en rose comme suit : saupoudrez de cendre les pelotes de laine, faites pénétrer, lavez avec le jus de la terre à potier, rincez, mordancez comme écrit plus haut[3]. Après le mordançage, rincez à l'eau de mer. Ayez de l'eau de pluie chaude au point de n'y pouvoir plonger la main. Ensuite, prenez de la racine séchée[4] et pilée finement, un quart de mine par mine de laine, et un quart de chénice de farine de haricots. Mêlez ensemble en versant du vinaigre blanc. Saupoudrez-en le chaudron, remuez, mettez les laines dans le chaudron et remuez de nouveau constamment pour homogénéiser. Quand elles vous paraîtront avoir absorbé, donnez l'éclat par l'alun, rincez à l'eau de mer, séchez à l'ombre en prenant garde à la fumée[5].

113. Teinture en fucus.

Teindre en fucus. Laver les laines comme écrit plus haut[6]. Prendre 4 conges d'urine, 1/2 mine d'alun par mine[7], mêlez en chauffant jusqu'à ébullition. Mettre la laine et remuer constamment. Quand il se décante et que le liquide se dépose, rincer et cuire à l'eau potable[8] du fucus, trois fois le poids de la laine. Retirer le fucus.

1. Sur la couleur γλαυκός voir *Leid.*, note 8, p. 108.
2. On prélève un tiers de cette solution et on le met bouillir. Les laines ont été dégraissées à la saponaire. Le bain tinctorial comprend la guède et l'urine précitées, plus encore de la saponaire. On parachève au fucus. C'est donc une teinture fucus sur indigo. On obtiendra un violet foncé (Pfister, 18-19).
4. La racine de garance. Cf. Diosc. III, 143 ῥίζα ἐρυθρά... βαφική ; Pline, XIX, 47-48 et XXXIV, 94. La racine de *Rubia tinctorum* L. contient la teinture sous forme de glucosides. En les humidifiant, on fait éclater le glucoside et on libère l'alizarine. Sur l'histoire de la garance, C. D. Mell, *A brief Historical Account of Madder, Textile Colorist*, 1932, 241-244 ; G. Schaefer, *Krapp und Turkischrot, Ciba Rundschau*, 47 (1940), 1714-1722.

καὶ τὸν | ἀφρὸν ἀποσύρας φύκους ἔμβαλε μνᾶς β' | καὶ τὸ βαφὲν ἔριον καθίει καὶ ἀποκλύσας ἐν || θαλάσσῃ διάψυξον. Γλαύκου δὲ δὶς τῆς | ἡμέρας, πρωίας καὶ δείλης, ἐφ' ὅσον ἂν ὑ|πηρετῇ τὸ φάρμακον. |

112. Ῥοδ[οβα]φοῦς βαφή. |

Ῥοδοβαφὲς δὲ οὕτως βάπτ(ε)τ(αι)· καταπάσ||ας τοὺς κυκλίσκους τῶν ἐρίων σποδῷ καὶ | ἀναποιήσας πλῦνε γῆς κεραμικῆς χυλῷ | καὶ ἐκκλύσας στῦφε, καθὼς προγέγραπται. | Μετὰ δὲ τὴν στῦψιν ἐκκλύσας ἐν θαλάσσῃ | ὄμβριον ὕδωρ ἔχε θερμόν, ὥστε μὴ δύνα||σθαι χεῖρα καθεῖναι. Εἶτα ῥίζης λαβὼν πε|φρυγμένης καὶ κεκομμένης λείας μέρ|ος τέταρτον τῆς μνᾶς εἰς τὴν μνᾶν τῶν | ἐρίων
K' καὶ λεκιθίου χοίνικος τέταρτον ||| {τον} φύρασον ἐν ταύτῳ παρέχων ὄξος λευκὸ(ν) || ἐπιπάσας τε εἰς τὸν λέβητα ἀνακίνησον καὶ | καθεὶς τὰ ἔρια εἰς τὸν λέβητα πάλιν ἀνακί|νει συνεχῶς, ὅπως ὁμαλισθῇ. Ὅταν δέ σοι δόξῃ | συμπεπωκέναι, ἐπάνθιζε διὰ στυπτηρίας | καὶ ἀναποκλύσας θαλάσσῃ ξήραινε ἐν σκιᾷ || φυλασσόμενος καπνόν.

113. Φύκους βαφή. |

Φύκει βάπτειν. Τὰ ἔρια πλῦναι, καθάπερ προ|γέγραπται, κ(αὶ) λαβόντα οὔρου χοέας δ' καὶ στυ|πτηρίας ἡμιμναῖον εἰς τὴν μνᾶν ἀναμεῖ|ξαι ὑποκάοντα, ἕως ἀναζέσῃ, καὶ καθέντα || τὰ ἔρια κινεῖ[ν] συνεχῶς. Ὅταν δὲ συνί|ζῃ καὶ τὸ ὑγρὸν καθιστῆται, ἀποκλύσαντα ὕ|[δατι] ποτίμῳ ἕψειν φύκους τριπλάσιον | τῆς τῶν ἐρίων ὁλκῆς καὶ

810. καὶ : κα P || 811. θαλάσσῃ : θαλλάσσης P || γλαύκου : γλύκου P || 815. ῥοδοβαφὲς : ῥοδοβαφαίς P || καταπάσας : καιταπάσας P || 826. ἀνακίνησον : ἀνακείνησον P || 827. ἀνακίνει : ἀνακείνει P || 828. ὁμαλισθῇ : ὁμαλισθαι P || 830. ξήραινε : ξήρεναι P || 832. πλῦναι : πλῦνε P || 833. λαβόντα : λαβώντα P || 836. κινεῖν : κεινει P || συνίζῃ : συνείζῃ P || 838. ἕψειν : ἕψιν P || 839. τῶν : τον P.

Plonger la laine et remuer régulièrement pour qu'elle absorbe. Ensuite broyez fin du vitriol, 1/4 de mine par mine, mêlez, homogénéisez, remuez constamment. Ensuite, retirez, rincez, séchez, comme dans les autres recettes[1].

114. Teinture en violet par le fucus.

Après avoir mis la laine en pelotes, tamiser de la cendre, fouler convenablement, tamiser à nouveau de la cendre, jusqu'à ce que la laine soit nettoyée et bien décrassée[2]. Le lendemain, étirer et laver. Après le lavage, faire bouillir de l'eau de mer, 6 conges par mine, mêler 1/2 mine d'alun et mordancer comme on l'a dit et laver. Ensuite cuire le triple de fucus avec de l'eau de pluie jusqu'à ébullition, verser du lait de chèvre[3], remuer, jeter la laine, remuer à nouveau jusqu'à ce que la couleur pénètre bien à partir de la surface. Alors, enlever, rincer, sécher à l'ombre en prenant garde à la fumée[4].

115. Teinture en pourpre vive[5].

Rendre la pourpre plus vive. Cuisez[6] du fucus. De son jus, prenez 5 cyathes par mine. Si vous voulez accentuer, ajoutez du natron broyé fin. Si vous voulez plus encore, du vitriol[7].

1. Mordant : alun+urine. Colorant : décoction de fucus. Touche finale : par le vitriol (Pfister, 6, 7, 8). Les proportions sont très élevées : pour 1 kg de laine, il faut 1/2 kg d'alun pour le mordancer, 3 kg de fucus, 1/4 kg de vitriol.

2. καταπυρωθῇ signifie proprement « brûler ». Lagercrantz, p. 216 propose καταπιτυρόω « mache kleiig ». L'expression se rapporterait à la consistance de la laine qui serait lâche comme du son. Je propose de lire καταπυρωθῇ = καταρρυπωθῇ « souiller » qui serait peut-être une faute pour καταρρύπτω.

3. Le papyrus a καιγα. Lagercrantz lit καὶ αἶμα. Je lis καὶ γά<λα> qui apparaît ailleurs comme solvant.

4. Comme dans la recette précédente, on opère au fucus, mais mordant est différent, et le colorant est étendu de lait. Le nettoyage à la cendre est un dégraissage par adsorption.

6. Lire probablement ἕψησας.

ἐξελόντα τὸ φῦκος | καθεῖναι τὰ ἔρια καὶ ἀνακινεῖν ὁμαλῶς, ἕως || ἂν σ⟨υ⟩μπίῃ, κἄπειτα χαλκάνθους μνᾶς τέταρ|τον εἰς τὴν μνᾶν λεάνας παράμισγε καὶ ὁμα|λίζων ἀνακίνει συνεχῶς. Εἶτ' ἐξελὼν ἀπ[ό]κλυσον καὶ ξήραινε, καθὼς καὶ τὰ λοιπά. |

114. Φοινικοῦ διὰ φύκο«υ»ς βαφή. ||

Κυκλίσαντα τὰ ἔρια κατασῆσαι σποδὸν καὶ συμπατήσαντα χρησίμως πάλιν τῆς σπο|δοῦ κατασήθειν, ἕως ἂν ῥυφθῇ και καταρρυ|πωθῇ. Τῇ δ' ἐχομένῃ ἐκτεινάξαντα ἐκκλύ|σαι. Καὶ μετὰ τὴν πλύσιν θαλάσσης ἀναζέ||σαι χοέας ϛ' εἰς τὴν μνᾶν καὶ παραμείξα(ν)|τα{σ} στυπτηρίας ἡμιμναῖον στύφειν, ὡς εἴρη|ται, καὶ ἀποκλύσαι. Εἶτα φύκους τὸ τριπλάσιον | ἕψειν μεθ' ὕδατος ὀμβρίου, ἕως ἂν ζέσῃ, καὶ γά[λα] | αἴγειον ἐπιχέαντα ἀνακινεῖν καὶ τὰ ἔρια || ἐμβαλόντα πάλιν κινεῖν, ἕως ἂν εὖ ἄν[ω]|θε ἐνῆται τὸ χρῶμα κἄπειτ' ἐξελόντα ἀπο|κλύσαι καὶ ἀναξηραίνειν ἐν σκιᾷ ἀπὸ κα|πνοῦ φυλάσσοντα. |

115. Πορφύρας ὀξείας βαφή. ||

Πορφύραν ὀξυτέραν ποιῆσαι. Φῦκος ἑψήσας | ἐκ τοῦ χυλοῦ λάμβανε κυάθους ε' εἰς τὴν | μνᾶν. Ἐὰν ἐπιτεῖναι θέλῃς, παράμισγε {νί} νίτρον | λεῖον. Ἐὰν δὲ μᾶλλον ἔτι βούλῃ, χαλ|κανθές. |||

839. ἐξελόντα : ἐξελωντα P || 840. καθεῖναι : καθῖναι P || ἀνακινεῖν : ἀνακεινεῖν P || 841. συμπίῃ : συμπείῃ P || 842. ὁμαλίζων : ὁμαλείζων P || 843. ἀνακίνει : ἀνακεινα P || 844. ξήραινε : ξηραιναι P || 845. φοινικοῦ : φοινικοῦς P || 847. σποδοῦ : σπουδοῦ P || 848. καταρρυπωθῇ ego : καταπυρωθῇ P || 849. ἐκτεινάξαντα : ἐκτειναξατα P || 850. θαλάσσης : θαλλάσσης P || 852. ὡς : ὅς P || 854. ἕψειν : ἕψιν P || καὶ γά[λα] ego : καιγα P κ(αὶ) αἷμα coniecit Lag. || 855. ἀνακινεῖν : ἀνακεινεῖν P || 856. κινεῖν : κεινεῖν P || 857. κἄπειτ' : κἄπιτ' P || ἐξελόντα : ἐξελωντα P || 861. ἑψήσας : ψήσας P || 863. ἐπιτεῖναι : ἐπειτεῖναι P || 864. λεῖον : λῖον P.

116. Du livre d'Africanus[1]. Fabrication de pourpre vive.

Prenez la laine mordancée, plongez dans une chénice de crimnos, 4 chénices de fucus. Faites bouillir, plongez la laine[2], laissez jusqu'au soir, enlevez, rincez à l'eau de mer, puis à l'eau[3].

117. Autre[4].

Vitriol, 4 statères ; terre de Sinope, 4 statères ; crimnos, 8 statères. Pilez, cuisez, plongez la laine mordancée et ce sera de la belle pourpre profonde[5].

118. Autre.

Teinture en pourpre par les plantes. Prenez la laine, plongez dans du jus de jusquiame et de lupin âcre bouilli avec de l'eau[6]. C'est le mordançage préliminaire. Ensuite, prenez les baies du nerprun[7], mettez de l'eau dans un chaudron, faites bouillir, plongez la laine et ce sera de la belle pourpre. Enlevez, rincez à l'eau ferrée[8], séchez au soleil et elle sera de première qualité[9].

119. Autre.

Mordancez d'abord la laine. Prenez de la belle terre de Sinope, 20 statères, faites bouillir dans du vinaigre, plongez la laine, ajoutez 2 statères de vitriol. Enlevez la laine, mettez dans un chaudron plein de lupin[10], laissez une heure, enlevez, rincez[11].

120. Bains de couleurs diverses.

Donner une couleur violette. Prenez de l'héliotrope, mêlez intimement avec l'orcanette, mettez dans un récipient d'argile en l'arrosant de vinaigre blanc pendant

1. Voir introduction p. 70. Selon J. R. Vieillefond, *Les « Cestes » de Julius Africanus*, p. 306, il est vraisemblable que dans le titre le mot βύϐλου était suivi d'une lettre notant le numéro du livre.

2. C'est un repentir du scribe qui précise que le bain doit être bouillant.

3. Composition du bain : fucus 4, crimnos 1 (Pfister, p. 14).

4. Il n'y a pas de raison de supposer que cette recette aussi vienne d'Africanus (Vieillefond, p. 307).

ΚΑ' **116.** Ἀφρικανοῦ βύϐλου. Πορφύρας ὀξεία[ς] | {ὀξείας} ποίησις. |

Λαϐὼν τὸ ἔριον ἐστυμμένον χάλα εἰς κριμ|νοῦ χο(ίνικα) α', φύκους χο(ίνικας) δ', ζέσας χάλα τὸ ἔριον κ(αὶ) | ἄφες ἕως ὀψὲ καὶ ἄρας ἀπόκλυσον θαλάσσῃ, || εἶτα ὕδατι.

117. Ἄλλη. |

Χαλκάνθου ∫ δ', σινωπίδος ∫' δ', κριμν|οῦ ∫ η' κόψας ἕψει καὶ χάλα τὸ ἔριον ἐστυμ|μένον καὶ ἔσται πορφύρα βαθεῖα καλή. |

118. Ἄλλη. ||

Πορφύρας βαφὴ διὰ βοτανῶν. Λαϐὼν τὸ ἔριο|ν χάλα εἰς χυλὸν ὑοσκυάμου καὶ θέρμου πι|κροῦ ἐζεσμένον τοῦ ὕδατος. Τοῦτο πρόστυμ|μά ἐστιν. Εἶτα λαϐὼν τοῦ ῥάμνου τὰ σφαιρί|α βάλε εἰς λέϐητα ὕδωρ καὶ ζέσον καὶ χάλα τὸ || ἔριον καὶ ἔσται πορφύρα καλή. Ἄρας ἀπόκλυσον | χαλκέως ὕδατι καὶ ξήραιν[ε] ἐν ἡλίῳ καὶ ἔστ|αι πρώτη.

119. Ἄλλη. |

Προστύψας τὸ ἔριον καὶ λαϐὼν σινωπίδος | καλῆς ∫ κ' καὶ ζέσας ὄξει χάλα τὸ ἔριον καὶ πρόσ||ϐαλε χαλκάνθου ∫ β' καὶ ἄρας τὸ ἔριον βάλε εἰς | χαλκίον μεστὸν θέρμου καὶ ἄφες ὥραν α' καὶ | ἄρας ἀπόκλυσον.

120. Διαφόρων χρωμάτων | {διαφόρων χρωμάτων} βαφαί. |

Φοινικόχροα ποιῆσαι. Λαϐὼν ἡλιοτρόπιον || σύνδησον ἀγχούσῃ καὶ κατάθου εἰς ἀγγεῖο(ν) | ὀστράκινον ῥαίνων

866. Ἀφρικανοῦ : Ἀφρικιανοῦ P || βύϐλου : βούϐλου P || 872. χαλκάνθου : χαλακάνθου P || 876. βοτανῶν : βοτανον P || 879. σφαιρία : σφαιρεια P || 882. ξήραινε : ξήρενε P || 886. χαλκάνθου : χαλακάνθου P || 887. χαλκίον : χαλκιν P || 891. ἀγχούσῃ : ἀνχούσῃ P.

trois jours. Le quatrième jour, cuisez soigneusement en ajoutant de l'eau jusqu'à ce qu'elle surnage. Si vous voulez teindre en couleur cèdre, enlevez l'orcanette et cuisez vivement. Si vous voulez la couleur cerise, ajoutez du crimnos acidulé[1] avec un peu de smegma[2], trempez et cuisez jusqu'à ce que le résultat vous paraisse bon[3].

121. Teinture à froid en gris[4].

Litharge dorée, 1 partie ; chaux, 2 parties. Mettez dans un récipient, ajoutez de l'eau jusqu'à ce qu'elle dépasse. Remuez jusqu'à mélange, plongez les laines préalablement lavées qui changent de couleur progressivement[5]. Si vous mêlez de l'orcanette, c'est mieux[6].

122. Teinture des écarlates.

Prenez, mordancez au pastel, ce qui est bleuir[7], lavez et séchez. Prenez du kermès et de l'eau, pilez jusqu'à dissolution et alors mêlez du fucus local[8], cuisez ainsi, plongez les laines, et ce sera de l'écarlate.

123. Produire une couleur d'or par bain froid.

Prenez de la fleur de carthame, de l'œil-de-bœuf, pilez ensemble et jetez dans l'eau. Plongez les laines, arrosez d'eau, enlevez, séchez et utilisez[9].

124. Lavage des laines rugueuses[10].

Voici le lavage des laines rugueuses. Par mine de laine, 9 mines de terre de Cimole, 2 cotyles de vinaigre, versez de l'eau, lavez et séchez[11].

1. C'est-à-dire vraisemblablement « dissous dans du vinaigre ». Comparer la n. 202.

2. Pfister, 15 traduit « matière dégraissante ». En réalité le σμῆγμα est un produit métallurgique décrit chez Pline, XXXIV, 134. C'est une espèce de scorie contenant de l'oxyde de fer qui agit comme mordant.

3. L'héliotrope (*Croton tinctorium* L.) et l'orcanette donnent une couleur rouge en solution dans l'acide acétique ; Pline XXII, 37-58 ; Pfister, 15 ; Forbes, *SAT* IV, 112.

5. Le parallélisme de la l. 986 permet de comprendre que κατὰ διάστημα est identique à κατὰ διάστημα χρόνου.

ἐπὶ ἡμ(έρας) γ´ ὄξει λευκῷ. | Τῇ τετάρτῃ ἡμέρᾳ ἕψε ἐπιμελῶς ἐπιβάλ|λων ὕδωρ, μέχρι ἐπιπλεύσῃ. Ἐὰν δὲ θέλῃς | κέδρινον βάψαι, ἆρον τὴν ἄγχουσαν καὶ || ἕψε ἐλαφρῶς. Ἐὰν δὲ κεράσινον, ἐμβαλὼν | κριμνὸν ὠξυσμένον σὺν ὀλίγῳ σμήγμ[α]|τι κατάθου καὶ σύνεψε, μέχρι σοι δόξῃ καλῶς | {καλῶς} ἔχειν.

121. Φαιῶν ψυχροβαφαί. |

Λιθαργύρου χρυσιζούσης μέρος, ἀσβέστου || μέρη β´ καταθέμενος εἰς ἀγγεῖον ἐπίχεε | ὕδωρ, ὥστε ὑπερέχειν, καὶ κινήσας, μέ|χρι καταμιγῇ, χάλασον τὰ ἔρια⟦ν⟧ [πρ]οεκκε|κλυσμένα, ἃ γίνεται κατὰ διάστημα ἑτε|ρόχροα. Ἐὰν ἀγχούσης μείξῃς, κρείσσω. ||

122. Κοκκίνων βαφαί. |

Λαβὼν στῦψον τῇ ἰσάτιδι, ὅ ἐστιν γλαυκισ|μός, καὶ πλύνας ξήρανον. Εἶτα λαβὼν κόκ|κον καὶ ὕδωρ κόπτε, ἕως ἀνεθῇ, καὶ τότε | μεῖξον φῦκος χωρικὸν καὶ ἕψε οὕτως |||
ΚΒʹ {καὶ ἕψε οὕτως} καὶ χάλα τὰ ἔρια καὶ ἔσται κόκκος. |

123. Χρυσανθῆ ποιῆσαι ψυχροβαφῆ. |

Λαβὼν κνήκου ἄνθος καὶ βούφθαλμον ὁμοῦ | κόψας βάλε εἰς ὕδωρ. Χάλα τὰ ἔρια καὶ ῥαῖνε | ὕδατι καὶ ἄρας ψῦχε καὶ χρῶ. ||

124. Ἐρίων τραχέων πλύσις. |

Ἐρίων τραχέων ἥδε πλύσις ἐστίν. Μνᾶ τῶν | ἐρίων κιμωλίας μνᾶς θ´, ὄξους κοτύλας | β´, ὕδωρ ἐπιχέας πλῦνε καὶ διάψυχε. |

896. ἐλαφρῶς : ἐλαφρος P || 897. ὠξυσμένον : ὠξεισμένον P || 898. σοι : σο P || 901. μέρη : μέρε P || 902. κινήσας : κεινήσας P || 903. ἔρια⟦ν⟧[πρ]ο- ego : [κατ]ό Lag. pro κατώ. || 904. γίνεται : γείνεται P || 905. ἀγχούσης : ἀνχούσης P || κρείσσω : κρίσσω P || 907. ἰσάτιδι : ἰσάτι⟦δ⟧ P || γλαυκισμός : γλευκισμός P || 908. ξήρανον : ξύραινον P || 911. οὕτως : οὑτος P || 914. ῥαῖνε : ῥενε P || 918. κιμωλίας : κειμωλεις P.

125. Essai des drogues tinctoriales.

Le pastel lourd et bleu foncé est beau. Celui qui est pâle et léger n'est pas de bonne qualité.

Essai du kermès de Syrie. Broyez en choisissant la partie la plus colorée et la plus légère. Celui qui est noir ou veiné de blanc est mauvais. En mâchant avec du natron, distinguez celui qui a la bonne couleur[1].

Vous éprouverez la garance la plus colorée en la broyant. Fucus : celui qui est de couleur pourpre et se fixe bien, comme le murex. Celui qui est veiné de blanc et noir n'est pas de bonne qualité. En le mâchant, gardez dans la main, choisissez le plus jaune.

Alun : celui qui est liquide et très blanc. Celui qui contient de la saumure est inutile.

Fleur de cuivre : celle qui est bleue et verte, tout à fait couleur poireau et très bien colorée[2].

126. Teinture des laines de Canusium[3].

Crimnos, 20 drachmes ; acacia, 8 ou 12 drachmes ; eau, un conge par mine de laine non mordancée. Faites d'abord bouillir dans un chaudron de plomb[4], plongez la laine, prenez un échantillon et ce sera[5].

127. Teinture de couleur.

Chaux vive sèche et litharge dorée, broyez les deux dans un récipient d'argile, remuez, plongez les laines et laissez un jour et une nuit. Elles monteront à la surface et vous laverez à la saponaire. Après lavage, si vous voulez, teignez à nouveau avec cette drogue[6].

128. Teinture en pourpre.

Pourpre vive. Suc de fucus. Si vous voulez augmenter, mettez du natron. Si vous voulez encore plus, du vitriol[7].

1. L'usage de mâcher du natron était répandu en Égypte (Lucas-Harris, 267). Aujourd'hui encore on le mâche mêlé à du tabac.

2. L'alun blanc exclut les aluns de fer. Le mot χαλκοῦ ἄνθος est synonyme de χάλκανθος, puisque la couleur bleue est le sulfate de cuivre, la couleur verte, le sulfate de fer.

7. Identique à 115, mais abrégé.

125. Δοκιμασίαι φαρμάκων βαφικῶν. ||

Ἰσάτις ἡ βαρεῖα καὶ κυανῆ καλή, ἡ δὲ ἔκλευ|κος καὶ κούφη οὐκ ἐσθλή. Κόκκου συρίου | δοκιμασία· θραῦε τὸν εὐανθέστατον καὶ κο|υφότατον {καὶ κουφότατον} αἰρῶν. Ὁ δὲ μέλ|ας ἢ διάλευκος πονηρός. Νίτρῳ δὲ διαμασησ||άμενος διάκρινε τὸν εὐανθῆ. Ἐρυθρόδανον | εὐανθέστατον συντρίβων εἰς δοκιμασίαν | ἄγε. Φῦκος τὸ πορφυρόχροον καὶ εὐπαγὲς ὅ|πως ὄστρεον. Τὸ δὲ διάλευκον καὶ μέλανον | ὃν οὐκ ἐσθλόν. Διαμασώμενος οὖν φύλασ||σε εἰς τὴν χεῖρα εὐανθέστερον αἰρ[ῶν]. Στυ|πτηρία δὲ ὑγρὰ καὶ λευκὴ λίαν. Ἡ δὲ ἅλμη|ν ἔχουσα ἀχρεία ἐστίν. Χαλκοῦ {κου} ἄνθος τὸ κυανόχρου[ν] καὶ χλω|ρόν λίαν πρασῶδες καὶ εὐανθέστατον. ||

126. Ἐρίων κανυσίων βαφή. |

Κριμνοῦ ⟨κʹ, ἀκάνθης ⟨ηʹ ἢ ιβʹ, ὕδατος | χοῦν αʹ ἐρίων ἀστύφων μνᾷ αʹ προζέσας | ἐν μολυβῷ χαλκίῳ ἐπιχάλα τὰ ἔρια καὶ δειγ|μάτιζε καὶ ἔσται. ||

127. Βαφὴ χρώματος. |

Ἄσβεστον θερμὸν ξηρὰν καὶ λιθάργυρον | χρυσῖτιν, τὰ δύο τρίψας εἰς ἀγγεῖον ὀσ|τράκινον ἀνακινήσας χάλασον τὰ ἔρια | καὶ ἔα ἡμ(έραν) αʹ καὶ νύ(κτα) καὶ ἀναβήσεται ⟦α⟧ καὶ ἐκκ||λύσεις στρουθίῳ. Ἐὰ(ν) ἐκκλυσθῇ καὶ ἔτι θέλῃ|ς, πάλιν ἐκ τοῦ φαρμάκου βάπτε. |

128. Βαφὴ πορφύρας. |

Πορφύρα ὀξεῖα. Φύκους χυλός. Ἐὰν ἐπιτεῖναι θέλῃς, | βάλε νίτρον, ἐὰν ἔτι μᾶλλον, χάλκανθον. ||

920. δοκιμασίαι : δοκιμασείαι P || 921. βαρεῖα : βαρια P || 930. ὃν ego : ευν P εὖ ν(όει) coniecit Lag. || 931. εὐανθέστερον : εὐξανθέστερον P || 932. λίαν : λείαν P || 933. ἀχρεία : ἀχρία P || 935. λίαν : λείαν P || 938. χοῦν : χοῦς P || προζέσας : προζέσαν P || 939. δειγμάτιζε : διγμάτιζε P || 944. ἀνακινήσας : ἀνακεινείσας P || 947. φαρμάκου : φάρμακον P || 949. ἐπιτεῖναι : ἐπιτεινε P.

129. Autre.

Dans des boucles de kysthos marin avec de l'eau, on teint une pourpre indélébile[1].

130. Autre.

Pourpre qui ne se dilue pas. Cuisez du kysthos marin avec du fucus et du vinaigre. Plongez la laine en homogénéisant[2].

131. Le paederos dissous dans du vinaigre donne de la pourpre[3].

132. (Recette 131).

133. Orcanette, garance, fucus, sang de veau teignent en pourpre[4].

134. Autre.

Pourpre. La pierre phrygienne est concassée et mise à bouillir et on plonge les laines. Laissez refroidir. Ensuite, enlevez, mettez dans un autre récipient, fucus, 1 partie ; fleur d'amarante, 1 partie. Faites à nouveau bouillir, jetez la laine, laissez refroidir, enlevez, rincez à l'eau de mer[5]. Le premier mordançage de la pourpre : pierre phrygienne, un cotyle par cotyle de laine[6].

135. Autre.

Pourpre teinte à froid. Pilez de la chaux dans de l'eau de citerne. Filtrez la cendre[7], mordancez ce que

1. Cette substance est inconnue. Comparer peut-être *Marcus Graecus*, p. 112-113, *marini leporis siue lupi aquatici, de cujus pelle tyriaca fit.*

2. Incompréhensible. Variante de la précédente.

3. Substance inconnue, de couleur rouge.

4. Ce sont des recettes abrégées. Le rôle du sang de veau est inconnu.

5. Identique à 101 et 104 et, sans l'amarante, à *Leid.* 93 et *Holm.* 154.

6. Repentir du scribe précisant les proportions. Repentir du même type dans *Leid.* 93.

129. Ἄλλη. |

Κύσθου θαλασσείου πλοκάμοις σὺν ὕδατι βάπ|τουσι πορφύραν ἀνεξάλειπτον. |||

ΚΓ′ 130. Ἄλλη. |

Πορφύρα μὴ ἀνιοῦσα. Κύσθος θαλάσσιον σὺν || φύκει καὶ ὄξει ἕψων χάλα τὸ ἔριον ὁμαλίζω(ν). |

131. Ἄλλη. |

Ὁ παιδέρως σὺν ὄξει ἀνιέμενος πορφύραν | {πορφύραν} ποιεῖ.

132. Ἄλλη. |

Ὁ παιδέρως σὺν ὄξει ἀνιέμενος πορφύρα[ν] || ποιεῖ.

133. Ἄλλη. |

Ἄγχουσα, ἐρυθρόδανον, φῦκος, αἷμα μόσ|χιον πορφύραν βάπτει.

134. Ἄλλη. |

Πορφύρα. Λίθος φρύγιος κόπτεται καὶ ζέν|νυται καὶ χαλᾶται τὰ ἔρια. Καὶ ἄφες, ἕως ψυγῇ. || Εἶτα ἄρας βάλε εἰς ἄλλο ἀγγεῖον φύκους μέρ|ος α′, ἀμαράντου τοῦ ἄνθους μέ(ρος) α′ καὶ πάλιν | ζέσον καὶ ἐπίβαλε τὸ ἔριον καὶ ἔα ψυγῆναι | καὶ ἄρας ἀπόκλυσον θαλάσσῃ. Στῦμμα πρῶ|τον τῆς πορφύρας φρυγίου λίθου, τῇ κοτύ||λῃ τῶν ἐρίων κοτύλη τοῦ λίθου, γίνεται. |

135. Ἄλλη. |

Πορφύρα ψυχροβαφής. Ὕδατι λακκαίῳ | ἀνάκοψον ἄσβεστον. Τὴν κονίαν ἀποσειρ|ώσας στῦφε ὃ θέλεις

955. κύσθος : χύστος P ‖ 956. ἕψων : ἕψον P ‖ 962. ἄγχουσα : ἄνχουσαν P ‖ μόσχιον : μόσχειον P ‖ 964. φρύγιος : φρύγειος P ‖ 966. βάλε P : βάλλε Lag. ‖ 969. θαλάσσῃ : θαλλάσῃ P ‖ 971. γίνεται : γείνεται P ‖ 973. ὕδατι : ὕδατος P.

vous voulez du soir au matin puis rincez à l'eau douce. Trempez d'abord dans une décoction de fucus. Ensuite, ajoutez du vitriol[1].

136. Teinture des laines grises.

Teinture de toute espèce de laines grises de sorte qu'elles semblent avoir une couleur. Broyez finement de la litharge dorée, jetez-en un peu dans un récipient propre avec quatre fois son poids de chaux, versez de l'eau de pluie douce, de façon qu'elle dépasse. Remuez pour qu'elle se mélange bien, plongez les laines préalablement lavées. Elle devient grise et change peu à peu[2] de couleur en sorte de paraître authentique et admirable[3].

137. Dilution du fucus.

Prenez le fucus, lavez soigneusement, séchez et mettez de côté. Ensuite, prenez du grain concassé, cuisez dans beaucoup d'eau et quand il est cuit de part en part, mêlez le fucus à l'eau du grain, laissez refroidir et vous diluerez ainsi[4].

138. Dilution de l'orcanette.

Prenez de l'orcanette écorcée et pilée. Ajoutez l'intérieur des noix. Pilez à nouveau, ajoutez un peu d'alun lamelleux et pilez tout ensemble, mouillez d'eau, faites un pâté, mettez de côté, laissez imbiber. Ensuite, prenez un récipient d'eau, puis jetez le pâté dans l'eau, remuez, laissez indivis et trempez le doigt. S'il a une bonne couleur, utilisez[5].

1. Identique à 155. Proche de *Leid.* 94. Dégraissant-mordant : eau de chaux. Colorant : fucus. Fonçant : vitriol.

2. Lagercrantz, p. 224 exclut φαιὰ καὶ καθαρὸς comme une glose de ἑτερόχροα et rétablit un κατά tombé par haplographie avec καθαρός. Le parallèle de la recette 121, l. 904 κατὰ διάστημα permet de comprendre que le scribe a mal lu une abréviation pour κατά.

3. Identique à 121. Proche de 127. Ici l'auteur reconnaît que c'est seulement une apparence, donc très fugace.

ἀπὸ ὀψὲ ἕως πρωί, || εἶτα ἀπόκλυζε γλυκεῖ ὕδατι, βάπτε δὲ | ἀφεψήματι φύκους πρῶτον. Εἶτα προσέμϐ|αλε χάλκανθον.

136. Βαφὴ ἐρίων φαιῶν. |

Βαφὴ ἐρίων φαιῶν παντοίων, ὥσ[τε δο]|κεῖν αὐτῶν χρῶμα εἶναι. Λιθάργυρον χρυ⟨σῖ⟩||τιν λεάνας ἔμϐαλε εἰς ἀγγεῖον καθαρὸ(ν) | βραχὺ καὶ ἀσϐέστου τὸ τετραπλοῦν καὶ | ἐπίχεον ὕδωρ ὄμϐριον γλυ[κύ, ὥσ]τε ὑπερέχει(ν), | καὶ διακινήσας, ὅπως συμμιγῇ καλῶς, | χάλα τὰ ἔρια προεκκλύσας. Γίνεται γὰρ || φαιὰ καὶ κατὰ διάστημα χρόνου ἑτερ|όχροα, ὥστε δοκεῖν ἀληθινὸν εἶναι καὶ | θαυμαστόν.

137. Φύκους ἄνεσις. |

Λαϐὼν τὸ φῦκος ἐπιμελῶς πλῦνον καὶ ψύ|ξας ἀπόθου. Εἶτα λαϐὼν ἐρεγμὸν ἕψε ὕδα||τι πολλῷ καὶ ὅταν κάθεφθος γένηται, τῷ | ὕδατι τοῦ ἐρεγμοῦ πρόσμισγε τὸ φῦκος καὶ | ἐῶν συγκαταψυγῆναι οὕτως ἀνέσεις. |||

ΚΔ' **138.** Ἀγχούσης ἄνεσις. |

Λαϐὼν ἄγχουσαν ἐκπεφλοισμένην καὶ κε||κομμέν[ην] ἐπίϐαλε βασιλικῶν καρύων τὸ ἐν|τὸς καὶ πάλιν κόπτε καὶ ἐπίϐαλε στυπτηρίαν | σχιστὴν ὀλίγην καὶ κόπτε πάντα ὁμοῦ νοτί|σας τῷ ὕδατι καὶ ποιήσας μᾶζαν ἀπόθου καὶ | ἔασον συμπίνειν. Εἶτα λαϐὼν ὕδατος ἀγ||γεῖον βάλε τὴν μᾶζαν εἰς τὸ ὕδωρ καὶ ἀνα|κινήσας ἔασον ἄτομον καὶ χάλα τὸν δάκτυ|λον, κἂν ᾖ εὐανθές, χρῶ. |

975. πρωί : προεί P || 976. βάπτε : βάπται P || 977. πρῶτον : πρότον P || 980. αὐτῶν : αὔτον P || 983. ὕδωρ : ὕδορ P || 984. διακινήσας : διακεινήσας P || 985. γίνεται : γείνεται P || 986. κατὰ ego : καθαρός P || φαιὰ καὶ καθαρός deleuit Lag. || 987. ἀληθινὸν : ἀληθεινὸν P || 989. ἐπιμελῶς : ἐπιμελος P || πλῦνον : πλοῖνον P || 991. πολλῷ : πολῷ P || 993. συγκαταψυγῆναι : συγκαταψηγῆναι P || 994. ἀγχούσης : ἀνχούσης P || 996. βασιλικῶν : βασιλειкον P || 997. πάλιν : πάλι P || 999. τῷ ego : τὰ P deleuit Lag. || ὕδατι : ὕδατις P || 1000. συμπίνειν : συνπείνειν P || 1001. ἀνακινήσας : ἀνακεινήσας P.

139. Préparation de pourpre véritable.

Rouille de fer, misy grillé, fleur de grenadier, comme mordants[1] dans l'eau, ils amènent en 4 heures sur la laine une belle pourpre profonde[2].

140. Autre.

Rouille de fer et vinaigre, macérez pendant un nombre suffisant de jours. Ensuite, mordancez la laine dans ce bain froid. Ensuite faites bouillir du crimnos et trempez la laine mordancée[3].

141. D'Africanus au livre 3.

Voici un mordançage pour toute teinture : d'abord on lave la bête, c'est-à-dire la toison[4]. Ainsi, les constituants du mordant pourraient s'appliquer. Ensuite, il faut dissoudre de l'alun dans du vinaigre et enduire la pièce qu'il faudrait teindre. Après séchage au soleil, elle est lavée. Libérée de l'humidité, elle s'attache toute teinture. Il faut garder l'objet mordancé un jour et une nuit dans le mordant[5].

142. Teinture en couleurs.

La chaux broyée avec la litharge et délayée produit un grand nombre de couleurs d'après son maintien sur la laine[6] : d'abord laiteuse, puis particulière, puis profonde par teinture à froid[7].

143. Mordançage pour toute couleur, sauf la pourpre.

Dissolvez de l'alun dans du vinaigre, ajoutez du misy cru et utilisez[8].

144. Mordançage de la pourpre.

Si vous mordancez en pourpre, ajoutez du soufre véritable en boules pour que, si la pourpre vire au blanc,

1. στυφέντα se rapporte à ce qui précède. Lagercrantz, p. 225, corrige en στυφόεντα. Τοῦ ἐρίου est complément de ἀναφέρουσιν.

2. Le *misy* grillé donne de l'oxyde de fer. Les fleurs de grenadier ont des propriétés styptiques et donnent avec les sels de fer une teinte gris-brun (Pfister, p. 17).

139. Σκευὴ πορφύρας ἀληθινῆς. |

Ἰὸς σιδήρου καὶ μίσυ ὀπτὸν καὶ βαλαυστίας || ἄνθος στυφέντα τῷ ὕδατι καὶ τοῦ ἐρίου ἐφ' ὥ|ρας δ' πορφύραν καλὴν βαθεῖαν ἀναφέρουσιν. |

140. Ἄλλη. |

Ἰὸν σιδήρου καὶ ὄξος ταρίχευε ἐπὶ ἡμ(έρας) ἱκανάς. | Εἶτα τούτῳ στῦφε τὸ ἔριον ψυχρῷ. Εἶτ' ἀποζέ||σας κριμ{μ}νὸν χάλα τὰ ἐστυμμένα. |

141. Ἀφρικανοῦ ἐκ βύϐλου γ'. |

Στῦψις δὲ πρὸς πᾶσαν βαφὴν ἥδε. Πρῶτα μὲν | ἀποπλύνεται τὸ ζῷον ἢ καὶ νάκος. Οὕτω γὰρ | ἂν πρόσοιτο τὰ τῆς στύψεως. Ἐπὶ δὲ τὴν στυπτη||ρίαν ἀναλυτέον ὄξει κἀπιχρίειν, ὅπερ ἂν | βάψαι δέοι. Ἀφαυανθὲν δὲ ἡλίῳ ἀποπλύνε|ται καὶ τῆς νοτίδος ἐλευθερωθὲν πᾶσαν προσ|ίεται βαφήν. Νύκτα δὲ καὶ ἡμέραν ἐπὶ τῇ | στύψει φυλάττειν χρὴ τὸ στυφόμεν[ον]. ||

142. Χρωμάτων βαφαί. |

Ἄσϐεστος μετὰ λιθαργύρου τριϐομένη καὶ φυρωμένη ποιεῖ χρώματα πλεῖστα παρὰ τὴ(ν) μονὴν τοῦ ἐρίου. Πρῶτον μὲν γαλάκτεινα, | εἶτα ἰδιόχρωμα, εἶτα βαθέα ψυχροϐαφῆ. ||

143. Στῦψις παντὸς χρώματος | πλὴν πορφύρας. |

Στυπτηρίαν διεὶς ὄξει πρόσϐαλε μίσυ ὠμὸν κ(αὶ) χρῶ. |

144. Στῦψις πορφύρας. |

Ἐὰν πορφυρῶς στύφῃς, προσέμϐαλε θεῖον τὸ || ἀληθινὸν τὸ βωλῶδες, ἵνα ἐὰν {ἐαν} προσέλθ[ῃ] | ἡ πορφύρα εἰς

1005. ἰὸς : εἰός P ‖ βαλαυστίας : βαλαυστείας P ‖ 1006. στυφέντα P : στυφόεντα coniecit Lag. ‖ 1009. ἰὸν : εἰὸν P ‖ 1010. τούτῳ : τουτο P ‖ 1012. Ἀφρικανοῦ : Ἀφρικιανοῦ P ‖ βύβλου : βουλου P ‖ 1015. τὴν : τη P ‖ 1025. ψυχροβαφῆ : ψυχροβαθῆ P ‖ 1031. τὸ : τω P.

elle ne blanchisse pas, en contenant quelque chose qui a de l'affinité avec le but recherché[1].

145. Bains de couleurs.

La chélidoine est la racine d'une plante. En bain froid, elle teint en doré. C'est une matière précieuse que la chélidoine. Vous utiliserez donc la racine du grenadier et vous obtiendrez le même résultat. L'euphorbe séchée et bouillie donne du jaune[2]. Si on y mêle un peu de vert-de-gris, elle donne du vert. De même façon la fleur du carthame[3].

146. Dilution de l'orcanette.

L'orcanette se dilue dans la racine de jusquiame, d'autres la cuisent avec de la racine de mûrier, d'autres avec de la racine de câprier semblablement. D'autres cuisent l'orcanette avec des lentilles, d'autres avec du pyrèthre[4].

147. Fixation de l'orcanette.

Urine de brebis ou comaris ou jusquiame en quantités égales[5].

148. Fixation du fucus et de l'orcanette.

Décoction de feuilles de cédratier et décoction d'orge et de cotylédon, suc de bulbe. Chacun d'entre eux pris individuellement fixe[6].

149. Dilution de comaris.

Prenez des excréments de porc, liquéfiez dans de l'urine de garçon vierge ; faites bouillir, filtrez sur la comaris[7].

1. Incompréhensible du point de vue technique (Pfister, p. 6). L'addition de soufre paraît commandée par une croyance a priori. Il possède une analogie de couleur avec le but recherché. Il faut penser que le soufre éclaircit (Lippmann, I, p. 20). Cf. aussi le soufrage des toiles (Pline, XXXV, 197 ; Pollux, VII, 41 ; Apulée, IX, 248 ; Blümner, *TT* I², p. 180).

2. γάλβινος est la transcription du latin *galbinus*, vert pâle ou jaune (Pétrone 67, 4 ; Martial 13, 68, 1).

λευκασίαν, μὴ λευκανθῇ τὸ συγ|γενὲς τοῦ ἐξετάζοντος ἔχουσα. |

145. Χρωμάτων βαφαί. |

Ἐλύδριόν ἐστι ῥίζα βοτάνης. Ψυχροβαφῇ βά||πτει χρυσανθῆ. Ἔστιν δὲ τίμιον τὸ ἐλύδριο(ν). | Χρήσῃ οὖν ΚΕ′ τῇ ῥίζῃ τῆς ῥοιᾶς καὶ τὸ αὐτὸ ποιεῖ ||| {καὶ τὸ αὐτὸ ποιήσει}. Καὶ ὁ τιθύμαλλος ξηρα[ν]|θεὶς καὶ ζεσθεὶς γάλβινα ποιεῖ, ὀλίγου δὲ ἰοῦ | μιγέντος πράσινα ποιεῖ. Καὶ τὸ ἄνθος τοῦ κν||ήκου ὁμοίως.

146. Ἀγχούσης ἄνεσις. |

Ἀνίεται ἡ ἄγχουσα ῥίζῃ ὑοσκυάμου, οἱ δὲ | ῥίζῃ συκαμίνου συνέψωσιν, οἱ δὲ ῥίζῃ | καππάρεως ὁμοίως. Οἱ δὲ ἕψουσιν τὴν ἄγ|χουσαν μετὰ φακοῦ, οἱ δὲ μετὰ πυρέθ« ρ »ου. ||

147. Κάτ[ο]χος ἀγχούσης. |

Οὖρον προβάτιον ἢ κόμμαρι ἢ ὑοσκύαμον ἴσα. |

148. Φύκους καὶ ἀγχούσης κάτοχος. |

Ἀπόζεσμα φύλλων κιτρίων καὶ ἀποζέσμα|τα τῆς κριθῆς καὶ τῆς κοτυληδόνος, χυλ||ὸς τοῦ βόλβου. Τούτων ἕκαστον κατέχει | κατὰ μόνας.

149. Κομάρου ἄνεσις. |

Λαβὼν κόπρον χοιρείαν ἐξυδάρωσον οὔρῳ | ἀφθόρου καὶ ἀνάζεσον καὶ ἀποσείρωσον | κατὰ τοῦ κομάρου.

1032. συγγενὲς : συγενὲς P ‖ 1037. τὸ : τω P ‖ 1039. ἰοῦ : εἰοῦ P ‖ 1041. ἀγχούσης : ἀνχούσης P ‖ 1042. ἄγχουσα : ἄνχουσα P ‖ 1043. συκαμίνου : συκαμείνου P ‖ 1046 et 1048. ἀγχούσης : ἀνχούσης P ‖ 1049. ἀποζέσματα : ἀποξέσματα P ‖ 1051. κατέχει : καταχει P ‖ 1053. χοιρείαν : χυρίαν P ‖ 1055. κατὰ : καιτα P.

150. Autre.

Chaux de marbre dissoute dans l'eau froide. Mettez la comaris dans ce lait, et elle se dissoudra[1].

151. Saponification.

Prenez de la saponaire, imprégnez d'eau chaude, faites comme une boule de graisse. Ensuite diluez dans l'eau chaude jusqu'à dissolution. Que l'eau dépasse la laine. Ensuite, après ébullition[2], jetez la laine. Prenez garde qu'elle ne brûle, et laissez-la peu de temps, jusqu'à ce que vous la voyiez propre. Enlevez, rincez et séchez[3].

152. Mordançage.

Ensuite, prenez de la chaux et de l'eau bouillante, faites un jus, laissez reposer, en enlevant la crasse à la surface. Quand vous voyez que l'eau est devenue cristalline, plongez la laine, remuez à nouveau, laissez un petit temps. Enlevez et rincez[4].

153. Cuisson.

Ensuite, prenez de l'eau douce, environ deux cotyles par statère de laine, de l'alun acide[5], 8 drachmes ; mettez l'eau (dans un récipient) et l'alun dans un panier avec quelques grains d'orge ; chauffez, jusqu'à ce que l'orge soit cuit et l'alun dissous. Enlevez la crasse de l'eau, plongez la laine, trempez dans le panier[6], étirez[7], rendez homogène, mettez un couvercle et chauffez jusqu'à ce que vous voyiez la laine soufflée. Ensuite, enlevez-la, suspendez, faites les mêmes opéra-

1. Solution dans un lait de chaux, cf. § 85.
2. ἀναφλύω est l'équivalent de ἀναζέω cf. Lagercrantz, 229.
3. Dégraissage dans une solution de saponine à l'eau chaude. Cf. Pfister, 4. Cette recette forme un ensemble logique avec les deux suivantes auxquelles elle est coordonnée par εἶτα.
4. Dégraissage à l'eau de chaux.
5. Dissous dans du vinaigre, cf. *supra* p. 143.
6. Selon Lagercrantz c'est un outil, selon *LSJ* un crochet (crutch). Dans les papyrus πρόχειρον ou προχείριον est un panier, un sac à main. Ici avec l'article τῷ προχείρῳ, il renvoie à ἐν σπυρίδῳ qui précède.

150. Ἄλλη. ||
Ἀσβέστου μαρμαρικῆς ψυχρῷ ὕδατι λυ|θείσης ἐν τῷ γάλακτι σύνθες τὸ κόμμαρι | καὶ διαλυθήσεται.

151. Στρουθισμός. |
Λαβὼν στρούθιον καὶ ἀναποιήσας ὕδα|τι θερμῷ ποίησ{ησ}ον ὡς στέατος σφαῖραν. || Εἶτα ἄνες τοῦτο ὕδατι θερμῷ, ἕως διαλυ|θῇ. Ἔστω δὲ τὸ ὕδωρ ὑπερέχον τὸ ἔριον. | Εἶτα ἀναφλύσας βάλε τὸ ἔριον καὶ ἄπε|χε, μὴ καυσωθῇ, καὶ μικρὸν αὐτὸ ἔασον, | ἕως αὐτὸ ἴδῃς καθαρόν. Ἆρον καὶ ἀπόκλυ||σον καὶ ξήρανον.

152. Στῦψις. |
Εἶτα λαβὼν ἄσβεστον καὶ ὕδωρ ζεστὸν | χυλοποιήσας ἄφες κατασταθῆναι ἀφαι|ρῶν τὴν ἐπικειμένην ἀκαθαρσίαν. Ὅταν | δὲ ἴδῃς, ὅτι κρυσταλλῶδες γέγονεν τὸ || ὕδωρ, χάλα τὰ ἔρια καὶ πάλιν δονήσας | ἔα ἐπ' ὀλίγον. Ἄρας ἔκκλυσον. |

153. Ἕψησις. |
Εἶτα λαβὼν ὕδατος γλυκέος ὡς τῷ στα|τῆρι τοῦ ἐρίου κοτύλας δύο καὶ στυπτηρ||ίας ὀξίτιδος ὁλκὰς η' βαλὼν τὸ ὕδωρ, | καὶ τὴν στυπτηρίαν ἐν σπυριδίῳ καὶ κρι|θὰς
ΚϚ' ὀλίγας καῖε, ἕως αἱ κριθαὶ ἑψηθῶσιν ||| καὶ ἡ στυπτηρία διαλυθῇ. Ἀφελὼν δὲ τὸ ἐν τῷ ὑγ|ρῷ ἀκάθαρτον χάλα τὰ ἔρια καὶ τῷ προχείρῳ κατα||βάψας διάστιλον καὶ ὁμαλίσας πωμάσας καῦσον, | ἕως ἂν ἴδῃς φυσώμενα τὰ ἔρια. Εἶτα ἐπάρας αὐτὰ | καὶ κρεμάσας καὶ πάλιν τῷ προχείρῳ τὰ

1059. στρούθιον : στρούθειον P || 1062. ἔστω : σετω P || 1063. ἀναφλύσας : ἀναφυλεισας P || 1065. ἴδῃς : εἴδῃς P || 1070. ἴδῃς : εἴδῃς P || 1072. ἔκκλυσον : ἔκλυσον P || 1076. ὀξίτιδος : ὀξείτιδος P || τὸ : τω P || 1077. τὴν : της P || σπυριδίῳ : σπυριδῳ P || 1081. διάστιλον : διάστιλος P || ὁμαλίσας : ὁμμαλείσας P || 1083. προχείρῳ : πρωχείρῳ P.

tions avec le panier et chauffez. Quand la laine monte à la surface, enlevez, laissez égoutter jusqu'à ce que vous apportiez le mordant par l'urine[1].

154. Fabrication de la pourpre de Tyr.

On concasse la pierre phrygienne, on fait bouillir, on plonge la laine et on laisse refroidir. Ensuite, enlevez, jetez dans un récipient une mine de fucus, faites bouillir, jetez la laine, laissez refroidir, enlevez, rincez à l'eau de mer[2].

155. Teinture de pourpre à froid.

Prenez de la chaux, concassez avec de l'eau de pluie, filtrez l'eau, mordancez-y soir et matin. Rincez, non à l'eau de mer, mais à l'eau douce. Ensuite teignez à la décoction de fucus. Ensuite, ajoutez du vitriol et il se formera de la pourpre[3].

156. Teinture en écarlate de Galatie[4].

Orcanette et fucus, chaque fois une once, sang de porc, 2 onces, vitriol, 5 drachmes ; orpiment grillé, 2 drachmes ; eau, 8 setiers[5].

157. Teinture en pourpre de Tyr, de première qualité et authentique.

Orcanette, 7 drachmes ; orpiment, 5 drachmes ; urine, 1 once ; chaux, 5 drachmes ; eau, 1 cotyle[6].

158. Dilution des couleurs.

Si vous voulez que le soufre libère son principe colorant[7], cuisez-le avec du lait de vache et il se diluera facilement[8].

1. Mordançage à chaud dans le vinaigre et l'alun dissous à l'eau.
2. Identique à *Leid.* 93. Partiellement identique aux §§ 101, 104, 134.
3. Identique au § 135, proche de *Leid.* 94.
4. Sur l'écarlate de Galatie, le plus réputé de tous, cité dans *Phys. et Myst.* p. 44, voir Pline, IX, 65 ; XVI, 12 ; XXII, 3 ; XXIV, 4.

αὐτὰ | ποιεῖ καὶ καῖε. Ὅταν δὲ ἐπαρθῇ, ἀπάρας κρεμάσον | καὶ ἔα ἀποστάζειν, ἕως ἐποίσεις τὴν διὰ τοῦ οὔρ||ου στῦψιν.

154. Πορφύρας τυρίας ποίησις. |

Λίθος φρύγιος κόπτεται καὶ ζέννυται καὶ | χαλᾶται τὸ ἔριον καὶ ἐᾶται, ἕως ψυγῇ. Εἶτα ἄρας | βάλε εἰς ἀγγεῖον φύκους (μ)νᾶ(ν) μίαν καὶ ζέσον καὶ | ἐπέμβαλε τὸ ἔριον καὶ ἔα ψυγῆναι καὶ ἄρας ἔκ||κλυσον θαλάσσῃ.

155. Ψυχροβαφὴ πορφύρας. |

Λαβὼν ἄσβε⟨σ⟩τον ἀνάκοψον μετὰ ὕδατος ὀ[μ]|βρίου καὶ διηθήσας τὸ ὕδωρ ἐν αὐτῷ στῦφε ὀ|ψὲ καὶ πρωί. Ἔκκλυζε μὴ θαλάσσῃ ἀλλὰ γλυ|κεῖ ὕδατι. Εἶτα βάπτε φύκει ἀπεζεσμένῳ. || Εἶτα χάλκανθον προσέμβαλε καὶ γίνεται | πορφύρα.

156. Βαφὴ κόκκου γαλατικοῦ. |

Ἄγχουσαν καὶ φῦκος ἀνὰ ὀγ(κίαν) α′, αἵματος | χοίρου ὀγ(κίας) βι′ χαλκάνθου ⟨ε′, ἀρσενικοῦ | κεκαυμένου ⟨β, ὕδατος ξέστας η′. ||

157. Βαφὴ πορφύρας τυρίας καὶ πρωτίας δοκίμου. |

Ἀγχούσης ⟨ζ′, ἀρσενικοῦ ⟨ε′, οὔρου ὀγ(κία) α′, | ἀσβέστου ⟨ε′, ὕδατος κο(τύλη) α′. |

158. Χρωμάτων ἄνεσις. |

Θεῖον, ἂν θέλῃς ἄνθος ἀνεῖν[αι] τὸ ἴδιον χρῶμα, || ἕψε μετὰ γάλακτος βοείου καὶ εὐχερῶς ἀνήσει. |

1085. οὔρου : οὔρους P ‖ 1087. φρύγιος : φρύκειος P ‖ 1089. μίαν : μία P ‖ 1091. ψυχροβαφὴ : ψυχροβαφὴς P ‖ 1094. πρωί : προεί P ‖ 1096. χάλκανθον : χαλάκανθον P ‖ γίνεται : γείνεται P ‖ 1097. πορφύρα : φορφύρα P ‖ 1098. ἄγχουσαν : ἄνχουσαν P ‖ 1099. βι′ P lege ιβ′ : β′ Lag. ‖ χαλκάνθου : χαλακάθου P ‖ 1100. κεκαυμένου : κεκαυμένον P ‖ ξέστας : ξέστα P ‖ 1102. ἀγχούσης : ἀνχούση P ‖ 1106. εὐχερῶς : εὔχερος P.

159. Teinture en pourpre à la garance[1].

Bleuissez les laines[2], saupoudrez de cendre et foulez convenablement. Ensuite, exprimez le jus de la terre à potier, lavez-y la laine bleuie, rincez dans l'eau de mer et mordancez. Vous verrez si le mordançage est bon quand la laine se déposera dans la cuve et que le liquide sera transparent. Ensuite, chauffez de l'eau de pluie, au point de ne pouvoir y plonger la main. Délayez de la racine, c'est-à-dire de la garance séchée, pilée, tamisée, dans du vinaigre blanc en poids de 1/2 mine par mine de laine, et délayez à nouveau avec la garance 1/4 de chénice de farine de haricots. Ensuite, mettez dans un chaudron, remuez, ensuite mettez la laine en remuant constamment, rendez homogène, enlevez, rincez à l'eau de mer. Si vous voulez donner une belle couleur indélébile, donnez de l'éclat avec de l'alun, rincez de nouveau à l'eau de mer, séchez à l'ombre en vous gardant de la fumée[3].

1. Même titre du *Comp. Luc.* § 12 *oxiporfiron to apo rodinis.*
2. C'est-à-dire teignez sur fond d'indigo, cf. *supra* p. 108.
3. C'est une pourpre obtenue par garance sur indigo (γλαυκός). Pfister, p. 4, ne comprend pas comment on teint en bleu avant de dégraisser. En réalité notre recette est une amplification du § 112, simple teinture en garance. Ici la teinture en garance est précédée d'un bleuissement. La suture est mal faite par le compilateur, qui devait intercaler l'application du fond d'indigo entre le mordançage et la teinture en garance.

159. Πορφύρας ῥιζίνης βαφή. |

Γλαυκώσας τὰ ἔρια κατάπασον σποδῷ χρησίμως | συμπατῶν. Εἶτα γῆν κεραμικὴν χυλώσας ἔκπ|λυνον ἐν αὐτῇ τὸ ἀπογλαυκωθὲν καὶ ἀποκλύσα(ς) || ἐν θαλάσσῃ [σ]τῦφε. Γνώσῃ δὲ εἰ ἔστυπται ἱκανῶς | ὅταν συ⟨ν⟩ιζάνῃ ἐν τῷ λέβητι καὶ τὸ ὑγρὸν διαυ|γῇ. Εἶθ' ὕδωρ ὄμβριον θερμάνας, ὥστε μὴ κα|θεῖναι τὴν χεῖρα, ῥίζαν, τοῦτ' ἔστιν ἐρευθέ|δανον πεφρυγμένην κεκομμένην καὶ σεσησ||μένην φύρασον ὄξει λευκῷ σταθμὸν εἰς τὴν | μνᾶν τῶν ἐρίων ἡμιμναῖον, καὶ συνανάφυρε, | τῇ ῥίζῃ λεκίθου χοίνικος τέταρτον. Εἶτα ἐμ|βαλὼν εἰς λέβητα ἀνακινεῖν ἔρ⟨ια⟩

KZ' κἄπειτα ||| {ερ κἄπιτα} καθεὶς τὰ ἔρια συνεχῶς ἀνακινῶν || ὁμάλιζε καὶ ἐξελὼ⟨ν⟩ ἀπόκλυσον ἐν θαλάσσῃ. | Ἐὰν δὲ βούλῃ εὐανθῆ εἶναι καὶ μὴ ἐξίτηλον, | ἐπάνθιζε διὰ τῆς στυπτηρίας καὶ ἀποκλύσας | πάλιν ἐν θαλάσσῃ ξήραινε ἐν σκιᾷ φυλασσόμε|νος ἀπὸ καπνοῦ. |||

KH' Vacat.

1108. γλαυκώσας : γλαυκόσας P || 1109. συμπατῶν : συνπατῶν P || 1110. ἀπογλαυκωθὲν : ἀπογλυκωθὲν P || 1111. ἔστυπται : ἔστυπτε P || ἱκανῶς : ἱκανός P || 1114. χεῖρα : χεῖραν P || 1115. κεκομμένην : κεκομένην P καὶ κεκομμένην coniecit Lag. || 1116. λευκῷ : λευκο P || 1117. συνανάφυρε : συναναφύρη P || 1118. εἶτα : εἶστα P || 1119. ἔρια suppleui : ερ P εἰ coniecit Lag. || κἄπειτα : κἄπιτα P || 1121. θαλάσσῃ : θαλάσῃ P || 1122. ἐξίτηλον : ἐξείτηλον P || 1124. ξήραινε : ξηρενη P || σκιᾷ : σικιᾳ P.

FRAGMENTS DE RECETTES

FRAGMENTS

Les textes peu nombreux réunis sous cette rubrique ont pour point commun d'être conservés sur papyrus. Ils montrent que la littérature des recettes était bien plus répandue en Égypte qu'on ne pourrait le croire au seul témoignage de *Leid.* et de *Holm.* Les trois premiers *(P. Oxy. 467; P. Iand. 85; P. Flor. s.n.)* sont des fragments de réceptaires, dont les formules présentent avec *Leid* et *Holm* plus d'une analogie. On y a joint une recette alchimique insérée dans la compilation magique du *P. Leid* V qui donne une recette de ἴωσις χρυσοῦ proche de *P. Leid* X. Mais il n'est pas certain que l'on ait ainsi épuisé la contribution des papyrus à l'alchimie.

Fragment I

P. Oxy. 467 (Pack 1999).

Édition : — B. P. Grenfell, A. S. Hunt, *Oxyrhynchus Papyri*, t. III, 1903, p. 138, n° 467.
— *CMAG*, III, pp. 27-28 (P2).

Description (d'après l'édition) : 12,3×8,1 cm ; 21 lignes d'écriture onciale de la fin du premier ou début IIe s. p. C.

Origine : Oxyrhynque.

Lieu de conservation : Oxford Bodleian Libr. Ms. Gr. Class. f° 73 (P) 3396.

Texte : ....

σ̣[θ]ί̣ουσιν. ἔστι δὲ ὅ-
[μ]οιος τῆι γινομέ-
[ν]ηι τοῖς σ̣ε̣λ̣ηναίοις
[ἀ]θ̣ηραι τοῦτον ἐ[κλέ
[ξ]ας ὥστε γενέσθαι
[κ]οτύλην σμῆξον
[σ]τυπτηρίαν ἣν οἱ
[βα]φεῖς χρῶνται κο-
[τύ]λης (ἥμισυ) μετρῶν
[ἁλ]ὸς κοτ(ύλης) δ' η' τρίψας
[καὶ] μίξας πάλιν μίσ-
[γε το]ύτου μέρη β πρὸς
[τὸ] πρότερον μέτρον
[καὶ] ἕψε ἐν αὐτωῖ
[τὸ ἀρ]γύριον ἕως
[χρυσ]οῦς χρῶμα σχῆι.
[ἄσημο]ν καθᾶραι μο-
[λίβου] μέρος α ἀσή-
[μου. .]ο̣ ισε ἔμβα-
[λε ἄση] μο̣[ν εἰ]ς καμ̣ι̣
[νον. . . . . .] . [. . . . .
. . . .

Notes critiques et grammaticales

1. ἐσθίουσιν ? éd.
4. [ἀ]θήραι ? éd.
9. μετρῶν ou μέτρων, mais il ne semble pas y avoir de raison d'employer le génitif pluriel.
10. [ἁλ]ὸ̣ς ego || δ' η' lire δ' ἢ η'.
11. μίσ[γε το]ύτου éd.
14. [καὶ] éd.
16. -ους : le ς, s'il y a un ς, a été ajouté plus tard (éd.). χρυσοῦ serait préférable.
17. ἄσημ]ο̣ν ego.
18. λίβου ego.
19. [μου] ego.
20. [λε ἄση]μο̣[ν εἰς] ego.

Traduction

(...) mangent). Il est semblable à la barbe qui vient sur les céleris (1). Cueillez-le jusqu'à en avoir une cotyle et frottez. Mesurez une cotyle d'alun qu'utilisent les teinturiers, 1/4 ou 1/8 de cotyle de sel, broyez, mêlez et mêlez-en de nouveau 2 parties pour la mesure précitée. Cuisez-y l'argent jusqu'à ce qu'il ait la couleur de l'or (2). Purifier l'asèm : plomb, une partie, argent (...) mettez l'argent au four (...) (3).

Commentaires

(1) Les éditeurs suggèrent, avec doute, ἐσθίουσιν et ἀθῆραι. On peut garder ces conjectures en supposant ici qu'il s'agit de la description d'un premier ingrédient, végétal, que les hommes ou les animaux mangent. Le mot ἀθήρα ou ἀθήρη (Diosc., II, 92 ; égyptien selon Pline, XXII, 121) est synonyme de ἀθάρη (Moer. 184) et signifie gruau, porridge. On peut aussi penser à ἀθήρ barbe d'une plante ; X. *Oec.*, 18, 1 ; Arist., *HA* 595 b 27) et au pluriel, paille (Luc., *Anach.* 31 ; *P. Oxy.* 988, III A.D.). Le mot σεληναῖος « lunaire » n'a pas de sens (sauf peut-être l'association alchimique de l'argent et de la lune). On peut penser, pour rester dans le même ordre d'idées, à σελήνη plante magique (Ps.-Plut., *Fluv.*, 18. 5) σελήνιον synonyme de γλυκυσίδη (pivoine *Paeonia* sp. Ps. Diosc., 3. 140) et aussi σέλινον, céleri (*Apium graveolens* L. Theophr., *HP* 1. 2. 2 ; *CP*, 6. 11. 10). La confusion et peut-être l'emploi dans un contexte alchimique viendraient peut-être d'un rapprochement σέλινον-σελήνη.

(2) Fin de la première recette. L'argent est d'abord frotté de la plante. Ensuite on fait une pâte avec sel et alun, ensemble 2 parties pour une partie du végétal. On cuit l'argent dans cette pâte, il est jaune. Cf. *Leid.* § 47 décapage de l'argent à la saumure et § 64 où il est décapé à l'alun. C'est la plante inconnue qui donne la

couleur or, à moins qu'il ne faille lire autre chose que χρυσοῦς.

(3) Autre recette. Pour purifier l'argent, on ajoute du plomb et on met au four, c'est-à-dire qu'on coupelle. Le plomb s'oxyde en litharge et entraîne les autres impuretés de l'argent. Cf. *Leid* § 25.

Fragment II

P. Iand. 85 (P 212) = Pack n° 2001.

Édition : *Papyri Iandanae. cum discipulis edidit Carolus Kalbfleisch*, fasc. V. *Literarische Stücke und Verwandtes, bearbeitet* von Josef Sprey, Leipzig, Teubner, 1931, pp. 198-202 ; H. H. Gundel, *Kurzbericht aus den Giessener Papyrus Sammlungen* 12 (1962), sér. 47. Revu sur photo.

Description : Fragment, 10,4×6 cm, partie inférieure droite d'une colonne. En bas, bord d'environ 8 mm de haut, conservé partiellement, à droite des lignes 8-12. La marge ou l'entrecolonne était donc large d'environ 12 mm. La ligne 10 où l'éditeur considère la restitution comme certaine, lui permet de conclure à une longueur de lignes d'environ 8 cm (environ 20 caractères). Il s'agit soit d'un volumen, soit d'un petit codex à grandes marges. L'écriture, une onciale plus ronde que *Leid.* et *Holm.* est parallèle aux fibres, analogue à *P. Fay.* 110, pl. V (lettre de 94 ap. J.-C.) ou de *P. Oxy.* 1619, pl. V (fin Ier-début IIe s.). Les lignes baissent un peu vers la droite et la colonne tend vers la gauche. On peut dater le document de la fin Ier-début IIe s. ap. J.-C.

Pas de signe de lecture, mais à droite de la l. 11-12 restes d'une coronis appartenant à la colonne suivante selon l'éditeur, mais peut-être aussi à ce texte.

Origine : inconnue.

Texte :

..........]χρῄση
.........σ]ειρικοῦ μέρος α′
...... φύκ]ους μέρος α′ λειά̣
νας.......]ʿΔ̣ ξήρανο[ν
.........ἀ]γγείῳ̣
τ]ῷ̣ σ[η]ρικῷ̣ μότ[ῳ̣]
ἐ]π̣ιχέων τὸ
..........]. τοῦ φύκους
..........]ῳ̇ς εὔχρουν
.....χρῶ κ]αθαρείως
........κιν]ναβάρεως
...... αἱμα]τ̣ίτιδος
.........κ]ν̣ει̣κου μέρη β′
..........]ος μέρος ∜̣ ὀ̣μ̣(οίως) τ̣ῇ̣
.........χ]ρῶ ἐ̣[

Notes critiques et grammaticales

2. σ]ειρικοῦ ego : ἄλλη Γαδ]ειρικοῦ éd.
3. φύκ]ους éd. in comm. Cf. τοῦ φύκους, l. 8 || ἡμέ]ρας Δ′ ego.
6. σηρικῷ̣ éd. || μοτῷ̣, μοταρίῳ̣ ou μοτήματι éd.
10. χρῶ éd. Cf. *Leid.*, l. 486 καθαρίως χρῶ et *Holm.* l. 33 ἀπόθου καθαρίως.
12. peut-être aussi χρυσίτιδος.
13. κ]νείκου = κνήκου éd.
14. signe de mesure peu sûr 1/2 ou 1/8. Cf. Bilabel, 2307. ὁμ (οίως) Bilabel, 2303.

Traduction

Vous utiliserez (...) syricum 1 partie (...) (1) fucus 1 partie, broyez (...) séchez 4 jours (...) dans un récipient (...) sur le chiffon de soie (...) versez le (...) du fucus (...) qu'il ait une belle couleur (...) utilisez proprement (2).

(...) Cinabre (...) hématite (...) carthame 2 parties (...) 1/4 de partie comme la (...) utilisez.

Commentaires

(1) C'est une recette de teinture dont les ingrédients sont partiellement les mêmes que ceux de *Holm.* Sprey supplée Γαδ]ειρικοῦ teinture rouge que l'on tirait d'une racine aux environs de Gadès (Hubner, *RE*, VII, 1, 460) mais on peut aussi penser à σηρικός « en soie » (Édit de Dioclétien) écrit σειρικός (Gal., 5. 46) et aussi à σηρικόν (peut-être iotacisme pour συρικόν) pigment rouge (Olympiodore, p. 76, l. 9 ; Zosime, p. 248, l. 17, mais chez Zosime c'est un minéral, le *syricum* de Vitruve ; Isidore, XIX, 17, 6 *Syricum pigmentum, quod Syrii Phoenices in Rubri maris litoribus colligunt*). Le mot μοτός désigne un chiffon de charpie (Hip., *Des plaies de tête*, 14, t. III, p. 236 Littré ; Diosc., III 82 ; Heliod. chez Orib., 44, 11, 11 ; Hsch). μοτάριον est un diminutif (Gal. XIX, 107 ; EM, 592, 2). Des μοτάρια sont utilisés pour contenir du réalgar chez Marie citée par Olympiodore, p. 103, l. 1-2 ; Democr. chez Zosime, p. 158, 2. On faisait bouillir dans un linge trempé dans l'eau de mer, Olympiodore, p. 99, l. 8-11.

(2) Cette formule marque la fin de la première recette. De la seconde, on n'a que les ingrédients. Le cinabre et le carthame donnent des couleurs rouges, ce qui permet de suppléer αἱμα]τίτιδος. L'hématite (*Holm.* 697) et le carthame (*Holm.* 635, 913, 1040) servent dans *Holm.* à teindre le tissu, mais non le cinabre. Ces trois ingrédients peuvent donner un pigment rouge ou peut-être un vernis pour pierre.

Fragment III

P. Fior. = Pack 2000.

Édition : C. Gallavotti, *Tre papiri Fiorentini*, *Rivista di filologia e d'istruzione classica*, 67 = N.S. 17 (1939), p. 252-260. Ce papyrus n'a pas été repris dans les *PSI*. Nous n'avons pu le retrouver.

Description : Fragment de volumen 14×25 cm, colonnes de 6×18 cm avec grandes marges. Sont conservées la colonne centrale de 35 lignes, les syllabes finales des 15 premières lignes de la colonne antérieure, les syllabes initiales de la colonne suivante qui contenait seulement 25 lignes terminées par une grande paragraphos (fin d'une partie ou d'une œuvre, peut-être aussi du rouleau). Mal conservé, mais écrit avec soin dans une très petite onciale semi-cursive, il fait penser à un exemplaire de librairie. La présente édition ne reprend que la colonne centrale.

θαλάσσαι χλιερᾶι ἢ ὕδατι· τὸ δὲ ῥύγχος ἄνω ἐχέτω τοῦ ὑγροῦ, ἵνα ἀναπνέηι. ξύλον ὡς τὸ̣ ἐβένινον βάψαι. σχίνου ὀρ(ε)ινῆς κλάδους νέους ὡρίμους ξηράνας καὶ ἐργασάμενος (πυκνὸν γὰρ τὸ ξύλον ἐστὶν ἢ μίτινον) καρδίας μελαίνας πυκνὰς κατακοίξεις ὅ̣λ̣ον ῥυθμὸν θέμα̣ συντετ[ελε]σμένον ὥστε μηκέτι [ἐ]πιρυσθῆναι, νάρθηκας ἰατρικούς, γλωσσόκομα, τρυπάνια, θυρωμάτιον, κανόνας ἀ[ϐ]άκων γ[ε]ωμ̣ε̣τρῶ̣ν̣ [.]ργισμον, γλυ[πτ]ούς, ἐπιτόνια, πλῆκτρα, κ]α̣μπύλας σπάθας. βα[φή· π]αν̣τ̣οίας πυρ[α]λλίδος φῶγε] καύλους ἔαρος δ' ἕτερα ἤ] κ̣αῖε ἢ ἄφ[ες ἐν] τῶ<ι> στύμ̣μ]ατι ἐφ' ἡ[μέρ]ας ῑ ἐλαίου δ]ηκταμ[νίου], ὑὸς ῥύπου, λ]οποῦ σεισ[..]ων ἱερωμάτ]ω̣ν, μέλανον πυρὶ ἐγρα(μ)μ]ένον στύμμα, καὶ ἕτερ]ο̣ν ξήρανον ἐν σκιᾶι καὶ ἔ]μ̣ϐαλε ε[ἰς] τὴν βαφήν, κ̣α̣ὶ̣ χ]άλκαν̣<θον> ἢ ὄξος μ[ῖξόν] τι̣ σύ(μ)-μ]ετρον ὧν βάπτεις, ὅπω̣ς τὸ ὑγρὸν ὑπερ<έ>χη<ι> ἀνὰ με-λαντηρίας. ἢ τὸ δέρμα κ̣α̣[ὶ βάπτεται. ὀροφῆς καπνοῦ συμπέπηγε̣ τὰ μέλανα κ[ά-κει δὸς ἀσβέστου στυ[πτηρί-

Traduction

(...) dans de l'eau de mer tiède ou l'eau (douce). Tenez le museau au-dessus du liquide pour qu'il respire (1). Teindre le bois en couleur d'ébène (2). Séchez des branches adultes de lentisque de montagne et travaillez-les (car ce bois est serré et fibreux (3)). Façonnez les cœurs noirs et serrés dans la forme d'ensemble selon la position définitive, en sorte qu'on ne le façonne plus (4) : boîtes de pharmacie, coffrets, forets, petits portiques, tiges d'abaques de géomètres, cage, sculpture, clefs de lyres, plectres, lames incurvées. Teinture : grillez toute espèce de tiges de *pyrallis* de printemps. Brûlez-en une partie et laissez-la 10 jours dans le mordant. Huile de dictamne, crasse de porc, écorce de *séséli*, noir de sacrifices, mordant précité (5). Séchez l'autre partie au soleil et jetez-la dans le bain, mêlez du vitriol et du vinaigre proportionnellement à ce que vous trempez (6), en sorte que le liquide dépasse le noir. On teint aussi la peau (7).

Condensez le noir de fumée du toit, ajoutez chaux, alun.

Commentaires

(1) C'est une recette de teinture de peaux, mais il semble qu'on teigne l'animal vivant. Cf. Aristote, *HA*. VIII, 12, 6 (589 b 10) ὑπερέχει τὸ ῥύγχος ἵνα ἀναπνέῃ ; Pline, VIII, 197.

(2) Sur le caractère précieux de l'ébène, Theophr., *HP*, 5, 31 ; 4, 46 ; Pline, XVI, 204 ; 213. Il était contrefait. Cf. Diosc. I, 98 ἔνιοι δὲ τὰ ἀκάνθινα ἢ καὶ συκάμινα

καλούμενα ξύλα ἐμφερῆ ὄντα ἀντὶ ἐβένου πωλοῦσιν. On en trouve des recettes chez Africanus I, 20, p. 187, l. 67-70 Vieillefond (sangsues dans du vinaigre, puis huile). Sur l'emploi de l'ébène en Égypte, Lucas-Harris, *Materials*, p. 434-436.

(3) Pour καρδία désignant le cœur du bois, Théophr., *HP*. 3, 14, 1.

(4) κατακοίξεις est un hapax. On peut rapprocher Hsch, s.v. κοῖγα · κοῖλα. On ne peut les façonner après, car la teinture disparaîtrait. Même précaution que pour les pierres dans *Holm.*

(5) πυρὶ ἐγραμμένον n'a aucun sens, lire προγεγραμμένον.

(6) Cf. Mizauld, II, 53, f° 23 rv : trempe à l'eau alumineuse, séchage au soleil, cuisson dans l'huile avec vitriol et soufre ; Franche, *Recettes utiles*, p. 45, teinture en noir par l'acide sulfurique et l'eau. Le vinaigre forme peut-être un acétate qui sert de mordant. Pelouze II, p. 383, noir métallo-gallique.

(7) Fin d'une recette. La recette suivante est pour teindre les peaux en noir.

Fragment IV

P. Leid. V (J 384) = *PGM* XII.

Éditions : C. J. C. Reuvens, *Lettres à M. Letronne*, Leiden, 1830.

C. Leemans, *Papyri Graeci* II.

A. Dieterich, *Pap. mag. Musei Lugd. Bat.*, *Jahrbuch für classische Philologie*, *Suppl.* 16 (1888), 749-828 = *Kleine Schriften*, Leipzig-Berlin, 1911, p. 1-47.

K. Preisendanz, *Papyri Graecae Magicae*, II, p. 71.

Description : Rouleau 360×22 cm, brisé en 6 parties. Recto démotique, vers 100 ap. J.-C., verso en onciale, vers 300-350, recueil magique.

Sur la provenance (Anastasi), cf. *supra* p. 5.

Texte l. 193-201.

Ἴωσις χρυσοῦ. λαϐὼν ὄξος δρίμυ στύψον καὶ ἔχε τὸ ἅ[μα] ἁλὸς κοινοῦ <η', στυπτηρ[ί]ας σχιστῆς <β', λιθαργύρου <δ', συνλείου τῷ ὄξει κ[αθ'ἡ]μέρας γ' καὶ ἀποσειρώσας χρῶ. εἶτα πρόσϐαλε τῷ ὄξει χαλκάνθου <α', μ[ίσυος] ἡμιοϐέλιον, χαλκίτεως η', σώρεως ὀϐολὸν ἡμιοϐέλιον, ἁλὸς κοινοῦ κερά[τιον, καπ]παδοκικοῦ κεράτια β'. ποιήσας πέταλον ἔχον τετάρτας β', πυρώσας βάπ[τε τρ]ίς ἕως λακηθῇ τὸ πέταλον · εἶτα ἄρας τὰ λακήματα ἔχε ὡς ἐξίωσιν τοῦ χρυσ[οῦ.

Ὀζεία. λαϐὼν χρυσοῦ τετάρτας <β'> ποίησον πέταλον καὶ πυρώ[σα]ς βάψον εἰς χάλκανθον τετριμμένην μετ' ὕδατος καὶ ἄλλην ξηρὰν κόψα[ς καὶ βά]πτων τῷ ξηρῷ ἄλλοτε τῷ μεμιγμένῳ ἀπόχυε τὸν ἰὸν καὶ βάλε εἴ[σω

Notes critiques et grammaticales

193. εχετω pap. : ἐχέτω Dieterich || ἅ[μα] Preisendanz : ἀ[νχούσης] Dieterich.

194. σχιστῆς Reuvens : σχ' Pap. || κ[αθ'ἡ]μέρας Reuvens-Preisendanz : κ[αὶ ἔασον ἡμ.]έρας Dieterich.

195. μ[ίσυος] Reuvens.

196. η' Pap. Preisendanz : γι Reuvens γ' Leemans Dieterich || ὀϐολὸν Preisendanz : ὀϐολός Pap. || καπ]παδοκικοῦ Reuvens.

197. ἔχον Preisendanz : ἔχων Pap. || βάπ[τε τρ]ίς Leemans Dieterich ||

199. ὀζεία Pap. Preisendanz : ὄξεα uel ὄξεος Leemans || χρυσοῦ transponendum aut delendum Dieterich || τεταρτᾶς Pap. || <β'> Preisendanz cf. 197.

199-200. κάλκανθον Pap.

200. ξηρῷ Pap. : <ὁ>ξηρῷ Preisendanz.

201. ἄλλοτε Pap. : ἄλλῳ τε Dieterich ἄλλο δὲ Preisendanz || εἴσω Leemans || fortasse ἀπόξυε ego.

Traduction

Rouille de l'or (1).

Prenez du vinaigre piquant, concentrez et ayez ensemble sel commun, 8 drachmes, alun lamelleux, 2 drachmes, litharge, 4 drachmes, broyez ensemble avec le vinaigre pendant 3 jours, laissez décanter et utilisez. Ensuite ajoutez au vinaigre vitriol, 1 drachme, misy, 1/2 obole, chalcitis, 8, sory, 1 obole 1/2, sel commun, 1 silique, sel de Cappadoce, 2 siliques. Faites une feuille pesant deux quarts et trempez trois fois jusqu'à ce que la feuille craque et considérez les fragments (2) comme la rouille de l'or (3). Bourgeonnement (4). Prenez 2 quarts d'or, faites une feuille, chauffez et trempez dans le vitriol broyé dans l'eau et de l'autre broyé sec. Trempez tantôt dans le sec, tantôt dans le mélange, raclez la rouille et jetez-la dans (...) (5).

Commentaires

(1) Berthelot, *Intr.*, pp. 13-16 et 31, pense qu'il s'agit d'une recette d'affinage de l'or. Il compare avec *P. Leid.* X, recettes 14 et 24 et avec les recettes d'affinage par cémentation (« cément royal de Macquer »). J'ai montré (*Janus*, 1975, p. 80 ; *Non-ferreux*, t. I, p. 265) que la technique de cémentation était employée ici à un tour de magie particulier, faire rouiller l'or. On sait, en effet, que la caractéristique de l'or est son inaltérabilité à la rouille (Sapho, *frg. inc.* 87 = 204 Lobel Page ; Pline, XXXIII, 62). Le παιγνίον est chez Julius Africanus (Psellos, *Mir.*, p. 317, l. 15 Vieillefond) qui utilise de la bave de chien enragé. Recette voisine dans Mizauld, *Memorabilia*, VI, 38, f. 83 rv.

(2) Les λακήματα sont de petites écailles oxydées. Cf. M. Stephanides, *Petites contributions à l'histoire des sciences*, *REG*, 31 (1918), p. 198-199.

(3) L'alun lamelleux, le vitriol, le misy, la chalcitis, le sory contiennent du soufre. Sel commun et sel de

Cappadoce sont des chlorures. Soufre et chlore se combinent avec les métaux alliés à l'or (cuivre, argent). Il se forme peut-être de l'acide sulfurique ou chlorhydrique. La surface du métal se couvre d'une crasse de chlorures, sulfures, sulfates : la rouille de l'or. Le bain se fait en deux temps et dans le second temps les minéraux sont en petite quantité.

(4) ὀζεία est un hapax. Berthelot l'a rattaché à ὄζος « rameau, branche » et a traduit « paillettes » (n. pl.) par analogie du latin *ramentum* avec le latin *ramus*. En réalité, le parallélisme est forcé. Si ὄζεια est formé sur ὄζος, on peut lui donner le sens de « bourgeonnement ». C'est la même formation de pustules à la surface du métal.

(5) Preisendanz considère ces lignes comme une variante des précédentes. En fait, c'est un autre procédé, fondé sur le même principe de cémentation sulfureuse, mais en utilisant le vitriol seul. On trempe alternativement dans la poudre et dans la solution.

NOTES COMPLÉMENTAIRES

P. 84.

1. Identique à Alch. Syr., 276, § 14 « Comment on traite l'étain et le plomb. — Après avoir fait fondre dans un vase d'argile, saupoudre par-dessus de la farine d'alun, en en mettant peu à peu et en remuant avec une spatule : ceci est la fleur des deux ». Il faut supposer que le soufre présent dans l'alun et le vitriol se combine aux impuretés. Comparer Alch. Syr., 241, § 10 « Pour purifier l'étain. — Après qu'il a été traité comme il convient, on saupoudre dessus de l'alun lamelleux, de la chalcite ; on opère la fusion, et on trouve de l'argent égyptien (asèm). » Alch. Syr., p. 191, § 152 « Travail de l'étain pur. — Après qu'il aura été purifié convenablement, ajoute dessus de l'alun lamelleux et de la chalcite de toute fonte : opère la fusion, et tu trouveras de l'argent d'Égypte. »

2. Identique à Alch. Syr., 241, § 9 « La purification de l'étain se fait ainsi. — Faire fondre dans une marmite enduite de poix ; verser dans une coupe ointe d'huile ; plonger dans de l'eau de mer. » et § 11 « Purification du plomb très utile. — Fondre et verser dessus de l'huile et du bitume ; ou fondre, jusqu'à ce qu'il soit réduit à un tiers. » De même p. 64, nº XXX « Traitement de l'étain. Pour le purifier et le rendre pareil à l'argent... Fais fondre de nouveau. Jette par-dessus du bitume (?) et fais chauffer jusqu'à ce qu'il brûle. » La poix et l'asphalte flottent à la surface et agissent comme réducteurs. Ils empêchent l'oxydation du plomb et de l'étain en cours de fusion. Cf. Lippmann, *Entstehung*, I, 12. Comparer *infra*, § 4.

3. Sur l'action de l'alun, voir *supra* § 1. Comparer Alch. Syr., p. 184, § 132 « Chapitre de l'argent. — Prends l'alliage de plomb et d'étain ; purifie-le ; délaye de la magnésie ; delaye-la et blanchis-la. Puis prends du sel fusible ; fais-le chauffer dans une marmite ; pile-le à part. Fais chauffer de l'alun convenablement et pile-le. Broie du fondant blanc et mêle-le. Prends de la magnésie, une partie ; du sel de montagne, une partie, et deux parties d'alun ; du fondant, une demi partie. Fais fondre l'étain et abreuve-le peu à peu, jusqu'à ce qu'il devienne de l'argent. » Le sel (chlorure de sodium) attaque lui aussi les impuretés. Sel et alun entrent

dans la composition d'une *aqua acuta omne metallum dealbans* chez Marcus Graecus, p. 123 Berthelot.

6. Sur le rôle de l'asphalte, recettes 2 et 4. L'huile a le même rôle. Même recette dans *Holm.*, § 4, mais sans le sel. Cf. *CAG* 37, l. 7-12 purification d'étain avec asphalte et sel. Comparer Alch. Syr., 189, § 142 « Trempe de l'étain. — Fais-le fondre dans une cuiller de fer ; jette dessus de l'huile d'olive et du soufre des foulons. Fais ainsi trois fois, et il deviendra excellent. » et 279, § 12 « La purification de l'étain se fait ainsi. — Faire fondre avec du sel, de l'huile et du bitume ».

7. Fabrication d'un alliage blanc (Berthelot, *Intr.*, p. 29 = *Arch.*, p. 269), 4/7 Sn et 3/7 Ag. Cf. *Mappae clavicula*, 93, p. 207 Ph. *Sumis stannum candidum et tenue, purgabis quater et argenti partem j. conflabis et, cum conflaueris, tere diligenter, et fabrica quae uelis, siue pocula, vel quicquid tibi visum fuerit. Erit enim ut primum argentum qui etiam artificis flant.*

P. 85.

3. Sur la notion de δίπλωσις, voir l'introduction p. 39. Ce n'est pas strictement quantitatif. Il faut comprendre « action de produire un succédané ». Cf. la δίπλωσις du vinaigre dans *Geoponica* VIII, 41, cf. Pline, XIV, 102 ; XXIII, 117 ; Columelle, XII, 17 ; Wellmann, *Georgika*, p. 30. On obtient un alliage blanc 5/11 Cu, 5/11 Sn, 1/11 Ag où le poids d'Ag n'est pas doublé mais plus que décuplé.

4. Selon Berthelot, *Intr.*, p. 29, n. 1, il s'agit de l'amalgame décrit dans la recette précédente. On obtiendrait un bronze blanc amalgamé. Mais Lagercrantz, p. 116, a bien montré que cette recette se retrouve sous une forme plus développée dans *Holm.*, § 7. Dans cette recette, le liquide est indiqué στιλβάδα ἀνιμένην ὕδατι πηγαίῳ. Le προειρημένῳ de *Leid.* 37 se réfère à la formule plus complète de cette préparation donnée dans *Holm.* § 6, ἅλμῃ καὶ στυπτηρίᾳ στιλβάδει τε ἀνιμένῃ γλυκεῖ ὕδατι « de la saumure, de l'alun et de la terre brillante dissous dans de l'eau douce ». Le bronze blanc est donc trempé dans un mordant, puis poli à la craie.

5. Cf. *Holm.*, l. 56 ἐλάσας καὶ πλατύνας « aplati au marteau ».

6. Le mot μᾶζα désigne à proprement parler une galette d'orge. Cf. Zosime, p. 216, l. 19-22 μᾶζα δὲ ὁ χαλκὸς ἀφ' οὗ καὶ ἐν ταῖς ἰουδαικαῖς καὶ ἐν πάσῃ γραφῇ μαζὺς ἀνέκλειπτος · ἣν ἔλαβεν Μωυσῆς παρὰ κυρίου λόγου · παραφθαρὲν δὲ τῷ χρόνῳ τὸ ὄνομα ἐγένετο μαζύγιον. Il y a deux idées : la forme de la galette des lingots de métal et d'autre part l'idée d'une pâte qui lève, rejoignant les idées sur la croissance des minéraux. Cf. Isis, *Lettre à Horus*, 6-8, *CAG*, p. 30 ; Berthelot, *Intr.*, p. 30 ; *Arch.*, p. 273 ; Diels, *Antike Technik*, p. 143.

7. Peut signifier simplement *enlever* mais aussi « faire lever » (la pâte).

P. 86.

4. Identique à *Mappae clavicula* 86, p. 206 *Eris cupri minam dimidiam sume. et stanni minam j magnesie ʒ VIII piritis lapidis triti ʒ XX conflabis et immitte stannum; deinde patum novissime argentum vivum, et cum ferro commoueris, infunde in columnellas.* Le mot *pyritis* est une mauvaise traduction de πῶρος. Le parallélisme de *columnellas* permet de corriger τόπον, qui n'a pas de sens, en τύπον.

5. Cf. *Holm.* § 5. Même méthode que *supra,* § 6 : le cuivre décapé de la pellicule d'oxyde est blanchi par le sel et l'alun (dans *Holm.* seulement le sel), et est fondu avec une quantité égale d'argent. Le doublement est quantitatif. Identique à *Mappae clavicula,* 73, p. 204. *Eris cipri partes* || *argenti partem j salis ammoniaci iiii alumnis scissi et liquaridie tantumdem. Omnia confla.*

6. Cf. *supra,* recette 2.

P. 87.

3. Il faut traduire τῷ τετάρτῳ par « le quart *du* cuivre » c'est-à-dire les ἀποκόμματα.

4. Le papyrus a ἀδραμέντου où on pourrait voir le latin *atramentum* « noir, encre ». Dans *Holm.*, l. 43, on ajoute de l'argent et dans *Leid.*, l. 138, une quantité d'argent est dite ἀδραμέντου κρείσσονος. Il faut voir dans ἀδραμέντου la corruption de Ἀδραμυτηνοῦ « d'Adramyttion » (en Mysie), où se trouvaient des mines d'argent, cf. *Chimie de Moïse,* 60. Les battitures de cuivre sont soumises à un double blanchiment, d'abord par le vinaigre et l'alun, puis par le sel et l'alun. Identique à Alch. Syr., p. 219, § 15. « Autre. — Lame de cuivre macérée dans du vinaigre, puis fondue ; saupoudrer avec de la terre de Chio, de la terre de Samos, du sel, de l'alun lamelleux et de l'alun... ; on projette sur l'argent. » et Alch. Syr., p. 290, § 94 « Autre qui est véritable. — Cuivre blanc, fondu avec du sel de Cappadoce, de l'alun égyptien ; addition de sandaraque et d'argent. »

5. Sur le sens de κρᾶμα, W. J. den Dulk, *Krasis,* Leiden, 1934. Berthelot, *Arch.* 273 a bien vu qu'il y avait deux recettes. Nous ne changeons pas la numérotation pour nous conformer à la structure du texte.

6. Alliage blanc dont seuls les composants sont indiqués : cuivre arsénical (ou laiton) 8 ; Sn 12 ; Hg 10 ; Ag 5.

7. Autre alliage blanc 1 Cu 2 Sn.

8. L'or n'est pas mentionné auparavant. Berthelot, *Intr.*, p. 31 pense que la formule renvoie à *P. Leid.* V, 6, 18 sq. (ci-dessous fr. 4) ce qui est peu probable. D'autre part, il traduit ἀπὸ καθάρσεως « vinaigre de purification de l'or ». Lagercrantz, p. 116-117 rattache ἀπὸ καθάρσεως à συγκεράσαι et traduit « après purification ». Dans ce cas le προγεγραμμένον renverrait

à ce premier χρυσοῦ. Nous pensons qu'il peut renvoyer aussi à l'*incipit* de la recette et on peut traduire ὄξος ἀπό... « le vinaigre provenant de la purification de l'or » c'est-à-dire les acides produits lors de la cémentation. Cf. introduction, p. 31.

9. C'est une recette d'affinage de l'or par cémentation. Le misy contient du soufre, le sel, du chlore, qui attaquent les métaux de base allié à l'or. L'acide produit le même résultat. L'or reste inaltéré. Cf. R. Halleux, *L'affinage de l'or, des origines aux premiers alchimistes*, *Janus*, 1975, p. 80-102. Identique à *Mappae Clavicula*, 100, p. 209. *Ad colorandum aurum. Sume atramentum, et assa, ut scis, et aliud, tantundem salis, et distempera cum vino rubeo, in eneo vase non nimis rarum, et inde line aurum et post pone in fornace, et tamdiu calefac ut nigrum fiat et extrahe.* L'*atramentum* (sulfate de fer) a le même rôle que le *misy* (sulfure).

P. 88.

2. Cette recette, identique au § 86, est difficile à comprendre. Berthelot, *Arch.*, p. 275 la relie à la précédente et, considérant que la terre de Sinope est du *minium* imagine la production d'un alliage Au-Pb-Zn ; Hunt, p. 28 la coordonne également et, voyant dans la καδμεία un mélange d'oxydes de Cu, Zn, As, dans la terre de Sinope, un oxyde ferrique, dans le μίσυ un sulfure de cuivre, pense qu'on obtient un métal contenant du Cu, Zn, et peut-être du Fe. Le texte est identique à *Mappae Clavicula*, 26, p. 198 *Auri duplicatio. Auri ʒ IIII, misii ʒ V, sinopidis ʒ V prepara, confla aurum, donec hilare fiat, admisce illa duo, misium et sinopidem, in conflatura, et tolle.* De même dans *Mappae Clavicula*, 16, p. 196 (chauffer l'or avec terre de Sinope et sel) 21, p. 197 (chauffer l'or avec du misy) ; 24, p. 197 (chauffer l'or avec argent, cadmie, misy, terre de Sinope, cuivre brûlé) cf. Berthelot, *MA* I, p. 40-42 et 78. Dans notre texte, le *misy* et la terre de Sinope contiennent du fer, qui s'unit facilement à l'or et en augmente le poids.

3. Alliage blanc : Ag., 12,5 parties ; Sn 10 ; Cu, 6,25 ; Hg 8. A cause de sa sublimation aisée, le mercure est ajouté en dernier lieu, quand l'alliage est sur le point de refroidir. Proche de Alch. Syr., p. 290, § 93 « Autre. — Étain purifié, mêlé avec du mercure, de l'argent, de la magnésie et de la couperose ; tous ces corps cuits ensemble. »

P. 89.

4. Quand le cuivre en fusion est soumis à une atmosphère oxydante, des bulles crèvent et projettent des particules d'oxyde que les anciens appellent ἄνθος χαλκοῦ ou *flos aeris* (Diosc. V, 77 ; Pline, XXXIV, 107). D'autres se détachaient du lingot en cours de purification. Dans la langue des droguistes, λεπίς était réservé aux battitures *(Hammerschlag)* qui se détachent en cours de martelage. Il était toutefois facile de confondre, comme ici, les deux substances.

5. A cause de l'avilissement de la monnaie d'argent d'Alexandrie au IIIe s., on préférait souvent la vieille monnaie ptolémaïque, cf. A. Segrè, Καινὸν νόμισμα, *Mem. R. Accad. dei Lincei*, 16 (1920), p. 95-115 ; G. Mickwitz, *Gold und Wirtschaft in Röm. Reich des vierten Jahrhundert n. Chr.* Helsingfors, 1932, p. 51-52. Les statères ptolémaïques sont en argent contenant du cuivre. Cf. E. R. Caley, *Chemical Composition of Alexandrian tetradrachms* dans A. S. Ingholt, *The American Numismatic Society Centennial Volume*, New York, 1958, p. 167-180.

6. Les lignes 126-128 et 131-132 sont reproduites telles quelles en 133-136. La même recette a donc été copiée deux fois. Les lignes 129-130 sont un fragment intrus d'une autre recette où le métal est complètement fondu (χωνευόμενον) et non simplement chauffé (πυρώσας) et ensuite granulé (ἐκτροχισθῇ) sans doute en le versant fondu dans un liquide.

P. 90.

1. Méthode de décapage (Pleitje, 223) par alternance de chauffage et d'immersion. Les mordants dissolvent en surface les métaux alliés à l'argent. Le résultat possède l'apparence du métal précieux. Comparer Alch. Syr., p. 191, § 150 « Trempe du cuivre. — Mêle du vinaigre, de l'alun et du sel ; fais chauffer les lames, et trempe-les plusieurs fois, jusqu'à ce qu'il soit fait selon ton désir ».

4. Le métal oxydé ou sulfuré à la surface (Berthelot, *Arch.*, 279) est nettoyé par cémentation. On le recouvre d'une pâte de matières végétales, mais le rôle de chaque constituant est difficile à établir. La rue donne une huile essentielle, l'huile de rue. La recette revient plusieurs fois dans Alch. Syr., p. 97, § XIX « Pour porter remède à l'argent qui n'est pas beau. Prends de la paille, de l'orge pour faire de la bière et de la rue sauvage (πήγανον ἄγριον), c'est-à-dire baschoscha (en syriaque). Fais macérer dans de la saumure, trois drachmes ; plus du natron blanc, trois drachmes. Mets dans un creuset et place-le dans le feu. Souffle beaucoup, jusqu'à ce que le produit soit très chaud et brillant. » p. 218, § 10 « Comment on remédie à l'argent qui n'est plus beau. — Prends de la paille, de la bière d'orge et de la rue ; fais macérer dans trois drachmes de saumure et trois drachmes de natron blanc ; mets le tout dans un creuset et souffle fortement, jusqu'à ce que celui-ci soit bien chaud, et quand il sera bien chaud, laisse-le refroidir. » p. 219, § 18 « Purification de tout argent noirci. — Prends de la paille, de la bière d'orge, de la rue sauvage et du sel, trois empans (sic = trois drachmes) ; fais macérer dans du vinaigre blanc et verse par-dessus de l'aphronitron, trois (drachmes) ; mets du feu par-dessous et souffle fortement ; laisse refroidir », p. 289, § 83 « Autre décapage par fusion, qui rend bon tout argent mauvais. Prends du .... (écrit κόνδα) et de la rue (πήγανον) sauvage ; fais macérer dans

du vinaigre ; projettes-y un peu de sel ; quand tu auras fait fondre au feu, projette de ces plantes et fais cuire longtemps ».

5. Cémentation du cuivre par 2 % de réalgar (sulfure d'arsenic) donnant un cupro-arsenic blanc. Cf. R. Halleux, *Non-ferreux*, I, p. 269-271. On ne comprend pas le rôle de la στυπτηρία σχιστή. à moins que ce ne soit une désignation imagée de l'arsenic blanc (Olympiodore, 12, p. 76, l. 1), ou bien un réactif blanchissant (cf. *supra* et *Comp. Luc.*, N 32-0 8). La cire joue un rôle réducteur dans la fusion du métal (cf. *Comp. Luc.* S 19-20). Les alchimistes ultérieurs entoureront de cire leur « poudre de projection ». Identique à Alch. Syr., p. 218, § 9. « Pour blanchir le cuivre, afin qu'il puisse s'allier à l'argent sans être reconnu. Cuivre de Chypre, arsenic ferrugineux, alun lamelleux, sel de Cappadoce ; après fusion, addition de cire, puis de magnésie préparée et alliée avec du plomb. Le mélange sera encore plus beau, si l'on ajoute du fer préparé avec de la magnésie et du mercure ». Procédés analogues (par l'orpiment) dans *Mappae Clavicula* 5, p. 194 ; 75, p. 204 ; 77, p. 205 ; Ps. Dem., *Phys. et Myst.* 4, p. 43-44 ; 7 p. 44 ; 28 p. 53 ; Olympiodore, 12, p. 75 et p. 318, l. 7-19 ; *Traités techniques*, p. 304. Le *dealbatio aeris* par le soufre et l'arsenic est une pratique fréquente en alchimie, cf. R. Steele, *Practical chemistry in the twelfth century. Rasis de aluminibus et salibus translated by Gerard of Cremona*, *Isis*, 12 (1929), p. 37. C'est la *medicina dealbativa veneris* des alchimistes médiévaux, ex. de BN lat 6514, f. 59 r. On la connaît encore aujourd'hui sous forme de cuivre blanc (*false silver* des Anglais), Julia de Fontenelle, *Manuel Roret* I, 367.

P. 91.

1. Cf. recette 1.

2. On travaille en dessous du point de fusion de l'étain.

3. L'Égypte n'a pas de mines d'argent. On y suppléait par divers alliages blancs (Lucas-Harris, *Materials*, p. 245 sq.). Une autre formule s'en trouve au § 82. Ici l'asèm est simplement de l'étain durci.

4. Affinage de l'or par cémentation. Le soufre du *misy* et de l'alun et le chlore du sel attaquent les métaux alliés à l'or, en particulier l'argent. Le cément produit peut-être de l'acide chlorhydrique ou sulfurique (Hunt 27). Les sels produits sont en partie absorbés par l'argile du creuset. Mais il se forme aussi à la surface du métal des croûtes de chlorures et de sulfates qu'il faut laver à grande eau. R. Halleux, *L'affinage de l'or*, *Janus*, 1975, p. 80-102. Cf. *supra*, § 14. Comparer Alch. Syr., p. 97, § XX » (Cémentation de l'or) Du sel et de l'alun, chacun une once ; du vitriol noir de Chypre, deux grammes ; broie ensemble et mets dans un creuset. Plonges-y des lames d'or. Dispose par couche de la chalcite (?) entre les lames. Mets sur des charbons ardents et souffle. Quand le produit sera fondu, tu verras quel

produit tu obtiendras. » *Mappae Clavicula*, 10, p. 196 *Auri coctio. Salis triti, et aluminis scissi, partes aequales, misce ad ÷ j. scripula III, misii ciprii conteris vatillum, pouum prepara; facis auri laminas tenues; componis unam inter unam; reples carbonibus, et incendis.* Cf. *Comp. Luc*, L 28-31, coloration de l'or par le vitriol et le sel et *Mappae Clavicula* 22, p. 197 (*idem*, avec en outre du laiton et du natron).

6. La recette donne la fabrication d'un amalgame 1/3 Sn 2/3 Hg. La terre de Chio empêche, comme plus haut, la volatilisation du Hg. La recette est incomplète, car la transformation du cuivre en argent n'est pas mentionnée. Il faut comprendre avec Berthelot, *Arch.* 281 que cet enduit sert à étamer. On étendait cet amalgame sur l objet de cuivre et on mettait au four. Le mercure se sublimait, laissant sur le cuivre une pellicule d'étain. Le cuivre étamé a l'aspect de l'argent. Ce serait la méthode gauloise d'étamage et d'argenture. Cf. R. Halleux, *De stagnum « étain » à stagnum « étang ». Contribution à l'histoire de l'argenture et de l'étamage*, dans l'*Antiquité Classique*, 46 (1977), p. 557-570. Identique à Alexis Piemontois, p. 815.

P. 92.

3. Variante incomplète de la recette 9. La présence de tuf, de magnésie et le fait de remuer avec le fer impliquent l'addition de mercure qui n'est pas mentionnée. L'action de couler n'est pas mentionnée non plus.

4. ἀποδίδωσι τὸν χῶνον correspond à ἀπόχεε εἰς τύπον du § 9 et désigne la coulée, ou plus précisément l'action d'incliner le creuset pour verser dans le moule ou la lingotière.

5. Sur ces signes de mesure, rares dans le papyrus, voir l'introduction p. 19.

6. Alliage blanc 2/3 Sn 1/3 cuivre blanc (lexique). La poix agit comme réducteur (cf. *supra* p. 84). L'alun lamelleux attaque le cuivre. Si l'on veut fondre d'abord l'étain, qui possède un point de fusion moins élevé, il faut réduire le cuivre en limaille, ce qui est censé faciliter sa solution dans l'étain.

7. Alliage à basse teneur en or (Cu 4/7 Ag 2/7 Au 1/7) cf. Hunt, p. 28 ; Roberts, *Gold brazing in Antiquity, Gold Bulletin*, 6 (1973), p. 112-119.

P. 93.

3. L'or est trop malléable pour être broyé tel quel au mortier. Amalgamé avec le mercure, il donne une masse pulvérulente. Le mercure peut être enlevé par pressage (Vitruve, VII, 8, 4 ; Pline, XXXIII, 99) et on broie alors avec la gomme arabique. Cf. S. M. Alexander, *Medieval recipes describing the use of metals in manuscripts, Marsyas* 12 (1966), p. 38. La gomme arabique sert de liant pour le faire tenir sur la feuille. Se retrouve sous

une forme moins complète au § 51 = 76 (Au+gomme) et § 52 = 69 (Au+Hg). Cf. Wessely, *Chrysographie*, p. 262-263 et 275 (*Cod. Vindobon. Phil. Graec.* 230, f 189 r) ; identique à Alch. Syr., p. 245, § 4 « Travail du mercure qui sert à l'or. — Prends des clous d'or et jette dans un mortier de fer (ou de basalte ? écrit βαστνις) avec de l'eau ou de la gomme liquide ; lime et mets la limaille dans une fiole de verre : tu auras un mercure doré, qui sert aussi pour (écrire dans) les livres. » Analogue à *Comp. Luc.* N 1-3 ; *Réceptaire d'Ivrea*, p. 631 Giacosa ; Eraclius, I, 7, p. 191 Merrifield ; *Mappae Clavicula*, 30, p. 198 ; 219, p. 229 ; BN lat. 7105, f. 1342 ; Le Bègue, 310, p. 397 Merrifield ; Alexis Piemontois, p. 281-283. L'élimination du mercure par pressage et la pulvérisation subséquente de l'or sont décrites dans *Comp. Luc.* U 27-32 et α 11-20, cf. Julia de Fontenelle, *Manuel Roret* II, p. 137.

4. Cette encre ne contient pas d'or. L'élément colorant est la litharge jaune, l'alun le mordant. L'excipient n'est pas indiqué, cf. Wessely, p. 263.

5. Recette de nielle, mélangé de sulfures métalliques d'un noir brillant utilisé surtout en incrustation. Il y a deux façons de fabriquer le nielle : on mélange des sulfures métalliques et on les fond. Ou bien, comme ici, on fabrique un alliage (1/3 Ag. 2/3 Pb) que l'on soumet à l'action du soufre. Le nielle est une technique égyptienne (Pline, XXXIII, 131 ; Lucas-Harris, *Materials*, 250-251), Dans les recettes ultérieures, le nielle contient aussi du cuivre, par exemple, *Mappae Clavicula* 56, p. 202 *In aureo vase nigrum compingere, ut putes inpisatum esse. Argenti, eris rubri, et plumbi, partes equales confla et asperges sulfur uiuum, et, cum fuderis. patere ut refrigerent* ; Theophile, III, 28 p. 80 Dodwell ; Eraclius, 48 p. 43 (Ag, Pb, Cu, S) ; BN lat. 6514, fol. 564 (Au ? Cu, Pb, S) ; *MA* II p. 106 § 13 ; *Liber Sacerdotum*, 53 ; voir la recette plus récente dans Michel, *Coloration des métaux*, 242-249. Pour l'histoire de la niellure, Diels, *Antike Technik*, p. 151 ; A. Moss, *Niello*, *Ant. J.*, 33 (1953), 75-77 ; *Niello, Studies in Conservation*, 2 (1953), 49.

6. Précaution constante en pharmacie et en alchimie. Cf. l'introduction p. 34.

P. 94.

6. A noter que cette recette est entièrement à l'infinitif. Il s'agit d'une citation.

7. Comme le remarque Hunt, p. 29, c'est une recette de dorure sans amalgame. La gomme sert de liant pour le placage. Le plomb sert à abaisser le point de fusion et lors du passage au feu, de soudure. Il se forme une croûte superficielle dorée. Cf. Théophile, III, 68 ; il se peut que l'on dissolvait alors le plomb en surface ou bien le plomb disparaissait par oxydation (Lippmann I, 7). Il faut rapprocher cet enduit des encres où un alliage Au/Pb

est pulvérisé et lié par la gomme, cf. ci-dessous, § 68, avec les textes parallèles.

8. Les styles des fleurs de safran contiennent un glucoside jaune, la crocine et sont très employés comme pigment. Dans un solvant jaune lui aussi, on obtient des lettres d'or, sans or. Cf. Wessely, p. 264. Identique à *Comp. Luc.*, α 7-11 (safran-gomme). Analogue à Alexis Piemontois, p. 286 (safran, orpiment, bile) ; à *Secrets concernant les arts et métiers*, t. I, Paris 1716, p. 331 (safran, orpiment, bile, eau gommée). Sur l'usage du safran pour dorer, *Comp. Luc.*, T 32 et U 6.

P. 95.

4. Le mercure s'amalgame avec le cuivre (ou avec le cuivre et le plomb) et forme une pellicule brillante. Identique à Alch. Syr., p. 28, § 8. « Comment le cuivre devient blanc comme de l'argent. — Nettoie le cuivre convenablement et prends du mercure et de la céruse ; frotte avec cela fortement et la couleur (du cuivre) deviendra pareille à celle de l'argent. » p. 230, § 45 « Pour rendre le cuivre semblable à l'asèm (sina). — Étain, chrysocolle, céruse, terre de Chio, mercure (fugace). » p. 230, § 49 « Pour donner à un vase de cuivre la couleur de l'asèm. — Plomb, mercure, terre de Chio. » p. 290, § 91 « Pour que l'argent ressemble à la chrysocolle. Céruse, eau, lait virginal, broie ensemble et sers-t-en. La teinture demeurera, tant qu'on ne soumettra pas la matière à l'action du feu. » Le « lait virginal » est un nom de code du mercure. Comparer aussi Mizauld, *Memorabilia* VII, 44, f 97 r, *Hydrargyrum forti aceto remixtum, uasa argenteis similia reddit, si eo illinantur.*

5. On peut comprendre καθᾶραι comme une bévue du scribe. On peut également y voir le but ultime de l'opération. Avant d'affiner, voir s'il y a lieu de le faire.

6. Il y a une différence entre χωνεύω qui opère au dessus du point de fusion et πυρόω qui opère en dessous.

7. Identique à Pline, XXXIII, 59. Vrai en partie : l'argent diffuse à la surface et donne une couleur pâle. Les autres couleurs sont liées à la formation d'oxydes métalliques. L'oxydation du cuivre devrait donner du noir (Hunt 28 ; Berthelot, *Arch.*, 287).

8. Cf. note 6, p. 95.

P. 96.

2. Cf. pour la fabrication de soudure § 30 et 32, son application en vernis § 27. C'est un alliage couleur d'or en suspension dans du vinaigre. Recette reconstituée par S. Alexander, dans *Marsyas* 12 (1966), p. 40, l'alliage est de couleur cuivre pâle, l'encre (où il faut certainement ajouter de la gomme) est rouge brun. Après brunissage on obtient une surface brillante couleur d'or rouge. Identique à Alch. Syr., p. 276, § 18 « Autre. — Chrysocolle et vinaigre ».

3. Le cuivre est décapé par les acides végétaux. Cf. G. Franche, *Recettes utiles du bâtiment et de l'habitation*, Paris, 1913, p. 47 (à l'acide oxalique). Identique à Alch. Syr., p. 229, § 32 « Maintenant, nous allons décrire les nettoyages de chacun des cuivres. Quel nettoyage est employé pour chaque cuivre. — Nettoyage commun, avec de l'eau chaude, des lavures de vaisselle et du vinaigre, de la terre saline ou nitreuse, ou de la lessive de bette, ou de la pierre ponce en poudre, ou du sable de mer rugueux et autres choses. » p. 232, § 64 « Nettoyage du cuivre. — Betterave, comme pour l'argent, etc. » p. 276, § 16 « Comment on nettoie le cuivre. — On fait bouillir de la betterave et on frotte le cuivre, etc. »

4. Pour le titre, cf. *supra*, § 27 et 37.

5. Pour l'opération, comparer avec la recette identique du § 27 ἀνταράξας.

6. Simple vernis, identique à 27. La parenté reconnue entre les vernis à dorer et les encres rend compte de la présence de ces encres dans *Leid.*

7. La laine fait office d'éponge. La saumure agit comme décapant. On rince à l'eau douce pour éviter que le sel n'attaque le métal. Cf. *Mappae Clavicula*, 86, p. 206 *Argentea vasa tergere sine abusia sumis lanam sordidam, infusam aqua salsa viscida et extergis : abluis aqua frigida et patieris siccare. Hinc extergis nullam aposiam facit.* Voir aussi le n° 62.

8. Berthelot, *Arch.*, p. 287 pense que le natron roux contient du soufre capable de teindre les métaux. Il y a action du carbonate et du chlorure de sodium sur l'argent ou le cuivre, ce qui peut-être le colorait (cf. E. R. Caley, *The Leyden Papyrus X*, *J. Chem. Educ. 3*, 1926, p. 1137). Identique à *Mappae Clavicula*, 86, p. 206. *Nitrum ruffum et alumen simul confla deinde teris cum aqua, unges argentum et calefacis.* Cette dernière opération n'est pas mentionnée dans le papyrus.

9. L'orpiment (sulfure d'arsenic, voir lexique) a une belle couleur jaune, la gomme arabique sert de liant. Cf. Wessely, *Chrysographie*, p. 262-263 (*Vind. phil. graec.* 220, f 189 r, xve s.).

P. 97.

2. Identique à 33, 60 et 76. On obtient une poudre d'or dans un liant de gomme. Identique à Alch. Syr., p. 142, § 4. « Liquéfaction de l'or. — Prends une coupe de porcelaine. Sur un marbre, broie la gomme arabique (avec de l'eau), jusqu'à ce qu'elle soit comme du miel. Enduis-en la coupe. On étendra par-dessus une feuille d'or, et on l'abreuvera avec la gomme, jusqu'à ce que la feuille se délaye. Sers-t-en pour écrire. » Bien que la recette soit corrompue, on peut voir que la même préparation sert pour dorer et pour écrire.

5. Identique à *Mappae Clavicula*, 86, p. 206 *Minium cum alumine tere, defunde acetum album, et facies pinguedinem ceroti.*

Cumque frequenter terseris, patere per totam noctem ita esse. La réaction du vinaigre avec le cinabre en présence de cuivre libère du mercure — (Théophraste, *Lap.* 60 ; Pline, XXXIIII, 123). Selon Berthelot, *Arch.* 289, enduit préliminaire pour dorure, ce qui semble confirmé par le texte parallèle de Alch. Syr., p. 206, § 11 « Pour faire une liqueur d'or. — Cinabre, sel gemme, limaille d'or, alun et vinaigre, mêlés et broyés dans un vase de cuivre. »

6. Alliage 1/5 Ag 4/5 Au (800 millièmes, c'est la formule de l'électrum selon Pline, XXXIII, 80) ou 3/7 Cu et 4/7 Au. On peut mettre davantage de cuivre car il ne fait pas changer la couleur. Cf. *Mappae Clavicula* 23, p. 197 (autre proportion, mêmes constituants) ; Hunt, 28.

7. La dorure est assimilée à la fabrication d'or.

P. 98.

2. ᾧ νομίμῳ πεπείραται fait difficulté. Je comprends ὡς νομίμῳ et je fais de πεπείραται une proposition séparée.

3. Le ἤ n'est pas à sa place. Il doit marquer le choix entre les deux excipients possibles, blanc d'œuf ou gomme.

4. L'orpiment et le safran donnent la couleur. Le blanc d'œuf et la gomme dont la quantité paraît excessive servent de liant. Le cristal de roche pilé donne du brillant, cf. S. Alexander, *Marsyas*, 12 (1966) p. 48 ; Wessely, 264 ; 274 (München, cod. Germ. 821, f 16, 17, 125). Identique à *Mappae Clavicula*, 45, p. 200 *Ouorum trium vitellos et unius alborem et gummi ÷ IIII et croci* ʒ *j et cristalli limature* ʒ *j auripigmenti aurei coloris* ʒ *vii. Hec omnia diligenter teris siccabis biduo subjecto et tunc remittuntur croco. Sic scribis que velis.* Cf. Alexis Piémontois, p. 275. « Pour faire lettres de couleur or, sans or. Prens une once d'orpiment, et une once de fin cristal, et les broye très bien chacun à part soy, puis mesle tout ensemble avec de la glaire d'œufs et en escris », et, d'après Alexis, chez A. Mizaud, *Memorabilia*, Paris, 1566, I, 46 f. 82 ; *Secrets concernant les arts et métiers*, t. I, Paris, 1716, p. 331.

5. On polissait la feuille avec un brunissoir d'ivoire. Cf. Cicéron, *Ad Quintum fratrem* II, 14 (15b), 1 ; Pline, XIII, 81.

6. Il n'a pas encore été question d'argent. Confusion du scribe pour κασσίτερος. Ou bien on peut comprendre δι' αὐτοῦ « à partir de l'argent lui-même ».

7. La recette est incompréhensible. Alliage Ag/Cu/Sn ?

8. Leemans et Berthelot ne traduisent pas ces trois mots. Il pourrait s'agir d'une mise en garde pour l'opérateur.

9. Comparer avec les recettes 6 et 7. C'est simplement un abaissement du titre de l'alliage.

10. On grille d'abord (πυρώσας) l'alun et le natron. Sur le rôle de l'alun, voir § 2 et 23. Sur le rôle du natron, comparer *Secrets concernant les arts et métiers*, t. I, Paris 1716, p. 39 « Pour affiner l'étain. Prenez étain fin, faites le fondre en un creuset : étant

fondu jetez dessus du nitre à plusieurs fois jusqu'à parfaite calcination. Faites cela par trois fois mettant la matière en poudre que vous mêlerez avec du charbon pilé ; puis étant refondu il reprendra bon corps en Jupiter très fin (= p. 536). » La recette de *Leid.* se retrouve dans Alch. Syr., p. 276, § 10 « Comment l'étain vrai est traité par le natron et l'alun. — On le nettoie comme il convient et on le traite comme l'argent. »

P. 99.

2. La fleur du carthame ou safflor contient deux matières colorantes, l'une jaune, soluble dans l'eau, qui est utilisée ici, l'autre rouge, qui interviendra plus loin dans la teinture des étoffes. Le blanc d'œuf et la gomme servent de liant. Les proportions ne sont pas indiquées, mais laissées à l'appréciation de l'opérateur (cf. Wessely 264 ; 273 qui compare avec München, cod. Germ. 821, f 15 v et 117). La bile de bœuf est à la fois un colorant (cf. Pline XXVIII, 146) et un liant. Le fiel de bœuf a été très utilisé en peinture. Combiné avec la gomme arabique, il épaissit les couleurs, sans faire de vernis désagréable. Il empêche la gomme de se gercer et fixe les couleurs (Pelouze, *Secrets modernes des arts et métiers*, I, p. 432-434).

3. Une autre méthode d'essai au § 43. La saumure décape l'argent au § 47. Il se forme des chlorures de métaux alliés à l'argent, par exemple de cuivre (Berthelot, *Arch.*, 291). Cf. Pline, XXXIII, 127.

4. Simple polissage.

5. Cf. *Manuel Roret*, t. II (1832), p. 195 « Dissolvez de l'alun. Concentrez, écumez, ajoutez-y du savon et frottez l'argent avec un linge trempé dans cette composition. »

6. Identique à 78. Le parallèle de *Mappae Clavicula*, 87, p. 206 suggère que c'est une teinture de l'asèm en or : *Argentum aureo colore apparere. Minium, alumen liquidum, cimoleam, equalia. Hec fundes in aquam marinam, cumque frequenter calefaceris, argentum in eo tingere.* L'objet est recouvert d'une couche de mercure qui sert de support pour une dorure à l'amalgame (cf. § 53). Mais il peut aussi s'agir d'une teinture *en* asèm comme au § 41 où un objet de cuivre est recouvert d'une pellicule contenant du Hg. Alun et cinabre interviennent dans la recette du « bronzage chinois » (Michel, *Coloration des métaux*, p. 83).

7. Cémentation par des matières azotées et phosphatées ? Comparer Alch. Syr., p. 230, § 58. « On fait un trou suffisant pour placer l'objet de cuivre ; on en lute l'intérieur avec de la fiente de bœuf (βόλβιτος), et on y dépose le cuivre. On le fait fondre, après avoir luté pour que le principe tinctorial ne s'échappe pas. »

P. 100.

2. Pierre particulièrement dure. Cf. lexique et A. Baudrillart, art. *Mortarium*, *DSP*, III, 2 (1904), 2008-2009.

3. L'alliage de l'or avec le plomb a le même but que l'amalgamation à la recette 33. En effet, l'or devient ainsi fragile et peut être limé ou concassé (cf. S. Alexander, *Marsyas* 12, 1966, p. 39). Pour la fusion Au/Pb, cf. *Comp. Luc.* M29-N3 ; *Mappae Clavicula* 40, p. 200 ; 71, p. 204 ; pour le broyage avec natron et vinaigre, *Comp. Luc*, M24-29 ; *Mappae Clavicula*, 248, p. 234 *Aurum obrizum lima tenui lima et in mortarium porfireticum mitte acetum acerrimum, et teres pariter, et lauas* ; *quamdiu nigrum fuerit, effundes, tunc demum mittes aut salis granum, aut nitrum et sic soluitur. Postea scribe, et litteras polies. Sic omnia metalla soluuntur* ; Wessely, 265 et 272. Ce produit peut également servir à la dorure, cf. Alch. Syr., p. 207, § 23 « Pour que l'argent et le cuivre prennent la couleur de l'or. Or et plomb fondus ensemble, addition de natron et d'eau pure. »

4. Écriture à l'amalgame. Identique à 52. Plus complet au § 33. Cf. 51 = 76. Cf. Wessely, p. 262-263 (*Cod. Vind. Phil. Graec.* 220, xve s., f 189 r).

5. Les signes métrologiques de cette formule font difficulté. Wessely, p. 265 voit dans Λ̣ l'abréviation de λίτρα et dans P— l'abréviation Γο de οὐγκία. L'élément colorant jaune est le soufre.

6. Seulement écrit στ dans le papyrus mais peut se comprendre στυπτηρία, car écrit en entier plus bas. Le scribe n'avait pas assez de place pour écrire le mot entier.

7. La lecture est difficile mais la restitution est certaine grâce au parallèle de *Mappae Clavicula*, 44, p. 200, *Sulfur uiuum, corium mali Punici, ficorum interiora, aluminis scissilis parum, gummi liquidum misces; et scribe adiecto croco modico* ; 46, p. 200 *(auri alia scriptio)... de corio mali Punicis quod intus est aurei coloris.* L'intérieur de l'écorce de grenade est jaune pâle et contient du tanin utilisé pour teindre en jaune. Cf. Wessely, p. 266 et 278.

8. Matières colorantes : soufre et grenade. Mordant : alun. Solvant : vin.

P. 101.

1. Matières colorantes : chélidoine, orpiment, bile de tortue, safran. Solvants : résine, gomme et blanc d'œuf. Identique à *Comp. Luc.* N 13-19, p. 30 Hedfords (= *MC* 43, p. 200) *Scriptio similis auri. Scriptio. Eli<d>rium γ III resine frixe lucidissime δ III gumen auri colores δ III. auriepicmentum clarum δ III, fel testudinis δ III, albumen oborum δ V. Sint autem omnium δ 20. Adicies autem groci Ciliciensis δ VII. Scribis autem non solum in membranam aut carta sed etiam in vitreo vel marmoreo vase.* Cf. Wessely, 266 et 270 ; Berthelot, *MA* I, 16-17 et 48.

Identique à Alch. Syr., p. 176, § 20 « Autre. — Elydrion, arsenic doré, biles de veau, safran de Silicie. » Cf. *Comp. Luc.*, K 6-8 (orpiment, chélidoine, blanc d'œuf) U 16-21 (chélidoine, safran, orpiment) ; α 20-27 (safran, orpiment) ; *Mappae Clavicula*, 6, p. 194 (chélidoine, bile, vinaigre) ; *MA* II, p. 204, 3 ; Mizauld, *Memorabilia*, II, 36, f. 21 r (safran, orpiment, bile).

2. Vernis qui ne contient pas d'or. Matières colorantes : orpiment, réalgar, fleur de cuivre (ici χάλκανθος n'est pas le vitriol vert ou bleu, mais la « fleur de cuivre » oxyde rouge) l'intérieur de l'arum (spathes d'arum ?). Le solvant est la bile et aussi la gomme adragante, qui a été très utilisée en pharmacie comme adhésif et moyen de suspension de poudres insolubles (Uphof, 57). On comprend mal le rôle du *mercure*. Cf. peut-être *Mappae Clavicula* 60, p. 203, *Deauratio facilis. Sandaracam aurei coloris et auripigmentum scissile et dragantum, tere cum felle caprino et oui interioribus, et ungue ante oleo nouum opus et cum siccatum fuerit habebit colorem primo auri similem.*

5. Identique à 67. Identique à Alch. Syr., p. 277, § 23. « Teinture d'or. — Misy brûlé, alun avec de l'élydrion, broyés dans de l'urine ; on enduit le vase que l'on veut teindre. » Cf. *Chimie de Moïse*, 54.

6. Identique à 46.

P. 102.

2. Recette reconstituée par S. Alexander, *Marsyas* 12 (1966), p. 49 : la fiente est blanchâtre ; mêlée à la litharge, elle devient gris jaunâtre ; l'addition de vinaigre donne, avec dégagement de chaleur, une pâte. Si le stylet est chauffé, la pâte se liquéfie momentanément, et l'encre en séchant est jaune gris avec une surface brillante. Elle consiste en monoxyde de plomb et acétate de potasse. Identique à *Mappae Clavicula*, 81, p. 205, *spuma argenti ʒ III cum stercore columbino et aceto teris. Scribe grafio calefactum.* A remarquer que la faute grammaticale *grafio calefactum* (au lieu de *calefacto*) correspond exactement à γραφίῳ πεπυρωμένου (au lieu de πεπυρωμένῳ). Identique à Alch. Syr., p. 176, § 12. « Comment on écrit des lettres d'argent. — Mercure versé sur de la fiente de pigeon et délayé dans du vinaigre. »

4. Identique à *Mappae Clavicula*, 84, p. 208. *Eris usum, argento similem facere. Chrisocolle, ceruissae terrene, argenti uiui, singulorum ʒ II. teris, et infundis mellis boni quod sufficiat, et calefacis ; cum, quod vis, inungis, leuiter subice ignem de lignis leucinis (id est, violaceis) cum ante terseris vas.* Malgré le titre de *MC*, qui interprète le titre ambigu de *Leid.* ce n'est pas une recette de teinture en argent, mais de teinture de l'argent en or. En effet, si on traduit χρυσοκόλλα par *malachite*, on n'a aucun sens. Si on traduit par « soudure d'or », alliage aurifère dont la composition est décrite en 30 et 32, on comprend que cet alliage forme avec le Hg un amalgame étendu sur l'objet (cf. § 41).

Il suffit alors de sublimer le Hg comme l'indique *Mappae Clavicula*. Sur le miel comme liant, *MC* 70, p. 204. Le natron sert à décaper : le carbonate de soude bouillant est un excellent dégraissant, cf. Pline XXXIII, 103 ; J. Michel, *Coloration des métaux,* 4e éd., Paris, 1953, p. 11.

5. Plus complet au § 33. Cf. § 1.

P. 103.

3. Alliage 20 Cu (décapé par sel, vinaigre, alun) 4 Pb (2 litharge, 2 céruse), 2 Ag. Il faut maintenir la fusion de peur qu'il ne se forme un dépôt de cristaux de plomb.

4. ζήσεται est peut-être une faute pour βήτεται.

5. Haricot d'Égypte *Nelumbium speciosum* L, Théophr. *HP* 4.8.7 ; Nic., *Fr.* 81 ; Diodore I, 10 ; Dsc. II, 106 ; Gal. VI, 532 ; XIX 780.

6. Le début de la recette est assez clair : on prend du laiton, cémenté deux fois par l'alun et le sel, une fois par l'arsenic. On obtient un alliage Cu/Zn/As (Berthelot, *Arch.*, 299). L'expression τρίμελος ἀμώμου fait difficulté. On peut lire τρί(τον) μέρος ἀσήμου et alors c'est un alliage 3/4 (Cu/Zn/As) 1/4 Ag. Mais la lecture ἀμώμου peut se défendre par le parallèle de *Mappae Clavicula* 17, p. 196 *amomi Canopice qua aurifices utuntur*. Comparer aussi Alch. Syr., p. 210, § 4 « Autre. — Orichalque, vinaigre, alun et sel ; laver avec de l'eau de citerne ; sandaraque ferrugineuse, magnésie travaillée, terre de Samos, terre de Chio, etc. »

P. 104.

4. Solution de polysulfures de calcium, réactif puissant qui attaque les métaux et les colore (Berthelot, *Arch.*, p. 299, n. 3 et 301 ; Lippmann, I, 8). De telles solutions sont encore utilisées pour patiner le cuivre (Michel, *Coloration des métaux,* p. 77). La recette de *Leid.* est identique à Alch. Syr., p. 88, § 13. « Célèbre eau de soufre, qui est vantée en tout lieu. Chaux, deux parties ; soufre, une partie. Lave une marmite et mets-y de l'eau, jusqu'à ce qu'elle déborde. Couvre et lute ; laisse jusqu'à ce que le lut sèche ; lorsqu'il sera durci, agite bien et mets sur un feu ardent, pendant longtemps. S'il est besoin d'eau chaude, ajoutes-en et laisse reposer ; puis éclaircis et abandonne : tu trouveras que la liqueur surnageante est comme du vin. Ajoute de l'eau chaude, couvre et fais bouillir. Puis écrase et laisse refroidir. Retire le dépôt de la marmite. Remets-y l'eau. Fais bouillir de la même manière, passe, et tu trouveras l'eau qui surnagera, couleur du sang. » Comparer avec la recette *de aqua sulfurea* (BN lat. 6514, f. 41 r). L'eau de soufre souvent traduite improprement « eau divine » joue un rôle très important en alchimie, cf. Chrétien, p. 399 sq. ; 413, l. 2 sq., etc.

P. 105.

5. La solubilisation du principe colorant (*alkanine* ou *anchusine*) est opérée dans divers produits. Les figues et les noix (Diosc. I, 125) donnent de l'huile (cf. Pline XXII, 23, *anchusa oleo dissoluitur,* et *infra,* § 95). Le pourpier contient un mucilage (cf. Diosc. IV, 168) qui peut servir au même usage. La lie de vin contient du tartre (bitartrate de potasse) qui est adjuvant acide de mordançage (cf. Marcellus, *De medicamentis,* 1 *faecula qua infectores utuntur*) ; l'urine était très utilisée pour son ammoniaque (cf. Athénée, XI, 484 A ; Blümner, *TT* I² 175) et l'urine de chameau était particulièrement prisée (Pline XXVIII, 91). L'intérieur des cédrats contient des graines amères et acides.

6. Composition d'un mordant. Selon Diosc. IV, 91, le cotylédon produit un jus. Ce jus contient un sel ammoniacal, du nitrate de potasse (Guibourt III, 255).

P. 106.

2. La pierre de Phrygie (alunite) grillée sert au mordançage (Diosc. V, 123 ᾧ ἐν Φρυγίᾳ οἱ βαφεῖς χρῶνται ; Pline XXXV, 143 *lapis Phrygius quo infectores utuntur*). On teint ensuite dans une solution de fucus solubilisé à l'eau bouillante. Identique à *Holm.* 101, 104, 134 (avec un ingrédient supplémentaire) et 154.

4. La laine est d'abord dégraissée à l'eau de chaux. Cette eau de chaux doit être bien filtrée pour éviter que des parcelles de chaux n'attaquent la laine (Pfister 3 ; sur la fabrication de cette eau, *Holm.* 85). Ensuite elle est teinte en pourpre. (Le mot κογχυλιωτός n'est pas attesté, mais κογχύλιον est fréquent pour le murex). On emploie l'orcanette en solution dans l'acide acétique (Pfister 13).

5. L'orcanette est soluble dans une solution de carbonate de soude. On ne sait quel est le sujet de ἀνίησι. Selon Berthelot, *Arch.*, p. 303, le sujet est l'orcanette. Dans ce cas, on ne comprend pas le rôle de cette phrase qui est selon lui, une digression. Mais le sujet peut être aussi ἔριον. Dans ce cas, la laine est d'abord teinte, puis lessivée, et la couleur reste dans le bain ?

6. Berthelot distingue deux recettes (95 et 95 bis) l'une avec l'orcanette, l'autre avec l'« orseille ». En réalité, le verbe ἐπίβαπτε de la l. 527 montre bien qu'il y a eu déjà un bain préliminaire. La recette se retrouve sous une forme abrégée dans *Holm.* 135 et 155 mais sans l'orcanette. Si on unifie les deux recettes, il y a d'abord teinture à l'orcanette, puis au fucus sur fond d'orcanette. L'addition de vitriol peut modifier assez profondément la couleur. Son utilisation en teinturerie est confirmée par Diosc. V, 98.

P. 107.

1. On broie non l'extérieur des noix qui teindrait en brun, mais l'intérieur qui donne de l'huile (Uphof 289-290) solubilisant

l'orcanette. Au lieu de noix, on peut dissoudre dans le carbonate de soude (Pfister 19). Le vinaigre la dissout également. L'écorce de grenade est riche en tanin. Il n'y a pas de trace d'une exploitation du natron à Bérénice sur la mer Rouge. Selon Pline, XXXI, 111, les *nitrariae* se trouvaient à Memphis et à Naucratis.

3. La noix de galle contient du tanin, Elle est utilisée au mordançage (Harpocration, p. 110, 23 s.v. κηκίς · βάμμα καὶ στύμμα ; Hésychios s.v. ; Blümner *TT*, I. 244, cf. 251) et à la teinture (Thphr. *HP*, 3, 8, 6 ; Diosc. I, 107 ; Pline XVI, 26). Ici elle intervient dans le mordant avec l'alun et la lie.

4. τρίβω ἐκ signifie « broyer dans ».

5. Teinture d'orcanette sur mordant d'alun et de tanin avec tartre, cf. Berthelot, *Intr.*, p. 49 ; *Arch.*, p. 305, n. 2.

P. 108.

2. λεπίζω signifie écorcer, car les parties périphériques sont plus riches en matière colorante.

3. Avant de désigner le sulfate d'antimoine (stibine Sb_2S_3) στίβι ou στίμι a désigné de façon très générale le fard à paupière (kohl) de couleur noire.

4. L'ordre des opérations est compliqué par les repentirs du scribe. La laine est dégraissée à la saponaire et à l'eau de chaux, mordancée, teinte dans l'orcanette dissoute dans l'hydromel, rincée à l'eau de mer, replongée dans le bain tinctorial. Il serait curieux de dégraisser à l'eau de chaux entre deux bains de teinture. Sur le lavage à l'eau de mer, cf. peut-être l'ἐρέας θαλασσίας de *Edit. Diocl.*, 25, 3 ; 10.

5. Ce n'est pas le suc des parties supérieures de la plante, comme le pense Berthelot, *Arch.*, p. 305 mais la partie supérieure du suc après décantation.

6. Le καὶ ne coordonne pas κηκίδα à αἷμα, car αἷμα ne peut être complément de καύσας. Il coordonne καύσας à λαβών.

7. Le vitriol développe la teinture pourpre (§ 94, *Holm.* 115, 128, 156). La tanin avec le vitriol doit donner une coloration noirâtre.

8. Le préfixe ἀντί marque dans la terminologie pharmaceutique les succédanés. Le γλαυκισμός est une opération préliminaire (*Holm.* 158) consistant à donner à la laine une couleur de fond gris bleu au moyen de pastel, ce que *Holm.* 122 assimile à un mordançage. Sur ce fond bleu, on teignait à la garance (garance sur indigo, cf. introduction p. 45). L'adjectif γλαυκός signifie « gris bleu » (cf. Aristote, *Gen. An.* V, 1, 779 a 26-28 ; b 10-12 ; b 28-33 ; *Problèmes*, XIV, 14, 910 a 21-25, et P. Chantraine, *Mélanges Carcopino*, Paris, 1966, p. 198-203). Malgré l'excellente qualité tinctoriale du pastel, on n'arrivait qu'à un bleu grisâtre parce qu'on teignait, non sur une laine blanche mais sur une laine ordinaire de couleur fauve.

9. σμῆγμα signifie proprement « crasse, raclure » E. R. Caley, *The Leyden Papyrus X*, *J. Chem. Educ.* 3 (1926), p. 1163, a bien vu que le smegma était un produit métallurgique (sorte de scorie).

10. Au lieu d'appliquer la garance sur un fond d'indigo, on l'appliquera sur un mordant d'acétate de fer. La scorie de fer contient en effet des oxydes de fer.

P. 110.

2. ἐκ δραχμῶν chaque fois 6 drachmes. Cf. *I Cor.* 12, 27.

3. ἁπλοῦς désigne le métal non allié. Cf. la δίπλωσις.

5. Pour Anaxilaos et Démocrite, voir l'introduction p. 62 sq.

6. A première vue, cette expression signifie que la recette précédente vient elle aussi de Démocrite, mais Lagercrantz, p. 107, observe bien que l'on ne peut rien tirer de l'ordre actuel. Il pense toutefois que les recettes à partir de α 21 ont un parallèle dans *Leid.* et que donc les deux premières proviennent d'une autre source, mais ce n'est pas certain. Il y a une différence de style entre les recettes 1 et 2 (usage de l'imparfait).

7. ἐπὶ τρεῖς peut signifier « pendant trois jours », mais il peut aussi signifier « trois fois » comme en *Act. Ap.*, 10, 16.

8. Cette recette est simplement une des phases de la recette précédente : fabrication d'un cément (sel-alun-vinaigre) qui est fondu avec le cuivre. Le cuivre chaud est alors trempé dans l'eau salée. Il y a un contraste entre συνεχώνευε qui implique de dépasser le point de fusion et κατασβεννύων qui se fait généralement à l'état solide.

P. 111.

7. Il y a deux opérations : la première est la purification usuelle de l'étain par fusion avec des réducteurs, la deuxième la composition d'un alliage 4 Ag 6 Sn 7 Cu/As. Partiellement identique à *Leid.* 3. Les deux recettes ont le même titre inadéquat, mais *Leid.* mentionne une première fusion avec huile, asphalte et sel, 3 fusions au lieu de 4. L'alliage y est 4 Sn 3 Ag, sans cuivre galate. La formule finale et les composants de l'alliage se retrouvent en *Leid.* 40. Dans *CAG*, p. 37, l. 7-12, l'étain est d'abord purifié, puis blanchi par le sel.

8. L'ἀλοσάχνη, qui contient du sel est reconnu comme blanchissant par Diosc. V, 135. Il y a donc deux phases : blanchiment au sel, fusion avec quantité égale d'Ag. Identique à *Leid.* 10 où les blanchissants sont le sel d'Ammon et l'alun. Le parallèle permet de comprendre εἰς διπλασιασμόν comme « avec une quantité égale d'argent ».

9. Partiellement identique à *Leid.* 12, mais abrégé. Voir discussion à ce passage. Il y a deux bains blanchissants (saumure, puis alun, eau, terre brillante) puis fusion avec l'argent.

P. 112.

2. Allusion aux croyances sur la croissance des minerais, cf. mon article *Fécondité des mines et sexualité des pierres dans l'Antiquité gréco-romaine*, *R.B.P.H.*, 49 (1970), p. 16-25.

4. C'est l'ordre décroissant des points de fusion.

5. Identique à *Leid.* 6, mais plus complet. Voir la discussion à ce passage. Constitution d'un alliage 1 Cu 2 Sn 1 Ag qui est ensuite décapé par trempage à chaud, puis poli à la craie.

6. Identique à *Leid.* 7. Voir le commentaire à ce passage.

7. Le verbe στύφειν littéralement « resserrer » se dit proprement du mordançage c'est-à-dire de l'opération qui consiste à imprégner la laine d'un mordant pour fixer la couleur. Cette expression de teinturier est ici transposée à la métallurgie pour désigner le décapage préliminaire qui utilise les mêmes ingrédients.

P. 113.

3. Le mot ἀμαύρωσις « aveuglement des yeux » rendu *praestigia* par Charisius p. 550, l. 9 Keil est une expression technique de la magie. C'est peut-être pourquoi l'auteur précise φυσική. Diels, *Antike Technik*, p. 149 compare ἀμαύρωσις avec l'allemand *Blenden*.

4. L'adjectif καπνιαῖος « enfumé », c'est-à-dire couleur trouble se dit aussi du cristal de roche (voir lexique).

5. Sur la fabrication de l'hydromel, J. André, *L'alimentation et la cuisine à Rome*, Paris, 1961, p. 177-178.

6. πουλταρίδιον est un diminutif de πολτάριος (Gal., XIII, 280) qui correspond au latin *pultarius* « pot » (Columelle XII, 43, 7 ; Pétrone 42 ; Celse, 2, 11 ; Pline VII, 185).

7. ἀληθινόν est employé adverbialement.

8. Pour ἄποχος du papyrus, Lagercrantz comprend ἀπ' ὄνυχος. Je comprends ἄποχος comme équivalent à ἀπόχοον (*P. Fay.*, 123.12 I/II A.D.) lequel est l'équivalent de ἀπόχυμα espèce d'emplâtre (Aetios, 15.24).

9. La perle est donc recouverte d'un vernis dont l'excipient est l'hydromel et le colorant le latex fourni par la décoction de racines de figuier. S'il s'agit de *Ficus carica* L., la racine de figuier donne un latex utilisé autrefois (Diosc. I, 128, 4) et encore aujourd'hui à Majorque (Uphof 224) pour coaguler le lait. S'il s'agit de *Ceratonia siliqua* L., le latex de caroubier donne la gomme de caroube qui remplace la gomme adraganthe (Uphof, 119 et 413). On retrouve le même bouillitoire de perles dans le suc de figuier dans BN lat. 7156, f. 188 r. Voir aussi *Chimie de Moïse*, 15 p. 302 et 31 p. 306.

10. πίνη est synonyme de μαργαρίτη (*UPZ* 121.9 ; *P. Oxy.* 1273. 10), πινάριον est un diminutif (*PSI* 3. 183.5).

P. 114.

2. Identique à *CAG*, p. 369, 28-370, 5 λεύκωσις μαργάρων κιρρῶν. λαβὼν μαργαρίτας, χάλα εἰς γάλα κυνὸς λευκῆς, καὶ ἔα ἐπὶ ἡμέρας ζ' ἐπιπωμάσας· καὶ ἔπαιρε ταῦτα ἰδίᾳ τριχὶ εἱρμένα. καὶ βλέπε εἰ γεγόνασι λευκά· εἰ δὲ μή, ἐπιχάλα, ἕως καλῶς ἔχῃ τοῦτο. κἂν ἄνθρωπον χρίσῃς, λεπροῦται. καὶ τοσαύτην ἔχει τὴν δύναμιν. Le lait agit comme nettoyant. Le lait de chienne est cité avec doute par Diosc. II, 70, 6 comme un épilatoire. Son emploi et la précision « lait de chienne blanche » est certainement une superstition. La recette suivante de *CAG*, p. 370, l. 6-7 emploie le lait de chienne noire pour amollir. Selon Lippmann, *Entstehung* I, p. 14, le lait de chienne est un *Deckname*.

4. Sur l'usage du papyrus palimpseste, Cicéron, *Ad fam.*, VII, 18, 2.

5. Le natron est employé comme décapant (Hésychios, s.v. χαλέρυπον· τὸ ῥύμμα τὸ ἀπὸ τοῦ νίτρου γενόμενον, ὃ τινες νίτρωμα καλοῦσιν). Le lait et l'huile de mastic servent de solvant et de détachant. Les terres servent à former une pâte. Les fruits de *Pistacia lentiscus* L. fournissent une huile (*Comp. Luc.* H 25). La résine de l'arbre entre dans la composition d'un vernis pâle et donne d'autre part le mastic de Chios (Guibourt III, 497).

6. ἀπὸ τοῦ στύμματος est un complément d'objet direct au génitif partitif (Lagercrantz, 162; Blass, *NT Gramm.*, 99 sq.).

7. L'Égypte possède peu de bois de chauffage et devait importer une partie de son charbon de bois. Cf. A. Lucas, J. R. Harris, *Ancient Egyptian Materials and Industries*, London, 1962, p. 429 sq.

8. Mordançage (alun-urine) suivi de teinture. Le cément comprend du lait de chienne (blanchissant cf. § 12) du mercure (qui donne l'éclat) et le reste du mordant. On chauffe à feu doux pour éviter la sublimation du Hg. L'action d'étendre le cément sur la perle n'est pas mentionnée. Selon Lippmann I, 14, le lait de chienne et le mercure sont des *Decknamen* et le mercure est une préparation argentée « l'écaille d'ablette » que l'on vend encore aujourd'hui en droguerie.

P. 115.

5. La recette est incomplète. La matière première n'est pas indiquée. Il faut peut-être comprendre qu'il y a fabrication d'un vernis comprenant du lapis pulvérisé dans la bile de tortue. Ce mélange est jeté dans le bain d'améthyste (§ 44) dans lequel sera teint le cristal. Le nombre de jours est un renvoi à une autre recette, mais il ne se trouve pas au nº 44. Cf. BN lat. 7161 *Si vis facere sanphirum pone de azurio*. Le cristal sera recouvert d'un vernis outremer.

6. Sur le sens de cette expression, voir § 10.

7. Nettoyage à l'eau bouillante, puis dans un mordant. Identique à *CAG* p. 361, l. 24-29 λίθου κρυστάλλου κάθαρσις. λαβὼν τοὺς λίθους βάλε εἰς γύργαθον καὶ τίθει εἰς χαλκεῖον βαλανείου, καὶ ἔασον ζέννυσθαι ἡμέρας ζ'. καὶ ὅταν καθαρθῇ, λαβὼν τίτανον θερμὴν φύρασον οὔρῳ καὶ ἔγκρυψον τὸν λίθον. καὶ ἔασον στυφθῆναι ἐπὶ ὥρας γ', ἄλλοι δὲ ἐπὶ ἡμέρας ζ'. καὶ ἐὰν μὴ καθαρθῇ, πάλιν ἔγκρυβε, καὶ μετὰ τὸ ἀποκαθαρθῆναι βάπτε εἰς ὃ βούλει χρῶμα.

8. Selon Théophraste, *De igne*, 72 le bois d'olivier est aisément combustible.

9. ἔνπυρρος « au feu » est inutile et on ne voit pas à quoi il se rapporterait. Lagercrantz, p. 165 propose ἔνπειρος : ἔμπειρος.

P. 116.

4. Matière première : le tabashir. Mordançage : alun-vinaigre. Colorant : le vert-de-gris et aussi l'acétate de cuivre produit par l'action du vinaigre sur le récipient. Ce colorant imprègne la pierre poreuse. La vapeur est colorée en vert par le cuivre. Proche de *CAG*, p. 362, 20-23 σμαράγδου ποίησις. βρέχε στυπτηρίᾳ ὑγρᾷ ἐπὶ ἡμέρας γ' · ἐπανελόμενος βίκιον μετὰ ὄξους, καὶ ἔψει ξυλοῖς ἐλαΐνοις μαλθακῶς καὶ ἔασον ἀποψυγῆναι καὶ ἀνελόμενος βάλε εἰς ἔλαιον ἐξιωμένον ἐν αὐτῷ κυπρίου χαλκοῦ καὶ ἔασον ἐπὶ ἡμέρας ἕξ.

5. La place inhabituelle des proportions vient sans doute d'un repentir du scribe.

6. Dans les lapidaires anciens les perles sont considérées comme des pierres.

7. Τύπος désigne soit le moule où on tasse la pâte, soit comme ici l'ébauche que l'on en sort. Cf. G. Lippold, Τύπος, *JDAI*, 40 (1925) p. 206-209 ; G. Roux, *Le sens de τύπος*, *REA* 63 (1961), p. 5-14.

8. C'est-à-dire avec le même brunissoir d'ivoire que pour le papyrus ; cf. *supra* p. 35.

9. L'ordre précis des opérations n'est pas facile à reconstituer. Le λευκὸν ᾠοῦ et le ὑδράργυρον de la ligne 159 ne peuvent pas être compléments de τῆξον et sont proleptiques. Il y a deux opérations préliminaires : d'une part broyer du gypse et d'autre part fabriquer une colle faite de lait et de gomme. On fond alors de la cire (blanche) à laquelle on incorpore du mercure (qui donnera le brillant), la colle précitée, puis du blanc d'œuf (autre liant) puis enfin la poudre du gypse (qui est complément sous-entendu de μεῖξον). On obtient ainsi une pâte à prise rapide qu'il faut se hâter de mouler et de percer tant qu'elle est molle. Cette recette ne procède pas par mordançage et teinture. Elle semble identique au texte très corrompu de Alch. Syr., p. 322, § 3 « Travail des perles. — Prends de la pierre d'Avaristen qui est... Broie-la, prends du lait de... fais macérer un jour et une nuit... ensuite prends de la cire de peintre non falsifiée ; dissous-la dans du blanc d'œuf et du mercure : du mercure, six parties,

et du blanc d'œuf... parties ». Cf. avec des ingrédients partiellement semblables, BN lat. 7156, f. 187 v. ; Mizauld, *Memorabilia*, I, 81 f° 132 (écaille d'ablette, blanc d'œuf, lait de vache, percer d'une soie de porc) ; Alexis de Piémont, p. 619 (craie, blanc d'œuf, bol arménic, colle de parchemin, recouvrir d'une feuille d'Ag) ; p. 791 (chaux de coquilles, blanc d'œuf, percer d'une soie de porc) ; *Secrets concernant les arts et métiers*, p. 551 (semence de perles pulvérisées, eau mercurielle, fabrication d'un lait de perles dans lequel on trempe les perles pour les grossir) ; Haudicquer de Blancourt, II, 221-222 (poudre de semences de perles, eau mercurielle ou suc de limon, pâte, percer avec une soie de porc) ; Lémery IV 131 (poudre de semences de perles, eau d'alun, eau de fleurs de fève, percer d'une soie de porc, envelopper d'une feuille d'Ag). Encore chez L. Verleye, *La bijouterie de fantaisie*, Paris, 1926, p. 73 (mastic de poudre de nacre ou de carbonate de chaux verni).

10. Les pierres sont polies en forme avant d'être teintes, sinon le film coloré disparaîtrait.

11. Σκοτία désigne proprement l'ombre. En terme d'architecture, c'est une moulure creuse, Vitr. III, 5.2 ; Hsch. s.v.

P. 117.

3. Le sujet de γένηται est certainement le même qui est repris par ταῦτα. Il faut suppléer λιθάρια. Le sujet ne peut pas être φύλλα, car ces feuilles broyées forment avec la malachite une poudre en suspension dans le vinaigre, qui passerait à travers les trous du panier.

4. Sur cette méthode, voir § 16.

5. Matière colorante : la malachite et peut-être les feuilles. Mordant : vinaigre. Identique à Alch. Syr., p. 228, § 30 « La couleur deviendra bleue, en ajoutant de la graine de *solanum nigrum* (ἀλικάκκαβον), du suc de saule et de laurier blanc, etc. » et p. 288 § 31 « Comment se prépare la pierre qui polit le cristal et qui est appelée fumée (?). — Concasse-la ; prends-en un poids de deux drachmes. Prends donc un poids de deux drachmes ; prends de la chrysocolle de Macédoine et du *solanum nigrum* (ἀλικάκκαβον), et fais chauffer ».

6. Composition de trois bains possibles. Le vert-de-gris colore en vert. Cf. § 17. La formule vert-de-gris+bile était d'Ostanès selon *CAG* p. 351, l. 15-17 ἐπὶ μὲν τῆς τῶν σμαράγδων ποιήσεως. καθὼς καὶ 'Οστάνει δοκεῖ τῷ πανδοχεῖ τῶν ἀρχαίων, ἰὸς χαλκοῦ, καὶ χολαὶ ζῴων παντοίων, καὶ τὰ ὅμοια ; Marie, p. 351, l. 23-25 : ἐὰν μὲν χλωρὸν θέλῃς. συμμάλασσε τὸν ἰὸν τοῦ χαλκοῦ μετὰ χολῆς χελώνης. ἐὰν δὲ κάλλιον βούλῃς, τῆς ἰνδικῆς χελώνης ἐπίβαλε καὶ ἔσται πάνυ πρωτεῖον. Aussi dans BN lat. 7156, f. 191 v.

8. Mordançage (alun-urine), teinture par cuisson. Le mouron (cf. *Chimie de Moïse*, 33, p. 306) contient une saponine. La

joubarbe est styptique. Les euphorbes contiennent des latex dotés de diverses propriétés chimiques, qui entrent notamment dans la composition du caoutchouc et du chewing-gum (Uphof 214-216). Mordançage (alun-urine), teinture par cuisson. Les différents latex végétaux ont pour but de faire tenir une pellicule de mercure sur le cristal. On cuit à feu doux pour éviter la volatilisation. La recette se retrouve, sous un autre titre ἄλλως = κρυστάλλου στῦψις dans *CAG* p. 363, l. 12-15 στυπτηρίαν βρέξον ὄξει ἐπὶ ἡμέρας ζ' καὶ οὕτως λαβὼν ἀναγαλλίδος τῆς τὸ κυάνεον ἄνθος ἐχούσης, καὶ ἀειζώου, καὶ τιθυμάλλου χυλὸν καὶ χρυσοκόλλην (?) ἐπὶ μαλθακοῦ πυρὸς ἕψει. ἔπειτα ἔμβαλε τὸν λίθον. Le mot χρυσοκόλλην dont Berthelot doute lui-même (p. 363, n. 14) est une mauvaise lecture d'un signe dans A, f° 155 v. La recette de *Holm.* est identique à Alch. Syr., p. 29, § 2 « Comment on amollit le cristal (κρύσταλλος). Place-le dans de l'alun, additionné de vinaigre, pendant vingt jours. Égoutte et mets-le (ensuite ?) dans le suc (χυλός) de la plante appelée anagallis (ἀναγαλλίς), dont la tige est noire, et dans le suc (χυλός) de joubarbe, d'euphorbe ; ajoute ensuite du lait virginal ; mélange ces choses ensemble ; fais cuire sur feux doux. » Le « lait virginal » est un nom de code du mercure.

9. ἀπὸ κρυστάλλου est un génitif partitif complément d'objet, cf. le ἀπὸ στύμματος de la recette 13.

10. Recette abrégée. Il manque un verbe (βάπτε). Même principe (mordançage-teinture) que la précédente. Mêmes constituants du bain qu'à la recette 13. Le choix du lait de femme est dû à des raisons superstitieuses.

P. 118.

3. Par l'action des sucs gastriques. Nous avons expérimenté qu'un faux brillant avalé par un canard a été retrouvé dans ses excréments avec un éclat tout particulier. Recette identique à 60 où elle est donnée comme d'origine indienne. Analogue à *CAG* p. 369, l. 25-27 τινὲς δὲ διδόασι μετὰ ταῦτα καταπιεῖν ὄρνιθι ἀφ' ἑσπέρας ἕως ὥρας μιᾶς καὶ ἐῶσι τὸ ὄρνεον ἄποτον ἐκδιψῆσαι· καὶ οὕτω θύσαντες εὑρίσκουσι στιλπνὰ τὰ εἴδη. Comparer Alch. Syr., p. 175, § 104 « Autre. — Pile les perles et mets-les dans une fiole avec du jus de citron ; change le jus chaque matin, pendant quatre ou cinq jours, jusqu'à ce qu'elles se délayent. Nettoie-les avec de l'eau blanche ; roule-les dans du blanc d'œuf, avec intelligence, après avoir enveloppé tes doigts dans de la soie blanche. Emploie plus ou moins de matière. Quand la perle sera molle, perce-la avec une soie de porc. Lorsqu'elles seront dures, pétris chacune d'elles dans un peu de pâte, et jette-les à des pigeons, qui les mangeront. Attends deux heures ; tue les pigeons et rôtis-les tout entiers. Lorsqu'ils seront chauds, retire les perles et mets dans de la colle, et elles brilleront comme des lumières. » Voir aussi *CAG*, p. 316, n° 38.

5. Dans une conception corpusculaire naïve, la fixation d'une couleur est assimilée à la pénétration de particules colorées dans les pores de la pierre. Il faut pour cela que la pierre de structure serrée (πυκνός) acquière une structure lâche (ἀραιός). L'action réelle du procédé décrit est d'autant plus difficile à comprendre qu'à la recette suivante, il a un autre but.

6. Incompréhensible. La pierre se couvrirait-elle d'un revêtement empêchant les modifications cristallines ? On peut comparer Éraclius, III, 11, p. 219 où le cristal est enveloppé dans un linge imprégné de suint de chèvre et placé avec le linge dans du fumier de bœuf.

P. 120.

2. La kérotakis (κηρός-τήκω) est primitivement une palette à fondre la cire pour la peinture à l'encaustique, suivant un procédé qui remonte à Polygnote. Elle consiste dans une plaque de métal posée sur un récipient contenant des charbons ardents. On liquéfiait sur cette palette des pains de cire de différentes couleurs. On étalait au pinceau la cire fondue en liant les différentes touches avec un fer chaud (*DSP*, s.v. *pictura* ; Blümner, *TT*, IV, 414 sq.). Chez les alchimistes, la palette devient (ou supporte) une plaque de métal soumise à l'action des vapeurs sublimées du récipient inférieur. Entre les charbons et la plaque se trouve un récipient d'argile (ἄγγος ὀστράκινον) contenant les matières à sublimer et au-dessus de la « palette » se trouve une coupe renversée pour condenser les vapeurs. Voir les figures du *Marcianus* 299, f° 196 v publiées par Berthelot, *Intr.*, p. 142-145 et les descriptions de Démocrite, chez Zosime, p. 158 ; Marie, p. 146, l. 13 sq. ; 224, l. 7 sq. ; 238, l. 3 sq. ; Synesius, p. 60, l. 19-23 avec les commentaires de Hammer-Jensen 1921, p. 57 ; A. J. Hopkins, *A study of the Kerotakis Process as given by Zosimus and later alchemical Writers, Isis* 29 (1938), p. 326-354. Dans notre texte, le bain monte. C'est donc une kérotakis de type évolué.

4. Colorant rouge : l'orcanette (cf. 14, teint en sardoine) et térébenthine comme solvant. Autre fabrication de calcédoine au § 19. Comparer *Secrets concernant les arts et métiers*, t. I, p. 554-55. « Pour teindre le cristal en rubis avec la lacque. Prenez de la lacque cramoysie ou des plus rouge demi-gros. Mettez-la dans une phiole quarrée de verre. Laquelle vous placerez dans un pot plein d'eau, que vous ferez boüillir sur le feu pendant deux heures, afin que la lacque qui est dans la bouteille et qui ne touche point à l'eau, mais qui se trouve seulement pénétrée de la chaleur qu'elle lui communique, se consomme et fraye pendant les deux heures qu'on laissera dans le pot la phiole où elle est enfermée, après quoi vous l'ôterez du pot et de la phiole ; vous la broyerez sur le marbre en poudre bien subtile, et ensuite vous y ajouterez trois à quatre goutes de térébenthine de Venise ; après

cela vous la remettrez dans la phiole pour la faire bouillir dans le pot susdit une bonne heure ; et après vous aurez de petites broches de bois avec lesquelles vous teindrez votre cristal, que vous avez chauffé suffisamment le tenant d'une petite pincette sur un feu de charbon dans un rechaut, et après vous le metrez en œuvre, et il paraîtra d'un beau rouge. »

5. Il faut comprendre que le cristal fumé est teint par des sels de cuivre (vert de gris, malachite) en suspension dans la bile.

6. Selon Lippmann, *Entstehung*, I, p. 18, le soleil et la rosée sont des expressions cryptiques pour « dans un bain de vapeur » et « à la chaleur sèche ».

7. Identique à *CAG*, p. 361, l. 5-7 ὁ κρύσταλλος ἀραιοῦται καὶ οὐ ῥήγνυται οὕτως. λαϐὼν ᾠοῦ τὸ λευκὸν καὶ κουφολίθου ποιεῖ γλοιοῦ πάχος καὶ κατάχριε τοὺς λίθους καὶ ἔνδυσον εἰς ὀθόνιον, καὶ ἀπαιώρει ἡμέρας γ'. La recette a donc le même but que § 27 (ἀραίωσις) et § 28 (τήρησις), permettre la pénétration de la couleur et empêcher que le cristal ne se brise par suite des changements de température en cours d'opération. La couche protectrice comprend de la craie dans une matière organique. Cf. Pline, XXIX, 51 ; Sext. Plac., 31, 11.

8. Support non indiqué. Matières colorantes : sels de cuivre qui donnent une couleur verte (cf. § 17 et 21 pour le vert-de-gris). Excipient : miel. Méthode : cuisson à chaud. Identique à Alch. Syr., p. 288, § 78, où le titre est faux « Comment se teignent les perles. — Cuivre brûlé, rouille et miel du Pont, cuits ensemble pendant une heure ». Proche de Olympiodore, 13, p. 76.

9. La traduction obvie est « ail » qui contient un glucoside sulfuré, une huile volatile (mélange de sulfure et d'oxyde d'allyle) du soufre, etc. Sur son rôle, on peut citer la recette suivante : « pour percer le verre, diluer 50 g d'acide oxalique dans 25 g d'essence de térébenthine. Ajouter 3 gousses d'ail râpées et laissez macérer 8 jours. Conserver dans un flacon bouché et agiter de temps en temps. A l'endroit désiré, on dépose une goutte et on opère avec un foret sans presser exagérément. Verser une goutte de temps à autre » (J. Valnet, *Aromathérapie*, 7e éd., Paris, 1975, p. 157). Mais *Holm.* l. 372 glose σκόρδον par ἀνθρωπίνη κόπρος « excréments humains ». Dans ce cas, ils fourniraient de l'ammoniaque, comme ailleurs l'urine.

10. C'est-à-dire simplement une *autre* cruche ?

P. 121.

2. Application « technique » (par trempe à chaud) d'une croyance portant à l'origine sur le diamant, son antipathie pour le sang de bouc qui est censé le dissoudre (cf. Xénocrate chez S. Jérôme, *In Amos*, III, 7, *PL* 25, 1124D ; Pline, XX, 2 ; XXVIII, 148 ; XXXVII, 59-60 ; S. Augustin, *Cité de Dieu*, XXI, 4 ; Solinus, LII, 56 ; Priscien, *Périégèse*, 1066 ; Palladius, VIII, 5 ; Isidore, *Étymologies*, XII, 1, 14 ; XVI, 13, 3 ; Neptuna-

lios, 56, p. 298 Fabricius ; Psellos, *Mir.*, p. 147, 14 Westermann ; Pibechios *CAG*, p. 183 ; L. Thorndike, *A History of Magic and Experimental Science* I, New York, 1923, p. 511 ; Wellmann, *Georgika*, 46). Tous les recueils de recettes transmettent cette pratique pour le diamant, le cristal ou le verre : *Mappae Clavicula* 290 p. 244 ; Eraclius, 1, 4, p. 187 ; I, 12, p. 195 ; III, 10, p. 219 ; BN lat. 7105, f. 137 r ; BN lat. 7156, f. 191 v-192 ; Alexis Piémontois, p. 790 ; Mizauld, VIII, 18, f. 109 r ; Wecker 644. La fausseté en sera démontrée par Anselme Boèce de Boodt, *Gemmarum et lapidum historia*, Hanau, 1609, p. 139, mais la recette traîne encore dans les *Secrets concernant les arts et métiers*, t. I, p. 98 et chez Lemery, *Nouveau recueil des plus beaux secrets*, t. IV, p. 129 et 308. Cf. E. O. von Lippmann, *Diamant und Bocksblut ; ein Beitrag zur Volkskunde*, dans *Beiträge zur Geschichte der Naturwissenschaften und Technik*, t. I, Berlin, 1923, p. 213-227.

3. Il s'agit de recouvrir l'émeraude d'une couche protectrice permettant le polissage. Sur la cire, voir §§ 30 et 35. Sur l'ail, voir § 35.

P. 122.

2. Le tabashir, produit indien, arrivait aux ports de la mer Rouge et descendait le Nil vers le Delta. L'expression ἐκ τῆς Αἰγύπτου καταφερόμενος se comprend si la recette a été rédigée à Alexandrie (Diels, *Ant. Technik*, p. 144). En effet, les Alexandrins ne comptaient pas leur ville dans l'Égypte. Il ne faudrait pas en tirer avec I. Hammer-Jensen, 1921, p. 295 que *Holm.* vient d'Alexandrie et *Leid.* de Thèbes, car on n'oubliera pas qu'il s'agit de compilations de recettes d'origines diverses.

3. Identique à 69. Analogue à un fragment de Marie, p. 357, l. 20-25 περὶ τῶν λίθων διδάσκουσα. ἡλιοτρόπιον ἔφησε βητάν. τὸν ἰὸν ὑποδείξασα · γράφει οὕτως · ἔστω σοι οὖν παντὸς λίθου ἀραίωσις στυφομένου στῦψις, ἡ μανδραγορὰ ἡ τὰ σφαιρία ἔχουσα. ἐκείνης γὰρ ἄνευ τῆς βοτάνης οὐδὲν γίνεται. τοῦτο ἔκρυψαν τὸ μυστήριον · οὔτε γὰρ γῆ οὔτε βάσις οὔτε κρύσταλλος ἀραιοῦσθαι χωρὶς τοῦ ζητουμένου δύναται. Cette dernière phrase, que Berthelot dissocie des précédentes pour en faire le début d'un autre paragraphe, lui est en réalité étroitement liée. Le mot βάσις n'a pas de sens, mais le parallélisme de *Holm.* permet de rétablir τάβασις. Sur l'ἀραίωσις, voir 27. La βόλωσις est le resserrement de la pierre pour garder la couleur (Lagercrantz 27). En fait, les fruits et les sommités de *Croton tinctorium* L. contiennent une teinture rouge soluble dans l'ammoniaque. La suite du texte de Marie, p. 357, l. 25-29 éclaire ce point : τοῦτο γὰρ παντὸς κυριεύει, ἥ τε βαφὴ σὺν τῇ στύψει μιγεῖσα καὶ ἐπὶ πλείονα χρόνον ἐπιστήσεται τὸ κάτοχον. τούτου δὲ μὴ εὑρισκομένου πάροδος ἡ βαφὴ καὶ ἀσθενὴς καὶ ἀπαράμονος ἔσται καὶ δοκιμαζομένη τοῖς θερμοῖς ὕδασιν ἢ ἐλαίῳ ἐξαφανίζεται. Cette teinture est donc

si forte et si indélébile qu'elle réalise à la fois βώλωσις, στῦψις et βαφή.

5. Identique à *CAG*, p. 361, l. 12-16 βηρύλλου ποίησις. λαβὼν τὸν κρύσταλλον, αἶρε θριξὶ καὶ ἀπαιώρει εἰς ἀγγεῖον ἔχον οὖρον ὄνου θηλείας ὃ οὐ χρὴ ἅπτεσθαι αὐτόν. ἀπαιωρείσθω οὖν ἡμέρας τρεῖς· ἔστω δὲ πεφιμωμένον τὸ σταμνίον. εἶθ' ὕστερον αὐτὸν ἐπιτίθει πυρὶ μαλθακῷ ἕψων, καὶ εὑρήσεις βήρυλλον ἄριστον. Le texte de *CAG* continue par un mordançage préliminaire πρόστυφε δέ... Il faut donc bien comprendre qu'ici l'urine d'ânesse (vapeurs d'ammoniaque ou d'acide urique) est le principe tinctorial. Identique à Alch. Syr., p. 29 § 1 « Au cristal (κρύσταλλος) (ainsi obtenu) ajoute de l'urine d'âne, et après quarante jours tu trouveras de l'émeraude. » et p. 175, § 102. « Autre préparation. — Prends du cristal en pierre et jette-le dans de l'urine d'âne pendant quarante jours, et il se formera du béryl. »

7. Mordants bien connus : alun (cf. §§ 22, 23, 29 etc.), chaux et vinaigre (cf. § 16). Identique à 68. Proche de *CAG*, p. 360, l. 3-5 θεῖον καὶ ἄσβεστον καὶ στυπτηρίαν σχιστήν, χρῶ ἡμέρας γ' καὶ θερμάνας ἀνθρακιᾷ, βάπτε ἡμέραν μίαν, μᾶλλον δὲ μετὰ μίαν ἡμέραν. Mêmes mordants p. 361, l. 16 (immédiatement après la recette de béryl) πρόστυφε δὲ διὰ θείου καὶ ἀσβέστου καὶ στύψει (lire στυπτηρίᾳ).

8. Lagercrantz, p. 181, pense que ce mot renvoie à un texte où les recettes de βαφή suivaient celles de στῦψις. Mais l'expression peut s'entendre dans le sens le plus général, les différentes méthodes de teinture. On peut aussi penser que τοῖς ἑπομένοις abrège la suite de la recette telle qu'elle figure dans le passage de *CAG* cité *supra*, n. 5).

9. Selon Lagercrantz, p. 181, c'est l'équivalent d'un mordançage. Dans la pensée de l'opérateur ancien, c'est déjà une partie du bain tinctorial.

P. 123.

1. Identique à 34, avec des précisions sur le matériau (cristal) et la marche à suivre : teinture par cuisson. C'est une teinture en vert par les sels de cuivre.

2. Par l'action des vapeurs cuivreuses, cf. § 17.

4. Dans le texte parallèle du § 88, on lit « tout cristal cuit change de couleur », Il s'agit, semble-t-il, d'une annotation intruse dans le texte, qui est commentée au § 59. Le ricin n'apparaît pas dans notre recette, mais plus haut au § 35. Il est possible que dans la source l'annotation se trouvait dans la marge de l'entrecolonne en regard du § 35.

5. Mordant : alun. Colorant : le crimnos employé pour la pourpre.

6. Sans mordançage. Sur l'huile de cèdre, voir § 19.

P. 124.

7. Matériau non indiqué. Mordants : alun-vinaigre. Colorant : vert-de-gris. Solvant : bile. Méthode : trempage à chaud. Ce sont des ingrédients pour fabriquer l'émeraude.

8. Diverses compositions aboutissant à une couleur rouge-violette : orcanette (rouge) et poix (noire), jus de mûres (rouge cf. Uphof 351), kermès-vinaigre (rouge), bleu d'Arménie (bleu) et bile (vert).

9. Chaux, soufre, vinaigre sont le mordant propre du cristal. Identique à 40, sauf l'omission de l'alun.

10. Cette glose n'a rien à voir avec le texte. Elle devrait se rapporter dans le modèle à une des recettes où apparaît σκόροδον (35 et 37), et se trouvait peut-être dans l'entrecolonne. Elle semble se référer à *CAG*, p. 360, l. 13-15 λαβὼν λίθον ἀερίτην ἀραίου οὕτως. λαβὼν σκόροδα λείωσον καὶ ἔγκρυψον τὸν λίθον ἡμέρας ζ'. εἶτα εἰς ἀνθρωπίνην κόπρον ἡμέρας γ'. Le glossateur a identifié les deux substances, peut-être par rapprochement étymologique de σκόροδον et σκώρ. Le « tome III » est peut-être le 3e Ceste de Jules l'Africain, mais il faut se rappeler que le livre III des βίβλοι βαφικαὶ de Démocrite était un περὶ λίθων.

P. 125.

5. βατάνιον est un diminutif de βατάνη (Matro, *Conv.* 85) équivalent de πατάνη « plat » (Hsch. glose λοπάδια). La recette parallèle 67 emploie λοπάς. Dans le passage parallèle de *CAG*, p. 360, 9 (cf. *infra*) le ms. B a βωτάνιον, mais selon Lagercrantz, p. 186, le ω remonte à une confusion avec βωτάριον de *CAG*, p. 60, 19 que Berthelot *Intr.* 111 traduit « vase à digestion ». En fait, βωτάριον est un diminutif de βωτίον qu'Hésychios glose σταμνίον « cruche ». Ce n'est pas le même type de vase.

6. Πηδήσας pour πηλήσας, faute pour πηλώσας, Lagercrantz, p. 186.

7. Lagercrantz, p. 87 comprend « unter Aufsicht » (comme εἰς ὄψιν). En réalité ὀπτασία est un substantif dérivé de ὀπτάω, comme on le voit dans le texte parallèle cité *infra* n. 8.

8. Mêmes ingrédients qu'en 53 mais autre marche à suivre : les pierres sont chauffées à sec, à l'abri de l'air, puis aspergées du mordant. Identique à 67. Identique à *CAG*, p. 360, l. 9-12. βαλὼν εἰς βατάνιον τοὺς λίθους ἐπιπώμασον καὶ δίδου ὀπτηθῆναι ὀλίγον · εἶτα ἀναπωμάσας τὸ βατάνιον, ἐπίχεε ὄξος καὶ στυπτηρίαν καὶ ἔτι θερμοῦ ὄντος τοῦ λίθου ἔμβαλε εἰς οἷον βούλει χρῶμα.

9. Fragment du no 30 (l. 239-240).

10. Le scribe a écrit par automatisme ces mots très fréquents, puis les a biffés.

11. La première cuisson avait pour but de cuire le riz. Le riz dépose sur le cristal une couche blanchâtre.

12. Identique à 36 avec, en plus, la mention du verre.

P. 126.

4. Dans la théorie des quatre éléments, la chaux vive produite au feu contient encore du feu.

5. Dépôt de chaux sur la perle. Cf. § 11 et 13 (lait de chienne).

6. Lagercrantz, p. 190 comprend τομῖτις « de Tomi ». La résine de Tomi serait un succédané de Παλαιστίνης. Mais pourquoi n'est-elle pas au génitif ? Je comprends τομή τις « une incision », c'est-à-dire la quantité qui coule d'une saignée dans l'arbre. La résine de Palestine sert de succédané au suc de baumier.

P. 127.

2. Le baume (suc de baumier de la Mecque, brun-rougeâtre et assez rare), la résine et le sangdragon servent de colorant et de solvant, l'orcanette de colorant. Méthode : la macération. On doit obtenir un rouge. Au § 50, le mélange poix-orcanette donne la céraunie. Comparer Alch. Syr., p. 173, § 98 « Description de l'onguent d'Abou 'Anât. — Prends du baume, du goudron, de la résine et du sangdragon. Pile les deux onguents et broie les deux produits secs, que tu jetteras dans les deux onguents (et que tu y laisseras), jusqu'à ce qu'ils se confondent avec eux et qu'il se forme un onguent unique : tu mettras celui-ci dans un matras. Lie sur le sommet (du matras) un linge mince et propre de coton cardé ; lie-le d'une manière lâche, de manière qu'il descende dans l'onguent et y plonge, mais sans arriver au fond. Ensuite mets dans la partie supérieure du sachet la pierre chauffée (que tu veux teindre), de manière qu'elle ne touche pas à la paroi du vase de verre. Puis on couvre le vase. On retire l'objet, après une demi-journée, et on le trouve teint en rouge. L'onguent, jusqu'à ce qu'on le fasse chauffer, demeurera en repos. Que la teinture ait lieu dans un jour serein, privé de vent. Ensuite découvre l'objet. » et p. 173, § 99 « Teinture éprouvée pour l'hyacinthe et le cristal. — Deux mithqals de résine de pin ; deux mithqals de sang-dragon ; un demi-mithqal d'onguent de baume ; un demi-mithqal de goudron de Syrie. On les broiera et pétrira avec du fiel de bœuf. On chauffera la pierre artificielle dans le creuset ; quand elle sera chaude, projette la pierre chauffée dans cet ingrédient, une fois ou deux fois, et elle rougira. » Proche de BN lat. 7156, f° 189 r *(carbunculi)*.

P. 128.

2. Identique à 54. Présenté comme une variante de la précédente.

6. κ βε est interprété par Lagercrantz, p. 193 comme κατὰ βαιὸν « peu à peu ». Cf. Dion. Per., 622. Nous acceptons cette conjecture à défaut d'autre. La pyrite chauffée s'oxyde au contact de l'air et rougit.

P. 129.

3. Analogue à 43, dont le parallèle permet de comprendre l'allusion au couvercle. Il peut s'imprégner de vapeurs cuivreuses, virer au vert et indiquer ainsi que l'opération est achevée. Teinture en vert par les sels de cuivre.

5. Mordançage et teinture simultanés par cuisson dans le même bain. Mordant : alun-vinaigre (cf. § 53). Colorant : sels de cuivre (cf. § 42).

6. εὐπαγής « bien fixé » c'est-à-dire dont la couleur, bien fixée, est indélébile.

P. 130.

1. πυρήσας = πρήσας (Lagercrantz, p. 195), cf. Hésychios, s.v. πρῆσεν · ἐφύσησεν ἐκόλπωσεν · ἔπρησας ἐφύσησας ἐκολπώσας.

3. Glose intruse dans le texte. Le modèle employait indifféremment στάμνιον et ἄγγος. Un lecteur a uniformisé en marge.

4. Identique à 39.

5. Lagercrantz, p. 196 comprend ἀπὸ στόματος « das man im Munde hält ». On peut aussi comprendre « qui vient d'être recueillie », στόμα désignant l'incision dans l'arbre.

P. 131.

2. ἰοῦ ξύσμα = ἰὸς ξυστός vert-de-gris raclé (sur la plaque). Cf. § 74.

3. Colorant : vert-de-gris. Solvant : huile. Méthode : cuisson. Cf. § 21.

4. C'est la première opération de la recette 83.

5. ὄξους = δι' ὄξους, μετ' ὄξους ou ὄξει (Lagercrantz, p. 197).

6. Si elle est légère, elle tiendra à la surface.

7. La marche n'est pas facile à reconstituer. Mordançage : alun-vinaigre (cf. §§ 35 et 73). Ensuite, préservation : cire (cf. §§ 35 et 37), glaise et cuisson à l'huile (cf. § 35). Ensuite trempage dans du miel (liant cf. § 42) qui contient des drogues (φαρμάκοις εἰς τὸ μέλι) non précisées. Puis macération dans la malachite, agent colorant (cf. § 35) ce qui semble impliquer qu'elle est en solution ou en suspension. Puis on recouvre d'une nouvelle couche protectrice, ce qui semble indiquer une cuisson. Enfin, on trempe à nouveau dans le miel.

8. On a seulement la composition du colorant, vert-de-gris, chélidoine-indigo (cf. § 76), malachite (cf. § 83) résine comme solvant. Peut-être complet dans *CAG* p. 360, l. 21-26 λαβὼν χαλκοῦ κεκαυμένου ἰόν, καὶ ἔλαιον δᾴδινον, καὶ ὀλίγον ἰνδικὸν καὶ χρυσοκόλλης καὶ ἐλυδρίου μέρη γ' ἔμβαλε ἐντὸς τοῦ ἄγγους ἔνθα τὸ ἔλαιον, καὶ ἕψει μαλθακῷ πυρὶ ἐπὶ ἀνθράκων. ἔπειτα ἀνεθέντος τοῦ ἐλυδρίου μετάβαλε διηθήσας ὀθόνῃ καὶ ἐπιθὲς ἐπὶ αὐτοματάριον καὶ ἔασον χωνεύεσθαι ἐπὶ ὥρας ἕξ. καὶ κατενέγκας, εὑρήσεις αὐτὸν καιόμενον.

P. 132.

3. C'est une lessive de chaux et de carbonate de potasse, les « cendres clavelées » des alchimistes médiévaux. Cf. Ruland, p. 154 s.v. *cinis clauellatus* et p. 26 s.v. *alcali*. C'est la στακτὴ κονία très utilisée en teinture, cf. Arist. chez Poll. VII, 39 ; Souda, K 2031 s.v. κονία ; Arnob. VII, 32 ; Blümner, *TT* I, p. 174. Cette lessive sert de dissolvant pour un colorant rouge inconnu mais très employé (cf. *CAG*, p. 373-374 ; Lippmann, *Entstehung*, I, 20). Comparer Alch. Syr., p. 72, § V « Prends cette pierre calcaire, mets-la dans une amphore lutée avec de la terre ; bouche et lutes-en l'orifice. Mets dans un four de verrier, pendant un jour et une nuit. Extrais et jette dessus du bon vinaigre (ὄξος), jusqu'à ce qu'il surnage au-dessus quelque chose de blanc comme du lait (...). Ceci est la matière tinctoriale qui, mêlée avec la comaris, forme les pierres précieuses teintes en violet. La comaris a été décrite avant ce chapitre. »

P. 133.

1. Identique à 43, à part une différence dans les poids. Lagercrantz, 199 comprend ϟ β et ϟ δ = 334-335 τοὺς λίθους ἄγοντας ἀνὰ δωδέκατον ὁλκῆς et propose de lire τοὺς λίθους πάντας καὶ κδ' ἵνα ἄγωσιν ἀνὰ ϟ <ὀ>β' (= ʃ ἀνὰ ἥμισυ ὀβόλου). La quantité de cristal qui peut être transformée en émeraude en une fois est de 2 drachmes aux § 20, 29 et 30. De 2 drachmes on obtient 24 pierres, chacune pesant 1/2 obole et 1/12 de drachme.

3. Le crimnos teint en rouge écarlate sur mordant d'alumine. L'action du soufre et du carbonate de soude font virer la couleur. Le soufre est un blanchissant (Pline XXXV, 175). On ne sait comment, tant que la nature du crimnos n'est pas mieux connue.

4. La saponaire contient de la saponine qui émulsionne le suint. Sur son action, cf. *Leid.* 96.

5. Le mot ἀνά ne signifie pas que l'on emploie autant d'alcali que de laine comme le pense Pfister, p. 4, mais que l'on traite de petites quantités à la fois.

6. Lagercrantz propose ἔκκλυσον, mais ἔκλυσον n'est pas indéfendable. Il s'agit de déployer la laine dans le liquide pour la laisser s'imprégner.

7. La solution bouillante de carbonate de soude dégraisse vigoureusement. C'est un détergent très employé. Cf. Pollux, VII, 39 ; X, 135 ; Hésychios s.v. λίτρον ; Isidore, XVI, 2, 7 ; A. Wahl, *L'Histoire du blanchiment, Revue Générale des Matières Colorantes*, 42 (1938), p. 304-309 ; M. Levey, *The Early History of Detergent Substances, J. Chem. Educ.*, 31 (1954), p. 511-524. Le rôle de l'asphodèle est plus difficile à déterminer. Selon Pfister, p. 3-4, n. 16, l'asphodèle protège la laine contre l'action de la soude. Selon Forbes, *SAT*. IV, 82, c'est une plante alcaline. En fait, il manque le colorant (à moins qu'il ne soit fourni par

les pépins). Or les bulbes d'*Asphodelus microcarpus* Viû contiennent un colorant jaune qui sert aujourd'hui en Égypte à teindre les tapis (Uphof, 56). On traite de petites quantités à la fois. Le marc doit contenir un peu de tartre, pas beaucoup, car il faut une mine (100 drachmes) de pépins pour que cela soit efficace.

8. Selon Lagercrantz le σκορπίουρος est une saponaire.

9. On ne le trouve pas employé pour les pierres. La teinture des peaux est mentionnée au § 141, mais sans ces produits.

10. Cf. *Leid.* 90 et Pfister, p. 13.

P. 134.

1. L'expression εἰς ὅμιον peut être évidemment une faute pour ὅμοιον, mais n'a guère de sens. Il est préférable de lire εἰς ὅλμον « au mortier ».

2. Le mot ὀθόνη ou ὀθόνιον désigne la toile de lin (*Edict. Diocl.* 24, 18, etc. ; *C. Gl. lat.* III 272.70 ὀθόνη ὀθόνιον linteamen ; Blümner *TT*, I² p. 191-192) puis d'autres toiles (Hésychios s.v. ὀθόνη· σινδών, ζώνη, τελαμών, γυναικεῖον ὀθόνιον λεπτόν, καὶ πᾶν τὸ ἰσχνὸν κἂν μὴ λινοῦν ᾖ). Le mot βύσσος dont le sens est très discuté, désigne la fine toile de lin (*OGIS* I, 90, 17 βυσσίνων ὀθονίων) cf. Forster, *De bysso antiquorum*, Londres, 1776 ; G. Paris, art. *Byssus*, *DSP*, I (1877), p. 756 ; Olck, *RE* III, 1108 sq. Le lin est une industrie typiquement égyptienne, cf. Pline, XIX, 1-25 ; Forbes, *SAT.* IV, 34-42 ; Lucas-Harris, 142-146.

3. L'orcanette est triturée à sec avec du carbonate de soude, puis extraite à l'eau bouillante, Pfister, p. 13. Les pétales de fleurs de *Carthamus tinctorius* L. contiennent, outre la matière colorante jaune dont on a parlé (*Leid.* § 61), une matière rouge *(acide carthamique)* insoluble dans l'eau mais soluble dans les alcalis et les carbonates alcalins, ici le *natron*. Elle communique à la solution une couleur jaune. En saturant l'alcali qui en est chargé, la liqueur se trouble, rougit et dépose un précipité jaune rougeâtre. La couleur varie selon l'acide employé à la précipitation. Ici c'est le vitriol qui contient de l'acide sulfurique affaibli. Tout le procédé est décrit en détail par Pelouze, *Secrets modernes des arts et métiers*, I (1831-1832) 289-291 et III (1840), p. 96-97. Le carthame ou safflor est ainsi employé depuis l'Égypte ancienne, cf. J. Hübner, *The examination of some ancient Egyptian Textiles, Journal of the Society of Dyers and Colorists* 25 (1909) 223-226 ; J. Hübner, *The colouring matter of the Mummy Cloths* dans M. M. Murray, *Tomb of the Two Brothers*, London 1910, 72-79 ; S. Augusti, *A yellow colour (lake) uncovered at Pompei, Industry of Vernice*, 4 (1950) 109-112 et en général C. D. Mell, *The History and Economic Uses of Safflower, Textile Colorist*, 1932, 97-99 ; Forbes, *SAT.* IV, 121. Enfin, les baies de fenugrec contiennent un colorant jaune (Pfister, p. 17).

5. Le colorant est peut-être dissous dans la partie grasse du malt (Pfister, 13) ensuite dans du vinaigre. La laine dégraissée à l'eau de chaux reçoit une première teinture à l'orcanette, puis une seconde au fucus. Pour la suite des opérations, le scribe renvoie au chapitre 26, c'est-à-dire peut-être au § 115 (26e recette d'étoffe) ou à 113 qui contient un renvoi à une recette antérieure. Le mordant n'est pas indiqué.

6. Cf. Hésychios, s.v. βησ(σ)ίον · ποτήριον ; Athénée, 784 B βῆσσα, ποτήριον παρ' Ἀλεξανδρεῦσι πλατύτερον ἐκ τῶν κάτω μερῶν ἐστενωμένον ἄνωθεν.

P. 135.

3. On enlève le réchaud, pas le chaudron qui est trop lourd.

4. La scorie de fer contient de l'oxyde de fer. On mordance à l'acétate de fer. Le vinaigre peut être remplacé par 1/3 de grenades acides (cf. Pline, XIII, 34) c'est-à-dire vraisemblablement des graines qui fournissent un acide (Pfister, p. 6).

5. La Sicile était le siège d'une importante industrie lainière (Cicéron, 2 *Verres*, 4, 59 ; Forbes, *SAT* IV, 26).

6. Il est difficile de savoir s'il s'agit d'un mordançage seul, comme le laissent entendre le titre et la conclusion, ou du processus complet de teinture comme le laisse entendre ἐρυθρὰ ἔσται ἡ πόρφυρα. On teint sur mordant d'alun. Si χαλκοῦ ἄνθος est « la fleur du cuivre » (oxyde de cuivre, lexique), c'est un mordant d'alun et de cuivre. Mais si c'est plutôt une faute pour χάλκανθος (Lippmann, *Entstehung* I, p. 20) alors le vitriol sert simplement comme plus haut à développer la couleur. La noix de galle teint en brun ou en noir par les matières tannantes qu'elle contient (Pfister, p. 17). La mauvaise qualité du colorant explique qu'on doive en mettre une quantité énorme (autant que de laine). Si on comprend la recette comme un simple mordançage, on supposera que la pourpre sera rouge quand on l'appliquera sur ce fond.

7. Cf. la *tinctio alitine* de *Comp. Luc.* C 25. En grec vulgaire, ἀληθινός désigne la coquille donnant la pourpre. Cf. M. Stephanides, *Notes sur des textes chymeutiques*, *REG*, 35 (1922), p. 309.

8. Sur les vertus tinctoriales de la fleur de grenade, Pline, XII, 113 ; Forbes, *SAT*, IV, 128.

9. L'adjectif στυπτήριος signifie « astringent ». Lag. 205 traduit « alaunirte Orseille ». Il s'agit bien de fucus déjà mêlé à un mordant d'alun.

10. πρὸς βλέπης = πρὸς βλέπησιν. Cf. l. 281 πρὸς ὀφθαλμόν.

11. Le mordant comprend une solution aqueuse d'alun (0,7 %) à laquelle on ajoute de la fleur de grenade comme adjuvant acide (cf. § 98). Le colorant (ajouté au même bain) est le fucus. Le vitriol développe et fonce la couleur du fucus (cf. *Leid.* 94 ; *Holm.* 135).

P. 136.

4. Dégraissant : saponaire. Mordant : solution d'alun dans l'urine et fer (hématite). Le vitriol et le misy, qui contiennent du fer et du cuivre, peuvent modifier profondément les teintes. La couleur est le fauve du tanin et le violet de l'hyacinthe.

5. Cf. Lucien, *Dial. mort.* 27, 3 ; Arrien, *Anabase,* IV, 8, 2.

6. On ne voit pas le colorant. Il y a certainement action de l'oxyde de fer, mais l'acide qui l'attaque n'est pas mentionné.

7. Identique à 101, 134, à 154, mais plus complet.

P. 137.

5. Jeu de mots ou glose inepte.

6. ἄνθος désigne l'éclat des matières colorées de façon durable (Platon, *Rép.* IV, 429 D ; Luc., *Catapl.* 16 ; *Lex. Rhet.* Bekker *Anecd.* p. 404, 24 ἄνθος · τὸ χρῶμα καὶ τὸ βάμμα τοῦ ἐρίου : Hésychios, s.v. ἄνθη · τὰ χρώματα. Cf. Blümner, *TT* I², 231). Mais il désigne aussi le principe colorant déjà isolé, par exemple le suc extrait du murex (Aristote, *HA,* V, 15, 547 a 15 ; M. Besnier, art. *purpura, DSP* IV, 1, 1907, p. 772).

7. Selon Lagercrantz, p. 109, χόνδρος renvoie à τὸ ἄνθος. Il lui donne le sens de « Suppe » et renvoie au sens de *Graupenschleim* chez Hippocrate. En réalité χόνδρος signifie « grain » et on sait que le kermès à cette forme.

8. Le procédé industriel était de teindre sur fond d'indigo qui ne nécessite pas de mordançage, Pfister, p. 24. Ici on utilise l'orcanette, le kermès ou le krimnos.

9. στήμη est incompréhensible. ὀξῖτις signifie probablement « dissous dans du vinaigre » (ὄξος).

P. 138.

4. Lagercrantz, p. 210 propose de lire ἀπύρου « non passé au feu » qui n'a pas de sens. Il est plus facile de comprendre πύρρου « roux ».

6. L'usage tinctorial de la guède ou pastel est mentionné par Diosc. II, 184. Elle était bien cultivée en Mésopotamie et en Égypte, cf. C. D. Moll, *A brief historical Account concerning Woad, Textile Colorist,* 1932, 166-168 et 232 ; J. B. Hurry, *The Woad Plant and its Dye,* London 1930. Les recettes 109 à 111 forment un ensemble logiquement ordonné qui se distingue du reste du texte, ne serait-ce que par le style, car elles sont à l'infinitif. Il semble que l'on ait ici un extrait d'un manuel de teinture. Ces recettes ont été étudiées par K. Reinking, *Uber die Kenntnis des Indigos and des Küpenfärberei im Altertum, Melliand Textilberichte,* 1924, 733-734 ; *Über die älteste Beschreibung der Küpenfärberei im Papyrus Graecus Holmiensis, Mell. Textilber.,* 1925, 349-351.

7. Séchage et fermentation, Pfister, 18.

P. 140.

3. Dans une des recettes de mordançage qui précèdent. Selon Lagercrantz, ceci renvoie à la recette 111, mais dans ce passage il n'est pas question de mordançage mais de dégraissage.

5. Identique à 159, mais en 159 pour obtenir de la pourpre on bleuit d'abord la laine (garance sur indigo). Ici la garance seule sur mordant donne du rose. Dégraissage par cendre, qui agit par adsorption, et par le jus de terre à potier. Mordançage : comme plus haut. Teinture : garance dans eau et vinaigre (Pfister, 19-20). Le rôle de la farine de haricots est difficile à comprendre ; selon Forbes, *SAT*. IV, 136, il empêche l'action des composés de chaux qui pourraient se trouver dans l'eau. Cf. Plutarque, *De def. orac.* 41, p. 443 B.

6. Au § 112.

7. Par mine de laine.

8. ὕδατι ποτίμῳ dépend plutôt de ἕψειν que de ἀποκλύσαντα.

P. 141.

5. L'adjectif ὀξύς « vif » est un terme technique et commercial pour une qualité de pourpre. Cf. Plutarque, *Cato minor*, 6, 3 ; *Edict. Diocl.* XXIV, 1 et 20 ; XXIX, 4 et 25 (ὀξυτυρία). *Comp. Luc.* i 16 *(ocsiporfiron).*

7. Le vitriol modifie la teinte, cf. *Leid.* 94 ; *Holm.* 113 ; Pfister, p. 7-8. Identique à 128.

P. 142.

5. Le krimnos teint, le vitriol nuance, cf. p. 141, n. 7. La terre de Sinope contient de l'oxyde de fer qui agit comme mordant.

6. Sur le génitif partitif τοῦ ὕδατος, comparer ὄξους à la note 5, p. 131.

7. Les baies de nerprun *(Rhamnus infectorius* L.*)*, ont été très utilisées en teinture sous le nom de graines de Perse, d'Andrinople, de Morée, d'Avignon. En décoction, elles donnent une couleur jaune sur mordant d'alun (Guibourt III, 541-542 ; Pelouze, *Secrets modernes,* I, p. 275 ; Uphof, 447).

8. Littéralement de l'eau de forgeron, c'est-à-dire de l'eau dans laquelle on a trempé le fer cémenté par le carbone (Blümner, *TT*. IV, 347). Cette eau contient en suspension des particules de fer et d'oxyde.

9. Dans l'eau chaude, le nerprun libère son principe colorant, la rhamnetine, qui donne une teinte jaune mais brunit à l'air. Il est impossible de préciser le ton final, car on ignore l'influence du mordant et du fer. Cf. Pfister, 16 ; Forbes, *SAT*. IV, 124-125.

10. Selon Lagercrantz, 217, θερμόν peut s'employer seul sans

ὕδωρ pour désigner l'eau chaude (Galien, XI, 56, etc.). Mais on peut aussi penser à θέρμος « lupin » employé au § 118.

11. La terre de Sinope, oxyde de fer, bouillie dans du vinaigre, peut donner un acétate de fer très employé en teinture (Pfister, 15). Le colorant semble être seulement le vitriol ou le lupin.

P. 143.

4. La couleur φαιός est mal définie, gris ou brun (Platon, *Timée* 68c). Lagercrantz, 218 traduit Dunkelgelb. Le parallélisme de χρωμάτων (l. 889) et κοκκίνων (l. 906) oblige à traduire « en gris » et non « des laines grises ».

6. La couleur obtenue à l'oxyde de plomb doit être très pauvre. Elle s'améliore avec de l'orcanette. Le mot ἀγχούσης est génitif partitif complément d'objet direct. Identique à 128 et à 136. Comparer Alexis de Piémont, p. 568, teinture d'une peau en couleur léopard (rousse) : litharge d'argent 1 once, chaux vive 2 onces, eau 3 « boccals ».

7. Le kermès s'applique sur fond d'indigo sans mordant. Le premier bain d'indigo est assimilé à un mordançage par l'auteur. Cf. 106, 111.

8. Le kermès suffirait, mais on ajoute du fucus par raison d'économie. Il ne s'agit pas de fucus importé mais indigène, sur lequel nous ne savons rien. Cf. Pfister p. 17, 19, 20.

9. Le carthame donne du jaune dans l'eau. L'œil de bœuf est inconnu, cf. Pfister, p. 17, n. 72.

10. Les ἔρια τραχεῖα sont une qualité commerciale de laine (Strabon IV, 196). C'est l'équivalent du latin *lana crassa* (Festus, p. 301, 6 Lindsay : Virg. *Georg* I, 385 ; Fronton, *M. Anton.* 144 Naber) ou *pecus hirsutum* (Columelle, I, préf. 26 : VII, 4, 1).

11. La terre de Cimole (Kimolos) dégraisse par adsorption comme la terre à foulon. Cf. Pollux, VII, 39 ; Pline, XXXV, 196-198 ; son emploi est encore mentionné par J. Pitton de Tournefort, *Relation d'un voyage au Levant*, Paris, 1717, t. 1, p. 144. Cf. Blümner, *TT.* I, p. 144. On s'en servait pour assouplir la laine.

P. 144.

3. Canusium, ville d'Apulie, produisait une laine célèbre de couleur jaune-rouge (Pline, VIII, 191, *canusium fului* ; Martial, XIV, 129, *rufus*). Cf. Suétone, *Néron*, 30, 3.

4. Dans le mot χαλκίον, la référence à χαλκός « cuivre » est très effacée, puisque ce chaudron est en plomb.

5. Le krimnos donne du rouge, les gousses d'*Acacia nilotica* contiennent des tanins donnant une couleur brunâtre (lexique). Cf. H. E. Winlock-W. E. Crum, *The monastery of Epiphanius*, New York, 1926, p. 68 n. 1.

6. Identique à 121 et à 136. Le scribe oublie de préciser qu'il faut mettre de l'eau.

P. 145.

7. ἀποσειρώσας correspond à διηθήσας de la recette parallèle 155 l. 1093. Sur σειρόω cf. Schol. Ap. Rhod. II, 517 σηροῦν γὰρ τὸ κενοῦν· διηθήσεως σειρώσεως ἐκτήξεως. C'est une fabrication d'eau de chaux comme au § 86.

P. 146.

4. Extraction du principe colorant dans une solution amidonnée ?

5. Sur l'épluchage de l'orcanette, *Leid.* 97. On prend sans doute les épluchures, plus riches en colorant. Sur la dissolution du principe colorant dans l'huile de noix, *Leid.* 90 ; 95 ; *Holm.* 93. L'alun sert de mordant. Cf. Pfister, p. 13.

P. 147.

3. Teinture de crimnos sur acétate de fer.

4. Le mot νάκος désigne la laine qui après la tonte forme une masse indistincte. Cf. Hérodote, II, 42.

5. Simple mordançage à l'alun dissous dans le vinaigre. Le style clinquant dans lequel se trouve exprimée cette opération élémentaire tranche sur le reste du papyrus et même sur l'autre recette d'Africanus. Cf. Vieillefond, p. 307.

6. μονὴ τοῦ ἐρίου Lagercrantz, p. 226 compare *Leid.* l. 273-274 ἐν τῷ αὐτῷ χρώματι μένει et comprend « qui ne tiennent pas sur la laine ». Je comprends : d'après la durée de sa présence sur la laine.

7. Ce fragment complète les recettes 121, 127 et 136.

8. Mordant d'alun et d'acétate de fer.

P. 148.

3. La racine de chélidoine contient un suc jaune épais, très utilisé pour les pierres. La racine du grenadier contient un tanin. Humectée, elle laisse une trace jaune qui devient d'un bleu foncé par le contact du sulfate de fer (Guibourt, III, 281). L'euphorbe donne du latex. Elle est employée en teinture dans *Comp. Luc.* H 18 (contexte obscur). Sur le carthame, voir § 123.

4. Le rôle de la jusquiame et du câprier n'est pas clair. Le bois de mûrier, vendu naguère sous le nom de bois de fustic, teint en jaune (Goubitz, *Teintures végétales*, p. 30). La racine de pyrèthre contient du tanin, une matière colorante et une huile essentielle (Uphof, 34).

5. Identique à *Leid.* 89.

6. Sur le cotylédon, *Leid.* 91. Rôle inconnu.

7. Solution du principe colorant dans des matières ammoniacales.

P. 149.

7. Sur l'action d'étirer la laine au lavage (τείνω, διαξαίνω), Ar. *Lys.* 577 ; Blümner, *TT* I², p. 109.

P. 150.

5. Le sang de porc, employé dans *Comp. Luc.* δ 1-12 (cf. l. 962 le sang de veau), et l'orpiment grillé doivent bien être rougeâtres, mais leur action colorante nous échappe. L'usage d'orpiment en teinture est mentionnée par Théophraste, *Lap.* 51.

6. Recette abrégée donnant seulement les ingrédients. Le seul qui soit exceptionnel est l'orpiment.

7. τὸ ἴδιον χρῶμα a l'air d'une glose ajoutée pour expliquer ἄνθος.

8. La réaction décrite est incompréhensible.

LEXIQUE

Les substances végétales, minérales et animales qui interviennent dans les réactions ne sont jamais décrites. Pour un certain nombre de minéraux, *Leid.* donne une description reprise au περὶ ὕλης ἰατρικῆς de Dioscoride. C'est donc à ce texte qu'il convient de se référer en premier, comme le fait l'auteur du papyrus. On utilisera ensuite les descriptions de Pline, tributaires de la même source que Dioscoride, Sextius Niger et, pour beaucoup de produits, l'*Édit du Maximum* de Dioclétien, à peu près contemporain des papyrus. La précision de l'identification est fonction de l'abondance des informations fournies. Souvent, il n'est pas possible d'aller plus loin que le genre. Dans le cas où plusieurs identifications étaient possibles, on a choisi d'après la composition chimique (quand elle est connue). Les papyrus sont cités d'après la ligne. Le sigle F renvoie aux fragments. Pour les ouvrages modernes, on se reportera à la table des abréviations au début du volume.

ἄγχουσα « orcanette » (*Alkanna tinctoria* (L.) Tausch.).

Leid. 499 ; 501 ; 502 ; 505 ; 507 ; 523 ; 533 ; 549 ; 553 ; 560 ; 569 ; 571 ; *Holm.* 121 ; 250 ; 352 ; 363 ; 626 ; 627 ; 632 ; 643 ; 644 ; 647 ; 734 ; 891 ; 895 ; 905 ; 962 ; 994 ; 995 ; 1041 ; 1042 ; 1045 ; 1046 ; 1048 ; 1098 ; 1102.

ἐξωτική « étrangère » *Holm.* 730 ; ποντική « pontique » *Holm.* 424 ; ἀγχούσης αἷμα « suc tinctorial de l'orcanette » *Leid.* 571 ; 573 ; ἀγχούσης φλοιός « écorce d'orcanette » *Holm.* 752-753. Cf. Théophraste, *HP*, 7, 8, 3 ; *De odor.*, 31 ; Dioscoride, IV, 23 ; Pline, XXI, 85 ; 99 ; XXII, 48 ; XXVII, 59 ; Hsch. s.v. ἀγχουσίζεσθαι ; André, 30, s.v. *anchusa* 1 ; Lenz, 534 ; Langkavel, 50 ; Berthelot, *Arch.* 301 ; Lag. 163 ; Wagler, *RE*, 1, 2, 2111 sq.

ἀείζωον « joubarbe » (*Sempervivum* sp.).

Holm. 193.

Cf. Thphr., *HP*, I, 10, 4 ; Diosc. IV, 88-89 ; Pline XXV, 160. On ne peut dire si c'est le μέγα (Dsc. IV, 88), *Sempervivum arboreum* L., Joubarbe arborescente ou le μικρόν

(Dsc. IV, 89) *Sempervivum tectorum* L., Joubarbe des toits. Cf. Langkavel, 20 ; André, 21 s.v. *aizoon* et *aizoum*.

αἷμα « sang ».
Au sens propre ou au sens figuré (substance de couleur rouge).
ἀγχούσης cf. ἄγχουσα.
δρακόντιον « sang dragon », gomme produite par un dragonnier ou un palmier, *Dracaena cinnabari* Balf. f., (cf. Diosc. V, 94) *Holm.* 422 ; μόσχειον « de veau » *Holm.* 962 ; περιστερᾶς « de colombe » *Holm.* 120-121 ; τράγειον « de bouc » *Holm.* 290 ; 396 ; χοίρου « de porc » *Holm.* 1098.

αἱματίτης pierre de couleur sang, spécialement « hématite » (oligiste, oxyde rouge de fer).
Holm. 697 ; F II, 12.
Cf. Diosc. V, 126 (extrait en Égypte) ; Pline, XXXVI, 129 ; 144-146 (citant Sotacos) ; Galien, XII, 195 ; 204 ; Ps. Théod. 80 p. 414 Rose ; Psellos, *Lap.*, 6 Mély. Aussi pierres précieuses ou ornementales de couleur rouge : Théophraste, *De lap.* 37 (cf. Caley 138) ; Athénodore de Tarse, fr. 4 Müller ; Philon de Byzance, *De septem miraculis*, 2 ; Pline, XXXVII, 169 ; Orph. *Lith.* 642-747. Cf. Lenz *Mineralogie* 550 ; Blümner *TT* IV 209 ; Forbes, *Met.* 383 ; Gazza 100 ; Lüschen 235 ; Lucas-Harris, 395 ; Goltz, 174.

ἄκανθα « acacia ».
Leid. 510 ; *Holm.* 937.
Désigne un grand nombre de plantes épineuses. On peut penser à ἄκανθα Αἰγυπτία (Thphr., *HP* 9.1.2 ; cf. *P. Oxy.* 1388.10), équivalent de *Spina Aegyptia* chez Pline, XIII, 63, 66 ; XXIV, 107. La variété noire de Pline, XIII, 63 est *Acacia nilotica* (L.) Willd. ex Del., (= *Acacia arabica* (Lam.) Willd.) qui donne la gomme arabique. Cf. Lenz, 735 ; André, 158 s.v. *acantha* ; 299-300 s.v. *spina*.

ἀλικάκκαβον « alkekenge ».
Holm. 182.
Physalis alkekengi L.
Fruit rouge écarlate, que l'on appelle aussi coqueret, cerise d'hiver, mirabelle de corse, cerise des juifs. Cf. Diosc. IV, 71 ; Pline, XXI, 177 ; *BGU* 1120.37 (Ire s. AC) ; Langkavel, 50 ; André, 156, s.v. *halica(c)cabon*.

ἅλμη « saumure ».
Leid. 297 ; 361 ; *Holm.* 40.

ἀλοή « aloès ».
Leid. 511.
Aloe spp.
Cf. Diosc. III, 22 ; Pline, XXVII, 14 sq. ; *PSI* X, 1180 B II, 76 ; 1264, 18 ; *P. Micha*, 36 B 3 ; Lenz, 291 ; Langkavel, 115 ; André, 24, s.v. *aloe* ; Gazza, 77-78.

ἁλὸς ἄχνη « mousse de sel ».
Holm. 38.
Zoophyte de la classe ἀλκυόνεια (Aristote *HA* 616 A 20 ; Théophraste, *Od.* 35 ; Diosc. V, 110.), mais ici peut-être simplement écume de mer, dépôt salin sur les rivages. Cf. Lippmann, *Entstehung* I, 12.

ἅλς (ἅλας) « sel ».
Leid. 14 ; 85 ; 117 ; 258 ; 301 ; 449 ; *Holm.* 323 ; F I, 10. Aussi ἅλς κοινός *Leid.* 110 ; 127 ; 134 ; 152 ; 172 ; *Holm.* 14 ; F IV, 193 ; 196 ; sel de cuisine. Cf. Diosc. V, 109 ; Pline, XXXII, 73 sq. ; Galien XII 210-211 ; Gazza 101 ; J. Schroeter, *Le sel dans l'Antiquité et dans la Préhistoire, Revue Ciba*, 41 (1944), 1406-1412 ; Goltz, 163.

ἅλς ἀμμωνιακός « sel d'Ammon ».
Leid. 64 ; 460 ; 496.
Ce n'est pas le sel ammoniac (chlorure d'ammonium) mais un sel produit par l'oasis d'Ammon (Hdt. IV, 181 ; Dinon fr. 15 Müller ; Athénée p. 67 AB ; Arrien, *Anabase*, III, 43 ; *P. Lond.* I, 78.90) en grosses pièces opaques parfois transparentes, avec clivage rectilinéaire et goût déplaisant (Diosc. V, 109, 1 ; Pline, XXXI, 78-79), vraisemblablement mélange de gypse et de chlorure de sodium. Cf. Blümner, *RE* I A2, 1077 ; Berthelot, *Intr.* p. 30 n. 2 ; *Arch.*, 298-299 n. 1 ; J. Ruska, *Sal ammoniacus, Nušādīr und Salmiak, SHAW* 1923, 5 ; B. Bonacelli, *L'Ammoniaco dell'Antica Cirenaica, Bollettino di Informazioni Economiche*, 4 (1925), p. 3-4 n. 2 et 10 ; Goltz, 163.

ἅλς καππαδοκικός (ἅλας καππαδοκικόν) « sel de Cappadoce ».
Leid. 8 ; 76 ; 460 ; F IV, 196.
Variété de sel jaune, odorant, transparent extrait en Cappadoce.
Cf. Pline, XXXI, 82 ; 84 ; 86.

ἀμάραντος « amarante ».
Holm. 694 ; -ου ἄνθος « fleur d'amarante » *Holm.* 713 ; 967. Chez Diosc. IV, 57, ἀμάραντος = ἑλίχρυσον « immortelle » (*Helichrysum orientale* L.). Chez Pline XXI, 47 et 68, amarante, queue de renard (*Amarantus caudatus* L.), cf. André, p. 26 s.v.

ἀμέθυστος « améthyste ».
Holm. 130 ; 342.
Pierre précieuse violette, variété de quartz.
Cf. Théophraste, *Lap.*, 30 ; Pline, XXXVII, 124 ; Denys Le Periégète, 1122 et fr. chez Maximus Abras, *In Dion. Areop. myst. theol.*, 2 ; Lenz, 77 et 637 ; Lüschen 173.

ἄμωμος faute de lecture pour ἄσημος.
(Cf. ἄσημος). Ou bien coques d'*Amomum* sp. (Pline, XII, 48-49).

ἀναγαλλίς « mouron ».
ἀναγαλλὶς ἡ κυάνεον ἄνθος ἔχουσα *Holm.* 192.
Anagallis arvensis L. subsp. *caerulea* Schreb.
Cf. Diosc. II 178 ; Pline, XXXVI, 90 ; Lenz, 549 ; André 30.

ἀνδράχνη « pourpier ».
Leid. 503.
Portulaca oleracea L.
Cf. Théophr. *CP*, I, 10, 4 ; Diosc. II, 124 ; IV, 168 ; Pline, XIII, 120 ; Langkavel 21 ; André 31.

ἄνθος χαλκοῦ « fleur de cuivre ».
Holm. 670 ; 934-935.
Cf. Diosc. V, 77 ; Pline, XXXIV, 107.
Particules d'oxyde cuivreux rouge projetées par le cuivre en fusion (R. Halleux, *Non-ferreux*, I, p. 233). Mais en *Holm.* 934-935, il est décrit comme bleuté, ce qui est une confusion avec le χάλκανθος « vitriol », sulfate de cuivre (voir ce mot).

ἄνθραξ « anthrax ».
Synonyme d'ἴσατις.
Holm. 776 ; 785 ; 786 (ἀνθράκινος *Holm.* 777).
Voir ἴσατις.

ἄνθραξ « charbon de bois ».
Leid. 152 ; *Holm.* 66 ; 118 ; 225 ; 226 ; 275.

ἀποκόμματα « battitures ».
Leid. 72 ; — χαλκοῦ « battitures de cuivre » *Holm.* 40.
Parcelles de métal plus ou moins oxydées qui se détachent en cours de martelage. Équivalent du grec λεπίς (Diosc. V, 78) et du latin *squama* (Pline, XXXIV, 107).

ἄργυρος (-ιον) « argent ».
Leid. 16 ; 18 ; 19 ; 176 ; 177 ; 178 ; 181 ; 215 ; 263 ; 267 ; 276 ; 279 ; 280 ; 299 ; 306 ; 314 ; 342 ; 343 ; 365 ; 431 ; *Holm.* 1 ; 9 ; 26 ; 30 ; 34 ; 36 ; 38 ; 43 ; 46 ; 50 ; 55 ; 63 ; 65 ; 72 ; F I, 15. — ἀργυροῦς « d'argent » *Leid.* 182 ; ἀργύρεος *Leid.* 322 ; 325 ; — ἀργύρωμα « argenterie » *Holm.* 35.

ἀρμένιον « bleu d'Arménie ».
Holm. 332 ; 366 ; 590.
Azurite, carbonate basique de cuivre extrait en Arménie. Cf. Diosc. V, 90 ; Pline, XXXV, 47 ; R. Halleux, *Non-ferreux*, I, 96.

ἄρον « arum ».
Arum ou colocase *Colocasia antiquorum* Schott = *Arum colocasia* L. — ου τὸ ἐντός « moëlle ou spathes d'arum » *Leid.* 412. Cf. Diosc. II, 167 ; Pline, XIX, 96 ; XXIV, 142 ; Lenz, 326 ; Langkavel, 118-119 ; André, 41-42, s.v.

ἀρσενικόν « orpiment ».
Leid. 304 ; *Holm.* 1102 ; χρυσίζον « doré » *Leid.* 333 ; 398 ;

χρυσοῦ « couleur d'or » *Leid.* 495 ; σχιστόν « lamelleux » *Leid.* 406 ; κεκαυμένον « brûlé » *Holm.* 1099.
Sulfure jaune d'arsenic.
Cf. Diosc. V, 104 ; Pline, XXXIV, 178 ; *P. Oxy.* 1088 II, 28-29 ; *Edict. Diocl.* XXVI, 71 ; R. Halleux, *Non-ferreux*, I, 117-119.

ἄσβεστος (τίτανος) « chaux vive ».
Leid. 482 ; 510 ; 521 ; 567 ; *Holm.* 319 ; 368 ; 415 ; 463 ; 569 ; 649 ; 708 ; 744 ; 900 ; 942 ; 974 ; 982 ; 1022 ; 1067 ; 1092 ; 1103 ; F III, 70. — μαρμαρική « chaux de marbre » *Holm.* 1056.
Cf. Diosc. V, 115, 2 ; Pline, XXXVI, 173 *(calx uiua)* Blümner, *TT*, III, 100 ; Goltz, 171-172.

ἄσημος « argent sans marque ».
Leid. 10 ; 25 ; 30 ; 31 ; 32 ; 35 ; 46 ; 49 ; 52 ; 54 ; 55 ; 62 ; 65 ; 66 ; 70 ; 80 ; 100 ; 105 ; 110 ; 114 ; 141 ; 142 ; 150 ; 155 ; 167 ; 190 ; 196 ; 207 ; 208 ; 225 ; 226 ; 231 ; 239 ; 254 ; 257 ; 261 ; 319 ; 336 ; 345 ; 347 ; 348 ; 353 ; 360 ; 361 ; 366 ; 427 ; 440 ; 444 ; 452 ; 457 ; 487 ; F I, 17 ; 18 ; 20.
Voir l'introduction, p. 35 sq.

ἄσφαλτος « asphalte, bitume ».
Leid. 8 ; 14 ; 22 ; 24 ; 67 ; 442 ; *Holm.* 32.
Mélange de calcaire, de silice et de bitume.
Pour la description, Diosc. I, 73 ; Gal. XII, 375. Cf. R. J. Forbes, *SAT* I ; Gazza 101.

ἀσφόδελος « asphodèle ».
Holm. 618.
Asphodelus sp. car on ne peut déterminer les variétés.
Cf. Diosc. II, 169 ; Pline, XXI, 108 sq. ; Lenz, 302 ; André, 44 s.v. : Gazza, 79 ; Wagler, *RE*, II, 2, 1730.

ἀτράμεντον *Leid.* 77 (ἀδρα — *Leid.* 110) probablement faute (par contamination du latin *atramentum*) pour ἀδραμυτηνός « d'Adramyttium » où se trouvent des mines d'argent.

ἀφρόνιτρον « mousse de natron ».
Leid. 146 ; *Holm.* 105.
Selon Diosc. V, 113 ; Pline, XXXI, 106, léger, pourpre, mousseux, feuilleté et de goût mordant, produit notamment en Égypte. Ce sont sans doute des dépôts de cristaux de carbonates de sodium et de potassium sur les bords des lacs à natron.
Cf. *Edict. Diocl.* XXXVI, 46 ; Lüschen, 283 ; Goltz, 165-166.

ἄχυρα « paille ».
— χρυσοχοϊκά « paille d'orfèvre ».
Holm. 176.
Cf. R. Halleux, *Non-ferreux*, I, 201-202.

βαλαυστίον « fleur de grenadier ».
Holm. 681 ; 683 ; — ιας ἄνθος *Holm.* 1006.
Fleur de *Punica granatum* L.
Cf. Diosc. I, 110-111 ; Pline, XIII, 113 ; XXIII, 112 ; Langkavel, 19 ; André, 50, s.v. *balaustium.*

βασανίτης λίθος « pierre de touche ».
Leid. 380.
Théophr., *Lap.*, 45 ; 47 ; Pline, XXXIII, 126.
Cf. C. A. Schwarze, *De lapide Lydio commentatio*, Görlitz 1805-1806 ; L. E. Lord, *The touchstone, CJ* 32 (1936) 428-431 ; K. Hradecky, *Geschichte und Schrifttum der Edelmetallstrichprobe*, Berlin, 1942 ; H. Quiring, *Der Probierstein, FF*, 25 (1949), 238-239.

βήρυλλος « béryl ».
Holm. 312 ; 317 ; 353 ; 359 ; 431 ; 432 ; 434 ; 503 ; 508. Le béryl moderne est un silicate d'aluminium et de béryllium, de couleur variable. Dans l'Antiquité, elle est vert-bleu. Cf. LXX, *Tobie*, 13, 17 ; Dion. Per. 1012 ; 1119 ; Pline, XXXVII, 76-79 ; Lucas-Harris, 389 ; Lüschen, 189.

βόλβος « muscari à toupet ».
— ου χυλός *Holm.* 1051.
Désigne en général le bulbe des plantes, puis toute plante à bulbe, spécialement *Muscari comosum* Mill. Cf. Diosc. II, 170 ; Pline, XIX, 95 ; XX, 102 sq. ; *Edict. Diocl.* VI, 41 ; Langkavel 114 ; Olck, *RE*, III, 1, 669 sq. ; André, 60-61 s.v. *bulbus.*

βούφθαλμος « œil-de-bœuf ».
Holm. 913.
1. *Chrysanthemum coronarium* L. Marguerite des champs. Cf. Diosc. III, 139 ; Pline, XXV, 82 ; Langkavel, 74 ; André, 61, s.v. *buphthalmus.*
2. *Sempervivum arboreum* L., Joubarbe arborescente (= ἀείζωον μέγα) cf. Diosc. IV 88 ; Pline, XXV, 160 ; André, 288 s.v. *sedum (magnum).*

βύνι « malt ».
Leid. 151 ; *Holm.* 644 ; 645.
Céréales germées artificiellement et séchées, puis séparées de leurs germes.
Cf. Aetios, X, 29 ; Hésychios s.v. βύνη· σκεύασμά τι κρίθινον.

γάλα « lait ».
Holm. 1057 ; αἴγειον « de chèvre » *Holm.* 855 ; — κυνός « de chienne » *Holm.* 96 ; 117 ; — κυνὸς λευκῆς « de chienne blanche » *Holm.* 417 ; — βόϊον « de vache » *Holm.* 108 ; 1106 ; (βοός) *Holm.* 156 ; γυναίκιον « de femme » *Holm.* 198 ; — φοράδος « de jument poulinière » *Holm.* 357. Cf. Diosc. II, 70, 6.

γίγαρτον « pépin de raisin », « marc ».
Holm. 619.
Cf. Theophr. *HP*, I, 11, 6 ; Diosc. V, 3, 2.

γῆ « terre ».
— ἔνπασα « quelconque » *Holm.* 106.

γῆ κεραμική « argile à potier ».
γῆς κεραμικῆς χυλός *Holm.* 817 ; 1109.
Cf. Hippocrate, *Des affections internes*, 7.

γῆ κιμωλία « terre de Cimolos ».
Leid. 368 ; 428 ; *Holm.* 107 ; 918.
Terre blanche, analogue à la terre de foulon. Une autre variété tire sur le rouge. Les deux sont légèrement grasses. Cf. Aristophane, *Grenouilles*, 713 ; Strabon, X, 5, 1 ; Diosc. V, 156 ; Blümner, *TT*, 1 p. 164 ; J. Pitton de Tournefort, *Relation d'un voyage au Levant*, Paris, 1717, t. I, p. 144.

γῆ σαμία « terre de Samos ».
Leid. 75 ; 109 ; 129. Terre blanche légère, qui happe à la langue selon Pline, XXXV, 191 ; Diosc. V, 153 ; Gal. XII, 179. Contient des concrétions appelées ἀστήρ (Celse, VI, 6, 12). Dans ce cas, kaolinite extraite encore aujourd'hui. Cf. H. Blümner, *RE*, I A2 (1920), col. 2183-2184 ; E. Fabricius, *Alterthümer auf der Insel Samos*, *MDAI Ath. Abt.* 9 (1884), 163-197 ; Goltz 223.

γῆ χῖα « terre de Chio ».
Leid. 26 ; 75 ; 112 ; 183 ; 184 ; 433 ; 466 ; 469 ; 470 ; *Holm.* 6. Terre blanche et pulvérulente extraite à Chios, très voisine de la terre de Samos, peut-être sorte de marne sablonneuse. Cf. Diosc. V, 155 ; Pline, XXXV, 194 ; L. Bürchner, *RE*, III, 2 (1899) col. 2291 ; A. Philippson, E. Kirsten, *Griechische Landschaften*, IV *Das Aegaeische Meer und Seine Inseln*, Frankfurt, 1959, p. 253.

γινιπήριον « genévrier ».
Leid. 115.
Juniperus sp.
Cf. Pline, XXIV, 54 (il s'agit probablement du bois, Pline XVI, 216 ; 218, etc.) ; André, 173, s.v. *iuniperus*.

γύψος « gypse ».
Leid. 364.
Sulfate de calcium.
Cf. Théophr., *Lap.*, 64-65 (qui le confond avec la chaux) ; Pline, XXXVI, 182 sq. ; Lüschen, 226-227 ; Goltz, 172-173.

δάφνη « laurier ».
Holm. 706.
Laurus nobilis L.
Langkavel 88.

Peut-être δάφνη 'Αλεξανδρεῖα = ὑπόγλωττον.
Ruscus hypoglossum L., « Fragon à languette ».
Cf. Théophr., *HP*, I, 10, 8 ; 3, 17, 4 ; Diosc. IV, 145 ; cf. Langkavel, 109 ; André 116 s.v. *daphne*.

διοπτρίτης λίθος « talc ».
Voir λίθος.

ἔλαιον « huile ».
Leid. 12 ; *Holm.* 31 ; 121 ; 150 ; 189 ; 243 ; 283 ; 298 ; 405 ; 485 ; 493 ; 501 ; 523 ; 555 ; 627 ; δικταμνινόν « de dictamne », F III, 58 ; — ὀμφάκινον « d'olives non mûres » *Holm.* 281.
Cf. Diosc. I, 30 ; Gal. VI, 196.

ἐλατήριον « suc de momordique ».
Holm. 642.
Suc tiré de la pulpe des fruits de la momordique ou concombre sauvage *Ecballium elaterium* (L.) A. Rich. Cf. Théophr. *HP*, 4, 5, 1 ; 9, 9, 4 ; 9, 14, 1 ; Diosc. IV, 150, 3 ; Pline, XX, 3 ; André, 124, s.v. *elaterium* ; J. André, *Les noms grecs et latins de la momordique, LEC* 24 (1956), p. 40-42.

ἐλλέβορος « hellébore ».
Holm. 642.
Soit le varaire ou vératre (*Veratrum album* L.) cf. Thphr., *HP*, 9, 10, 2 ; Diosc., IV, 148 ; Pline, XXV, 48-61 ; soit l'hellébore noir (*Helleborus cyclophyllus* R. Br.) cf. Diosc. IV, 162 ; Pline, XXV, 48 ; Lenz, 280-286 ; Langkavel, 32 ; Gazza, 81 ; André, *REL* 32 (1955), 174 sq. ; *Lexique*, 125 s.v. *elleborus* et s.v. *veratrum*.

ἐλύδριον « chélidoine ».
Leid. 373 ; 397 ; 414 ; *Holm.* 441 ; 447 ; 511 ; 533 ; 539 ; 562 ; 1036 ; — ου ῥίζα *Holm.* 1035.
Synonyme de χελιδόνιον (*Chelidonium maius* L.) chez Paul d'Égine III, 2 (v. 1) ; Ps. Démocrite, p. 48 B ; *Gloss. Bot. grecs* 285, 3 (Delatte) ; II, 312, 6 ; *Comp. Luc.* N 10 ; N 14.
Cf. Saumaise, *Plin. Ex.*, 1163 B ; André, 125 s.v. *elidrium*.
Selon Lippmann, I, 7, préparation couleur de suc de chélidoine.

ἐντὸς τῶν κιτρίων. Voir κίτριον.

ἐντὸς τῶν περσικῶν. Voir περσικόν.

ἐρεγμός « fèves écrasées ».
Holm. 990 ; 992.
Érotien s.v. glose δίχα διηρημένος κύαμος.
Cf. Diosc. III, 80, 3 ; Oribase, IV, 8, 7 ; Gal., VI, 533 ; Archigène chez Gal., XII, 812.

ἔριον « laine ».
Leid. 514 ; 516 ; 522 ; 524 ; 529 ; 536 ; 541 ; 557 ; 564 ; 565 ;

578 ; *Holm.* 605 ; 615 ; 618 ; 621 ; 649 ; 661 ; 665 ; 671 ; 677 ; 682 ; 683 ; 697 ; 699 ; 711 ; 714 ; 718 ; 722 ; 724 ; 741 ; 744 ; 761 ; 804 ; 810 ; 816 ; 824 ; 827 ; 832 ; 836 ; 839 ; 840 ; 846 ; 855 ; 868 ; 869 ; 873 ; 876 ; 881 ; 884 ; 885 ; 886 ; 903 ; 911 ; 914 ; 916 ; 917 ; 918 ; 936 ; 938 ; 939 ; 944 ; 956 ; 965 ; 968 ; 971 ; 978 ; 979 ; 985 ; 1006 ; 1010 ; 1023 ; 1062 ; 1063 ; 1071 ; 1075 ; 1080 ; 1082 ; 1088 ; 1090 ; 1108 ; 1117 ; 1120. — μηλίδεον (= μήλειον « de mouton » *Leid.* 297.

ἐρυθρόδανον « garance ».
Holm. 927 ; 962.
Rubia tinctorum L.
Cf. Diosc. III, 143 (ῥίζα ἐρυθρά, βαφική) ; Pline, XIX, 47 ; XXIV, 94 (v. l.) ; Paul d'Égine, III, 2.
On trouve aussi ἐρευθέδανον (Theophr. *HP*, 9, 13, 6 ; Diosc. *loc. cit.*) cf. Langkavel, p. 45 ; André, 129 s.v. *erythodanos (-us)*. Voir aussi ῥίζα.

ζωμός « brouet », « soupe ».
Holm. 130.
Cf. Ps. Dem. p. 48 ; Zosime, p. 169.

ἡλιοτρόπιος « héliotrope ».
Holm. 890 ; — ἡ τὰ σφαιρία ἔχουσα — « héliotrope, celle qui porte de petites boules » *Holm.* 306 = 469.
Diosc. distingue ἡλιοτρόπιον μέγα *Heliotropium villosum* Desf. (IV, 190) et μικρόν *Heliotropium supinum* L. (IV 191). Selon Lag., p. 180, il s'agit dans *Holm.* de *Croton tinctorium* L. = *Chrozophora tinctoria* (L.) A. Juss., tournesol. Cf. Langkavel 49 et Lippmann, *Entstehung* I, 16.

θάλασσα « eau de mer ».
Leid. 368 ; 517 ; 568 ; *Holm.* 716 ; 749 ; 811 ; 819 ; 830 ; 850 ; 870 ; 969 ; 1091 ; 1094 ; 1111 ; 1121 ; 1124 ; F III, 36.
Cf. θαλασσίζω « laver à l'eau de mer » *Holm.* 701.

θεῖον « soufre ».
Leid. 354 ; 392 ; 482 ; *Holm.* 319 ; 374 ; 463 ; 609 ; 1105 ; — ἄπυρον « non passé au feu » (c'est-à-dire cristallisé naturellement, lat. *uiuum*) *Leid.* 227 ; 389 ; 391 ; *Holm.* 177 ; 369 ; — ἀληθινὸν βωλῶδες « véritable, en blocs » (c'est-à-dire brut, lat. *glaeba*) *Holm.* 1031.
Cf. Diosc. V, 107 ; Pline, XXXV, 174-175 ; Gal. VII, 600 ; XII, 217 ; XII, 903. J. Schroeter, *Der Schwefel in der Antike, Ciba Zeitschrift* 98 (1945), 3490-3495 ; Goltz 162.

θέρμος « lupin ».
Holm. 877 ; 887.
Lupinus sp.
Théophr. *HP* 8.11.8 ; Diosc., II, 109 ; Pline, XVIII, 133 sq. ; XXII, 154 sq. ; Columelle II, 10, 1 ; Steier, *RE* XIII, 2, 1846 ; André, 314 s.v. *thermos.*

ἴασπις « jaspe ».
Holm. 360.
Pierre veinée de vert ou de bleu.
Cf. Théophr. *Lap.* 23 ; Diosc. V, 142 ; Pline, XXXVII, 115-117 ; rouge *(fulua)* Virg. *Aen.* IV 261 ; Nicandre fr. 103 Schneider (103 Gow-Scholfield) = Servius *Ad Aen.* IV, 261 ; Didyme, fr. dub. 12 p. 404 Schmidt ; vert-bleu, Dion. Per. 783 (ὑδατόεσσαν) ; 1120 (χλωρά) ; Orph. *Lith.*, 267-270 ; *Epit. orph.* 5 ; verte, Aetios II, 35 ; Isidore, XVI, 7, 8 ; *Cyranides* I, i 1 ; I, η, 18 ; D. E. Eichholz, *CR*, 72 = *N.S.* 8 (1958), p. 221. Le ἴασπις est donc plus étendu que notre jaspe (quartz impur et non transparent) et comprend peut-être aussi néphrite et chrysoprase. Cf. Lüschen 243-244 ; Lucas-Harris, 397.

ἰνδικόν « indigo ».
Holm. 562 ; — φάρμακον « drogue indienne » (même sens). *Holm.* 437 ; 529 ; — χρῶμα « couleur indienne » *Holm.* 441 ; 533. Cf. aussi μέλαν ἰνδικόν « noir indien » *Holm.* 354.
Matière colorante extraite principalement de *Indigofera tinctoria* L. Les anciens connaissent seulement le colorant, pas la plante.
Cf. Diosc. V, 92 ; Pline XXXIII, 163 ; XXXV, 43 ; 46 ; XXXVII, 84 ; Blümner *TT*, I, 248 sq. ; Guibourt III, 481-483.

ἰός « rouille » ou « vert-de-gris ».
Leid. 354 ; 391 ; 392 ; 495 ; *Holm.* 189 ; 253 ; 262 ; 279 ; 328 ; 361 ; 488 ; 491 ; 498 ; 511 ; 521 ; 1039 ; ἰοῦ ξύσμα « raclure de rouille » *Holm.* 523 ; ἰὸς σιδήρου « rouille » *Holm.* 1005 ; 1009 ; ἰὸς χαλκοῦ « vert-de-gris » *Holm.* 142 ; ἰός χρυσοῦ « rouille de l'or » F IV, 201. Le mot ἰός désigne la crasse (c'est-à-dire l'oxydation) qui se forme sur les métaux, donc la rouille pour le fer et le vert-de-gris pour le cuivre. Cette dernière substance (lat. *aerugo*) est de loin la plus employée en pharmacopée et c'est à elle qu'il faut penser quand ἰός se trouve sans complément déterminatif. Il s'agit soit d'un minerai naturel de cuivre (carbonate) (cf. Diosc. V, 79, 3 ; Pline, XXXIV, 110), soit d'un produit fabriqué en faisant réagir des vapeurs de vinaigre sur du cuivre, ce qui donne d'abord une couche d'acétate que l'on racle (ἰὸς ξυστός) ; cf. Théophr. *Lap.*, 57 ; Diosc. V, 79, 1 ; Vitruve, VII, 12, 1 ; Pline, XXXIV, 110-116 ; Blümner, *TT* IV, 177 ; Goltz, 135-136.

ἴσατις « guède ».
Holm. 729 ; 768 ; 776 ; 907 ; 921.
Isatis tinctoria L.
Cf. Hippocrate, *Ulc.* 11 ; Theophr., *Sens.* 77 ; Diosc., II, 184 ; Pline, XX, 59 ; *P. Oxy.* 101, 12 ; Langkavel, 28 ; André, 172 s.v. *isatis*.

ἰσχάς « figue sèche ».
Holm. 214 ; 219 ; 220 ; 224.
Cf. *P. Cair. Zen.* 110 (IIIe s. AC) ; *P. Oxy.* 2084.

καδμεία « cadmie ».
Leid. 68 ; 474 ; θρακικὴν πλακώδη καὶ καλακτικήν (γαλατικήν). *Leid.* 94 cadmie de Thrace en plaques ou de Galatie. Oxyde de zinc impur déposé sur les parois du four lors de la fusion de minerais plombo-zincifères ou cupro-zincifères. Cf. Diosc., V, 74 ; Pline, XXXIV, 100 sq. ; Berthelot, *Arch.* 275 av. n. 1 ; Gazza, 102 ; Goltz 130-132 ; R. Halleux, *Non-ferreux,* I, 112-115 ; 241-245.

κανθαρίς « cantharide ».
Holm. 705.
Lytta vesicatoria L. cantharide ou mouche d'Espagne. Cf. Théophraste, *HP*, 8, 10, 1 ; Nic., *Alex.* 115-156 ; Pline, XVIII, 152 ; XXIX, 93-94 ; Diosc., II, 61 ; Ps. Diosc., VI, 1. Cf. M. Phisalix, *Animaux venimeux et venins.* t. I, Paris, 1922, p. 431.

καπνέλεον (= καπνέλαιον) « huile de fumée ».
Holm. 574.
Résine huileuse. Cf. Gal. XIII, 626 ; Alex. Trall. 3, 2. Huile parfumée. Cf. *Ed. Diocl.* XXXVI, 94.

κάππαρις « câprier ».
— εως ῥίζα *Holm.* 1044 « racine de câprier ».
Capparis spinosa L.
Cf. Theophr. *HP*, 6, 5, 2 ; Diosc. II, 173 ; Pline, XIII, 127 ; XX, 165 ; *Ed. Diocl.* VI, 25 ; Marcellus, 23 ; Langkavel 26 ; André, *Alimentation,* 202.

κάρυον « noix ».
Leid. 533 ; 539 ; *Holm.* 628 ; βασιλικὸν κάρυον *Holm.* 996, même sens. Le mot κάρυον se dit de toute espèce de noix, mais spécialement de *Juglans regia* L., pour laquelle on utilise aussi βασιλικὸν κάρυον. Cf. Theophr., *CP*, 4, 2, 1 ; Diosc. I, 125 ; Langkavel, 94 ; Gazza, 83.

καρχηδόνιον « cornaline ».
Holm. 170 ; 171 ; 248 ; 430.
Sur l'orthographe, les manuscrits hésitent entre καλχηδών (Chalcédoine) et καρχηδών (Carthage). Pline, XXXVII, 72, connaît une variété calcédonienne d'émeraude et une escarboucle carthaginoise (XXXVII, 92 sq. ; *carchedonia,* XXXVII, 104) qui est sans doute un grenat. Dans l'*Apocalypse,* 22, 19, un χαλκηδών est rouge, sans plus de précision. Sur le passage moderne à notre calcédoine, quartz microcristallin en général, Lüschen, 197-198. On peut penser ici à une variété, notre cornaline, calcédoine rouge translucide.

κασσίτερος « étain ».
Leid. 5 ; 6 ; 9 ; 11 ; 21 ; 26 ; 27 ; 50 ; 58 ; 68 ; 101 ; 104 ; 162 ; 163 ; 165 ; 183 ; 191 ; 193 ; 197 ; 198 ; 202 ; 209 ; 233 ; 234 ; 236 ; 238 ; 255 ; 263 ; 277 ; 339 ; 350 ; 351 ; 363 ; 436 ; 441 ; 468 ; 469 ; *Holm.* 22 ; 28 ; 29 ; 30 ; 50 ; — βούλλης « étain en boutons » *Leid.* 33 ; 35 ; 82 ; 338 ; *Holm.* 46-47 ; — ἱμάντος « étain en bandes » *Leid.* 79 ; 182 ; il s'agit de deux variétés commerciales. La première est simplement fondue, la seconde est laminée.

κεδρία « huile de cèdre ».
Holm. 177 ; 349 ; 400.
Résine de κέδρος ou de κεδρελάτη, grand genévrier ou cèdre-sapin (*Juniperus excelsa* Bieb.).
Cf. Diosc. I, 77 ; Érotien, s.v. κεδρίνῳ ; Pline, XIII, 53 ; XXIV, 17 ; *Edict. Diocl.* XXXVI, 35 ; Langkavel 98 ; Schmidt, *RE* III, 2, 1821 sq. ; Blümner, *TT*, II, 254 sq. ; André, 78 s.v. Le *Juniperus oxycedrus* L. donne de l'huile de cade noire, Uphof, 291.

κεραύνιος λίθος « céraunie ».
Holm. 209 ; 210 ; 362 ; 364 ; 373 ; 397 ; 421 ; 427.
Étym. « pierre de tonnerre » parce qu'on la trouvait où la foudre est tombée (Isidore, XVI, 13, 5).
Pline XXXVII, 132-135 en décrit diverses variétés, dont deux sont des outils préhistoriques, d'autres des gemmes de couleur variée. Gemmes également chez Tertullien, *De cultu feminarum*, I, 1, 3 ; Africanus, *Cestes* II, 11 ; *Cyranides*, I, κ, 25 (κεραυνίτης) ; Porph. *VP*, 17. Héliotrope (Sonnenstein) selon Lagercrantz 172 et *LSJ*.

κηκίς « noix de galle ».
Leid. 542 ; *Holm.* 670 ; 702.
Cf. Théophr., *HP*, 1, 2, 1 ; 3, 8, 6 ; Diosc., I, 107 ; Gal. XII, 24.
κηκίδα ὀμφακίνην « galle d'Alep », galle de *Quercus infectoria* L. *Leid.* 571.
Cf. ὀμφακίτης seul dans ce sens chez Diosc., I, 107 ; Gal. VIII, 114 ; Gazza 84.

κηρός « cire »
Holm. 240 ; 241 ; 282 ; 293 ; 296 ; 554 ; — διαυγής « cire translucide » *Holm.* 235 ; — ποντικός « pontique » *Leid.* 160 ; (rougeâtre et de première qualité, cf. Diosc. II, 83) ; — τυρρηνικός « étrusque » *Holm.* 158 (blanche, utilisée en médecine, cf. Diosc., I, 70 ; Gal., XIII, 411), cf. Gazza, 107. Lucas-Harris, 2-3.
R. Buell-E. Moser, art. *Wachs RE, Supplt* XIII (1973), col. 1347-1416.

κίκι « ricin ».
Holm. 284 ; 432 ; 401 ; 402 ; κίκεων φύλλα « feuilles de ricin » *Leid.* 143.

Ricinus communis L.
Cf. Diosc. IV, 161 ; Pline, XV, 25 sq. ; Gal. XI, 649 ; XII, 26 ; Langkavel, 15 ; André, 90 s.v. *cici* et 273 s.v. *ricinus*.

κιννάβαρι « cinabre ».
Leid. 307 ; 314 ; 367 ; 429 ; 510 ; 654-664 ; F II, 11.
Sulfure rouge de mercure.
Cf. Theophr. *Lap.*, 58 ; Diosc. V, 94 ; Pline, XXXIII, 113-117 ; Blümner, *TT*, IV, 98 ; 488 ; F. Bentley, *Poisons, pigments and metallurgy*, *Antiquity* 45 (1971), 138-140 ; R. J. Gettens, R. L. Feller, W. T. Chase, *Vermilion and cinnabar*, *Studies in Conservation* 17 (1972), 45-69 ; Goltz, 148-150 ; Lüschen, 348-349.

κίσηρις « pierre ponce ».
Holm. 492 (cf. προκισηρίζω « poncer » *Leid.* 488).
Cf. Théophr., *Lap.*, 22 ; Diosc., V, 108 ; Pline, XXXVI, 154 *(pumex)* ; Gal. XII, 221-222 ; Gazza, 102 ; Lüschen, 190 s.v. *Bimsstein* ; Lenz, *Min.*, 151.

κίτριον « cédrat ».
τὸ ἐντὸς τῶν κιτρίων *Leid.* 504 « l'intérieur des cédrats » (le centre où se trouvent les graines amères et acides) ; — ων φύλλων ἀπόζεσμα *Holm.* 1049 « décoction de feuilles de cédrat ». Emprunté au lat. *citreum*. Fruit de *Citrus medica* L.
Cf. Diosc. I, 115, 5 ; Pline, XXIII, 105 ; Gal. VI, 617-618 ; XII, 77 ; V. Loret, *Le cédratier dans l'Antiquité*, Paris, 1891 ; Olck, *RE*, III, 2, 2612, sq. ; Langkavel 11 ; André, 92-93 s.v. Couramment utilisé en Égypte selon Athénée, III, 25-29.

κνῆκος « carthame ».
ἄνθος -ου *Leid.* 356 ; *Holm.* 635 ; 913 ; 1040 ; F II, 13.
Carthamus tinctorius L.
Cf. Theophr. *HP*, 6, 1, 3 ; Diosc. IV, 188 ; Pline, XXI, 90, 94 ; 184 ; Schmidt, *RE*, V, 1, 1202 ; André, 94 s.v. *cnecos, i.*

κόκκος « kermès ».
Holm. 365 ; 737 ; 908 ; 911 ; — γαλατικός « kermès de Galatie ». *Holm.* 1097 (cf. Diosc. IV, 48 ; Pline, XXII, 2-3) ; — σύριος « kermès de Syrie » *Holm.* 922.
Insecte de la famille des Coccidés, parasite du chêne kermès (*Quercus coccifera* L.). Les corps désséchés des femelles sont les baies de kermès (graines rondes rouge-bleu) qui servaient à fabriquer la teinture écarlate. Cf. Théophr. *HP*, 3, 7, 3 ; Diosc. IV, 48 ; Pline, IX, 141 ; *(coccum)* ; XVI, 32, etc. ; W. Born, *Le kermès et la cochenille polonaise*, *Cahiers Ciba* 1 (1946), 330-338.

κόκκος κνίδιος « grain de Cnide ».
Fruit du garou ou thymélée *Daphne gnidium* L.
Cf. Théophr. *HP*, 9, 20, 2 ; Diosc. I, 36 ; IV, 172 ; Pline, XIII, 114 *(granum Cnidium)* ; XV, 28 ; XXIII, 89 ; André, 95, s.v. *coccum* et 153 s.v. *granum* ; Gazza, 84.

κόμαρι « comaris ».
Leid. 499 (acc. κόμμαρι) ; *Holm.* 564 (gén. κομμάρεως) ; 565 (acc. κόμαριν) ; 577 (κομάρεως) ; 580 (acc. τὸ κόμαρι) ; 653 (κομμάρεως) ; 654 (acc. κόμμαρι) ; 657 (acc. κόμμαρι) ; 1047 (acc. κόμμαρι) ; 1052 (gén. κομάρου) ; 1055 (τοῦ κομάρου) ; 1057 (acc. κόμμαρι).
Les textes grecs et latins connaissent ὁ κόμαρος l'arbousier *Arbutus unedo* L. Cf. Théophr. *HP*, 1, 5, 2 ; Diosc. I, 122 ; Pline, XV, 99 ; Gal. XII, 34. Cf. Langkavel 65 ; André 98 s.v. Les feuilles très astringentes servent au tannage des peaux (Guibourt III, 5 et 45) de même que l'écorce (Uphof, 45). D'autre part, Lagercrantz, 197-198 propose *Comarum palustre* L. dont la racine donne une couleur rouge, et les fleurs une teinture rouge pour colorer les laines. Il est suivi par Lippmann, I, 22. Dans *CAG*, p. 155, 1 (Marie) c'est une couleur ; p. 350, l. 7-8 c'est du talc ; p. 351, elle sert à teindre les pierres.

κόμμι « gomme ».
Leid. 221 ; 246 ; 304 ; 309 ; 390 ; 399 ; 422 ; — λευκόν « gomme blanche » *Leid.* 335 ; 356. Spécialement la gomme arabique produite à partir d'*Acacia nilotica* (L.) Willd. ex Del. Cf. Théophr., *HP*, 9, 1, 3 ; Diosc., I, 101, 3 ; Pline, XIII, 66 *(cummi)* ; Gal. XII, 34 ; Lenz, 221-222 ; Langkavel 1 ; Gazza, 77 ; André 109 s.v. ; Lucas-Harris 5 ; D. Sperber, *A note on Kommidion and the gum trade, Aegyptus*, 53 (1973), p. 22-28.

κονία « cendre ».
Holm. 570 ; 974 ; — στακτή « cendre égouttée » c'est-à-dire « filtrat de cendres » *Holm.* 565 ; 567.
Le mot κονία désigne la cendre (*Geoponica*, 13, 4, 2), en particulier la cendre de bois utilisée comme lessive (Gal. XII, 35 ; XIII, 569), puis la chaux (Érotien, s.v. ; Héraclide de Tarente chez Gal. XII, 958). La fabrication de la στακτὴ κονία est décrite dans *Holm.* 565 sq. C'est une eau de cendres (potasse) et de chaux (cf. *Geoponica*, 6, 7, 1).

κόπρος « excrément ».
ἀνθρωπίνη « humain » *Holm.* 371 ; — ὀρνίθειον « d'oiseau » (ou de coq ou de poule) *Leid.* 370 ; — περιστερᾶς « de pigeon » *Leid.* 425 ; — χοιρεία « de porc » *Holm.* 1053.

κοτυληδών « cotylédon ».
Leid. 506 ; *Holm.* 1050.
Cotylédon ou nombril de Vénus (*Cotyledon umbilicus* L. = *Umbilicus pendulinus* D.C.).
Cf. Diosc. IV, 91 ; Pline, XXV, 159 (1re espèce) ; XXVI, 91 ; Gal. XII, 41.
Peut être aussi une saxifrage, cf. Diosc. IV, 92 ; Pline,

XXV, 159 (2e espèce) ; Lenz, 601 ; Langkavel 20 ; André 103. s.v.

κουφόλιθος « coupholithe ».
Leid. 39 ; 48 ; 340 ; *Holm.* 57 ; 64 ; 257.
Étym. « pierre légère ». Glosé κρήτη en *Leid.* 340 et 342. Selon Aetios II, 68, c'est une pierre qui vient de Césarée de Palestine et qui peut être remplacée par la chaux vive ; mal identifiée. Selon Berthelot, *Intr.*, p. 29, l. 3 = *Arch.* p. 271, talc ou sélénite. Selon Lippmann, I, p. 5, talc, sélénite, gypse. C'est une espèce de craie.

κριθή « orge ».
Holm. 1077 ; 1078 ; — ῆς ἀπόζεσμα « décoction d'orge » *Holm.* 1050. *Hordeum* sp.
Cf. Théophr. *HP*, 8, 1, 1 ; Diosc. II 86 ; Lenz, 259 sq. ; Orth, *RE*, VII, 1, 127 sq.

κριμνός « crimnos ».
Holm. 145 ; 606 ; 738 ; 868 ; 872 ; 897 ; 937 ; 1011.
Matière teignant en pourpre dans *Phys. et Myst.*, p. 42, 9 (ἡ κρημνός). Cf. Hésychios, s.v. κριμνούς · λευκάς τινας βοτανάς.
Non identifié par Langkavel, p. 174 ; selon Lagercrantz, p. 183 « orge mondé » ; selon Pfister, p. 14, peut être *Lawsonia alba* Lam. ou *Lawsonia inermis* L. qui donne le henné, cf. Lucas-Harris, 87.

κρόκος « safran ».
Leid. 235 ; 335, — κιλίκιος « safran de Cilicie » *Leid.* 402 *Crocus sativus* L.
Cf. Théophr. *HP*, 4, 3, 1 ; Diosc. I, 26 ; Pline, XXI, 31 sq. ; Gal. XII, 48 ; Langkavel, 105 ; Orth, *RE*, I A2, 1728 sq. ; Gazza, 86 ; André, 105-106, s.v. *crocus*, i et *crocum*-i. Sur le safran de Cilicie (le meilleur) cf. Diosc. I, 26 ; *Edict. Diocl.* XXXVI, 61.

κρύσταλλος « cristal de roche ».
Holm. 132 ; 171 ; 191 ; 196 ; 217 ; 218 ; 232 ; 235 ; 238 ; 241 ; 243 ; 247 ; 255 ; 288 ; 289 ; 290 ; 308 ; 318 ; 330 ; 341 ; 348 ; 355 ; 367 ; 389 ; 392 ; 394 ; 395 ; 401 ; 404 ; 425 ; 432 ; 433 ; 434 ; 444 ; 449 ; 462 ; 463 ; 472 ; 478 ; 504 ; 510 ; 527 ; 536 ; 541 ; 553 ; 601 ; — ἰνδικὴ ἰρίζουσα « cristal indien irisé ». *Holm.* 265 ; — κάπνεος « fumé » *Holm.* 133 ; 180 ; — καπνίζουσα même sens *Holm.* 172 ; 254 ; — λίθος « pierre de cristal » *Holm.* 313 ; — ου ῥίνημα « limaille de cristal » *Leid.* 333 ; κρυσταλλινόν « en cristal » *Holm.* 390. Cristal de roche ou quartz SiO^2, éventuellement fumé (κάπνεος, καπνίζουσα).
Cf. Théophr. *Lap.* 30 ; Poseidonios, fr. 49 Edelstein-Kidd = 28 J = Str. II, 3, 4 p. 98 ; Sénèque, *QN* III, 25, 9-10 ; Pline, XXXVII, 23-28 ; Blümner *TT* III, 249 ; IV, 385 ; Lüschen, 187. Abondant en Égypte, Lucas-Harris 402-403.

κύανος « azurite ».
Leid. 496.
Carbonate de cuivre. Cf. Théophr. *Lap.*, 55 ; Diosc. V, 91 ; Goltz, 147, R. Halleux, *Non-ferreux*, I, p. 94-95.

κύμινον « cumin ».
Leid. 187 ; 291 ; 417.
Cuminum cyminum L.
Cf. Théophr., *HP*, I, 11, 2 ; Diosc., III, 59 ; Pline, XIX, 161 ; XX, 159 sq. Espèce égyptienne chez Pline XX, 161 ; espèce thébaïque ou sauvage chez Diosc., III, 60 ; Pline, XIX, 161 ; XX, 159 ; identifiée à *Lagoecia cuminoeides* L., employé éventuellement à la place du cumin.
Cf. Lenz, 567-568 ; Langkavel, 41 ; André 108-109 s.v. *cuminum-i* ; Gazza, 87.

κύσθος « cysthos ».
κύσθου θαλασσείου πλόκαμοι « des boucles de cysthos marin » *Holm.* 952 ; χύστος θαλάσσιος *Holm.* 955 ; non identifié.
Lag. 222 traduit « strauchartige Gewächs mit rosefarbener Blüte ».

λεκίθιον (-ος) « gruau ».
Holm. 824 (-ιον) ; 1118 (-ος).
Toute espèce de gruau de céréales (Hipp. *Mul.* I, 109) ou de lentilles (Hipp. *Mul.* I, 52 ; II, 192 ; Gal. VI, 782 ; XIX, 117).

λεπίς « écaille » (de cuivre).
Leid. 122 ; *Holm.* 492 ; 500.
Pellicule de métal partiellement oxydé projetée par le cuivre en cours de refroidissement ou de martelage. Cf. Diosc. V, 78 ; Pline, XXXIV, 108-109 ; Gal. XII. 223 ; R. Halleux, *Non-ferreux*, I, p. 236.

λιθάργυρος « litharge ».
Leid. 68 ; 224 ; 424 ; *Holm.* 1022 ; F IV, 194 ; χρυσίζουσα « couleur d'or » ; *Leid.* 451 (-ζων) ; *Holm.* 900 ; χρυσῖτις même sens *Holm.* 943 ; 980.
Monoxyde de plomb (PbO) formé au cours de la fusion et de la coupellation du plomb argentifère. Peut avoir une couleur jaune d'or.
Cf. Diosc. V, 87 ; Gazza, 102-103 ; R. Halleux, *Non-ferreux*, I, p. 273 sq.

λίθος διοπτρίτης « pierre transparente ».
Holm. 123-124.
Nom en -της formé sur διόπτρα « plaque transparente fermant une fenêtre » (Str. XII, 2, 10, p. 540.)
Vraisemblablement le même que λίθος σπεκλάριος. Voir ce mot.

λίθος καπνιαῖος « pierre fumée ».
Holm. 399.

La même que καπνιαία κρύσταλλος « quartz fumé ». Voir κρύσταλλος.

λίθος σπεκλάριος « pierre à miroirs ».
λίθος εὔθρυπτος, ὅς ἐστι — « la pierre fissile qui est la pierre à miroirs » *Holm.* 155.
Calque du latin *lapis specularis* « pierre à miroirs ».
Cf. Str. XII, 540 ; Pline, XXXVI, 22 et 25 ; Martial, VIII, 14 ; 68 ; Gal. II, 721.
Il s'agit d'une pierre transparente qui se clive en longues plaques, gypse feuilleté ou talc (silicate de magnésie). Au XVIIIe s., des plaques de talc servaient encore de vitres en Russie. Cf. P. le Vieil, *Essai sur la peinture en mosaïque. Ensemble une Dissertation sur la Pierre spéculaire des Anciens*, Paris, 1768, p. 133-166 ; Blümner, *TT*, III, 66.

λίθος φρύγιος « pierre de Phrygie ».
Leid. 513 ; 518 ; *Holm.* 692 ; 710 = 964 ; 970 ; 1087.
Pierre de couleur ocre, veinée de blanc, Grillée au feu, elle prend une couleur orange.
Cf. Diosc., V, 123 ; Pline, XXXVI, 143. Alunite selon Berthelot, *Arch.*, 303 ; selon Pfister, 5.

λίθος χλωρός « pierre verte ».
Holm. 179.
Toute espèce de pierres vertes sans référence à une espèce minéralogique particulière.

λυχνίς « lychnis ».
Holm. 350.
Pierre précieuse couleur de feu (Dion. Per. 329) la même qui est appelée λυχνίτης (Platon, *Eryxias*, 400 D ; Strabon, XVII, 3, 11 p. 830 ; Pline, XXXVII, 103-104 ; Eustathe, *Ad Dion.* 327). Vraisemblablement rubis. La λυχνίς est une gemme fabuleuse chez Dercylos, fr. 11 Müller (IV, 388) = Ps. Plut. *De fluv.*, I, 2, texte repris par Lydus, *De mensibus*, III, 8 p. 51, 17 Wuensch, repris par Anastase Le Sinaite, *PG*, 89, 904 et Michel Glycas, *Ann.* p. 88, 9. 14 Bekker. Cf. Cumont, *Byz. Ztschr.* 30 (1929-30) 31-35.

μαγνησία « magnésie ».
Leid. 8 ; 57 ; 59 ; 80 ; 102 ; 104 ; 191 ; 193 ; 445. Non identifié. Hors des textes alchimiques, ce minéral, distinct de μαγνῆτις λίθος « magnétite », n'est attesté que peut-être chez Théophr. *Lap.* 40 où il est dit ressembler à l'argent. Selon Buttmann, *Museum*, II, 1-104, espèce de talc ou de nickel ; selon Berthelot, *Arch.*, p. 269 n. 1 et 281 n. 2 = *Intr.*, p. 28 n. 2, oxyde de fer ; selon Lippmann, I, p. 5, alliage pâle ; selon M. Stephanides, *Notes sur les textes chymeutiques*, *REG* 35 (1922), 319-320, pyrite de fer blanc. Dans *CAG* 188, substance blanche. Ne désigne le carbonate de magnésie qu'à partir du XIXe s. Cf. Goltz, 180-181 ; Lüschen, 268-270 ; A. B. Davis, J. B. Eklund,

Magnesia alba before Black, *Pharm. Hist.* 1972, 14, n° 4, 139-146.

μαργαρίτης « perle ».
Holm. 79 ; 154 ; 190 ; 195 ; 205 ; 206 ; 406.
Holm. 80 ; 88 ; 96 ; μαργαριτάριον *Holm.* 407 ; 419.

μαρύλλιον (= μαρίλιον) « poussier ».
Leid. 330.
Diminutif de μαριλή « poussière de charbon » cf. Schol. Ar. *Ach.*, 349.

μέλαν « noir ».
— ἰνδικόν « indigo » *Holm.* 354.
Cf. *Peripl. M. Rubr.* 39.
Voir ἰνδικόν.

μέλαν σκυθικόν « noir de Scythie ».
Holm. 512.
Substance inconnue. Cf. peut-être le κύανος σκυθής de Théophr. *Lap.* 55 (lapis lazuli). Guède selon Lippmann, I, p. 16.

μελαντηρία « noir ».
Leid. 509 : F III, 66.
Terre mêlée de sulfate de fer, servant à noircir les cuirs (lat. *creta sutoria*).
Diosc. V, 101 ; Pline, XXXV, 41.
R. Halleux, *Non-ferreux*, I, p. 109-110.

μέλι « miel ».
Leid. 434 ; *Holm.* 81 ; 329 ; 556 ; 559 ; — ποντικόν « du Pont » *Holm.* 262.
Cf. Gazza, 108. Le miel d'Héraclée Pontique était toxique, cf. Ps.-Ar. *Mir.*, 16 ; Xen. *Anab.* IV, 8, 20-21 ; Elien, *NA*, V, 42 ; Pline, XXI, 74 sq. ; Diosc., II, 82, 4 ; Ps. Diosc. VI, 8. C'était principalement un miel de rhododendron (*Rhododendron ponticum* L.), cf. E. Reclus, *Nouvelle géographie universelle*, t. IX, *Asie Antérieure*, Paris, 1884, p. 336 ; P. Delaveau, *Plantes agressives et poisons végétaux*, Paris, 1974, p. 183-184 ; C. Sandulescu, *Une intoxication collective par le miel au temps de l'Anabase*, *Presse médicale*, 73 (1965), p. 207 ; C. Janssens, *Trébizonde en Colchide*, p. 39. Peut-être employé ici parce que non comestible.

μήκων « pavot ».
κένωμα μήκωνος « capsule de pavot » *Holm.* 71.
Papaver sp.
Cf. Théophr. *HP*, 9, 12, 3 sq. ; Diosc. IV, 63-66 ; Lenz 612-614 ; André, 202 s.v. *mecon* ; Gazza, 88-89.

μίσυ « misy ».
Leid. 84 ; 96 ; 171 ; 307 ; 477 ; *Holm.* 700 ; F IV, 195 ; — κύπριον « de Chypre » *Holm.* 754 ; — μεταλλικόν « minéral » (c'est-à-dire rentrant dans la catégorie des μεταλλικὰ

φάρμακα) *Leid.* 413 ; — ὀπτόν « grillé », *Leid.* 372 ; *Holm.* 1005 ; — ὠμόν « cru » *Holm.* 1028.
Pyrite de fer provenant des gisements de Chypre, employée en pharmacopée, crue ou grillée.
Cf. Diosc. V, 100 ; Pline, XXXIV, 121 ; Gazza, 103 ; R. Halleux, *Non-ferreux*, I, p. 100.

μόλιβος « plomb ».
Leid. 1 ; 6 ; 67 ; 69 ; 178 ; 179 ; 211 ; 226 ; 245 ; 251 ; 278 ; 282 ; 379 ; F I, 18 — οὖς « en plomb » *Holm.* 939.

μόρον « mûre ».
Holm. 717 ; — ων χύλον « jus de mûre » *Holm.* 364 ; 723.
Fruit de *Morus nigra* L.
Cf. Pline, XXIV, 120 ; Columelle, *Arb.*, 25, 1 ; Euryphron chez Gal. XVII (1) 888 ; Archig. chez Aetios, IX, 35 ; Langkavel p. 91-92 ; André, p. 212 s.v.

νίτρον « natron ».
Leid. 352 ; 382 ; 525 ; *Holm.* 199 ; 483 ; 618 ; 632 ; 690 ; 863 ; 925 ; 950 ; — ἄκρατον « pur » *Holm.* 610 ; — βερνικάριον « de Bérénice » *Leid.* 538 ; — πυρρόν « roux » *Leid.* 301 ; *Holm.* 753.
Cf. νίτρωμα « solution de nitre » *Holm.* 106 ; προνιτρόω « nettoyer au nitre » *Leid.* 435.
Carbonate et bicarbonate de sodium extrait abondamment des bords des lagunes d'Égypte, contenant souvent du chlorure et du sulfate de sodium. Au Moyen âge et à l'époque moderne, *nitre* désigne le salpêtre.
Cf. Diosc. V, 113 ; Pline, XXXI, 109-114 ; Goltz, 165-171 ; J. D. Michaelis, *De nitro Plinii. Comment. in soc. reg. Scient. Götting.* II, Bremen, 1774, 134-150 ; A. Lucas, *The occurrence of natron in ancient Egypt*, *JEA* 18 (1932), 62-66 ; E. O. von Lippmann, *Das Natron im alten Aegypten*, *Die Naturwissenschaften* 36 (1937), 592 ; Lucas-Harris, 171.

οἶνος « vin ».
ἀθάλασσος « vin non mêlé d'eau de mer » *Leid.* 394 ; cf. Diosc. V, 6, 11 ; Damocr. chez Gal. XIV, 134 ; Zopyr. chez Orib. XIV, 61, 1 ; Sor. I, 95 ; θαλασσόω « mêler le vin à l'eau de mer » Theophr. *CP*, 6, 7, 6 ; Ath. I, 32 D ; Gal. XIII, 247 ; *P. Oxy.* 468 (IIIe s. PC).

ὄμφαξ « raisin vert ».
Holm. 717 (ὄμφαξ σταφυλῆς) ; 721.
Cf. Diosc. V, 5.

ὄξος « vinaigre ».
Leid. 73 ; 85 ; 128 ; 134 ; 151 ; 286 ; 354 ; 425 ; 448 ; 524 ; 578 ; *Holm.* 15 ; 67 ; 122 ; 136 ; 183 ; 189 ; 211 ; 271 ; 319 ; 352 ; 361 ; 365 ; 370 ; 374 ; 377 ; 387 ; 454 ; 460 ; 464 ; 489 ; 502 ; 526 ; 546 ; 552 ; 620 ; 646 ; 647 ; 662 ; 885 ;

918 ; 956 ; 958 ; 1009 ; 1016 ; 1028 ; 1116 ; F III, 64 ; IV, 194 ; 195 ; — βαφικόν « de teinturier » *Holm.* 4 ; — δριμύ « piquant » *Leid.* 383 ; 484 ; 534 ; *Holm.* 143 ; 184 ; 268 ; 358 ; 495 ; 496 ; F IV, 193 ; — λευκόν « blanc » *Leid.* 315 ; *Holm.* 825 ; 892 ; voir introduction.

ὀποβάλσαμον « baume ».
Holm. 422 ; 574.
Larme du baumier de la Mecque (*Commiphora opobalsamum* (L.) Engl.).
Cf. Théophr. *HP*, 4, 4, 14 ; *CP*, 6, 18, 2 ; Diosc. I, 19 ; Pline, XII, 111-116 ; XXIII, 92 ; Gal., XII, 554 ; *Ed. Diocl.* XXXVI, 84 ; Lenz, 667-669 ; André, 228-229 s.v. *opobalsamum* et 51 s.v. *balsamum* ; Lucas-Harris, 89.

ὀρείχαλκος « laiton ».
Leid. 458.
Cf. R. Halleux, *L'orichalque et le laiton*, *AC* 42 (1973) 64-81.

ὄρυζα « riz ».
Holm. 393.
Oryza sativa L.
Cf. Str. XV, 1, 13 ; Diosc. II, 95 ; Pline, XVIII, 71.

οὖρον « urine ».
Leid. 511 ; *Holm.* 191 ; 313 = 315 ; 505 = 506 ; 700 ; 747 ; 755 ; 781 ; 787 ; 802 ; 833 ; 1085 ; 1102 ; — ἀφθόρου « de garçon vierge » *Leid.* 484 ; *Holm.* 1054 ; — καμήλου « de chameau » *Leid.* 504 ; *Holm.* 629 ; — ὄνου θηλείας « d'ânesse » *Holm.* 313 ; 505 ; παιδίου « de garçon » *Holm.* 496 ; παιδὸς (-ίου) ἀφθόρου « de garçon vierge » *Leid.* 374 ; 414 ; *Holm.* 114 ; 196 ; 332 ; 591 ; — προβάτιον « de brebis » *Leid.* 499 ; *Holm.* 1047 ; — ταριχηρόν « fermentée » *Holm.* 222 ; — φοράδος « de jument poulinière » *Holm.* 75 cf. *P. Lond.* 1821, 81 ; Diosc. II, 81 ; Hésychios, s.v.

ὀψιανόν (-ος) « obsidienne ».
Leid. 225.
Pierre qualifiée de μέλας par *Leid.* Peut-être l'obsidienne, pierre volcanique vitrifiée.
Cf. Pline, XXXVI, 196-197 *(obsianus lapis)* = Isid. XVI, 4, 21 *(obsius lapis)* ; Pline, XXXVII, 177 *(opsianus)* ; Orph. *Lith.*, 285-291 ; *Cyranides*, I, κ, 5 et 20 ; *Peripl. Mar. Erythr.* 5 p. 261 Müller ; Lüschen, 285. On trouve de l'obsidienne en Abyssinie, Lucas-Harris, 415.

παιδέρως « péridot ».
Holm. 958 = 960 (cf. παιδερώτινον *Leid.* 537).
Non identifié. Matière qui dissoute dans le vinaigre donne la pourpre (Pfister p. 16).
Plusieurs sens dans les textes.
1. *Quercus ilex* (Paus. 2, 10, 6 ; Nic. *Fr.*, 74, 55) cf. Langkavel, 95.

2. Synonyme de ἄκανθος (Diosc., III, 17) ou de ἄκανθα (Diosc., IV, 73) Cf. *supra* à ce mot.

3. Cerfeuil *Anthriscus cerefolium* (L.) Hoffm., cf. Pline, XIX, 170.

4. Espèce d'opale, pierre égyptienne, péridot (ou olivine vert clair), cf. H. et R. Kahane, *Romano-Aegyptiaca*, *Romance Philology* 14 (1960-61) 287-294 ; Pline, XXXVII, 84 et 130.

5. Fard rouge Alex. 98, 18 ; Douris, fr. 10 J ; Alciphr. I, 33, 3, 11, etc. ; Athénée, 542 D.

περσικόν « pêche ».
τὸ ἐντὸς τῶν περσικῶν « la chair des pêches » *Leid.* 502-503.
Fruit de *Prunus persica* (L.) Batsch
Cf. Diosc., I, 115, 4 ; Pline, XV, 39 sq. ; Gal., VI, 592 ; XII, 76. André, 244 s.v. Ou bien noix περσικὸν κάρυον voir κάρυον.

πήγανον « rue ».
— ἄγριον « sauvage » *Leid.* 151.
Ruta chalepensis L. ou *Ruta montana* L., Rue des montagnes, cf. Diosc., III, 45-46 ; Gal., XII, 100 ; Lenz, *Bot.*, 671 ; Langkavel, 11-12 ; André, 276 s.v. *ruta* ; Gazza, 94.

πινάριον « petite perle ».
Holm. 96 synonyme de μαργαριτάρια.
Diminutif de πίνη « perle ». Désigne peut-être les petites parcelles appelées « mère de la perle ».
Cf. *PSI* 3, 183, 5 (Ve s.) ; LXX, *Es.* I, 6 (πίνινος λίθος).

πίσσα « poix ».
Leid. 8 ; 22 ; 23 ; 67 ; 199 ; 201 ; 234 ; 235 ; — ξηρά « sèche » *Leid.* 441 ; — ὑγρά « liquide » *Holm.* 348 ; 363 ; 428 ; 448 ; 450.
(La préférence de *Holm.* pour la poix liquide s'explique par la nature des recettes.)
Fabriquée à partir de pin (*Pinus taeda* L.).
Cf. Théophr. *HP*, 3, 9, 2 ; Diosc. I, 72, 1 et 5 ; Pline, XVI, 52 ; Gal. XII, 101 ; *Edict. Diocl.* XXXVI, 26-27 ; Schramm, *RE* XIX, 1 sq. ; André, *L'Antiquité Classique*, 1964, p. 86-87.

πόρφυρα « pourpre ».
But de nombreuses recettes, mais ingrédient d'aucune. *Leid.* 512 ; 521 ; 558 ; 574 ; *Holm.* 617 ; 639 ; 640 ; 659 ; 674 ; 691 ; 692 ; 725 ; 866 ; 948 ; 949 ; 953 ; 955 ; 958 ; 959 ; 960 ; 963 ; 964 ; 970 ; 973 ; 1027 ; 1029 ; 1032 ; 1039 ; 1091 ; 1097 ; — ἀληθινή « véritable » *Holm.* 675 ; 1004 ; — καλή « belle » *Holm.* 743 ; 874 ; 876 ; 881 ; 1007 ; — ὀξεῖα « vive » *Holm.* 860 ; 861 ; — ῥιζίνη « de garance » *Holm.* 1107 (voir ῥίζα) — σαρδίνη « sarde » *Holm.* 660 ; — σικελική

« sicilienne » *Holm.* 668 ; — τυρία « tyrienne » *Holm.* 1086 ; 1101 ; — ψυχροβαφής « teinte à froid » *Holm.* 726.

πράσον « posidonie ».
Holm. 297 ; 298 ; 485.
Le mot πράσον désigne généralement le poireau, *Allium porrum* L. (Cf. Théophr., *HP*, 7. 1, 2 ; Diosc., II, 149 ; Pline, 19, 108), ce qui est impossible dans notre contexte. Chez Théophraste, *HP*, 4, 6, 2 suivi par Pline, XIII, 135, c'est une algue en forme de poireau, syn. de φῦκος ou *fucus*. Cette algue selon André 142 s.v. *fucus* est une *Posidonie* (*Posidonia oceanica* L. ou *Posidonia caulini* L.).

πύρεθρον « pyrèthre ».
Holm. 1045.
Pyrèthre d'Afrique, racine salivaire (*Anacyclus pyrethrum* (L.) Link.).
Cf. Nic. *Ther.*, 683 ; Gal. XII, 110.
Aussi ombellifère indéterminée, peut-être un *Peucedanum* sp. cf. Diosc. III, 73 ; Lenz, 471 ; Langkavel, 73 ; Gazza, 94 ; André, 266, s.v. *pyrethrum*.

πυρίτης « pyrite ».
Leid. 490 ; 496 ; *Holm.* 473 ; 510.
Le mot a plusieurs sens : pyrite, chalcopyrite ou diverses gemmes. Dans *Holm.*, vraisemblablement marcassite. Cf. Diosc., V, 125 ; R. Halleux, *Non-ferreux*, I, p. 115. Selon Lippmann, I, 14, silex poreux.

πῶρος « tuf ».
Écrit πάρος par une mélecture de la cursive en *Leid.* 57 ; 59 ; 192 ; 194.
Pierre calcaire tendre utilisée dans la construction, Théophraste, *Lap.*, 7 (cf. D. E. Eichholz, *Theophrastus on* πόρος-πῶρος, *CR* 1944 p. 181) ; Pline, XXXVI, 132 ; Diosc., V, 93 ; Gal., VI, 57 ; Pausanias, V, 10, 2 ; R. E. Wycherley, *The stones of Athens*, *G & R*, 21 (1974), 54-67 ; *Poros. Notes on Greek building stones, Tribute to B.D. Meritt*, 179-187.

ῥάμνος « nerprun » *Rhamnus* sp.
τοῦ ῥάμνου τὰ σφαιρία *Holm.* 879 « les baies du nerprun ». Le nom de ῥάμνος désigne diverses espèces d'arbustes épineux, spécialement le nerprun *Rhamnus infectorius* L. cf. Diosc., I, 90 ; Pline, XXIV, 124 ; Langkavel, 13 ; Lag., 217 ; André, 272, s.v. *rhamnos (us) -i*.

ῥητίνη « résine ».
Sans adj. : résine de pin *Leid.* 397 ; *Holm.* 437 ; 442 ; 514 ; 529 ; 534 ; 563. (Cf. Théophr., *HP*, 9, 2, 1 ; Diosc., I, 71, 3) ; — παλαιστίνη « de Palestine » *Holm.* 423 ; — τερεβινθίνη « de térébinthe, térébenthine (*Pistacia terebinthus* L.) » *Holm.* 249 ; 354 (cf. Théophr. *HP*, 9, 2, 2 ; Diosc. I, 71, 1 ;

IV, 150 ; Pline, XVI, 55) ; — ὑγρὰ ἡ ἀπὸ στόματος « humide, qui vient de l'incision » *Holm.* 512.

ῥίζα « racine de garance ».
Holm. 821 ; 1118 ; ῥίζαν · τουτέστι ἐρευθέδανον « la racine c'est-à-dire la garance » *Holm.* 1114, cf. *Holm.* 1107 πόρφυρα ῥιζίνη « pourpre de garance ». Racine de *Rubia tinctorum* L.
Cf. Hésychios s.v. ῥίζαν · τοῦτ' ἔστιν ἐρευθέδανον et s.v. ἐρυθαίνει. πυρρὸν ποιεῖ. ὅθεν καὶ ἐρύθημα ἡ ῥίζα ἡ λεγομένη ἐρυθρόδανον.
Voyez ἐρυθρόδανον.

ῥοά « grenade ».
ὀξεῖα *Holm.* 662 (Diosc., I, 110, 1) ; ῥίζη τῆς ῥοιᾶς *Holm.* 1037 « racine de grenadier » ; σίδιον ροᾶς « grenade », voir σίδιον.
Punica granatum L. et son fruit.
Cf. Arist., *De coloribus* 796 a 21 ; Theophr. *HP*, I, 6, 3 ; 7, 13, 14 ; Gal. VI, 605 ; Diosc. I, 110 ; I, 151 ; Langkavel, 19 ; Gazza, 95.

σανδαράχη « réalgar ».
Leid. 307.
Sulfure rouge d'arsenic.
λευκανθίζουσα σαπρά « blanc et décomposé » (partiellement converti en oxyde ou arsenic blanc) *Leid.* 464 ; σαπρὰ σιδηρίζουσα « décomposé couleur fer » (c'est-à-dire rougeâtre) *Leid.* 158 ; χρυσίζουσα *Leid.* 463 ou χρυσῖτις *Leid.* 407 « doré » (mêlé d'orpiment), cf. Diosc., V, 103 ; Gazza, 103. Cf. R. Halleux, *Non-ferreux*, I, 119.

σάπφειρος « lapis lazuli ».
Leid. 128 ; 129.
Pierre translucide bleu nuit semée d'or, donnant le bleu d'outremer.
Cf. Théophr., *Lap.*, 23 ; 37 ; Diosc., V, 139 ; Pline, XXXVII, 119-120 sq. ; Dion Per. 714 et 1105 ; *Peripl. M. Rubr.*, 39 ; K. Leschewski, *Lapis lazuli und Ultramarinblau, eine historische Betrachtung, F & F* 15 (1939), 418-420 ; R. J. Gettens, *Lapis lazuli and Ultramarine in Ancient Times, Alumni* 19, 3-4 (juin 1950) p. 346 ; V. I. Sarianidi, *The lapis lazuli route in the Ancient East, Archaeology* 24 (1971), 12-15. M. Tosi, M. Piperno, *Lithic technology behind the Ancient Lapis lazuli trade, Expedition*, 1973, 15-23 ; J. Plesters, *Ultramarine Blue Natural and Artificial, Studies in Conservation* 11 (1966), 62-91 ; Lüschen, 310-311 ; R. Halleux, *Non-ferreux*, I, p. 94-95.

σάρδιον « sardoine ».
Holm. 120.
Cf. Théophr., *Lap.* 8 ; 23 ; 30 (une variété mâle et rose,

notre cornaline, une variété brune, la sardoine) ; Pline, XXXVII, 105-106.

σεβέννιον « fibre de palme ».
Holm. 571.
Cf. *P. Lond.* I, 131, 1 (Ier s. PC) ; Archig. chez Gal., XII, 574 ; Hésychios, s.v. σεβέννιον · τὸ ἐπ' ἀκρῷ τῷ φοίνικι φλοιῶδες γινόμενον.

σευτλίον « bette ».
Leid. 288 ; 289 ; — ου χυλός « suc de bette » *Leid.* 503.
= τευτλίον (τεῦτλον) *Beta vulgaris* L. subsp. *maritima* (L.) Arcang. Cf. Théophr. *HP*, 7, 2, 6 ; *CP*, 2, 5, 3 ; Pline, 19, 132 ; Diosc., II, 123 ; *Edict. Diocl.* VI, 14 ; Lenz, 446 ; Langkavel, 22 ; André, 53 sq.

σίδηρος objet en fer, cf. *supra*, outils (*Leid.* 29 ; 60 ; 185 ; 194 ; 198) ; ῥίνημα σιδήρου *Holm.* 75 « limaille de fer ».

σίδιον « écorce de grenade ».
Leid. 391 ; 535 ; — ῥοᾶς *Leid.* 510.
Cf. Théophr. *CP*, 5, 6, 1 ; Diosc. I, 110, 3.

σίκυον « concombre ».
— ἄγριον « sauvage » *Holm.* 641.
Ecballium elaterium L., concombre purgatif.
Cf. Théophr., *HP*, 9, 15, 6 ; Diosc., IV, 150.

Σινωπίς (μίλτος) « rouge de Sinope ».
Leid. 96 ; 477 ; *Holm.* 122 ; 872 ; 884.
Terre rouge exportée de Cappadoce par Sinope, vraisemblablement des oxydes de fer.
Cf. Théophr. *Lap.*, 52 ; Diosc., V, 96 ; Strabon, XII, 2, 10 p. 540 ; W. Leaf, *The Commerce of Sinope*, *JHS*, 36 (1916), 11-15 ; Lenz, 186 ; Berthelot, *Arch.* 275 n. 2 ; 299 n. 2 ; Gazza, 104.

σκαμωνία « scammonée ».
Holm. 641.
Convolvulus scammonia L., Liseron scammonée, Scammonée d'Alep.
Cf. Théophr., *HP*, 4, 5, 1 ; 9, 1, 3 ; Diosc., IV, 170 ; Pline, XIV, 110 ; XXIV, 139 ; XXVI, 60 ; *Edict. Diocl.*, XXXVI, 137 ; Langkavel, 53 ; André, 283 s.v. *scam(m)onia.*

σκόρδον « ail ».
Holm. 268 (-α) ; 294 (-ον) ; 296 (-ων) ; 484 (-ον).
Allium sativum L.
Défini en *Holm.* 372 ἡ ἀνθρωπίνη κόπρος ἐστὶν τὸ λεγόμενον σκόρδον « les excréments humains sont ce que l'on appelle σκόρδον ».

σκορπίουρος « queue de scorpion ».
Holm. 623.
Synonyme de diverses plantes.

σκορπιοειδές *Scorpiurus sulcata* L., cf. Diosc. IV, 192 Sch. Nic. *Al.* 146 ;
ἡλιοτρόπιον τὸ μέγα *Heliotropium villosum* Desf. et *Croton tinctorium* L. ; Diosc. IV, 190 ; Langkavel, 49 ;
ὠκιμοειδές *Silene gallica* selon Lag., 201 et Sprengel *Saponaria ocimoides* ; Ps. Diosc. IV, 28.

σκωρία σιδήρου « scorie de fer ».
Leid. 576 ; *Holm.* 661 ; 705.
Cf. Diosc., V, 80 ; Pline, XXXIV, 168.

σμάραγδος « émeraude ».
Holm. 138 ; 153 ; 190 ; 231 ; 232 ; 252 ; 261 ; 292 ; 293 ; 327 ; 475 ; 491 ; 509 ; 551 ; 561 ; 589.
Émeraude, mais aussi diverses espèces de pierres vertes, malachite, porphyre vert, jaspe vert.
Cf. Theophr., *Lap.*, 25 (D. E. Eichholz, *Theophrastus, περί λίθων 25*, *CR* 8 (1958) 221-222) ; Pline, XXXVII, 62-75 (J. W. Meadows, *Pliny on the smaragdus*, *CR*, 59 (1945), 50-51 ; W. Porzig, *Smaragd*, *Glotta* 25 (1936), 194-197). Mines en Égypte.

σμῆγμα « smegma ».
Holm. 897 ; cf. *Leid.* 577 (comparaison de consistance).
Litt. onguent, savon. En droguerie, une sorte de crasse produite en métallurgie.
Cf. Diosc., V, 118 ; Pline, XXXIV, 134.

σποδός « cendre ».
Holm. 816 ; 846 ; 847 ; 1108.
Aucune nécessité de faire intervenir la σποδός métallurgique (oxyde de zinc).

στέαρ « graisse ».
Holm. 277 (sert de liant) ; *Holm.* 1060 (comparaison).

στιλβάς « terre brillante ».
Holm. 41 ; 52.
Non identifié. On peut suppléer γῆ par les parallèles de *CAG* 18, 9 ; 226, 25 ; 341, 11 ; mais impossible de préciser davantage. Sorte de mica ? M. Stephanides, *Notes sur les textes chymeutiques*, *REG* 35 (1922) p. 297-298 comprend « terre à polir ». Lippmann I, 12 propose de lire στυπτηρίᾳ στιλβάδι « alun brillant, bien cristallisé ».

στίμι « fard à paupières ».
Leid. 561 (comparaison).
Gazza, 104.

στροβίλιον « petite pomme de pin ».
Leid. 502.
Cf. Théophr., *HP*, 3, 9, 1 ; Diosc., I, 69, 4 ; *Eup.*, 2, 112 ; Pline, XXIII, 142 ; Sor., I, 123 ; *Edict. Diocl.*, VI, 54.

στρούθιον « saponaire ».
Holm. 613 ; 796 ; 803 ; 946 ; 1059 (-ειον) ; στρουθίζω « laver à la saponaire » *Leid.* 541 ; 565 ; *Holm.* 613 ; 697 ;

744 ; στρουθισμός « lavage à la saponaire » *Holm.* 612 ; 1058.
Saponaria officinalis L.
Cf. Théophr., *HP*, 6, 4, 3 ; Diosc., II, 163 ; Pline, XIX, 48 ; XXIV, 96 ; 168 ; XXV, 52 ; Hésychios, s.v. στρουθίον Blümner, *TT*, I², p. 109 ; Langkavel, p. 21.

στυπτηρία « alun ».
Leid. 7 ; 64 ; 147 ; 171 ; 224 ; 315 ; 326 ; 351 ; 392 ; 449 ; 509 ; *Holm.* 4 ; 41 ; 69 ; 115 ; 191 ; 199 ; 222 ; 319 ; 343 ; 361 ; 377 ; 387 ; 393 ; 398 ; 455 ; 460 ; 464 ; 488 ; 518 ; 526 ; 547 ; 552 ; 669 ; 677 ; 700 ; 745 ; 747 ; 829 ; 833 ; 852 ; 1015 ; 1028 ; 1077 ; 1079 ; 1123 ; F I, 8 ; F III, 70 ; — βαφική « de teinturier » *Holm.* 607 ; λευκὴ σχιστή « blanc lamelleux » *Leid.* 73 ; μεταλλική « minéral » « officinal » *Leid.* 413 ; ὀξῖτις « dissous au vinaigre » *Holm.* 1075 ; στρογγύλη « rond » *Holm.* 197 ; 233 ; 238 ; σχιστή « lamelleux » *Leid.* 2 ; 76 ; 109 ; 112 ; 117 ; 127 ; 133 ; 159 ; 163 ; 200 ; 367 ; 372 ; 384 ; 389 ; 391 ; 437 ; 461 ; 506 ; 541 ; 543 ; *Holm.* 7 ; 14 ; 267 ; 997 ; F IV, 194 ; — ὑγρά « liquide » *Leid.* 365 ; 428 ; *Holm.* 140 ; 515 ; — ὑγρὰ καὶ λευκή « liquide et blanc » *Holm.* 931-932. Désigne notre alun et toute espèce de substances astringentes (sulfates) solides ou en solution (ὑγρά). Cf. Str. VI, 2, 10 p. 275 ; Diosc., V, 106 ; Pline, XXXV, 183-185 ; *Edict. Diocl.*, XXXVI, 67 ; *P. Oxy.* 2567 (IIIe s.) ; *CAG*, 236-237 ; Gazza, 104 ; C. Singer, *The Earliest Chemical Industry. An Essay in the Historical Relations of Economics and Technology illustrated from the Alum Trade*, London, 1948 ; Goltz, 161.

συκάμινος « mûrier ».
— ου ῥίζα « racine de mûrier » *Holm.* 1043.
Morus nigra L.
Cf. Théophr., *HP*, 5, 3, 4 ; *CP*, 6, 6, 4 ; *HP*, I, 6, 1 ; Diosc., I, 126 — Il s'agit peut-être aussi de σ. αἰγυπτία = συκόμορος *Ficus sycomorus* L., cf. Théophr., *HP*, I. 1, 1 ; Str., XVII, 2, 4 ; Diodore de Sicile I, 34 ; Diosc., I, 127 ; Gazza, 98.

σῦκον « figuier ».
σύκου ῥίζα *Holm.* 83-84 « racine de figuier ».
(Normalement l'arbre est dit συκῆ et le fruit σῦκον).
Ficus carica L.
Cf. Théophr., *HP*, 1, 3, 1 ; 3, 9, 3 ; 4, 2, 5 ; 4, 4, 4 sq. ; Diosc., I, 128 ; Langkavel, 92.
Ou bien σ. αἰγυπτία = κερωνία Caroubier *Ceratonia siliqua* L., cf. *HP*, I, 11, 2 ; 4, 2.

σχῖνος « lentisque ».
σχίνου χύλος « suc de lentisque » *Holm.* 109.
Pistacia lentiscus L.

Cf. Théophr. *HP*, 9, 1, 2 ; Diosc. I, 70 ; Sor. I, 121 ; Gal. VI, 644.

σῶρυ « sory » F IV, 196.
Sulfate de fer en décomposition, cf. Pline, XXXIV, 120 ; Diosc., V, 102 ; R. Halleux, *Non-ferreux*, I, p. 102-105.

ταβάσιος « tabashir ».
Holm. 139 ; 473 ; — ἐκ τῆς Αἰγύπτου καταφερόμενος « importé de (Haute) Égypte » *Holm.* 309.
Concrétion de silice formée dans les nœuds de certains bambous.
Cf. E. O. von Lippmann, *Entstehung*, I, 15.

τῆλις « fenugrec ».
Holm. 636.
Trigonella foenum-graecum L.
Cf. Théophr. *HP*, 3, 17, 2 ; Diosc. II, 102 ; Sor. I, 56.

τιθύμαλλος « euphorbe ».
Holm. 179 ; 1038.
Euphorbia spp.
Cf. Théophr., *HP*, 9, 8, 2 ; Diosc., IV, 164 (7 espèces) ; Pline, XXVI, 62-71 ; Langkavel, 14 ; Steier, *RE*, VI, A 2, 1524 sq. ; André, 317 s.v. *tithymallos*.

τίτανος « chaux ».
— θερμή « chaude » (c'est-à-dire vive) *Holm.* 136.
Cf. Arétée, *CA*, 2-3 ; Gal., XII, 194 ; XVI, 531 ; XVIII (2), 202 ; Ps.-Théod. *Simpl. Med.* 126, p. 422 Rose.
Voir ἄσβεστος.

τραγάκανθα « gomme adraganthe ».
Leid. 408 ; *Holm.* 156 ; 162 ; 579.
Gomme qui distille de certaines plantes de la famille *astragalus* (Astragales à gomme) en particulier *Astragalus gummifer* Labill., *A. microcephalus* Willd., *A. parnassi* L. et *A. creticus* L.
Cf. Théophr., *HP*, 9, 1, 13 ; Diosc., III, 20 ; Sor., I, 123 ; Gal., VI, 636 ; XII, 143 ; Gazza, 99 ; André, 319 s.v. *tragacanthum*.

ὑάκινθος « hyacinthe » (chez Diosc., IV, 62 et Pline, XXI, 170, ce mot désigne la jacinthe. Ce n'est pas le cas ici).
1. nom d'une teinte (celle du béryl) *Holm.* 439 = 531 ou d'une pierre (aigue-marine), cf. Pline, XXXVII, 125, *Apoc.* 21, 20 ; *Peripl.* 56 ; Luc. *D. Syr.*, 32 ; Heliod. 2. 30 ; *Cod. Just.* 11, 2, 1.
2. Une substance inconnue colorant dans cette teinte, *Holm.* 702, cf. Pline, XXI, 170 ; Blümner, *TT*, I, 247 ; Hammer-Jensen, *Deux papyrus*, p. 292.

ὑδράργυρος « mercure ».
Leid. 26 ; 28 ; 29 ; 57 ; 60 ; 80 ; 102 ; 107 ; 183 ; 185 ; 217 ;

220 ; 239 ; 268 ; 269 ; 311 ; 323 ; 387 ; 408 ; 434 ; 468 ; 470 ; 478 ; 493 ; 498 ; *Holm.* 70 ; 71 ; 116 ; 160 ; 162 ; 194 ; 197.
Cf. Diosc., V, 95.

ὑδρόμελι « hydromel ».
Leid. 562 ; *Holm.* 83.
Cf. Diosc., V, 9 ; Sor., I, 52 ; Gal., VI, 274 ; Gazza, 108.

ὕδωρ « eau ».
Leid. 117 ; 144 ; 145 ; 172 ; 289 ; 292 ; 298 ; 302 ; 304 ; 390 ; 417 ; 418 ; 525 ; 527 ; 546 ; 548 ; 553 ; 555 ; *Holm.* 105 ; 200 ; 234 ; 324 ; 393 ; 398 ; 415 ; 492 ; 516 ; 567 ; 608 ; 610 ; 611 ; 614 ; 627 ; 633 ; 649 ; 654 ; 655 ; 663 ; 664 ; 665 ; 669 ; 678 ; 680 ; 683 ; 708 ; 722 ; 746 ; 747 ; 749 ; 871 ; 878 ; 880 ; 894 ; 902 ; 909 ; 914 ; 915 ; 919 ; 937 ; 952 ; 991 ; 992 ; 999 ; 1000 ; 1001 ; 1006 ; 1062 ; 1067 ; 1071 ; 1076 ; 1093 ; 1100 ; 1103 ; — ἀσβέστου « de chaux » *Leid.* 567 ; — γλυκύ « douce » *Holm.* 42 ; — θαλάσσιον « de mer » *Leid.* 429 ; *Holm.* 19 ; — θεῖον « de soufre » *Leid.* 482 ; 497 (voir le commentaire à ce passage) ; — θερμόν « chaude » *Holm.* 1060 ; 1061 ; — λάκκαιον « d'étang » *Holm.* 82 ; — ὄμβριον « de pluie » *Holm.* 820 ; 854 ; 983 ; 1092 ; 1113 ; — πηγαῖον « de source » *Holm.* 53 ; 578 ; — πότιμον « potable » *Holm.* 837 ; — χαλκέως « de forgeron » (c'est-à-dire de trempe) *Holm.* 882 (cf. Pline, XXVIII, 226) ; — ψυχρόν « froide » *Leid.* 375 ; *Holm* 795 ; 1056.

ὕελος « verre ».
Holm. 397 (distingué de κρύσταλλος).
Cf. M. L. Trowbridge, *Philological studies in ancient glass*, Urbana, 1930, p. 30-53.

ὑοσκύαμος « jusquiame ».
Leid. 500 ; *Holm.* 877 ; — ῥίζα « racine » *Holm.* 1042 ; 1047.
Hyoscyamus sp.
Cf. Nic., *Alex.* 415-422 ; Diosc., IV, 68 ; Pline, XXV, 35-37 ; Sor., II, 41 ; Gal., XII, 147 ; Ps. Diosc., VI, 15. Les auteurs en distinguent plusieurs variétés, entre lesquelles l'absence de contexte ne permet pas de choisir. Cf. Langkavel 51 ; Gazza, 99-100 ; André, p. 25 s.v. *altercum* et 166 s.v. *hyoscyamos* ; J. E. F. Schulze, *Toxicologia veterum*, Halle 1788, p. 65 ; P. Delaveau, *Plantes agressives et poisons végétaux*, p. 60-61.

φαίκλη « tartre ».
Leid. 503 ; 504 ; 545 ; 550 ; 654.
Emprunt au latin *faecula* cf. Rufus fr. 115 Daremberg-Ruelle ; Criton chez Gal., XII, 490 ; Africanus, I, 19, p. 176 Vieillefond τρυγὸς ὀπτῆς ἣν φέκλαν καλοῦσι Ῥωμαῖοι.

φάκος « lentille ».
Holm. 1045.
Ervum lens L.
Cf. Théophr., *HP*, 8, 1, 4 ; Diosc., II, 107 ; Sor., I, 121. *Edict. Diocl.* I, 11 (= *lenticlae*) cf. M. Stephanides, *Notes sur les textes chymeutiques*, *REG* 35 (1922), p. 300-301.

φοῖνιξ « datte ».
Holm. 224.
Fruit de *Phoenix dactylifera* L. Normalement le mot désigne l'arbre.
Cf. Diosc., I, 109 ; Théophr., *HP*, 2, 6, 6.

φῦκος « fucus ».
Leid. 515 ; 517 ; 527 ; *Holm.* 351 ; 651 ; 684 ; 694 ; 713 ; 809 ; 831 ; 832 ; 838 ; 839 ; 845 ; 853 ; 861 ; 869 ; 928 ; 949 ; 956 ; 962 ; 966 ; 977 ; 988 ; 989 ; 992 ; 1048 ; 1089 ; 1095 ; 1098 ; F II, 3 ; 8 ; χωρικόν « du pays » *Holm.* 910.
Algues décrites par Théophr., *HP*, 4, 6, 2 et Diosc., IV, 99 et Pline, XXVI, 103 *(phycos-fucus)*.
1. Espèce à larges feuilles, Posidonie (*Posidonia oceanica* Del.) Pline, XIII, 135 (1re espèce) ; XXVI, 103 (1re esp.).
2. Espèce à feuilles de fenouil, indéterminée, Pline, XIII, 136 (2e esp.).
3. De Crète, près des côtes, à feuilles frisées *Rytiphloea tinctoria* (Clem.) Ag., Théophr., *HP*, 4, 6, 4, 5 ; Pline, XIII, 136 ; XXVI, 103.
4. A feuilles de chiendent. Zostère, varech, goémon *Zostera marina* L. Pline, XIII, 136 (3e esp.).
5. A feuilles rougeâtres et longues, *Polysiphonia*, Pline, XXVI, 103.
Cf. Stadler, *Fucus RE*, VII, 1, 196 ; Blümner, *TT* I², p. 244. Dans les papyrus, Berthelot, *Arch.*, p. 303 n. 4, Lagercrantz p. 184 et Lippmann, I, p. 9, pensent qu'il s'agit de l'orseille, mais ce ne peut être le cas. L'orseille est un lichen terrestre. Il doit s'agir de *Rytiphloea tinctoria* (Clem.) Ag., cf. Pfister, p. 7-12 ; André, 142-143 s.v. *fucus* et 249 s.v. *phycos* ; Uphof, 461.

χάλκανθος « vitriol ».
Leid. 3 ; 164 ; 354 ; 407 ; 528 ; 530 ; *Holm.* 623 ; 637 ; 638 ; 687 ; 690 ; 698 ; 841 ; 864 ; 872 ; 886 ; 950 ; 978 ; 1096 ; 1099 ; F III, 64 ; IV, 195 ; 200 ; — κεκαυμένος « grillé » *Leid.* 509.
Sulfate de cuivre et sulfate de fer.
Cf. Diosc., V, 98.
R. Halleux, *Non-ferreux*, I, p. 105-109.

χαλκῖτις « chalcopyrite ».
Leid. 496 ; 509 ; F IV, 195.
Cf. Diosc., V, 99 ; Pline, XXXIV, 117-118.
R. Halleux, *Non-ferreux*, I, p. 97 sq.

χαλκός « cuivre ».

Leid. 34 ; 51 ; 58 ; 75 ; 81 ; 112 ; 121 ; 126 ; 154 ; 155 ; 186 ; 193 ; 198 ; 203 ; 208 ; 214 ; 263 ; 266 ; 267 ; 268 ; 283 ; 290 ; 291 ; 337 ; 339 ; 369 ; *Holm.* 6 ; 18 ; 49 ; 68 ; 358 ; — γαλατικός « cuivre de Galatie » *Leid.* 79 ; 197 ; *Holm.* 34 ; 45 ; — γαλατικὸς λευκός « cuivre blanc (ou) de Galatie » *Holm.* 23 ; — ἐξιωμένος « décapé du vert-de-gris » *Leid.* 32 ; 63 ; 349 ; — κεκαυμένος « grillé » *Holm.* 262 ; 328 ; 488 (oxydé et sulfuré). Cf. Diosc., V, 76 ; — κύπριος « de Chypre » *Leid.* 56 ; 63 ; 101 ; 103 ; 109 ; 156 ; 191 ; 206 ; 319 ; 448 ; — λευκὸς καθαρός « blanc pur » *Leid.* 52 ; 257 ; — τροχικός « granulé » *Leid.* 444.

χολή « bile ».

— αἰγεία « de chèvre » *Leid.* 409 ; — μοσχία « de veau » *Leid.* 359 ; *Holm.* 189 ; 280 ; 362 ; 366 ; 374 ; 476 ; — ταυρία « de taureau » (-ου) *Holm.* 333 ; 592 ; — χελώνης « de tortue » *Leid.* 357 ; 399 ; *Holm.* 129 ; 253 ; 357 ; — χελώνης ποταμίας « de tortue fluviale » *Leid.* 254.

Cf. Diosc., II, 78 ; Gazza, 109.

χρυσοκόλλα « malachite ».

Leid. 189 ; 205 ; 206 ; *Holm.* 242 ; 243 ; 245 ; 253 ; 332 ; 476 ; 556 ; 561 ; 590 ; μακεδονική « de Macédoine » *Holm.* 182 ; 279.

Carbonate basique de cuivre.

Cf. Diosc., V, 89 ; Pline, XXXIII, 89 ; R. Halleux, *Non-ferreux*, I, p. 89-93.

χρυσόλιθος « chrysolithe ».

Leid. 347 ; 349 ; 446 ; 538 ; 539.

Pierre couleur d'or, probablement topaze (aussi citrine, béryl, chrysobéryl, etc.).

Cf. LXX, *Exode*, 28, 20 ; 36, 20 ; Diodore, II, 52 ; Properce, II, 16, 44 ; *Apoc.* 21 ; 20 ; Pline, XXXVII, 126 ; *Peripl. M. Erythr.*, 39, 49, 56.

I. von Born, *Versuch über den Topas der Alten und den Chrysolith des Plinius, Abhandl. einer Privatgesellsch. in Böhmen*, II, 1766 ; Lenz, 628-629 ; Blümner, *TT* III, 247 ; Lüschen, 200-201.

χρυσοπράσιος « chrysoprase ».

Holm. 440 ; 445 ; 532 ; 537.

La forme la mieux attestée est χρυσοπράσιος.

Pierre précieuse verte avec tendance au doré. Ce n'est pas exactement notre chrysoprase (quartz mêlé de silicate de nickel et couleur pomme).

Cf. *Apoc.*, 21, 20 ; Pline, XXXVII, 77 ; 113 ; Orph. *Lith.* 755-757 ; Blümner, *TT* III, 271 sq. ; Lüschen, 201.

χρυσίον « or ».

Leid. 83 ; 84 ; 87 ; 92 ; 93 ; 96 ; 107 ; 208 ; 213 ; 214 ; 219 ; 250 ; 310 ; 311 ; 313 ; 318 ; 319 ; 472 ; χρυσίου πέταλα « feuilles d'or » *Leid.* 322.

χρυσός « or ».
Leid. 95 ; 97 ; 169 ; 170 ; 171 ; 173 ; 190 ; 218 ; 244 ; 251 ; 271 ; 272 ; 280 ; 291 ; 310 ; 371 ; 377 ; 397 ; 473 ; 477 ; F IV 193 ; 198 ; 199. Désigné par un signe astrologique *Leid.* 494 ; χρυσοῦς « en or » *Leid.* 322 ; χρυσᾶ πέταλα « feuilles d'or » *Leid.* 309 ; 323 ; — ἐλαστά « feuilles d'or martelées » *Leid.* 387.

ψιμύθιον « céruse ».
Leid. 269 ; 433 ; 450.
Carbonate de plomb.
Cf. Diosc., V, 88 ; Pline, XXXIV, 175 ; *Edict. Diocl.* XXXVI, 107 ; L. G. Stevenson, *On the meaning of the words cerussa and psimithium*, *JHM*, 10 (1955) 109-111.

ᾠοῦ λευκόν « blanc d'œuf ».
Leid. 334 ; 356 ; *Holm.* 159 ; — ὀρνίθου « de poule » *Holm.* 163 ; χηνίου « d'oie » *Holm.* 256. Aussi ᾠοῦ τὸ ὑγρόν même sens *Leid.* 400. Cf. Diosc., II, 50.

TABLE DES MATIÈRES

Présentation VII

Avant-propos 1

Notice 5

1. Lieu de conservation, provenance et origine des deux papyrus 5
2. Description codicologique 6
3. Écriture 9
4. Langue 12
5. Composition 13
6. Métrologie 17
7. Date 22
8. Le contenu : technique ou alchimie? 24
9. Les ingrédients et les outils 30
10. Les recettes d'argent et d'or 35
11. Les recettes d'encre 42
12. Les recettes de teinture 43
13. Les recettes de pierres 47
14. Les recettes docimastiques 52
15. Genre littéraire et sources 53
16. Démocrite, Anaxilaos, Africanus 62
17. Rapports avec le Corpus alchimique 72
18. Conclusion 75
19. Règles de l'édition 77

Table des abréviations 79

Papyrus de Leyde 83

Papyrus de Stockholm 110

Fragments de recettes 153

Notes complémentaires 167

Lexique 205

Ce volume,
le deux cent quatre-vingt-unième
de la série grecque
de la Collection des Universités de France,
publié aux Éditions Les Belles Lettres,
a été achevé d'imprimer
en novembre 2023
sur les presses
de La Manufacture Imprimeur
52205 Langres Cedex, France

N° d'édition : 10796
N° d'impression : 230853/13
Dépôt légal : décembre 2023